|講座|

立憲主義と憲法学

Constitutionalism and Constitutional Studies

第 6 巻

グローバルな立憲主義と憲法学

江島晶子

編集

信山社

はしがき

立憲主義──この観念は今日，現代という時代を生きる私たちが織りなす社会に対して，様々な側面から規律を及ぼしている。さらにいえば，立憲主義という思想は，私たちが営む生そのものに対して，極めて大きな影響を及ぼしているといっても過言ではない。現代日本を生きる私たちにとっても，このことは例外ではない。例えば，2014 年 7 月の安倍内閣の憲法 9 条についての政府解釈の変更に端を発して生じた安保法制法案をめぐって生み出された深刻な政治状況は，立憲主義が現在の日本政治にもっと重大なインパクトのある観念の一つであることを，鮮やかに示している。

日本憲政史をふりかえれば，19 世紀末の日本は，近代国民国家の形成プロセスにおける大きな到達点として大日本帝国憲法を制定した。それを主導した伊藤博文が，同憲法を審議した枢密院会議において，「抑憲法ヲ創設スルノ精神ハ，第一君権ヲ制限シ，第二臣民ノ権利ヲ保護スルニアリ。故ニ若シ憲法ニ於テ臣民ノ権利ヲ列記セス，只責任ノミヲ記載セハ，憲法ヲ設クルノ必要ナシ。又如何ナル国ト雖モ臣民ノ権利ヲ保護セス又君主権ヲ制限セサルトキニハ，臣民ニハ無限ノ責任アリ，君主ニハ無限ノ権力アリ，是レ之ヲ称シテ君主専制国ト云フ。故ニ君主権ヲ制限シ，又臣民ハ如何ナル義務ヲ有シ如何ナル権利ヲ有スト憲法ニ列記シテ，始テ憲法ノ骨子備ハルモノナリ。」と述べたことは，成文憲法制定を推進した側が，その当時の立憲主義の最良の意義を明快に説明したものとして，重要な意義を有する。しかしその後の日本においては，やがて軍靴の音が強まる中で，このような理念にもとづく立憲主義的な政治運用が潰え去り，酸鼻極まる国土の破壊そして大日本帝国の崩壊を迎えた。

人権と平和を理念として掲げる戦後世界の中で，この国は，基本的人権の保障を目的として掲げる日本国憲法を制定し，基本的には立憲主義的な政治が展開する中で，すでに 75 年が経過している。このような戦後社会の歩みの中で，日本の立憲主義は常に試練を受けてきた。また，現在の世界に目を向ければ立憲主義という観念自体が，世界の様々な地域や国で個性ある姿を示し，従来では予想しえなかった発展を遂げてきている。

このような状況の中で，日本憲法学は，日本内外の立憲主義をめぐる様々な論点に関して，これまでの問題状況や議論状況をどのように総括し，将来に向けてどのような展望を示せばよいのだろうか。現時点における日本憲法学の全体像を明確に描き出し，それを踏まえて展望を指し示すことが，本講座の企画を立ち上げた理由にほかならない。本講座は，1994-1995 年刊行の『講座憲法学』（全 7 巻，日本評論社），そして 2007 年刊行の『岩波講座憲法』（全 6 巻，岩波書店）に引き続く大型の憲法講座たることを意図している。日本憲法学が，本講座に所収された諸論文に寄せられるであろう，学界内外の様々な反応を踏まえて，さらに立憲主義を一層発展させていく役割を担っていくことが，編者 6 人に共通した願いである。

本企画趣旨に賛同され，多忙な中で論文を寄せて下さった執筆者の方々に厚くお礼を申し上げる。本企画を立ち上げることとなったきっかけは，編者の一人である山元が，「次は，憲法の講座ものをやるのはどうでしょう」，と提案したのに対して，信山社編集部の今井守氏が，即座に「いいですね，ぜひやりましょう！」と答えて下さった 2017 年 11 月那覇で琉球舞踊を鑑賞しながらの酒席で交わした会話に端を発している。その日以来の今井氏の本企画に対する献身に対して心からの感謝を申し上げたい。

2022 年 7 月

山 元 　一（第 1 巻編集）
愛 敬 浩 二（第 2 巻編集）
毛 利 　透（第 3 巻編集）
只 野 雅 人（第 4 巻編集）
宍 戸 常 寿（第 5 巻編集）
江 島 晶 子（第 6 巻編集）

目　次

第2部　国際社会と憲法学

第3部　「外」から見た日本の憲法学

『講座 立憲主義と憲法学 第6巻 グローバルな立憲主義と憲法学』

〈執筆者・訳者一覧〉（掲載順）

＊は編者

須網隆夫（すあみ・たかお）	早稲田大学大学院法務研究科教授
中井愛子（なかい・あいこ）	大阪公立大学大学院法学研究科教授
寺谷広司（てらや・こうじ）	東京大学大学院法学政治学研究科教授
山田哲史（やまだ・さとし）	京都大学大学院法学研究科教授
根岸陽太（ねぎし・ようた）	西南学院大学法学部教授
小畑　郁（おばた・かおる）	名古屋大学大学院法学研究科教授
シモン・サルブラン (Simon Serverin)	上智大学外国語学部准教授
クリス・ウィンクラー (Chris Winkler)	西南学院大学法学部教授
ケネス・盛・マッケルウェイン (Kenneth Mori McElwain)	東京大学社会科学研究所教授
平松直登（ひらまつ・なおと）	明治大学法学部兼任講師
横大道　聡（よこだいどう・さとし）	慶應義塾大学大学院法務研究科教授
＊江島晶子（えじま・あきこ）	明治大学法学部教授

講座　立憲主義と憲法学

第6巻　グローバルな立憲主義と憲法学

◈第6巻　解題◈

江島晶子

全6巻からなる本講座『立憲主義と憲法学』は，「日本憲法学は，日本内外の立憲主義をめぐる様々な論点に関して，これまでの問題状況や議論状況をどのように総括し，将来に向けてどのような展望を示せばよいのだろうか」という課題の下，「「立憲主義」を導線としつつ，今日の日本そして世界の憲法・憲法学の現状・問題点を明らかにし，今後の憲法学のさらなる発展を目指」すものである(1)。その最後を締めくくる第6巻『グローバルな立憲主義と憲法学』は，「現状・問題点」を洗い出すにあたって，日本の憲法・憲法学を「外」から見ることによって，日本国憲法を分析し，日本の憲法学のあり様を浮かび上がらせ，そして世界の憲法・憲法学との関係，憲法学と他の学問分野との関係を思考することを特徴とする(2)。それは，以下の2点において必要かつ有意義だと考える。

第一に，立憲主義という概念自体が決して一義的ではないことである。確かに，少数の例外を除くと多くの国が成文憲法典を備え，かつ，人権，民主主義，法の支配がそこに含まれるべき内容であるという見方（別な言い方をすれば，当該憲法典の内容を評価する際のポイントとして用いられる）が共有されている（憲法・憲法典の普及）。なかでも，ヨーロッパ地域においては，人権・民主主義・法の支配を共通の価値（トリニティと称されることが多い）として，内外で推進させてきた。しかし，各国の文脈において立憲主義のあり様は多様である（これは後で述べる比較憲法学の新たな発展とも関連する）。欧米における立憲主義の理解，ひいては欧米が主導してきた憲法学のあり様に対しては批判的検証が行われるようになり，かつ，現実の国内・国際政治においては，立憲主義の無視，立憲主義に対する反発という動向も生じており，幾つもの潮流が複雑に絡みあう状況が存在する。こうした状況の中で，21世紀においては，国際化・グロー

(1)　本書「はしがき」iv頁および山元一「第1巻 解題」『憲法の基礎理論』（信山社，2022年）3頁参照。

(2)　ここでいう「外」には，様々な意味合いを持たせている（具体的には各章の説明を参照のこと）。

バル化の進展を背景としながら，立憲主義の国際化・グローバル化として，国際法学・憲法学の双方から，constitutionalization of international law, internationalization of constitutional law，そして，global constitutionalism などの議論が展開されてきた(3)。

第二に，比較憲法学のあり方における大きな世界的変化である。そこには様々な要因があるが，なかでも強調したいのは，比較の対象としてグローバル・ノースだけでなくグローバル・サウスにも目が向けられると同時に，情報収集・調査が行いやすくなったことも幸いして（これもグローバル化の成果），比較対象国が増加している。新たな概念，考え方，理論を発信し，しのぎを削って膨大な量の研究業績が創出される状況がグローバルに出現しているといえよう(4)。日本の憲法学においては，概念を把握する上で欧米の古典および最新の理論動向が大きな役割を果たしてきたが，当該古典が前提としている社会がグローバル・ノース以外についてもあてはまるのか，理論動向は欧米の憲法学だけを補足すれば十分なのか，改めて検証が必要であり，新たな研究手法も求められている（たとえば，フラットな比較を可能にする数量分析，従来の「定見」を検証できるデータマイニングはその一例である）(5)。

さらに，日本では立憲主義を論じる際に，国家権力の抑制による人権保障という近代立憲主義（狭義の立憲主義）を基礎に据えてきた(6)。しかし，世界の理論状況においては gender constitutionalism, digital constitutionalism, environmental constitutionalism, economic constitutionalism と銘打って，「問題」と憲

---

(3)　constitutionalization of international law と internationalization of constitutional law は同時進行である。Jan Klabbers, Anne Peters and Geir Ulfstein, The Constitutionalization of Internationa Law（OUP 2009), Wen-Chen Chang and Jiunn-Rong Yeh, 'Internationalization of Constitutional Law' in Rosenfeld, Michel and Sajo, Andras, *The Oxford Handbook of Comparative Constitutional Law*（OUP 2012）.

(4)　西原博史・江島晶子「国際憲法学会第9回世界大会に参加して」論究ジュリスト11号（2014年）190頁以下。2014年に開催された国際憲法学会第9回世界大会の時点で，そこで披露される情報やそれを基礎とする理論モデルが，日本の憲法学で紹介される情報や理論を凌駕していることを指摘した。

(5)　本書第9章参照。

(6)　安全保障法制をめぐって交わされた激しい議論において，安全保障法制を批判的に検討するために援用された立憲主義は主として近代立憲主義である一方，昨今の経済安全保障法制については同様の議論状況は起きていない。参照，江島晶子「経済安全保障法制と人権」憲法理論研究会叢書32号（2024年刊行予定）。

法をかけ合わせて，当該問題と憲法の関係を模索したり，新たな領域における立憲主義の適用を検討したりする使用方法などを見ると，そもそも「立憲主義」という言葉からただちに決まった答えを引き出すことが実は難しくなっているといえよう（本講座全体も，憲法学の展望を描くという目的から従来よりも憲法学としての射程範囲が広げられている）。もちろん，立憲主義（狭義）という概念を否定する立場に立っている訳ではない。ただ，立憲主義という概念が大きなポテンシャルを秘めていることから，立憲主義の定義を確定してそこに当てはまるかどうかというアプローチ（法律学がとりやすいアプローチ）とは別の視点から立憲主義を検討する重要性は高まっている。

中でも本書は次の点にこだわっている。第一に，国際法学，国際人権法学(7)，政治学，社会学など，憲法学以外の学問分野の専門的知見の力を借り，他の学問分野からは日本国憲法，そして日本の憲法学の学術的営みがどのように見えているのかを検討していただいた。憲法学に関する講座本に，憲法学以外の学問分野において活躍している研究者に多数加わってもらった点でユニークであると自負する。そして，今回は，憲法学に近接する分野が中心であるが，今後，より広げることが可能かつ必要であると考える(8)。第二に，日本以外の場所における研究活動，実務活動を通じて獲得した，異なる視点，研究手法を有する研究者に日本の憲法・憲法学について検討していただいた。これは，タイトルの中に明示されている第3部（「「外」から見た日本の憲法学」）の執筆者はもとより，全章に通底している。第三に，憲法学者には「外」を意識していただきながら，憲法学を検討の俎上に載せていただき，今後の議論を誘発する論稿を寄せてただいた。第四に，第三の点とも関連するが，各章完結ではなく，相互の対話性を意識した。異なる分野間の対話は近年，強く意識されるようになってきたが，他方で，いまだアドホックなものであることは否めない。偶然的対話から持続的・恒常的対話にするために，現時点で，学際的研究の手法として比較憲法学における世界的に新たな潮流に注目できる。第五に，本書は，

(7) 国際人権法学という独自の学問分野が成立しているかについては，江島晶子「国際人権法学会の軌跡——人権と学際性」『国際人権法の深化——地域と文化への眼差し〔新講座国際人権法 第7巻〕』（信山社，2024年）221頁参照。

(8) 2023年に，国際人権法学会は，「学際性」を重視して，「国際人権法学の方法論と学際性」をテーマとする研究大会を開催し，哲学，人類学，環境学，人権社会学の協力を得ている。参照，江島・前掲注(7)。

憲法学の中長期的な発展を目指して論争の扉を開くことを意識した。

第1部「立憲主義の多元化・グローバル化」

まず，第1部「立憲主義の多元化・グローバル化」では，「立憲主義」という概念について多面的・多角的にアプローチする。

第1章「グローバル立憲主義と憲法学の基本概念――主権・憲法制定権力・民主主義」（須網隆夫）では，憲法学における基礎概念である主権，憲法制定権力・民主主義を，国家における立憲主義ではなく，「グローバル立憲主義」から検討する。「グローバル立憲主義は，国内立憲主義を射程に入れながらも，立憲主義の適用を，国家を越える越境的領域にも拡張し，国際組織等の活動にも立憲主義を適用するだけでなく，国内立憲主義をグローバルな立憲主義の一部として位置付ける議論」（本書15頁）である。現在，憲法学，国際法学，EU法学，法哲学などの様々な分野において活発な議論が行われているが，グローバル立憲主義の議論を国内外で牽引している須網[(9)]は，国際法・EU法の分野から積極的に憲法学，法哲学などの他分野の研究を検討しながら，グローバル立憲主義が，特に憲法学との関係において抱えている理論的課題（とりわけ，憲法学の基礎概念である主権・憲法制定権力・民主主義との関係）を検討した結果として，「グローバル立憲主義というパラダイムを採用することにより，多くの憲法現象に対して，これまでの解釈に新たな光があてられる」（本書60頁）という。従来の憲法学は国家を中心とする一つのパラダイムを前提に議論を進めてきたが，国家中心のパラダイムを維持すべきなのか，常に自らに問うべきではないかという憲法学への問いかけは，本書の読者が読み進めていく上で，核の一つとなる総論的問いである。

第2章「憲法と裁判官対話」（中井愛子）は，国際法と国際裁判所の増加および多様化が，国際法・国内法の関係，ひいては国際法と憲法の関係に多大な影響を及ぼし，国際法から生じる国内的な義務と憲法から生じる義務とが抵触する場合，国内裁判所はどちらを優先すべきか，また，国際法の解釈適用に関して国内裁判所と国際裁判所の判決が矛盾する場合にはどう対処すべきかという問題を，「裁判官対話」の議論を用いながら検討する。裁判官対話の議論が扱う国内外の裁判機関（広義）間で生じている相互作用は，グローバル立憲主義をも

(9)　Takao Suami, Anne Peters, Dimitri Vanoverbeke and Mattias Kumm (eds), *Global Constitutionalism from European and East Asian Perspectives* (CUP 2018).

っとも実証的に検討できる領域である[(10)]。本章は，「裁判官対話」の議論は，「国際と国内の各種の裁判所の間で判決の相互参照によってある種の「対話」がもたれ，一定の調和した判例法理の形成に寄与」（本書62頁）するという。本章では，裁判官対話の概念の沿革と内容，裁判官対話の類型と諸相を網羅的に概観した上（裁判機関以外の機関が介在・関係する「複合的な対話」の指摘も興味深い），EU法と類似の超国家的な共同体法を有する中米統合機構（SICA）をEUとの比較において検討することによって，裁判官対話をよりグローバルな視点から検討する点でも，第1章の議論（立憲主義が越境すると同時に，国内立憲主義はグローバルな立憲主義の一部である）を，国際裁判所と国内裁判所の関係から生じる具体的問題に注目しながら具体的に議論するものとして把握できる上，現時点では，各国の憲法と国内裁判所の憲法解釈が，国境を超える裁判官対話の様相を決定する要因であるという指摘は，両裁判所の関係，ひいては国際法と国内法の関係を考える上で示唆的である。

立憲主義の多元化・グローバル化において，もう一つ重要な要素は，立憲主義の実現（とりわけ立憲主義の中心にある人権の実現）において国家や国際機関だけでなく，非国家主体が重要な役割を担い始めていることである（本書第10章参照）。たとえば，いまや国際平面における規範形成においてNGOの役割は見過ごせない。他方，従来であれば，国家や国際機関によってもっぱら規制される存在として考えられてきた企業が，その活動がグローバル化する過程の中で積極的に人権を実現する役割が期待されるようになっている（ビジネスと人権）。立憲主義の新たな担い手として検討対象とされていくべきであり，第10章でも言及した。近年，憲法学においても注目されはじめている[(11)]。

第2部「国際社会と憲法学」

第2部「国際社会と憲法学」は，憲法学が国際社会・国際法をどのように捉えているか，もっと直截にいえば，十分に向き合ってきただろうかということ

---

(10) 伊藤洋一編著『裁判官対話——国際化する司法の協働と攻防』（日本評論社，2023年）参照。

(11) 大野悠介「グローバル化市場における人権保障——人権デュー・ディリジェンスの義務付けを中心に」横大道聡ほか編『グローバル化のなかで考える憲法』（弘文堂，2021年）230頁以下；金子匡良「グローバル化する企業活動と憲法——「ビジネスと人権」が憲法にもたらすインパクト」憲法問題35号（2024年）82頁以下参照。

を問題意識としながら，国際法と国内法の関係について，憲法学および国際法学の両方から検討する。

第3章「欠落する安全保障論と国際法・憲法――若干の問題提起」(寺谷広司) は，「国際法と国内法（憲法）の関係」は十分に連絡しているとはいえず，連絡しているとしても「人権」に特化しており，安全保障の論点が論じられていないという問題意識の下に，国際法と国内法（憲法）の関係において安全保障の論点が鍵であること，それにもかかわらずなぜ論じられなくなっているのかを検討し，理論的争点を析出する。本章の重要な指摘は，国際法学においては，戦後当初は高野雄一『憲法と条約』に代表される，安全保障問題を問題意識の中心におく議論（「安全保障論込みのグローバル立憲主義論にさえ通じる議論」であったと寺谷は評価）がありながら，その後，安全保障領域を除いて考える傾向が続き，むしろ焦点が「人権」にあてられてきたことである（国際人権法学の興隆）。これは憲法学においても，同様である。戦後直後の憲法学説においては国際法優位説が有力でありながら，日米安全保障条約の合憲性の問題ゆえに憲法優位説に傾いていく一方，その後，日米安全保障条約の合憲性の問題自体が後景に退くことによって，国際法と憲法の関係の議論において安全保障の議論も一旦後景に退く。憲法学における国際人権法と憲法の接合に対して謙抑的な姿勢（または人権と安全保障とで国際法を使い分けるチェリー・ピッキングな態度）につながっているとすれば，再検討する必要がある。加えて，1990年代以降に登場したグローバル憲法論でも安全保障論が十分に扱われていないという指摘は，現在，21世紀において改めて問われている国連秩序の出発点は安全保障にあったという指摘を合わせ読むと秀逸である。さらに，憲法学が国際社会をどのようにとらえているかを，憲法学者の視点ではなく，国際法学者の視点から描き出す本章は，憲法学が捕捉できていない側面を析出する。たとえば，比較憲法に重きを置く日本の憲法学は，日本国憲法の誕生を欧米諸国の憲法史から抽出したモデルとの対比で説明してきたが（だからこそ八月革命説というネーミングが生まれる），日本国憲法秩序の登場が，17世紀イギリスにおける近代国家生成の態様とは異なり，むしろ，移行期正義の先行事例として把握でき，特徴は国際性にあるという指摘は，国際法学から見ればこその視点である。事象をより現実的に把握し，かつ，第二次世界大戦後に誕生した他国の憲法と日本国憲法との比較の意味に気づかされよう。「半身を「憲法」に傾けつつもディシプリンの外からこの状況の変更を企図する」という著者の論考に対して，どのように応答すべきか憲法学に問いかけられている。安全保障の概念自体が，国際情勢の変化を受けて多様化（たとえば人間の安全保障，経済的安全保障など）していることを念頭に置くと，筆者の問題提起を憲法学が真剣に受け止め，憲法学と国際法学による対話の下で検討されることが望ましい。

第4章「国際法と国内法の関係論から多層的・多元的な法秩序の中での憲法論へ」（山田哲史）は，グローバル化時代における法秩序の多層化・多元化が進展し，国際法と国内法の関係に止まらない多様な法秩序の存在を想定しうることを踏まえると，国際法と国内法の関係に関する従来の議論がいかに再定位されるかという問題意識から，国際法と憲法を頂点とする国内法との関係性をめぐる総論的，理論的問題を論じる。まず，一元論・二元論（さらには調整理論）をめぐる議論を丁寧かつ緻密に分析した上，日本の憲法学が関心を示してこなかった状態を析出する。そして，現代の多層化・多元化する法秩序と一元論・二元論がどのように接続されるのかを検討し，調整理論が現代の法多元主義の考え方につながる特徴があるという寺谷広司の指摘を検討した上，その通りといえるところがある反面，調整理論と法多元主義を結びつけたところで，多層・多元化した法秩序相互の調整の要求を規範的に根拠づけられるものではなく，実際上の必要性で説明するしかないことを指摘する。筆者の精緻な検討は，憲法学において重要な問題でありながらこれまで真正面から取り組まれることが少なかった問題に対して，憲法学者が切り込み，新たな議論の地平を切り開くものである。そして，筆者は，グローバル時代においても法と認識されるに必要なミニマム・コアは必要だが，その内容について定見は定まっていないことを指摘した上，従来，国家というレジームの基本構造を論じてきた国内憲法学・公法学が構築してきた枠組み，知恵を整理，再構成して提供することが国内憲法学・公法学の責務だとする。本章は，憲法学と国際法学の学術的対話の新たな平面を提示するものといえよう。

続く第5章および第6章は，人権にフォーカスして憲法学の抱える課題をより浮かびあがらせる。憲法学者が総論においては，憲法は人権保障を目的とするものと設定しながら，狭い立憲主義観を採用していることから，本来の目的（人権の保障）を実現しえていない。たとえば，個人主義的憲法観（自由権中心の考え方につながる）や人格的自律論を基底に据える憲法像ゆえに，現実に生じている人権問題を十分に扱えていないのではないか。たとえば，日本国憲法と国際人権法（とりわけ世界人権宣言）の同時代性（極めて悲惨な大規模人権侵害の後に起草された）を意識すると，憲法学は憲法をどのように解釈・再解釈する可能性があるだろうか（憲法学における人権論の批判的検証）。そして，近年，法改正を含め重要な問題となっている難民・移民について，これまでの憲法学の外国人の権利に関する学説（「権利性質説」が通説・判例とされて久しい）は，判例のいう「権利性質説」を批判的に乗り越えることができているだろうか。ひいては，こうした批判的検証を通じて，国際人権法・国際人権法学と憲法・憲法学の関係が検討できよう。

まず，**第5章「世界人権宣言と日本国憲法──「身近で小さな場所」から始まる人権と責任」（根岸陽太）**は，普遍的人権の矛盾の悪化を受けて，その問い直しを図るために，「人間的生が営まれる現場である「日常（everyday）」において体系により不可視とされてきた問題にこそ焦点」（本書163頁）をあてるべきだとの立場から，第二次世界大戦後，世界で初めて採択された人権文書である世界人権宣言に注目する。根岸は，世界人権宣言の起草者の一人であるルネ・カサンの構想を利用して，主体─1・2条，権利─3～27条，社会─28～30条，物語─前文と4つに分けて，それぞれについて，自律的個人を中心として体系を構築する主流の言説がどのように扱ってきたか，そして，そこから零れ落ちてきた他者を掬い上げる支流に光を当てるという形で論じることによって人権の普遍性をヴァージョンアップする意欲的な試みである。憲法学の主流の言説である「個人主義的憲法観」や「人格的自律論」（「強い人権」論）に対して，憲法学において「零れ落ちてきた他者を掬い上げる支流」（たとえば，「弱い人権」論など）を，世界人権宣言を梃に丁寧に掬い上げていく。国際法学だけでなく，人権に係る哲学，社会学などの学問的知見を最大限に活用しながら，脆弱性を抱える他者の人間的生に即した新たな秩序や社会は，自律的個人を基底とする日本国憲法の文脈においても構想しうるのか，「対抗的物語」の可能性は開かれているのかという問いの数々は，憲法学を鍛え直す際の貴重な手がかりである。同時に，「支流に光を当てる」という文脈において取り上げられた憲法学の見解は，実は憲法と国際人権法がお互いをさらに豊かな内容にできることを示している。世界人権宣言と憲法を脱構築して，最後に「人権を保護する責任」が「私自身に，そしてすべての人」にあることを自覚すべきだという結語は，刺激的である。かつ，それを示唆する見解が憲法学にも存在することが示されており，今後の対話が期待される。

第6章「「定住外国人の人権」論と地球上のどこかに住む権利の間――世界と日本の「無国籍」問題と「向こう岸」に開かれた公法学への展望」（小畑郁）は，庇護権または小畑の表現を用いれば「地球上のどこかに住む権利」が，日本国憲法22条1項の「国籍離脱の自由」の解釈から導き出しうるにもかかわらず，日本の憲法学は日本国籍からの離脱の自由と限定解釈した上，意識的に自己完結的な世界に立て籠っていたのではないかという疑問を提起し，「向こう岸」を視界に入れない，入れないことが健全と考える，戦後日本の憲法学，公法学全体のあり方を批判する。とりわけ，1980年代に確立した日本の憲法学における「定住外国人の人権」論の前提が，現在，大きく変化し，定住外国人の典型である「在日コリアン」は外国人全体の中では少数派となり，そもそも日本に存在する外国人の約半分は「非定住」外国人であるにもかかわらず，「非定住」外国人の権利問題を議論の外に置いてきた憲法学の姿勢は，「周辺」に置かれた「ヒト」を「生きてはいけない」状況に追いやることを黙認し，内における立憲主義にとっても危機をもたらすものだと批判する。地球上のどこかに住む権利というのは，日本国憲法13条および世界人権宣言1条からすると，公法学がその重要性を真っ先に承認すべきであり，「一国自己完結主義の公法学の決定的限界を踏まえて，「向こう岸」に開かれた，新たな公法学についての，端緒的な展望を切り開きたい」という小畑の呼びかけに憲法学はどのように応答できるだろうか。

第3部「「外」から見た日本の憲法学」

第3部は，日本の憲法学を「外」から観察するという趣向で構成する。この「外」とは多義的であり，場合によっては幾重にも複層的な観点になっている。第7章は，日本の憲法学者（樋口陽一）がフランス語で日本語話者以外の読者に発信するという形をとることによって，日本の憲法学者が日本の外に自分を置いて日本の憲法・憲法学を見ており，さらにその状態を日仏の憲法学に通じている研究者の視点から日仏の学者比較を行うものである。第8章は，日本の憲法学ではあまり用いられないデータベースを用いた研究手法によって従来の定見を新たな視点から検証する。第9章は，日本で盛んに行われてきた比較憲法学を，日本の外で行われている比較憲法学と比較することによって，新たな展望を得る。

第7章「樋口陽一とデュルケームにおける個人の像の比較――立憲主義と共

和主義を繋ぐ「道徳」を手掛かりに」（シモン・サルブラン）は，「個人の解放」を唱えた20世紀初頭のフランス人社会学者デュルケームと，「個人の解放」を自らの憲法学の中心に置いてきた第二次世界大戦後の日本の憲法学者樋口陽一とが,「個人」をそれぞれの社会理論と憲法学の中心においたことの意味を考察する。本章は，樋口がフランス語で書いた著作を検討の中心に置く点が秀逸である。日本の憲法について知識を持たない読者に向けて書いた著作の方が，日本社会の特徴などを具体的に説明する必要があるため，より社会学的な色彩をもち，樋口の「法」観と「社会」観のつながりをより明瞭にできる（樋口の「本音」がよりわかる）。日本の憲法について知識を持たない読者に向けて発信する場合，日本において日本の憲法を議論する際に暗黙のうちに前提としている共通理解（実はそこには怪しい部分もある）や，意図するところを簡潔に表現できてしまう学術用語（こちらも実は怪しい部分がある）に依拠できない上に，文脈を読者に伝えないと理解しづらいコンテンツになる。他方，想定する読者が有する知識を前提として，表現や内容を工夫すると相手に伝わりやすい。筆者の巧みな構図の下，憲法学・社会学を行き来する筆者の視点と憲法と社会を行き来する本章の対象者（樋口）の視点もオーバーラップする。樋口が日本において「個人の解放」が不十分であると考えた理由，フランス共和主義が日本のモデルとなりうる理由，デュルケームの共和主義モデルが前提とする国家による「法道徳」こそが樋口が日本に足りないと考えているものに対応すること，樋口の憲法学は，デュルケームの社会学とともに，社会を変えようとする「記述的な」側面があるため，科学としての側面と知識人としての社会批判という側面の両面があることなどを提示する本章は，戦後の憲法学自体を新たな視点から検証する可能性を与えてくれる。

第８章「日本国憲法の構造的柔軟性――比較憲法データからの示唆」（ケネス・盛・マッケルウェイン＝クリス・ウィンクラー〔平松直登訳〕）は，日本国憲法が一度も改正されずに持続している理由を，それが硬性憲法であるからではなく，規定の柔軟性に求め，それゆえ改正の必要性が構造的に低いことを指摘する。その論拠として，第一に900以上の成文憲法を擁するComparative Projectのデータベースを使用して，日本国憲法の改正手続の硬性度は標準的であるのに対して，制度的柔軟性の程度が極めて高いことを立証する。第二に，正式な憲法改正を経ずに大規模な改革が達成された分野として，中央と地方の関係（地方分権）と選挙制度を取り上げ，日本国憲法の制度的柔軟性がもたらした効果を明確にする。日本の憲法学が，ほんの少数の欧米の憲法との比較にもっぱら従事してきたこと，そして，憲法改正の問題がもっぱら憲法9条にフォーカスされてきたがゆえに他の分野への考察が不十分であったことに気が付かされる。本章が提示する結論はもとより，憲法学における視点や方法論について画期的な示唆を提供する。

第9章「比較憲法学についての一考察」（横大道聡）は，日本の憲法学者は同時に比較憲法学者であるという前提に立つと，多くの憲法学者が実際に従事している研究（比較憲法学）は，どのような知的営為であり，いかなる意味での「比較」研究なのかを考察する。まず，〈認識＝客観的＝科学〉と位置づけられている日本の比較憲法学について，そのように認識されるに至った経緯と展開を確認したうえで，その代表的論者である樋口陽一の比較憲法学方法論を概観し，その特徴を明らかにした後，多くの日本の憲法学者が行っている「比較」研究は「科学」とはいえないのではないかという指摘を行う。さらに，国際レベルの比較憲法学における方法論をめぐる議論を概観して，その特徴が方法論的多元主義にあることを析出する。そして，以上のような分析を踏まえて，日本の比較憲法学はどうあるべきか示唆的な提言を行う（これらの提言は，第7章，第8章とも呼応する）。とりわけ，日本の比較憲法学は限られた欧米諸国の憲法学の成果をいわば日本の比較憲法学のために取り込むことに従来集中してきたが，国際レベルで発展を遂げる比較憲法学への日本の憲法学からの貢献の必要性を説き，それが比較憲法学の名に値すると結ぶ。

最後に，**第10章「憲法・憲法学を「開く」――循環型人権システムにアクセスする権利の実現」（江島晶子）**は，目まぐるしく変化する世界の現状，そして日本の現状（当然，世界の現状により大きな影響を受けている）に，日本の憲法・日本の憲法学は対峙できるのか，解決手段になるどころか問題の一部になっていないかという問題意識から，日本国憲法下の人権保障システムを見直す。その際，比較憲法と国際人権法の重なり合いを意識しながら，日本国憲法の統治機構と条約機関を接合して，「循環型」の人権保障システムとして描く可能性を模索する。本章の考察の中心は，国連の人権条約における国家報告制度を素材として，条約機関の事前質問，国家の報告書，当事者・NGOのオルタナティブ報告書，条約機関の総括所見，フォローアップ，政府の回答という一連の循環的プロセスの存在，さらには，一連のプロセスが次回の国家報告書審査の出発点となる条約機関の事前質問を創出させる点においてさらなる循環が存在することを指摘することにある。この循環が各個人の人権問題を忘却させないこと，そして条件が整うと解決の方向に向うことに注目して，このようなシステムに個人がアクセスできることを保障することの重要性と，このシステムに非国家主体も含め多様なアクターが参入することが有意義であることを主張する。そして，そのためには憲法学が既存の理論を新たな視点からアップデートできることを示唆する。

＊　　　＊　　　＊

編者の問題意識・問題設定をはるかに凌駕する鋭敏かつ大胆な問題意識・問題設定を提示した上，各執筆者の深い学識を最大限活用して，新たな方向性や挑戦的結論を示してくださったことに心からお礼申し上げると同時に，編者の力不足ゆえに出版に至るまでに時間を要してしまったことに深くお詫び申し上げる。人権が直面している課題は途方もなく，果たしてそのコナンドラムを解き明かすことが可能なのか。21 世紀は人権の世紀と期待されて始まったはずだが，懐疑の念が強まるばかりである。平和の問題も地球環境の問題も同様である。しかし，だからこそ，直面している課題に向き合って，一つひとつ解き明かしていくよりほかはない。そして，その課題は憲法・憲法学だけに託されたものではない。本書を手に取ってくださった方々には，本書が開こうとしている新たな景色を堪能していただければと願っている。

◆第1部◆

立憲主義の多元化・グローバル化

第1章

グローバル立憲主義と憲法学の基本概念
――主権・憲法制定権力・民主主義

須網隆夫

Ⅰ　はじめに――問題の所在

本講座各巻の論稿は，いずれも国家における立憲主義を論じている。しかし，本章の主題は，国家だけに論じられる立憲主義ではない。「グローバル立憲主義」は，国内立憲主義を射程に入れながらも，立憲主義の適用を，国家を越える越境的領域にも拡張し，国際組織等の活動にも立憲主義を適用するだけでなく，国内立憲主義をグローバルな立憲主義の一部として位置付ける議論である。国境を越える領域における立憲主義に先鞭を付けたのは，主に国際法学者である。古くは戦間期にフェアドロスの議論があったが，21世紀に入り，欧米，特にヨーロッパの国際法・EU法研究者が，1990年代までに立憲化していたEUの法状況にも触発され，国際組織を中心に立憲主義の適用を議論するようになり(1)，その後2010年代になり，憲法学者からもそれに繋がる議論が現れる(2)。

(1)　須網隆夫「グローバル立憲主義とヨーロッパ法秩序の多元性――EUの憲法多元主義からグローバル立憲主義へ」国際法外交雑誌113巻3号（2014年）25(325)-55(355)頁。
(2)　山元一「「国憲的思惟」vs「トランスナショナル人権法源論」」山元一・横山美夏・高山佳奈子『グローバル化と法の変容』（日本評論社，2018年）3-23頁。

もちろん，この新しい理論枠組が，洋の東西を問わず，国家法と国際法の峻別という認識枠組を前提にしてきた，各分野の研究者に簡単に受け入れられるはずはない。国境を越える立憲主義が議論できるのか，またそれが妥当であるのかにつき，2000 年代前半から現在まで，憲法学のみならず，国際法学・EU 法学・法哲学などの分野において，多くの議論が交わされてきた。ヨーロッパを中心にした，それらの議論は，「グローバル化（人，資本，商品，サービス，情報，アイデアの国境を越える移動が著しく増加し，国境の意味が変化する過程を指す）」の中で，これまでの主権国家の権能が様々に浸食され，立憲主義が前提としてきた政治的現実が変化したことにより，国内立憲主義の実効性が低下しているのではないかとの問題意識を共有した上で，それを越境的な立憲主義によって補うことができると考えるか否かが，議論の分かれ目になっている(3)。グローバル立憲主義は，EU による越境的統治が進展した，ヨーロッパの現実を背景にする部分が少なくないが，その議論は，あくまでヨーロッパに限定せず，グローバルな射程を持ち，グローバル化により，世界的に国境の持つ意味が相対化する状況を背景に，国内・国際双方の法秩序を構成要素とする，非階層的かつ多元的なグローバルな法秩序を想定し，その全体が立憲主義により統制されると考える。このような主張は，国家を前提にして，国内における立憲主義を議論してきた日本憲法学にとり奇異に映ると思われる。もちろん，日本の憲法学と同じ違和感は，ヨーロッパの公法学にも根強い。しかし，EU により，越境的レベルに，国家権力に類似する公権力が広範に成立しているヨーロッパの憲法学にとって，これを奇異と言ってすませられる状況にはない。法学者も，自らが置かれた環境から自由でない以上，日欧憲法学の対応が異なることは自然であるが，日本憲法学にとっての自明の前提が，真に自明であるのかは，問い直す必要がある。以上の問題意識を基に，本章は，どこに議論の分岐点があるのかを明確にしようとする。具体的には，グローバル立憲主義の主張とそれへの批判を概観した上で，グローバル立憲主義が，特に憲法学との関係において抱えている理論的課題，第一に，越境的な公権力と国家主権の関係，第二に，民主主義，具体的には，憲法制定権力と憲法に従った民主的意思決定とグロー

---

(3) Petra Dobner and Martin Loughlin, *Introduction, in* The Twilight of Constitutionalism?, xi (Petra Dobner and Martin Loughlin eds., Oxford, 2010); Martin Loughlin and Neil Walker, *Introduction, in* The Paradox of Constitutionalism, Constituent Power and Constitutional Form, 1-4 (Martin Loughlin and Neil Walker eds., Oxford, 2007).

バル立憲主義の関係をそれぞれ検討し，最後に，グローバル立憲主義は，日本国憲法をどのように評価するのかを考察する。

Ⅱ　グローバル立憲主義の概括的検討

1　立憲主義とグローバル立憲主義

グローバル立憲主義は，国内立憲主義の議論を下敷きにしている。深田は，国家憲法には，国家の統治機構を作り，それに権限を付与する等，「組織構成的側面」と，国家の統治組織を規制・制限する「制限的側面」があるところ，20世紀後半，多くの国で立憲民主制の憲法が制定され，立憲主義の制限的側面が強調されるようになったと指摘した上で，特に，基本的人権を保障するための国家権力の制限が，違憲立法審査制を備えた現代立憲主義により重視されていると説明する(4)。深田の整理は，日本だけでなく，一般に承認されるだろう(5)。もっとも，人権を保障するための権力の制約を違憲審査制によって具体化するという点では，ほぼコンセンサスがあるものの，それ以上の点では，立憲主義の内容は必ずしも明確ではなく，論者により異なる意味で用いられる多義的概念でもある(6)。

さて，21世紀に入り，国家ではない，越境的領域に立憲主義を適用しようとする議論が現れる。これが，「グローバル立憲主義」又は「越境的立憲主義（transnational constitutionalism）」と呼ばれる主張である。この主張を支持する者及び反対する者の少なからぬ部分には，世界の現状に対する共通の事実認識がある。それは，グローバル化の中で，国家の自律的な公権力行使が困難な領域が増加し，公権力の所在が，部分的にせよ主権国家から，その外部に移動し

(4)　深田三徳『〈法の支配と立憲主義〉とは何か』（日本評論社，2021年）13-23頁，阪口正二郎『立憲主義と民主主義』（日本評論社，2001年）2-3頁; Martin Loughlin, *What is Constitutionalisation?, in* The Twilight of Constitutionalism?, *supra* note 3, at 47, 60.

(5)　Barberは，立憲主義を国家権力の抑制（否定的立憲主義）の観点からだけでなく，国家の果たすべき機能を促進する制度的構造を作り出す（積極的立憲主義）ことに注目すべきことを論じており，深田の指摘する「組織構成的側面」を重視している（N. W. Berber, The Principles of Constiutionalism, 1-9 (Oxford, 2018)）。

(6)　例えば，愛敬は，立憲主義の文脈で「個人の尊重」が主張される場合，個人の尊重に二種類の理解があること，立憲主義自体にも二つの理解の対立があることを指摘する（愛敬浩二『近代立憲主義思想の原像──ジョン・ロック政治思想と現代憲法学』（法律文化社，2003年）1-9頁）。

ているという，国際社会・国内社会双方における構造変化の認識である(7)。移動した公権力を行使し，国内社会に影響するグローバルな規制を設定する主体として想定されるのは，第一に，超国家性を備えた地域又は国際組織（WTO，国連，EU等），第二に，国際ネットワークによるガバナンス（金融規制，国際標準等）であり，その結果，現代憲法が前提としてきた領域支配権の包括性は損なわれている(8)。これらの事態は，別の観点からは，非国家法（国際法・ソフトロー）が，国家内の個人（自然人及び企業）を直接的に規制する事態として現れる。国連による国際テロリストに対する狙い撃ち制裁，国際刑事裁判所の創設を頂点とする，国際法による個人の刑事責任の追及などが，その具体例である(9)。これらの事象は，個人対象の国際法規範の増加に始まり，個人は人権以外の様々な分野（国際人道法，武力紛争法，投資条約から生じる個人の権利等）でも，国際法に深く取り込まれ，個人中心の国際法への変容という認識を基礎付けている(10)。このような認識を前提に，越境的立憲主義の是非が議論されているのである。

---

(7) 伊藤は，国際法の観点から，多数国間条約による国際公共価値の設定とそのための国際組織（多数決による決定）の設立，紛争解決の司法化，それらの変容を描写し，それを後押しするのが立憲主義の概念であると説明する（伊藤一頼「国際法と立憲主義――グローバルな憲法秩序を語ることは可能か」森肇志・岩月直樹編『サブテクスト国際法』（日本評論社，2020年）18-21頁）。Christine Schwöbel-Patel, *The Appeal of the Project of Global Constitutionalism to Public International Lawyers*, German Law Journal, Vol. 13, No. 1, 1, 6-10 (2012)).

(8) Martin Loughlin, *supra* note 4, at 62-66; Hauke Brunkhorst, *Constitutionalism and Democracy in the World Society, in* The Twilight of Constitutionalism?, *supra* note 3, at 179, 191-193; Mattias Kumm, *The Best of Times and the Worst of Times, Between Constitutional Triumphalism and Nostalgia, in* The Twilight of Constitutionalism?, *supra* note 3, at 201, 201.

(9) 須網隆夫「地域的国際機構と国際テロリズム規制――EUによる国際テロへの法的対応と課題」国際法外交雑誌106巻1号（2007年）1-35頁; Rainer Wahl, *In Defence of 'Constitution', in* The Twilight of Constitutionalism?, *supra* note 3, at 220, 226-229; 田原洋子「ピノチェト事件における拷問に対する普遍的管轄権の問題」広島法学30巻3号（2007年）73-98頁。

(10) See Anne Peters, Beyond Human Rights, The Legal Status of the Individual in International Law (Cambridge, 2016).

2　グローバル立憲主義の必要性

それでは，なぜグローバル立憲主義が必要とされるのであろうか。立憲主義の理解が多様であるのと同様に，グローバル立憲主義の意味にも厳密な一致があるわけではないが[(11)]，グローバル立憲主義の基本的発想は，グローバル化を背景に，国家・国際社会双方のレベルに生じた構造的変化による，国家レベルの立憲主義の実効性低下を，越境的領域に立憲主義を拡張させることにより補おうとすることにある。第一の変化は，国家と国際社会との関係に現れる。Petra Dobner は，世界的には，国家レベルでの立憲化はなお進行中であるが，同時に，グローバル化による「主権国家の地位（statehood）」の変化により，公権力を憲法により統制する方法としての国内立憲主義の退潮を認識せざるを得ず，それへの対応として，国内立憲主義を変容させながら，越境的領域への拡張が必要となると説明する[(12)]。進行しつつある国内レベルでの非立憲化を補うためにグローバル立憲主義を提唱した Anne Peters らの発想も同様である[(13)]。第二は，国際社会内部における変化である。Jan Klabbers らは，冷戦終結後の国際組織・非国家アクターによる国際協力の進展により，様々な枠組の並存する多元的な国際社会における国際法の断片化を克服するために，国際法の垂直的秩序化という意味での立憲化が要請されたと説明する[(14)]。そのような断片化を象徴するのが，国連安保理決議による個人への狙い撃ち制裁であ

(11)　筆者のグローバル立憲主義理解は，拙稿（Takao Suami, *Global Constitutionalism and Human Rights: The Contribution of the Korean Constitutional Court to Global Society, in* The Constitutional Court of Korea as a Protector of Constitutionalism 57, 58-62 (Constitutional Research Institute ed., 2021); Anne Peters, Takao Suami, Dimitri Vanoiverbeke and Mattias Kumm, *An Introduction, in* Global Constitutionalism from European and East Asian Perspectives 1, 5-8 (Takao Suami, Anne Peters, Dimitri Vanoverbeke and Mattias Kumm eds., Cambridge, 2018)）を参照されたい。

(12)　Petra Dobner, *More Law, Less Democracy?, Democracy and Transnational Constitutionalism, in* The Twilight of Constitutionalism?, *supra* note 3, at 141, 141.

(13)　Anne Peters, *Compensatory Constitutionalism: The Function and Potential of Fundamental International Norms and Structures*, Leiden Journal of International Law, Vol. 19, 579-610 (2006); Martin Loughlin, *supra* note 4, at 66-69.

(14)　Jan Klabbers, *Setting the Scene, in* The Constitutionalization of International Law 1, 3 and 11-19 (Jan Klabbers, Anne Peters and Geir Ulfstein eds., Oxford, 2009); Anne Peters, *Constitutional Fragments: On the Interaction of Constitutionalization and Fragmentation in International Law, Center for Global Constitutionalism*, University of St Andrews, Working Paper No. 2, 1-42 (2015).

り，国際組織による公権力行使を，立憲主義により，直接に統制する必要性が認識された(15)。

このようなグローバル立憲主義は，冷戦終結後の国内レベルでの立憲主義の普及とともに，国際社会が立憲化されつつあるとの認識と交錯しながら発展してきた。例えば，Alec Stone Sweet は，EU，欧州人権条約，WTO に言及して，多元的な国際法秩序が立憲化の過程にあると論じ，Martin Loughlinm も，WTO，EU に加えて，国連につき立憲化を論じている(16)。

3　グローバル立憲主義における憲法・立憲主義

グローバル立憲主義において，立憲主義又は憲法という概念は，国内立憲主義に由来しながらも，国家から切り離されたために，国家憲法とは異なる形態を取り，より抽象化されるとともに，政治権力の制限という機能的な意味で主に使用されている。その内容をさらに検討する。

まず，EU 法を論じる者で，EU 法の立憲化・EU への立憲主義の適用を否定する者はまずいない。例えば，Neil Walker は，EU が国家とは異なることから，国家における立憲主義を変容させて，EU に適用し得る立憲主義を模索し，国内立憲主義から，国家以外の文脈に適用可能な内容を見出そうとする(17)。

---

(15)　Jan Klabbers, *supra* note 14, at 1-3.

(16)　Alec Stone Sweet, *Constitutionalism, Legal Pluralism, and International Regimes*, Indiana Journal of Global Legal Studies, Vol. 16, No. 2, 621 (2009); Martin Loughlin, *supra* note 4, at 63-66; EU の立憲化は，既に 1990 年代に Weiler によって指摘され（J. H. H. Weiler, The Constitution of Europe, “Do the new clothes have an emperor?” and other essays on European integration 16-39 (Cambridge, 1999)），その認識は，EU 法学により広く共有されている。但し，EU における立憲主義は，多元的な憲法多元主義の形態を取る（須網隆夫「ヨーロッパにおける憲法多元主義――非階層的な法秩序像の誕生と発展」法律時報 85 巻 11 号（2013 年）43-48 頁）。

(17)　Neil Walker, *Postconstitutionalism and the problem of translation, in* European Constitutionalism beyond the State, 27, 32 and 38-54 (J.H.H.Weiler and Marlene Wind eds., Cambridge, 2003); Maduro も同様に，国内立憲主義と離れて，立憲主義の真の性質を議論する（Miguel Poiares Maduro, *Europe and the constitution: what if this is as good as it gets?, in* European Constitutionalism beyond the State, *id.*, at 74, 75）。EU の立憲主義に関する議論も更に発展し，機能的立憲主義の概念を提唱する Isiksel は，一方で広範な立法権限，階層的な規範構造，司法審査，個人の権利保障と言った憲法的特徴を備えている EU は，他方で市民による民主的統制が弱く，そのような EU が正統性を主張するために，立憲主義に依拠する必要があると主張する（Turkuler Isiksel, Europe's

司法審査は，国内立憲主義，特に「法の支配」の不可欠な要素ではあるが[18]，それが越境的領域で常には保障されないことは明白である。ヨーロッパレベルでのデモスが不在であるために，デモスと立憲主義の関係も切断されている[19]。

Walkerが，EUを越えて，非国家主体一般への立憲主義の適用を展望したように，EUの立憲主義に係わる議論は，より一般的なグローバル立憲主義の議論に繋がっていく[20]。そこでは，国家憲法が通常，憲法典という独立した法典の形式を取るのに対し，グローバル憲法とは，国際法・国内法双方に由来する根本規範（立憲的諸原則）であり，国際法秩序全体，個々の国際組織，国内憲法規範のそれぞれにとって憲法的機能を果たすものであり，分散した法文と判例法によって形成されると考える[21]。グローバル立憲主義は，国内立憲主義と同じく，人権の尊重，法の支配，民主主義に依拠するが，国際社会と国内社会の構造的相違のゆえに，異なる形態で顕現せざるを得ない。すなわち第一に，国内立憲主義は，国内憲法の最高法規性を前提とするが，階層性が限定されている国際法秩序の内部において，立憲主義は，多くの場合，一方の法秩序が他方の法秩序に全面的に優越しない「憲法的寛容（constitutional tolerance）」として機能せざるを得ない[22]。第二に，国際法と国内法との関係においても，立憲主義は，国際組織による権力行使を統制する原理を提供するとともに，それが立憲主義の要請を満たさない場合には，国際法の優位を国内法が否定する論拠を提供する[23]。要するに，グローバル立憲主義は，複数の性質の異なる法秩序が多元的に存在するグローバル社会において，メタ憲法である立憲的諸原則（その一部は，「ユス・コーゲンス」，「法の一般原則」に該当する）を現実化するように機能するのである。

Functional Constitution, A Theory of Constitutionalism Beyond the State 3 and 6–8 (Oxford, 2016))。

(18)　N. W. Barber, *supra* note 5, at 2–3.

(19)　J. H. H. Weiler, *In defence of the status quo: Europe's constitutional Sonderweg, in* European Constitutionalism Beyond the State, *supra* note 17, at 7, 9.

(20)　須網・前掲注(1)。

(21)　Anne Peters, *supra* note 14, at 12.

(22)　*Id.*, at 27–28.

(23)　Anne Peters, *Are we Moving towards Constitutionalization of the World Community?, in* Realizing Utopia, The Future of International Law 118, 127 (Antonio Cassese ed., Oxford, 2012).

4 グローバル立憲主義への懐疑

グローバル立憲主義の考え方は，国際法学者・法哲学者を中心に支持されるとともに，各法分野から様々に批判されてもいる。

(1) 国際法学からの批判

まずは，主に国際法学者からの批判があり，彼らは，国内と国際社会では，立憲主義に係わる状況が異なることを根拠に，国内立憲主義からの類推に慎重である(24)。批判には，幾つかの類型がある。第一に，Armin von Bogdandy らは，国際組織に対する国内憲法からの示唆の有用性を認め，特に EU における憲法多元主義は肯定しながらも，より一般的に憲法概念を使用することを留保し，国際機関による公益追求に着目して，国際法を国際公法と理解するアプローチを提示する(25)。非階層的な国際社会は，人権を核とした立憲主義概念で把握するには多様過ぎると考えるのである(26)。第二に，Nico Krisch は，国内立憲主義の限界を認識する点では，グローバル立憲主義と共通するが，世界における，生・政治・宗教・正義に関する価値観の多様性を強調するラジカル多元主義の立場から，グローバル立憲主義に内在する規範的要素を批判し，規範的要素を取り除く，より控え目な「グローバル行政法論」に賛同する(27)。日本の国際法学者にも，最上を始め，グローバル立憲主義の内容を限定的に把握しようとする傾向がある(28)。第三に，Christine Schwöbel-Patel は，ヨーロッパ法思想の進歩史観への立脚を指摘し，中立的装いにも拘らず，公私二分論に基

(24) Christine Schwöbel-Patel, *supra* note 7, at 16.

(25) Armin von Bogdandy, Mattias Goldmann and Ingo Venzke, *From Pubilc International to International Public Law: Translating World Public Opinion into International Public Authority*, European Journal of International Law, Vol. 28, No. 1, 115, 128-129 (2017).

(26) *Id.*, at 130.

(27) Nico Krisch, *Global Administrative Law and the Constitutional Ambition, in* The Twilight of Constitutionalism?, *supra* note 3, at 245-246, 249 and 255-258; Nico Krisch, *Beyond Constitutionalism,* The Pluralist Structure of Postnational Law 21, 67-72 and 77-78 (Oxford, 2010).

(28) 最上敏樹「国際立憲主義批判と批判的国際立憲主義」世界法年報 33 号（2014 年）1-32 頁; Takao Suami, *Global Constitutionalism and International Law Scholarship in Japan*, Japanese Yearbook of International Law, Japanese Yearbook of International Law, Vol. 64, 5, 39-43 (2021).

づく，現在のグローバル立憲主義は，新自由主義を強化する役割を果たし，現在の国際社会の民主化・脱植民地化に役立たないばかりか，現行のヘゲモニーを強化すると批判する(29)。彼女のように，グローバル立憲主義は新たな形態の帝国主義になりかねないと批判する論者は少なくない(30)。

もっとも，これらの批判は，現在のグローバル立憲主義への批判として提示されており，越境的立憲主義のアイデアに正面から対決しているとは限らない。Bogdandy らが，EU の憲法多元主義を肯定的に理解することが示すように，グローバル立憲主義との距離がそれほど大きくない批判もあるからである。またグローバル立憲主義と言っても，Anne Peters・Mattias Kumm らの場合は多元主義を前提とし(31)，他方 Krisch も，グローバル行政法論に規範的要素が含まれることを肯定する以上(32)，両者の相違は程度問題でもある。Schwöbel-Patel も，現行グローバル立憲主義が偏向し限界を有すると指摘するが，それらの欠陥が改善され，再概念化される可能性を否定せず，グローバル立憲主義に賛同はしないものの，進行中の過程としてそれを認識する(33)。要するに，今後の事態の推移を見なければグローバル立憲主義の妥当性は判断できないというわけである。以上，国際法学者の批判には，グローバル立憲主義と交錯する部分が少なくない。様々な法現象が生起する国際社会の中で，各論者は，それぞれが重要と考える事象を念頭に自己の議論を展開する傾向があり(34)，それゆえ，結論も異ならざるを得ない。各論者の念頭に置く事象を前提

(29)　Christine Schwöbel-Patel, *Global Constitutionalism and East Asian Perspectives in the Context of Political Economy, in* Global Constitutionalism from European and East Asian Perspectives, *supra* note 11, at 100, 100-113.

(30)　Maria Adele Carrai, *Global Constitutionalism and the Challenge of China's Exceptionalism, in* Global Constitutionalism without Global Democracy (?), EUI Working Papers, LAW 2016/21, 95, 99 (Caudio Corradetti and Giovanni Sartor eds., 2016).

(31)　Anne Peters and others, *supra* note 11, at 1, 5-8.

(32)　Nico Krisch, *Global Administrative Law and the Constitutional Ambition, supra* note 27, at 257.

(33)　Christine Schwöbel-Patel, *supra* note 7, at 2-3 and 20-21.

(34)　例えば，各論者は国連・WTO 等を念頭に置く点では共通するが，Bogdandy らは，EU を除く，公式の国際組織，G7 のような非公式の政府間組織，さらに規制機関のネットワーク組織一般を念頭に置くのに対し（Armin von Bogdandy and others, *supra* note 25, at 116-117），Schwöbel-Patel は，新自由主義との関連で，IMF，WTO，世銀などに重点を置く（Christine Schwöbel-Patel, *supra* note 29, at 107）。また，国連の狙い撃ち制

に考える限り，それぞれの議論には一定の合理性が看取できるのである。確かに，Koskenniemiが指摘するように，グローバル立憲主義には，カントの影響が見られ，そのことは，ドイツで議論が活発なことと無縁ではなかろう(35)。しかし，国連の狙い撃ち制裁に対する，EU司法裁判所のKadi事件判決，欧州人権裁判所のNada事件判決は，安保理の権限行使を立憲主義に基づいて統制する必要性を示すとともに，人権保護のために，地域又は国内裁判所が安保理決議を根拠とする制裁の履行を拒否することを正当化した(36)。これらの事案を見る限り，国際組織の文脈で立憲主義を議論する必要性は機能的には明確であり，グローバル立憲主義を全面的に否定することは困難である(37)。Kadi事件と同様の事態が日本でも発生し，日本の裁判所で制裁履行の合憲性が争われることは十分予測可能である。そのため，立憲主義は，国際法理論の一つとして，国際法学に定着しているのである(38)。

裁に対するEU司法裁判所のKadi事件判決からグローバル立憲主義の議論を始める者も少なくない（Antje Wiener, Anthony F. Lang Jr., James Tully, Miguel Poiares Maduro and Mattias Kumm, *Global constitutionalism: Human rights, democracy and the rule of law*, Global Constitutionalism, Vol. 1, No. 1, 1, 1-2 (2012)）。

(35)　Martti Koskenniemi, *Constutionalism as Mindset: Reflections on Kantian Themes About International Law and Globalization*, Theoretical Inquiries Vol. 8, No 1, 9-36 (2007); Christine Schwöbel-Patel, *supra* note 7, at 18-19 and 22.

(36)　須網隆夫「グローバル法秩序の形成と抵触法――抵触法的アプローチの可能性」早稲田法学95巻3号（2020年）75-82頁; Joined Cases C-402/05 P and C-414/05 P, Kadi and Al Barakaat International Foundation v. Council, 3 September 2008; 中村民雄「国連の法とEC法の関係――国連決議を実施するEC措置の司法審査，カディ事件」中村民雄・須網隆夫編著『EU法基本判例集〔第3版〕』（日本評論社，2019年）317-327頁; 小畑郁「グローバル化による近代的国際/国内法秩序の枠組みの再構成――カディ事件を契機とした試論的考察」浅野有紀・原田大樹・藤谷武史・横溝大編著『グローバル化と公法・私法関係の再編』（弘文堂，2015年）135-136頁; Nada v. Switzerland, 12 September 2012, Reports 2012-V（Grand Chamber); 須網隆夫「国連安保理による移動禁止措置の人権条約適合性――ナダ判決」小畑郁・江島晶子・北村泰三・建石真公子・戸波江二編『ヨーロッパ人権裁判所の判例Ⅱ』（信山社，2019年）56-60頁。

(37)　Aoife O'Donoghue, *Tyranny and the anxieties of law beyond the state, in* Global Constitutionalism without Global Democracy (?), *supra* note 30, at 61, 76-77.

(38)　Andrea Bianchi, International Law Theories, An Inquiry into Different Ways of Thinking 44-71 (Oxford, 2016).

(2) 憲法学からの批判

これに対し，主に憲法学者は，グローバル立憲主義に対し，より根源的な批判を展開する。少なからぬ憲法学者は，立憲主義と主権国家を不可分と考え，憲法の前提とする政治共同体が存在しない主権国家の枠外である越境的領域で立憲主義を議論することを，絶対的に否定する(39)。最も説得的な批判を展開すると言われるDieter Grimmは,「立憲主義」と「公権力の法制度化」を厳密に区分した上で，立憲主義の特徴を列挙するが，彼は，権力の唯一の正統な源泉である人民が有する「憲法制定権力（pouvoir constituent)」と「憲法により制定された権力（pouvoir constitué)」の区別の重要性を強調し，憲法・立憲主義を取り巻く状況の変化を認識しながらも，立憲主義を国際又は越境的レベルで再構成することはできないと断言する(40)。要するにGrimmは，様々な公権力主体の中で国家を特別視し，立憲主義は，一定の形式・機能・要素に関連するのではなく，人民の憲法制定権力が確立する，正統性を有する最高権力に関してのみ語り得ると考える(41)。Grimmによれば，国際公権力の行使により国家が変容しつつあるとしても，そのような人民を国家外で観念できない以上，国際法の正統性は，国家同意に依拠した派生的なものでしかなく，そこに立憲主義は語れず，むしろ越境的な立憲主義は，国際法の正統性の欠損を隠すことにしかならない(42)。Grimmは，憲法の起源に由来する，国家と憲法・立憲主義の特別な関係に拘り，国家憲法と立憲主義を一体として把握する。Grimmは，国家を基礎に立憲主義の概念を組み立てて，それが，そのまま越境的領域に適用可能か否かを検討するが，国際社会の構造が国内社会と異なる以上，立憲主義が国際社会に適用できないことは当然の帰結である(43)。それゆえ，通常は立憲主義の対象と考えられる，EUの立憲化にも賛成しない(44)。このような

(39) Mattias Kumm, *The Cosmopolitan Turn in Constitutionalism: An Integrated Conception of Public Law*, Indiana Journal of Global Legal Studies, Vol. 20, No. 2, 605, 607 (2013); 但し，EUについては，国際社会一般と異なると理解する議論は少なくない (Rainer Wahl, *In Defence of 'Constitution', in* The Twilight of Constitutionalism?, *supra* note 3, at 220, 239)。

(40) Dieter Grimm, *The Achievement of Constitutionalism and its Prospects in a Changing World, in* The Twilight of Constitutionalism?, *supra* note 3, at 3, 9, and 13-21.

(41) Mattias Kumm, *supra* note 39, at 607.

(42) *Id.*, at 608-609.

(43) Dieter Grimm, Constitutionalism, Past, Present, and Future 328-329, 332-337, 363-364 and 370 (Oxford, 2016).

Grimmの議論とグローバル立憲主義の分岐点は，憲法・立憲主義の定義の相違にあり，そのためGrimmの議論は，グローバル立憲主義に対する正面からの批判にはなっていない(45)。Grimmは，国家憲法から立憲主義の性質を導き出すが，なぜ立憲主義をそのように限定的に解釈しなければならないかは十分に説明していないからである。

(3) 憲法学と国際法学の交錯

さて憲法学との関係で，より注目すべきことは，2010年代後半より，憲法学者の中から，グローバル立憲主義に共鳴する議論が現れてきたことである。2010年代後半，トランプ政権の誕生，イギリスのEU離脱，EU内の非リベラル民主主義の台頭などの出来事は，グローバル立憲主義の説得力を傷つけた。しかし，同じ時期，国際組織など越境的領域を主対象とする国際法の議論と異なり，国家憲法の制定過程に着目し，国際社会との相互作用の中で，国家憲法は形成されていると認識する議論が登場する。それらの議論は，憲法の正統性は，人民の意思に基礎付けられると信じられてきたが，実際には，憲法制定は，国内当事者と国際アクターの相互作用の下で進行する越境的な過程であり，外部の関与なしに一国内で自己完結しているわけではないと論じる(46)。そして，国際法学者だけでなく，Yaniv Ronzaiなど憲法学者もこの議論に加わっているのである(47)。国際アクターの関与は，国連の平和構築活動の下で行われる国家建設に際してとりわけ顕著である。そこでは，グローバル立憲主義が依拠す

(44) *Id.*, at 330 and 372; Grimmは，国際法を憲法と呼ぶことは，憲法概念を空虚化させ，立憲主義の内容を薄めてしまうと懸念する（*Id.*, at 373）。

(45) 須網隆夫「国境を越える立憲主義――グローバル立憲主義とその成立可能性」憲法研究３号（2018年）166-173頁。

(46) Tom Ginsburg, Terence C. Halliady and Gregory Shaffer, *Constitution-Making as Transnational Legal Ordering, in* Constitution-Making and Transnational Legal Order, 1, 2-3, 6, 9 and 11 (Gregory Schaffer, Tom Ginsburg and Terence C. Halliady eds., Cambridge, 2019); Richard Albert, Xenophon Contiades and Alkmene Fotiadou, *Introduction, Imposition in making and changing constitutions, in* The Law and Legitimacy of Imposed Constitutions 1, 1-5 (Richard Albert, Xenophon Contiades and Alkmere Fotiadou eds., Routledge, 2019).

(47) Ronzaiは，全ての憲法には「押し付けの要素（elements of imposition）」があると論じる（Yaniv Ronzai, *Internally imposed constitutions, in* The Law and Legitimacy of Imposed Constitutions, *supra* note 46, at 58, 80-81）。

る立憲的諸価値（人権保護，法の支配，権力分立，民主主義）に基づくことが，新国家の条件とされ，逆に言えば，当該国家の国民が望もうが，それらと異なる価値に依拠する憲法制定の可能性は予め排除されていることである[48]。そしてGinsburgらは，越境的な憲法形成過程を把握するために，国際法と国内憲法の双方を射程に入れた，「越境的法秩序（transnational legal order）」概念をさらに提示する[49]。これは，国内憲法の視点から，グローバル立憲主義に連携する議論であると評価できる。

これらの議論において，国際法学者と憲法学者は，ほぼ一体となって議論を展開し，国際法と国内公法を統合したグローバル公法学への萌芽を感じさせる[50]。後述のように，国際法と国内法の峻別は，グローバル立憲主義が克服しようとする課題の一つである。

(4) 小　括

さてグローバル立憲主義は，EUが典型的であるように，西洋立憲主義国家の実行を基礎とする部分が大きく，西洋中心主義的な陥穽に陥る危険性を内在している。しかし2010年代，グローバル立憲主義に反する様々な出来事に直面し，また内外からの厳しい批判を浴びた[51]，グローバル立憲主義は，それらの批判に応えようと努力するとともに，国内憲法に関する新たな研究成果に支えられ，引き続き，グローバル社会の法現象を説明・指導する理論枠組として，その存在感を保っている[52]。

---

(48)　Takao Suami, *Global Constitutionalism and Human Rights, supra* note 11, at 63-65; 篠田英朗『平和構築と法の支配』（創文社，2003年）73-79頁。

(49)　Tom Ginsburg and others, *supra* note 46, at 6-9.

(50)　国際法と国内法を画然と区別する英米法の伝統にも係らず，国際法と国内法の明確な相違に疑問を投げかけ，国際法と憲法により構成される公法を観念する議論もある（Jack Goldsmith and Daryl Levinson, *Law for States: International Law, Constitutional Law, Public Law*, Harvard Law Review, Vol. 122, No. 7, 1791, 1792-1799 and 1858-1862 (2009)）。

(51)　例えば，内部からは，その進歩的歴史観が批判された（James Tully, Jeffery L. Dunoff, Anthony F. Lang Jr., Mattias Kumm and Antje Wiener, *Introducing global integral constitutionalism*, Global Constitutionalism, Vol. 5, No. 1, 1, 2-5 (2016)）。

(52)　Mattias Kumm, Jonathan Havercroft, Jeffrey Dunoff and Antje Wiener, *The end of 'the West' and the future of global constitutionalism*, Global Constitutionalism, Vol. 6, No. 1, 6, 2-10 (2017).

しかし，グローバル立憲主義は，特に憲法学との関係において，幾つかの未解決の理論的課題を抱えている。国家憲法を前提に発展してきた憲法学は，国家と離れた立憲主義を予定する概念装置を未だ準備していない。そのため，グローバル立憲主義の機能的な必要性は理解しても，それを既存の憲法学に取り込むことに困難が生じているのである。それらは，第一に，立憲主義と国家主権の関係である。具体的には，国家の統治権限が超国家機関へ移譲される中で，国家の主権国家性が変容しているのか，それとも依然として国家だけが主権の正統な担い手であるのかが問われる。もし，国家外にも国家と比較可能な権力主体が存在し得るのであれば，憲法学は，立憲主義の越境的適用を真摯に検討しなければならなくなる。第二は，立憲主義と民主主義の関係である。立憲主義と民主主義の緊張関係は，憲法学でも広く認識されている。国家憲法の根拠が，窮極には国民の意思に求められることが示すように，主権国家において，立憲主義は民主主義と結び付いている。それでは，第一の問いが問題にしたように，公権力の所在が分散する中で，立憲主義は，なお民主主義と直結する必要があるのであろうか。その答えが否であれば，やはり憲法学は，グローバル立憲主義を真摯に検討しなければならなくなる。

国家からの主権の移譲，越境的領域での民主主義の制度化の両面で，国際社会一般より，EU の状況は格段に進んでいる。そのため，もし EU で立憲主義が成立しなければ，グローバル社会で成立することはあり得ない[(53)]。したがって，EU に係る議論を一つの参照点としながら，これらの課題を検討する。

Ⅲ　立憲主義と国家主権

1　問題の所在

Martti Koskenniemi が，概念をもてあそんでいるだけではないかと幾分揶揄したように，グローバル化を背景に「主権（sovereignty）」に絡んで様々な議論が展開されている[(54)]。立憲主義が，国家権力の法による制約として発展した

(53)　Takao Suami, *Global Constitutionalism and European Legal Experiences, Can European Constitutionalism Be Applied to the Rest of the World?, in* Global Constitutionalism from European and East Asian Perspectives, *supra* note 11, at 123, 138-142.

(54)　Martti Koskenniemi, *Book Review on 'Jean L. Cohen, Globalization and Sovereignty'*, International Journal of Constitutional Law, Vol. 11, No. 3, 818, 818 (2013).

以上，立憲主義は，国家への強制力の集中に基づいて成立した「主権」概念と結び付いている(55)。そして，グローバル立憲主義は，公権力の国家からの拡散という状況を前提に，国家と立憲主義の紐帯を切り離すことによって成立した議論である(56)。

国際法の国家意思を越えての発展，特に国際裁判所の成長に着目して，2010年代には，国境を越える「権力（authority）」という考え方が主張されるようになった(57)。そこでは，権力を，行使される権力の対象者の側にその意思に従う義務があるという，主観的な信念として理解するなど，権力を幅広く定義した上で，越境的な領域において，不完全ではあるが，強制による秩序化を実現する法的権力が出現しつつあると認識して，その説明が様々に試みられている(58)。国際法の一部は，慣習国際法，ユス・コーゲンスなど，国家同意に基づかずに成立しており(59)，そこには何らかの法的権力が予定されているはずである。そして，国内法に代替する国際法による規制の発展，国際人権法の成長，国際組織・国際裁判所の自律的活動も，国家同意により基礎付けることが難しい場合が少なくなく，越境的な権力の存在を可視化している(60)。

(55)　樋口陽一『近代立憲主義と現代国家』（勁草書房，1973年）148-149頁。

(56)　樋口は，「およそ国家に権力が集中している社会では」，「規範形式の問題」として，「国家権力を拘束する法は国家法以外ではありえない」と述べる（同・154頁）。グローバル立憲主義は，この前提が変化していると認識するのである。

(57)　Patrick Capps and Henrik Palmer Olsen, *Introduction, in* Legal Authority beyond the State 1-9 (Patrick Capps and Henrik Palmer Olsen eds., Cambridge, 2018).

(58)　*Id.*, at 7; Patrick Capps, *The Evolution of Global Authority, in* Legal Authority beyond the State, *supra* note 57, at 57, 72 and 80.

(59)　慣習国際法の成立要件は，「一般慣行」と「法的信念」に整理され，後者を「国の黙示の合意」と解する説もあるが，一般的ではない（岩沢雄司『国際法』（東京大学出版会，2020年）55-60頁）。最近のヨーロッパの教科書も，成立要件として合意には言及していない（James Crawford, Brownlie's Principles of Public International Law 21-25 (9th ed., Oxford, 2019)。国家は，同意なしに，法の一般原則，慣習国際法により拘束される。さらに，条約により法的義務を創設できる機関を設立した時にも，その機関の決定に拘束されるので（Mattias Kumm, *Sovereignty and the Right to be Left Alone: Subsidiarity, Justice-Sensitive Externalities, and the Proper Domain of the Consent Requirement in International Law*, Law and Contemporary Problems, Vol. 79, No. 2, 239, 242 (2016)），記述的にだけでなく，規範的に，国家同意は国際法の基礎足り得ない（*Id.*, at 243）。

(60)　John Martin Gillroy, *Practical Reason and Authority beyond the State, in* Legal Authority beyond the State, *supra* note 57, at 127, 147; Inger-Johanne Sand, *Varieties of Authority in International Law, State Consent, International Organisations, Courts,*

もし国家同意の範囲を超える権力作用が存在するのであれば，それを基礎付ける権力の存在を想定せざるを得ない。そうであるからこそ，それらの権力の立憲的統制のために，グローバル立憲主義が発展したのである。それでは，そのような越境的権力と国家主権とは，どのような関係にあるのであろうか。グローバル立憲主義の議論は，国家主権を軸に構成されているわけではないので[(61)]，これまでの議論では，グローバル立憲主義が越境的領域において対象とする権力，特に超国家機関への権限の移譲と国家主権との関係は明確ではない。問題は，移譲により，国家主権は変容しているのか，それとも影響されていないのかである。

2 国際法の発展と国家主権への影響

国家主権概念は，国際法・憲法の規範的議論にとってなお重要であるが，過去数十年間の国際社会に生じた法的変化，特に国家意思を越えた国際法の発展により，最高かつ窮極という伝統的な絶対的主権概念は，国際・国内双方の場面において，現実と乖離していることが明らかになっている[(62)]。そのため，国家主権について様々な議論が現れ，一方の極には，国家主権の浸食により，世界は，国家同意に基づく国際法からグローバル法に移行しつつあるとの認識の下，一元的な国家主権概念を放棄して，主権を具体的な権限に分解して機能的に把握すべきであるとの見解が生じる[(63)]。20世紀後半の国際法学では，国家主権の概念を，超法規的な基本権ではなく，実定国際法によって認められた国家権能の集合と理解し，それらの権限を，「国家管轄権（jurisdictions）」として把握する考え方が有力であり[(64)]，そのため，国際法の教科書によっては，主権概念を全く又はほとんど使用せず，管轄権概念を中心に説明するものが少なくなく，抽象的概念としての主権の意義は低下している[(65)]。このような国際法学

Experts and Citizens, in Legal Authority beyond the State, *supra* note 57, at 161-187.

(61) Jack Goldsmith and Daryl Levinson, *supra* note 50, at 1858-1859.

(62) *Id.*, at 1844.

(63) Jean L. Cohen, Globalization and Sovereignty, Rethinking Legality, Legitimacy, and Constitutionalism 1-3 (Cambridge, 2012).

(64) 須網隆夫「EUと加盟国の国家主権── EUへの主権の移譲とリスボン条約」福田耕治編著『EU・欧州統合研究〔改訂版〕──“Brexit”以後の欧州ガバナンス』（成文堂，2016年）86-87頁。

(65) 例えば，小寺彰・岩沢雄司・森田章夫『講義国際法〔第2版〕（補訂）』（有斐閣，2013

の動向は，主権の機能的把握という意味で，前述の見解の発想と交錯している。

もちろん，主権概念に拘る論者も多いが，その主権概念の理解も一様ではない。Jean L. Cohen は，国際人権法，平和構築活動，安保理決議による狙い撃ち制裁などの諸場面での，伝統的な国家主権の中核を揺るがす変化を認識しながらも，主権平等などの重要性から，主権に関する従来の議論を放棄すべきでないとの立場を取る(66)。Cohen は，主権国家と結合していた，一定の「権限（competences）」を他の機関に移譲することはできるが，法秩序の自律性と優位性の基礎としての主権は，分割・プール・共有され得ない，主権は，法的・規範的・認識論的概念であり，権利の束に帰せられない，究極の「権力（authority）」であると説明する(67)。ここまでの Cohen の議論は分かりやすい。しかし Cohen は，その後，国連法秩序は，単に条約により委任された権力ではなく，被派生的な性質を有すると述べて，逆にグローバルな法システムの根本規範の派生物と国家憲法を位置づける(68)。管轄権の議論が象徴するように，国際法学は，一般に主権概念の把握に柔軟であるが，絶対的な主権概念を見直しているだけでなく，Cohen は，複数の憲法秩序の非階層的な並存を想定する憲法多元主義に適合するように，国家主権の最高性も修正しており(69)，グローバル法秩序の中で，国家主権，そして国家自体が変容していることを否定しないだろう。これに対し Grimm は，国家主権の理解を刷新することにより，見かけ上の変化にもかかわらず，国家主権の変容を否定する。Grimm も，「主権」と表現される，特定の領域を支配する統一された公権力が近代憲法の必要条件であるとともに立憲主義の対象であるところ，従来，この公権力とは国家権力であったが，現在は，両者の一致が解体してしまったと認識する(70)。この解体に，越境的立憲主義が登場する根拠があることは当然であるが，Grimm は，この解体にも係らず，依然として，国家だけがその権限を浸食されながらも，強制力を備えた，統一的な公権力主体としてあり続けているという前提の下に議論を構

年），山本草二『国際法〔新版〕』（有斐閣，1994 年），Jan Wouters, Cedric Ryngaert, Tom Ruys and Geert De Baere, International Law, A European Perspective (Hart, 2019) などである。

(66)　Jean L. Cohen, *supra* note 63, at 4 and 12.

(67)　*Id.*, at 66.

(68)　*Id.*, at 66-67.

(69)　*Id.*, at 9-10 and 19-20.

(70)　Dieter Grimm, *supra* note 43, at v, 4-5 and 273; 須網・前掲注(45)164 頁。

築する。そのような立論が可能であるのは，「公権力（public power）」と「国家権力（state power）」という概念的区別の導入により(71)，前者が失われても，後者は影響されないという説明を可能としたからである。この点では，Martin Loughlin の主権論も Grimm に類似している(72)。Grimm も Loughlin も，従来，主権の内容と考えられてきた国家の統治権限が国家から切り離される現象は否定できない。問題は，その現象が国家主権に与える影響であり，彼らは，国家と EU など公権力を行使する国際組織は，本質的に異なった存在であることを理由に，その国家主権への影響を否定する(73)。Grimm によれば，世界国家が成立しない限り，グローバルな立憲主義はあり得ないという結論になる(74)。

3　EU における立憲主義・国家主権をめぐる対立

Grimm らの議論を検討する要点は，国家から超国家機関等への公権力（統治権限）の移転と国家の主権国家性の関係，換言すれば，公権力の移転により，国家主権は変容するのか否かである。そのためには，最も成功した超国家機関である EU について検討することが適当である(75)。EU においてすら，EU 加盟国の主権国家性に変化がないのであれば，それよりも超国家性の低い他の国際組織において変化が生じる可能性はないからである。

Grimm らは，あくまで，EU の権力は派生的権力であると認識することにより，加盟国の国家主権への影響を否定する。Grimm にとって，加盟国間の国際条約を基礎とする EU が行使する権力は，「公権力」ではありながらも，人民に

---

(71)　Dieter Grimm, *supra* note 43, at v, 273 and 336.

(72)　Loughlin も，「主権的な統治権限（the sovereign powers of rule）」と「主権概念（the concept of sovereignty）」を区別し，前者は分割可能であるが，後者は分割不可能であるとする（Martin Loughlin, *The state: Conditio sine qua non*, International Journal of Constitutional Law, Vol. 16, No. 4, 1156, 1159 (2018)）。

(73)　Loughlin は，いわゆるグローバル法・越境的レジームの出現による変化は，社会学的な変化に止まり，法概念を変化させるものではなく，国家は，制度の基礎となる制度として，その優越的地位を保持していると主張する（Martin Loughlin, *The misconceived search for global law*, Transnational Legal Theory, Vol. 8, No. 3, 353-359 (2017)）。

(74)　Grimm によれば，EU の立憲化は，EU が連邦国家になることによってしか達成できない（Dieter Grimm, *supra* note 43, at 330 and 372）。

(75)　本稿に先行する検討として，須網・前掲注(45)165-166，168-171 頁，須網・前掲注(64)82-105 頁。

由来せず，あくまで国家に由来する権限であるとともに，「国家権力」ではないのである(76)。すなわちGrimmは，一方で，加盟国が有していた統治権限の相当部分がEUに移譲され，その結果，立法・行政・司法の各分野において，加盟国が自律性を喪失していることを認めながらも，立憲化と単なる法制度化を区別し，EUは法制度化はしているものの，人民に由来する公権力・人民による民主主義という立憲化の前提条件を欠き，しかもEU権力は，法を強制的に実現する手段を欠くので，国家権力とは異なると結論付けて，EUレベルの立憲主義の成立を否定する(77)。Grimmの議論は，Grimmがかつて裁判官であった，ドイツ連邦憲法裁判所の判例法と整合している。EUを創設したマーストリヒト条約の合憲性について判断した，1993年のドイツ連邦憲法裁判所のマーストリヒト条約判決は，EUへの権限の移譲にも係らず，ドイツの国家主権が影響を受けていないと判示した(78)。ドイツ基本法は，元々，EUへの高権（hoheitsrechte）（主権的権限）の移転を規定しており（基本法23条1項），この高権の移転と国家主権の関係を説明する必要があった。判決は，ドイツの主権国家性が揺らいでいないことを示すために，「移譲され得る権限」と「移譲され得ない権限」という区別を，国家主権の内部に持ち込み，後者が主権国家性に本質的であるとの立場を確立したのである(79)。この立場は，Grimmの議論と同一線上

(76)　Dieter Grimm, *supra* note 43, at 32, 36 and 329.

(77)　*Id.*, at 328-330.

(78)　Brunner v. European Union Treaty, 12 October 1993, [1994] 1 C.M.L.R.57; 小場瀬琢磨「各国憲法からEC・EU法秩序への立憲的諸原則の要請――ドイツ連邦憲法裁判所のマーストリヒト判決」中村民雄・須網隆夫編著『EU法基本判例集』（日本評論社，2007年）33-44頁。

(79)　マーストリヒト条約判決はまず，EUの性質につき，EU条約は，単一のヨーロッパ国民を基礎とする国家ではなく，「ヨーロッパ諸人民の連合を実現するための国家結合体」を創設するものであり（51段），EUの権力も加盟国から派生し，ドイツは，そのような「条約の主人」の一人であり（55段），それゆえに，「ドイツは，自己の権利として主権国家の性質と他国に対する主権平等の地位を維持している」（55段）と判示した。EUの権限に関しても判決は，EU条約は，従来のECと同様に，限定された個別的権限付与の原則を採用しており，EUに自己の権限を決定する権限（Kompetenz-Kompetenz）（「権限配分権限」）は付与されておらず（59段），EUは自己の権限を拡大する権限の保有者ではない（67-68段），と述べる。2009年のリスボン条約判決も，EUへの主権的権限の移転は認められるが，加盟国はなお「条約の主人」であり，共同体権限も加盟国の諸人民に由来し，「欧州憲法」なる国際条約もなお派生的な基本秩序であること（231段），基本法は，権限配分権限のEUへの移転を禁止していること，EUからの脱退

にある。フランス憲法に，基本法23条類似の条項（88-1条）を持つ，フランス憲法学にも最近は同様の立場があらわれている[(80)]。

これに対し，MacCormickらは，EU加盟国の国家主権が変容していることを素直に認識する。彼は，Grimm・ドイツ連邦憲法裁判所のような主権概念を採用しない。そもそも，MacCormickが，国家を前提とした主権概念は法秩序の存在に不可欠ではないと指摘したように[(81)]，法現象の把握に主権概念が必要であるかについて議論は分かれ，主権につき明確に議論されない場合も少なくない。MacCormickは，EC内部に，絶対かつ単一の主権は存在せず，共同体はもちろん国家ではなく国家主権を保持しないが，加盟国ももはや対外的にも対内的にも本来の主権国家ではないと認識する[(82)]。Weilerも，EU権限の範囲を決定し，その権限行使の適法性を判断する権限は，国際法上もEU司法裁判所にあると説明した上で，EU法は，EU司法裁判所の判例法により憲法秩序に変化し，EUは司法的な「権限配分権限」を有すると指摘して，伝統的な国家主権は，EUにより浸食されていると想定している[(83)]。これらの見解は，加盟国の国家主権が，部分的にせよ喪失又は変容していると考える点で，Grimmら

は，他の加盟国又はEUの自律的な権力によって妨げられないこと（233段），をそれぞれ判示しており（2 BvE 2/08, 2 BvE 5/08, 2 BvR 1010/08, 2 BvR 1022/08, 2 BvR 1259/08, 2 BvR 182/09, 30 June 2009），マーストリヒト条約判決の立場を踏襲している（Daniel Thym, *In The Name of Sovereign Statehood: A Critical Introduction to the Lisbon Judgement of the German Constitutional Court*, Common Market Law Review, Vol.46, 1795-1822 (2009); 中村民雄「統合の限界── EU法形成への各国憲法による制約，ドイツ連邦憲法裁判所リスボン条約判決」中村民雄・須網隆夫編著『EU法基本判例集〔第3版〕』（日本評論社，2019年）23-32頁）。

(80)　大藤は，ジャン・フィリップ・ドロジエが，「権限を付与する権限」と単なる「権限」を区別し，前者の分割はあり得ないのに対し，後者は主権そのものではなく，EUに委譲が可能であると説明されていることを紹介している（大藤紀子「ヨーロッパ統合と「国家主権」──その機能的側面について」辻村みよ子編集代表『講座政治・社会の変動と憲法──フランス憲法からの展望〈第Ⅰ巻〉政治変動と立憲主義の展開』（信山社，2017年）108-109頁）。

(81)　Neil MacCormick, *Beyond the Sovereign State*, Modern Law Review, Vol. 56, No. 1, 1, 10-11 and 15-16 (1993).

(82)　*Id.*, at 16: Neil MacCormick, Questioning Sovereignty, Law, State, and Practical Reason 132-133 and 141-142 (Oxford, 1999); MacCormickは，EC加盟国の主権は失われてはいないが，内部的に分割と結合の過程にあり，主権国家は乗り越えられていると述べる（*Id.*, at 133）。

(83)　J. H. H. Weiler, *supra* note 16, at 286-323.

の見解と対照的である。但し，加盟国の主権喪失・変容が，EU が主権を有することを意味するとは限らないことには注意が必要である(84)。EU の権力は，加盟国間で締結された条約を根拠にするとは言え，広範な権限の移転の結果，EU 機関には相当程度の自律性が与えられており，後述のように通常の国際法による法的権力とは異なるが，なお主権と断定するまでには至らないのである(85)。

主権概念は多義的であるが，Grimm らと MacCormick らの「主権」概念は明らかに異なっている。それは，主権の統一性と分割性に係る。Loughlin と Walker は，主権者たる人民は，その同意により統一的な主権を作り出すが，他方で，その主権を実効的に行使するためには主権は分割されなければならないと指摘し，これを，「立憲主義の逆説」と呼んだ(86)。このように，主権には，法秩序の最終的な淵源としての抽象的な権威と各政策分野における具体的な権限行使の根拠という二つの側面が結び付いているところ，MacCormick らが，両側面を一体的に把握するのに対し，Grimm らは，この両側面を区分し，主権の本質的要素を抽象的な権威に限定している。両者の相違が，出発点である主権概念の定義に起因する以上，両者の対立は容易には結着が付かないが，以下の理由により後者が妥当であり，EU による加盟国の国家主権の変容を否定することはできないと考える。

まず，Grimm らの立場自体，加盟国の国家主権に変化が生じていることを示唆している。すなわち，主権概念の歴史的な形成過程を見れば，国家主権は，国際法学でも憲法学でも，具体的な統治権限と抽象的な究極の権威の双方を包括する概念として議論されており(87)，マーストリヒト条約判決のような権限配分権限を中核とする主権概念は，欧州統合の進展の中で，EU による主権への影響を遮断する目的で考案された概念と言わざるを得ない。そのように，主権概念を改変せざるを得なかったこと自体，EU が加盟国の国家主権に影響を及ぼした証左であり，主権が，実質的な統治権限を含まない概念として観念されたわけではない以上，具体的な統治権限が EU に移譲されれば，主権自体に影響が生じると考える方が自然である(88)。実際にも，ドイツ以外の加盟国の

(84)　MacCormick は，主権を誰かが失えば，別の誰かがそれを取得するとは考えない（Neil MacCormick, *supra* note 81, at 16）。

(85)　Inger-Johanne Sand, *supra* note 60, at 177; Neil MacCormick, *supra* note 82, at 142.

(86)　Martin Loughlin and Neil Walker, *supra* note 3, at 1.

(87)　須網・前掲注(64)85-86 頁。

裁判所は，必ずしもドイツ連邦憲法裁判所の主権概念を受け入れておらず，例えば，フランス憲法院は，マーストリヒト第一判決では，「国家主権行使の本質的条件」論を採用し，どのような権限が移譲された場合に，国家主権の侵害が生じるかを検討している(89)。

第二に，マーストリヒト条約判決の論理には，いささか一貫性を欠く部分がある。すなわち，権限配分権限を強調する同判決の論理を徹底すれば，全ての具体的統治権限をEUに移譲しても，権限配分権限さえ残っていれば，加盟国の国家主権には影響がないはずである。しかし同判決は，EUに民主的正統性を供給する主たる役割を加盟国議会に求め（39段），各加盟国の国民が，当該国民に関する国家権力の出発点である以上，「国家は，その国民が自ら正統化し統御する，政治的意思決定過程において，自己を展開させ，また自己を表明できるような，十分に重要な固有の活動領域を必要とする」（44段），「以上から，ドイツ連邦下院に実質的な重みを持った任務と権能が残っていなければならない」（45段）と判示して，民主主義の観点からではあるが，EUへの権限移譲に一定の限界があることを明示する。やはり具体的な統治権限と権限配分権限は，完全には切り離されてはおらず，そのため判決の論理不徹底な部分が生じた可能性が高い。

第三に，MacCormickが言及したように，加盟国主権の変容は，EUに主権が生じることを必ずしも意味しない。しかし他方で，EUの権力を単なる加盟国の派生的権力と見ることも不十分である。まず，EUの通常立法手続（EU運営条約294条）は，EU理事会と欧州議会の双方から民主的正統性を調達する二元的な構造を採用し，さらに欧州議会に拒否権を認めている(90)。前述のマーストリヒト条約判決は，欧州議会の役割を補完的なものと位置付けた（40段）。確かに，通常立法手続は，加盟国議会に責任を負う加盟国政府代表が構成するEU理事会がより中心の手続である。しかし欧州議会の拒否権は，加盟国議会の意思に支持された全加盟国の政府代表が合意した場合にも，その合意が欧州

---

(88)　同・93-97頁。

(89)　同・95頁，山元一「憲法改正問題としての国際機関への権限移譲──「国家主権」における《実質的思考》と《形式的思考》」ジュリスト1289号（2005年）123-125頁，大藤紀子「欧州人権条約」フランス憲法判例研究会編『フランスの憲法判例』（信山社，2002年）42-47頁。

(90)　須網隆夫「超国家機関における民主主義── ECにおける「民主主義の赤字」をめぐって」法律時報74巻4号（2002年）32-33頁。

議会の意思によって覆されることを意味する。この場合，全加盟国議会の意思に反する欧州議会の意思が，消極的にせよ，EUの立法手続で貫徹することになる。立法制定の民主的正統性が，最終的には主権者の意思に帰着するところ，欧州議会の意思の優先が主権者の意思の貫徹であれば，EUにも主権が存在することを認めざるを得なくなる(91)。また，EU権限の内容にも注意する必要がある。EU権限の多くは，加盟国が有した統治権限を移譲されたものである。しかしEU権限の中には，加盟国が保持していた当該加盟国内を対象とする領域統治権とは異なる，EU固有の権限が含まれている。まず，「支援権限」は，当該領域の規制権限が加盟国にあることを前提に，加盟国の行為を支援・調整又は補完する弱い権限であるが（EU運営条約2条5項，5条），領域統治を前提とした加盟国権限には含まれていない，EU独自の権限である(92)。さらに一般には，加盟国権限の各政策分野における統治権限の移譲と理解される「共有権限」も，加盟国権限の単なる総和と考えて良いか疑問がある(93)。個々の加盟国権限が一国内の統治を念頭に置くのに対し，共有権限は，一国的性質を失ったEUレベルでの越境的統治の権限であり，両者の性質は異なるからである。畢竟，これらのEU権限は，加盟国権限を基礎としながらも，EUに新たに創り出された独自の権限である。そのような独自の権限が生じた場合，それが未だ主権ではなくても，加盟国の国家主権は再定義を必要とする。加盟国憲法の権限移譲規定，他方，EUによる加盟国の憲法的同一性の尊重（EU条約4条2項）も，どこかで加盟国の主権国家性の変容を想定しているが，他方，その限界点に達しないからと言って，加盟国の主権国家性がそのままであるわけではない。Grimmは，物理的強制力を有しないEUの権力が国家権力とは異なることを，EUに立憲主義が成立しない根拠とするが(94)，国内立憲主義の対象である国家権力の行使は，強制力を伴う権力行使に限定されているわけではない。

以上の検討からは，国家主権の概念を操作するGrimmらの議論が，加盟国の国家主権の変容を否定することに必ずしも成功していないことが分かる。EUの権限が国家権力と異なるとしても，EUへの権限移譲が加盟国主権と無関係であるわけではなく，EUには，EUレベルに一定の公権力が存在すること

(91)　須網・前掲注(64)95-96頁。

(92)　同・96頁。

(93)　同・96-97頁。

(94)　Dieter Grimm, *supra* note 43, at 255 and 274.

を前提に，EU と加盟国双方が主権の内容を分有する，ある種の連邦制度が成立しているのである[(95)]。

4　国際社会と公権力

EU により国家権力が変容していないことを前提とする Grimm らの議論が不確かであることにより，EU，さらに国際社会につき立憲主義を論じる可能性が開かれたことになる。EU 法は，EU 司法裁判所の判例法に従い，国際法とは異なる独自の法秩序として自己規定してきたが，元来，国際法と多くの要素を共有しており，両者の関係は質的に切断されてはいない[(96)]。それゆえに，EU だけでなく，国際社会一般に，国家とは異なる公権力の成立を想定できる。Loughlin は，確かに，国家は近代公法の基礎であり，統治機構に領域・権力・人々を結び付け，法律家の政治権力への関与を可能にする根本概念として機能してきたところ，国家・主権は法学概念であり，国家主権はあらゆる法の起源であると論じる[(97)]。しかし，そもそも国際法は，国家のみを起源とするものではない。国際法は，慣習国際法の存在が示すように，国家同意に拠ることなく国際法規範を成立させる，何らかの法的権力を論理的に前提としている[(98)]。Grimm も，国際社会において，もはや国家は公権力の唯一の担い手ではなく，国家の地位の浸食により国家憲法の意義は衰退して，憲法は既に部分秩序に縮減しており，国家憲法と国際法を一体的に把握することによってのみ，国内の政治的統治のための法的条件の全体像が得られると指摘している[(99)]。それにも係らず Grimm は，立憲主義の越境的領域への拡張により，国家憲法の内容がさらに希薄化することを懸念し，国家に立てこもり，国内立憲主義を可能な

(95)　須網・前掲注(45)169 頁。

(96)　須網隆夫「EU 法と国際法――多元的な法秩序観と EU 法秩序の性質」福田耕治編著『多元化する EU ガバナンス』（早稲田大学出版部，2011 年）7-37 頁。

(97)　Martin Loughlin, *supra* note 72, at 1160-1163.

(98)　須網・前掲注(45)170-171 頁，Mattias Kumm, *The Legitimacy of International Law: A Constitutionalist Framework of Analysis*, European Journal of International Law, Vol. 15, No. 5, 907, 914 and 929 (2004); 国家に対する国際法上の義務は，通常は，国家の同意に由来するが，国家同意を基礎にした国際法像は，国際法の実際に反するだけでなく，それでは，国際法の拘束力を説明できない。「合意は拘束する」というルール自体は，国家同意によって説明できないだけでなく，条約が，同意していない国家を拘束する場合もあるからである（Jack Goldsmith and Daryl Levinson, *supra* note 50, at 1845-1850）。

(99)　Dieter Grimm, *supra* note 43, at 332, 344, and 370-371; 須網・前掲注(45)166 頁。

限り擁護しようとするのである(100)。しかし，物理的強制力がないとは言え，EU を含め，国際公権力を統制しなくて良い理由を見出すことは難しい。Grimm は，立憲化と法制度化を区別し，国際的な法制度化を立憲主義とは別の論理で統制しようとする。しかし，その論理は立憲主義と本質的に異なるものであるのだろうか。権力統制を指向する以上，両者は重複せざるを得ないはずである。グローバル立憲主義が，どの程度まで国内立憲主義を補完できるかは，Grimm が指摘するように疑問が残るが，他方彼のように，その補完を全て「幻想（illusion）」と切り捨てることもいささか極端である(101)。Kumm は，1990 年代以降の国際法の発展の結果，国際法と国内法の区別が曖昧化していると認識した上で，民主的正統性が弱い国際法の正統性を立憲主義によって担保することを構想し，国際法と国内法が根本的に異なるという二元論的理解は，憲法学者が陥りがちな陥穽であると指摘する(102)。越境的立憲主義を否定する者は，国家と主権に関する伝統的な考え方に依拠し，国家に拠る公権力の起源である主権は，国家にしか存在しないと考える。しかし，日本の憲法学にも，国家主権の絶対性・排他的独立性を疑問視し，主権は「事実上は相対化されている」との認識が現れている(103)。正面から主権の変容を問う必要もあるのである。

Ⅳ　立憲主義と民主主義

1　問題の所在

第二の主題は，立憲主義と民主主義，具体的には，立憲主義と，憲法の成立根拠である人民の保持する憲法制定権力及び憲法制定後の憲法に従った民主的な権力行使との理論的関係である。

まず出発点として，立憲主義による国家権力に対する法的制約と，民主主義に基づく主権・国家権力の行使との間には，根本的な対立関係が存在することを確認する。法による国家制限を探求したレオン・デュギーが，「国家権力に対する法的制限の原理そのものが国民主権の原理と致命的に矛盾する」と述べたように(104)，国家権力の制限は，民主主義と正面から対抗せざるを得ない契機

(100)　Dieter Grimm, *supra* note 43, at 373 and 375-376; 須網・前掲注(45)166-167 頁。

(101)　Dieter Grimm, *supra* note 43, at 376.

(102)　Mattias Kumm, *supra* note 98, at 913-915, and 917-929.

(103)　大藤・前掲注(80)95-96 頁。

を含んでいる。立憲主義によれば，全ての統治権力は，憲法に由来し，憲法の要件に合致して行使されなければならない(105)。しかし特に，政治的統治の根拠は人民の意思にあるという考え方に基づき，「主権国家」と「主権者たる人民」が一体化すると，憲法が，人民の意思による統治権の民主的行使を制約することの説明は簡単ではない(106)。憲法自体が，人民の意思に基づく以上，統治権行使の制約は，人民の意思が矛盾することを意味しかねないからである。そうであるからこそGrimmは，立憲主義と民主主義には，相互依存と緊張という二つの側面があり，両者は補完的であると同時に，両者間には対立の契機が内在すると認識するのである(107)。そしてGrimmは，民主主義を優先させる「ラジカル民主主義」と基本的人権の保護を民主主義より優先させがちな「権利基底主義（foundationalism）」の双方を，どちらも自己破壊的であるとして排斥する(108)。前者は，多数の賛成により多数決による統治を廃止して，人民独裁に繋がりかねないが，後者も，選挙の意義を低下させ，状況の変化に対する民主的な適応を妨げるからである(109)。Grimmは，憲法は人民に由来しなければならないという前提から立憲主義を議論し，両者のうちどちらかを優先させる考え方を排し，「民主主義」と「法の支配」双方が立憲主義の要素であると理解し(110)，立憲主義と民主主義を一体的に把握する。このようなGrimmの理解は広く承認され，EUの立憲主義についても，立憲主義と民主主義は一体として議論されている(111)。日本の憲法学で，立憲主義（constitutionalism）が広

(104) レオン・デュギー（堀真琴訳）『法と国家』（岩波文庫，1935年）7頁，162-163頁。

(105) Dieter Grimm, *supra* note 43, at 271-272.

(106) Jack Goldsmith and Daryl Levinson, *supra* note 50, at 1851-1852.

(107) 特に，民主主義と人権保障の間には，民主主義が，基本的人権を当然に保障するわけではない，すなわち基本的人権は保護される必要があるが，他方で他者の人権を損なわないように制約される必要があり，そのためには，政府の行為に依存せざるを得ないが，政府権力は人権に対する脅威でもある，という矛盾をはらんだ関係が成立している（Dieter Grimm, *supra* note 43, at 295-298）。阪口も，自由と主権との間に成立する相互的関係を指摘している（阪口正二郎『立憲主義と民主主義』（日本評論社，2001年）226-228頁）。

(108) Dieter Grimm, *supra* note 43, at 298-299.

(109) *Id.*, at 299.

(110) *Id.*, at 364.

(111) Miguel Poiares Maduro, *Europe and the constitution: what if this is as good as it gets?, in* European Constitutionalism Beyond the State, *supra* note 17, at 74, 80.

く議論されるようになったのは，1990年代以降であるが，そこでも立憲主義は民主主義と親和的に理解されることが一般的である(112)。

しかし，両者の間には本質的な矛盾があり，両者が常に整合的であり得るわけではない(113)。シャンタル・ムフは，代表民主主義である，現在の民主主義は，二つの異なる伝統より成り立っていると説明する。第一は，「リベラルな伝統」であり，法の支配，基本的人権の保護，個人の自由の尊重により構成され，第二は，「民主主義の伝統」であり，平等，治者と被治者の同一性，人民主権により構成されている(114)。そして，ロールズ・ハーバーマスらが，民主主義とリベラリズムの根本的緊張を否定するのに対して(115)，二つの伝統は，どちらも必要な要素であり，立憲民主主義の枠内に統合されてはいるが，最終的には両立しない論理であり，自由の名目で人民主権に対する制限を設定することは正統であり，ここに民主主義の逆説があると主張する(116)。本質的対立を内包しながら，両者をとりあえずの均衡点で暫定的に安定させているのが，各国における民主主義のあり方なのである(117)。そして日本でも，両者の対立的関係への認識は次第に浸透している。樋口は，早くから，立憲主義と民主主義の緊張関係を意識していたが(118)，阪口も，両者の対立関係に着目する。阪口によれば，アメリカにおいて1980年代以降，立憲主義と民主主義の原理的対立から，立憲主義の正統性が，民主主義との関係で根底から問い直され，その対立を民主主義の優先により解決しようとする議論が一部で主張され(119)，その後，違

(112)　例えば芦部は，立憲主義と民主主義の対立より，両者は密接に結び付き，「自由と民主の結合」が，近代憲法の発展と深化を支配する原則であると指摘する（芦部信喜（高橋和之補訂）『憲法〔第5版〕』（岩波書店，2011年）16-17頁）。高橋も両者の対立を強調してはいない（高橋和之『立憲主義と日本国憲法』（有斐閣，2005年）27-30頁，363-364頁）。愛敬も，日本の憲法学につき，芦部のように立憲主義と民主主義を調和的に理解するのが通例と指摘している（愛敬浩二『立憲主義の復権と憲法理論』（日本評論社，2012年）4頁）。

(113)　Jack Goldsmith and Daryl Levinson, *supra* note 50, at 1853-1854.

(114)　Chantal Mouffe, The Democratic Paradox 2-3 (Verso, 2005).

(115)　*Id.*, at 84-85 and 93.

(116)　*Id.*, at 4-5, 32 and 45; 民主主義は，常に閉鎖と排除を伴わざるを得ず（*Id.*, at 43），そこに，人類を中心概念とする自由主義との本質的矛盾があるのである（*Id.*, at 43-44）。

(117)　*Id.*, at 5.

(118)　樋口陽一『個人と国家――今なぜ立憲主義か』（集英社新書，2000年）84-93頁。

(119)　阪口・前掲注(107)11-14頁，278-292頁。アメリカでは，立憲主義と民主主義の両立の理論的説明が様々に試みられながら，他方で立憲主義より民主主義を優先させる選

憲審査制を重視し，立憲主義を，民主主義との対抗関係をより明確に意識する「リベラル・デモクラシー」として理解する見解が広まっていくのである(120)。

これらの議論は，国内における両者の対立を議論しているが，両者の矛盾は，グローバルレベルでより鮮明に現れる。代表民主制が機能し，立憲主義との調整の余地がある国家内と異なり，グローバルレベルでの民主主義は制度的に極めて弱体であるので，国際法規範の民主的正統性は，国家同意を通じて間接的に調達されざるを得ないところ，前述のように，越境的領域に，国家同意によらない法規範が生成し，民主主義との緊張関係を生じさせるからである(121)。国際社会の関与に基づく国家憲法の形成も，同様に，その規範的根拠は何かという問題を提起する(122)。それらの国際法規範・立憲的価値に基づく国家憲法は，グローバルな憲法原則の構成要素であり，グローバル化した世界に対する法的な制度設計（arrangements）について，民主的正統化の規範的要請をどのように満たすのかは依然として未解決の課題であり，グローバル立憲主義にも，その問題が付きまとう(123)。越境的権力が認められた場合，その行使の正統化にとって最も深刻な問題は，民主的正統性の調達である(124)。

択肢が示されたが，阪口は，司法審査が民主主義との関係で，なぜ正当であるかを証明しようとして主張された，原意主義，二元的民主政理論，プロセス理論，プリコミットメント理論などを詳細に検討したうえで，「民主主義よりも立憲主義を」という選択をなすべきであると主張する（同・286-287頁，289-292頁）。

(120)　長谷部恭男『比較不能な価値の迷路──リベラル・デモクラシーの憲法理論』（東京大学出版会，2000年）135-148頁，愛敬・前掲注(112)27-28頁。

(121)　Weilerは，ユス・コーゲンスを例として挙げている（Joseph H. H. Weiler, *Alternatives to Withdrawal from an International Organization; The Case of the European Economic Community*, Israel Law Review, Vol. 20, Issues 2 and 3, Spring-Summer, 282, 287 (1985)）。

(122)　Tom Ginsburg and others, *supra* note 46, at 9.

(123)　Dobnerは，民主的に正統化されない法制度は，グローバルな立憲化を危険なものにすると指摘する（Petra Dobner, *More Law, Less Democracy?, Democracy and Transnational Constitutionalism, in* The Twilight of Constitutionalism?, *supra* note 3, at 141, 141-142）。越境的領域において，民主的な法制度化が最も進んでいるのは，欧州議会を立法手続に組み込んだEUであるが，EUでも民主主義の問題が解決しているわけではない（須網・前掲注(90)）。

(124)　須網・前掲注(45)171頁。

2　グローバル立憲主義と民主主義

もっとも，グローバル立憲主義の文脈で，民主的正統性を議論することが適切であるのかには疑問もある。国内立憲主義の場合，そもそも憲法につき，民主的正統性が問われる。これに対して，グローバル立憲主義，特に多元的な立憲主義の場合には，単一の成文のグローバル憲法を想定せず，憲法に相当するものは，国際法規範・国内憲法及びそれらを指導する立憲的諸原則である。従って，そもそも民主的正統性を国内憲法と同等の態様で議論することはできず，むしろ，民主主義の不足を代替する立憲主義の役割に注目する必要がある(125)。立憲主義は，歴史的に検討すれば，中世立憲主義を起源に，国家への権力の集中に伴い，国家権力の行使を法により統制するために発展した理論であり，近代立憲主義が国民主権・民主主義と結び付くのは，市民革命以後，近代国家が現実に民主化された結果である(126)。そうであれば，立憲主義と民主主義の間に必然的な連関はない。法を手段として公権力を抑制するプロジェクトとして立憲主義を理解する Alexander Somek は，立憲主義の発展を3段階に区分する(127)。すなわち，「第一段階の立憲主義（Constitutionalism 1.0）」の憲法は，人民が，憲法制定権力を行使して自由に採択したものである。アメリカ独立・フランス革命後の憲法など，多くの国家の立憲主義は，この第一段階の立憲主義として成立している。これに対し，第二次大戦後のドイツにおける憲法実践として典型的に実現したのが「第二段階の立憲主義（Constitutionalism 2.0）」であり，そこでの憲法は，人民の自由な選択にもはや由来せず，「人間の尊厳（human dignity）」と「人権」が至高の価値であり権威であるという，合理的認識に由来する(128)。第二段階の立憲主義は，公権力行使の制約から，基本権の実現に，その重点を移動させるとともに，違憲審査制により司法が優越する立憲主義である(129)。第二段階までの立憲主義は，国家の枠内で議論されている。

---

(125)　Emilious Christodoulidis, *A 'Minefield of Misreckonings': Europe's Constitutional Pluralism*, Cambridge Yearbook of European Legal Studies 2011-2012, Vol. 14, 119 (2012)

(126)　高橋・前掲注(112)17-32頁，樋口・前掲注(55)148-155頁，樋口陽一『比較憲法〔全訂第3版〕』（青林書院，1992年）420-432頁。

(127)　Alexander Somek, The Cosmopolitan Constitution 1-2, 9 and 13 (Oxford, 2014); 山元一「「成熟した市民社会」の立憲主義構想」法学セミナー 785号（2020年）13-15頁。

(128)　Alexander Somek, *supra* note 127, at 10 and 13.

(129)　*Id.*, at 82-83 and 87.

しかし，「第三段階の立憲主義（Constitutionalism 3.0）」は，国境を越える解放のプロジェクトであり，この段階の国家憲法は，全世界に通用する「コスモポリタン憲法」となる(130)。第二段階の立憲主義は，人間の尊厳・人権を基礎としながらも，なお主権者である人民の存在を前提としていたが，第三段階の立憲主義は，第二段階で認識された人間の尊厳と人権の普遍性を基礎に国境を越える。それらの普遍的価値は，立憲主義が一国内部に囲い込まれることを不可能にするとともに，主権は相対化し，国家は自ら人権にコミットし，外国判例の参照等を通じた，他の国家のピアレビューを受けることによって，その最終権力性を維持するのである(131)。Somekの議論はグローバル立憲主義ではない。彼にとっての憲法はあくまで国家憲法であり，「コスモポリタン憲法」も，「国民国家を越える憲法」ではなく，国家憲法が外に向かって開かれて，相互に連携し合うことを意味している(132)。しかしSomekは，人権を民主主義に優先させることにより，国民主権・憲法制定権力から立憲主義を切り離した(133)。そうであるからこそ，民主主義に拘泥せずに，第三段階の立憲主義を議論できたのである。Somekの議論は，普遍的価値を基礎とする立憲主義は，その発展により，国内民主主義との関係が少なくとも一旦は切断され得ることを示すものであり(134)，その点では，グローバル立憲主義の正統性に親和的である。またグローバル立憲主義の立憲的諸原則には民主主義も含まれているが(135)，以上

(130) *Id.*, at 25.

(131) *Id.*, at 15, 17-18 and 176-179; Somekは，欧州人権条約を，最も成功したピア・レビューの制度であると評価する（*Id.*, at 18 and 179-180）。なお，ピアレビューの手段である裁判官対話については，伊藤洋一編著『裁判官対話：国際化する司法の協働と攻防』（日本評論社，2023年）を参照されたい。

(132) Alexander Somek, *supra* note 127, at 25 and 244-245.

(133) *Id.*, at 96.

(134) 国内民主主義が代表議会として制度化されているため，立憲主義との関係は，最終的には切断されないように思う。ピアレビューの結果，国内民主主義の結論と異なる判断を裁判所が下した場合，法改正又は憲法改正により，裁判所の結論を民主的に変更する余地があるからである。その場合，当該国は，その変更した結果を持って，他国に対するピアレビューに臨むことになるので，ピアレビューの基準自体，そのような相互作用の中で変化していく可能性が十分にある。

(135) 立憲的諸原則としては，普通，「立憲的三位一体（constitutionalist 'trinity'）」として，法の支配，人権，民主主義の三つが列挙されるが（Anne and others, *supra* note 11, at 6），さらに権力分立（separation of powers）が加えられることも少なくない（Anthony F. Lang, Jr. and Antje Wiener, A constitutionalizing global order: an introduction, in

の検討を前提とすれば，より基底的な位置にあるのは人権保障であるのだろう。

さて，立憲主義と民主主義の対立を，立憲主義を民主主義より優先させて解決するためには，民主主義の側に立憲主義の優先を受容する理論が内在する必要がある。果たして，そのような可能性は，民主主義の側に存在するのだろうか。以下には，民主主義の出発点となる，国民の有する憲法制定権力と，民主的に制定された国内立法の国外への効果の二つの点から検討する。

3　憲法制定権力への制約

(1) 憲法制定権力とは何か

憲法制定権力（constituent power）とは，「憲法をつくり，憲法上の諸機関に権限を付与する権力」であり，「憲法によって作られた権力」と区別され，国民主権の場合には，国民が憲法制定権力を有し，憲法典中に規定される憲法改正権は，「制度化された制憲権」であると説明されることが一般的である(136)。予め存在する国民が，自らが保有する憲法制定権力を行使して，出来上がったものが「憲法」であるというのが，国民主権に基づく憲法制定の通説的説明であるだろう(137)。そのため，主権者である人民又は国民が保有する「憲法制定権力（constituent power)」の概念は，憲法の正統性の基礎と理解されるのである(138)。

このような憲法制定権力（特に，始原的憲法制定権力）の性質をどう理解するかには議論がある。すなわち，カール・シュミットは，その『憲法論』において，憲法を制定・改廃する，究極の政治的意思が憲法制定権力であり，憲法制定権力を拘束する規範や規則はないと論じた(139)。シュミットの憲法制定権力

Handbook on Global Constitutionalism 1, 10-12（Anthony F. Lang, Jr. and Antje Wiener eds., Edward Elgar, 2017))。

(136)　芦部信喜『憲法制定権力』（東京大学出版会，1983 年）3-4 頁; 芦部・前掲注(112) 11 頁，41-42 頁; 芦部信喜『憲法学Ⅰ・憲法総論』（有斐閣，1992 年）59-60 頁; 高橋・前掲注(112)245 頁

(137)　山本浩三「憲法制定権力論」同志社法学 42 巻 1 号（1990 年） 69-87 頁。

(138)　Mattias Kumm, *Constituent power, cosmopolitan constitutionalism, and post-positivist law*, International Journal of Constitutional Law, Vol. 14, No. 3, 697, 697 (2016).

(139)　カール・シュミット（阿部照哉・村上義弘訳）『憲法論』（みすず書房，1974 年）98 頁，103 頁，106 頁; 尾高朝雄『法の窮極に在るもの〔新版〕』（有斐閣，1955 年）78-79 頁。

は実存する政治的統一体であり，「純然たる事実力」として，その実力によって憲法を制定した者が，憲法制定権力者となる[140]。このような始原的憲法制定権力は，事実上の現象であるために，法学の対象外となってしまう。これに対し芦部は，憲法制定権力の政治性を認識しながらも，憲法制定権力は，「政治と法の交叉点に位する」権力であると指摘し，それが「生の実力」であることを否定する[141]。

このような憲法制定権力と立憲主義の間に，緊張関係があるのは当然である。その緊張関係が特に深刻化しているのが，自由民主主義的統治が一応定着していた国々において，立憲主義体制から権威主義体制への漸進的移行が生じる，「立憲主義の権威主義化」の場合である[142]。それは，憲法制定権の行使，具体的には憲法改正権の行使により，憲法が立憲主義と矛盾した内容に変化させられていくからである。そこにおいて，憲法制定権力による立憲主義の破壊を防ごうとすれば，憲法制定権力に対する法的制約が必要になる。

(2) 憲法制定権力に対する制約

憲法制定権力に対する法的制約の存在については，多くの議論が交わされてきた。但し，本項で問題にしているのは，憲法制定後の憲法改正権ではなく[143]，始原的な憲法制定権力に対する法的制約である。始原的権力自体が制約されるのであれば，憲法改正に際しても制約があるのは当然であるからである。

一方には，憲法制定権力に対する制約はないとの立場がある。憲法制定権力をはじめて明確に位置付けたシィエスは，憲法制定権力を国民と結び付け，制憲権を有するのは国民だけであり，この国民の制憲権は単一不可分であり，実質的にも手続的にも法的制限には服さないと論じた[144]。シィエスにとって，

(140) シュミット・前掲注(139)106-109頁，112頁; 尾高・前掲注(139)80-82頁。

(141) 芦部『憲法制定権力』前掲注(136)3頁，317-318頁。

(142) 山元一「グローバル化世界と憲法制定権力」法學研究: 法律・政治・社会19巻1号(2018年) 51-58頁，須網隆夫「EU複合危機とEU法――ユーロ危機・難民危機・Brexitと EU法の変化(2)」早稲田大学LAW AND PRACTICE12号 (2018年) 47-60頁。

(143) この点にも多くの議論がある (Martin Loughlin and Neil Walker, *supra* note 3, at 6-7)。

(144) シィエス (福本洋之助ほか訳)『第三身分とは何か』(岩波文庫，1950年); 芦部『憲法制定権力』前掲注(136)16-17頁; 山本・前掲注(137)76-82頁。

国民がいかなる憲法も作り得ることは，自然法上の原則であった。シュミットの憲法制定権力も，「すべての法の上に在る権力」であるので，それを拘束する法規範は存在しないことになる(145)。シュミットが，無制約の憲法制定権力を想定するのは，憲法を事実上の権力と認識する結果であろう。憲法裁判所の中にも，憲法制定権力は「法的限界」に服さず，「限界も裁判的統制もない絶対的，無制約的，永続的なもの」であるとの見解を明らかにしたものがある(146)。

これに対し，戦後の日本憲法学には，憲法制定権力の政治性を認めながらも，それは何らかの法によって制約されると考えようとする議論が少なくなかった。すなわち尾高は，シィエスの憲法制定権力説を，国民は何をなすことも自由としながら，他方で，自然法の制約には服すると主張していると理解し，自己の「法の窮極には法あり」のテーゼを強調する(147)。また清宮も，憲法制定者の憲法制定行為を法的に根拠づけ制約する「根本規範」を想定し，「根本規範」は，歴史的意志行為により，「実定的」に定立された法規範であるとする(148)。そして，個人権，特に「人間人格不可侵の原理は，近代憲法の基本的価値を表示する根本規範である」と認識した芦部は，人間価値の尊厳が最も根本的な法原則であり，近代憲法の根本規範であると考える。そして，この「民主的法治国家の基本価値を内容とする根本規範（「規範の規範」）は，（中略）制憲権の活動を拘束する内在的な制約原理である」のである(149)。しかしながら，これらの

(145)　シュミット・前掲注(139)98-111頁；尾高・前掲注(139)78-79頁。

(146)　山元・前掲注(142)51-54頁，60-63頁。

(147)　尾高・前掲注(139)70-76頁；尾高は，憲法制定権力は政治の力であり（同・85頁），法の窮極に在る力は，結局は政治の力であるので，政治は法に対して優位に立つとした上で（同・131-133頁），政治の更に窮極に「政治の矩」があり，根本の法として，政治を監視し制約していると考える（同159-165頁）。

(148)　清宮四郎「憲法の法的性質」『日本国憲法体系――宮沢俊義先生還暦記念 第一巻』（有斐閣，1961年）（清宮四郎（樋口陽一編）『憲法と国家の理論』（講談社学術文庫，2021年）82-85頁）。清宮は，日本国憲法の根本規範の内容として，「国民主権主義，基本的人権尊重主義及び永久平和主義」の三つの原理を挙げている（同・85頁）。そして根本規範の定立・変更は，「歴史的・社会的・政治的現象であって，あらかじめ法的に規定することは不可能」であり，根本規範を作る法的権力は存しないと指摘する（清宮四郎「憲法改正作用」同・340-341頁）。

(149)　芦部『憲法制定権力』前掲注(136)41-42頁，54頁，318-319頁；芦部は，憲法制定権力は，シュミット的な「あらゆる法の上に存在する赤裸々な事実の力か」，「規範的に制約された権力」であるかとの問いを立てた上で，制憲権を，絶対無制限な力と見ることに反対する。それは，「制憲権の存在と通用そのものの前提であり，それを支える個人

説明は，なぜ制約が存在するのかを，必ずしも十分には説明していないように思われる。それでは，グローバル立憲主義は，どのように憲法制定権力の問題に対応しているであろうか。

(3) グローバル立憲主義と憲法制定権力

上述のように，国内立憲主義は，憲法制定権力によって作られる憲法を念頭においているので，必然的に憲法制定権力を論じる。しかし，憲法制定権力は，これまでのグローバル立憲主義の議論において大きな役割を果たしていない。それどころか，憲法制定権力の問題をほとんど考慮せずに，その理論を発展させてきたとも言える(150)。それは，国民を容易に念頭に置ける国内立憲主義と異なり，グローバル社会には，グローバル人民が予め存在しないだけでなく，グローバル立憲主義は，主権が法秩序に対する究極の権力であるとの立場を取らないので，立憲主義と主権を結び付けて議論する必要がないからである(151)。もちろんこの点は，憲法制定権力に依拠せずに，立憲主義が可能であるのかという批判のポイントにもなっている。

しかし他方で，グローバル立憲主義は，主権の制約について，多くの議論を蓄積してきた。国家を主権の主体として，国家への権力集中に着目し，主権を国家の統治権限の集積と理解する場合には(152)，憲法を作る権力としての憲法制定権力とは，観点が異なり，両者の間には接点がない。しかし，国家における主権の所在を問うて，君主主権・国民主権を議論する場合には事情は異なる。国家を前提にした，主権者による主権の行使には，憲法制定権力の行使も含まれるはずだからである。主権は多義的であり，しかも国際法学と憲法学とで理解が微妙に異なるが(153)，観点によっては，主権と憲法制定権力は重なり合う概念であり，黒田も戦前に，憲法制定権力概念と主権概念は本質的に同一であると指摘していた(154)。そうであれば，主権を論じるグローバル立憲主義は，

権の思想をも否認しうることを認める」ことになるからである（同・39頁）。

(150) Peter Niesen, *Constituent power in global constitutionalism, in* Handbook on Global Constitutionalism 222, 222 (Anthony F. Lang, Jr. and Antje Wiener eds., Edward Elgar, 2017).

(151) Mattias Kumm, *supra* note 39, at 611.

(152) 樋口・前掲注(55)148-149頁。

(153) 須網・前掲注(64)84-88頁。

(154) 黒田覚「憲法制定権力論」田村徳治編『憲法及行政法の諸問題 佐佐木博士還暦記

憲法制定権力をも論じていることになる。

この文脈で注目すべきであるのは，グローバル立憲主義が，国際法の正統性を国家同意に求めず，国際法の自律性を認めるとともに，主権自体が，本質的に制約された存在であると考えることである。すなわちKummは，「国内憲法の正統性は国民に由来するだけでなく，少なくとも部分的には，国内憲法が，より広い法的・政治的世界にどのように統合され，係るかに依拠している」と述べ，正統であるためには，国内憲法は，国際法システムに正しく埋め込まれていなければならないと繰り返し論じる(155)。国際法と国内法は，一方が他方に依存する関係でも，それぞれ完全に自律する関係でもなく，相互依存の関係にあり，立憲的正統性の基準は，国内法・国際法の分断を越えた統合された公法概念に依拠するのである(156)。

このことは，国民による憲法制定権力の行使が無制約ではなく，国際法又は他の国家憲法との関係において，一定の制約に服することを意味する。

(4) 憲法制定権力への批判

もちろん，このようなKummの議論に対して，憲法制定権力を有する人民が制定するものだけが憲法であることを不動の前提とするGrimmは(157)，憲法制定権力なき憲法論と批判するであろう。

しかしKummは，従来の憲法制定権力を出発点とする議論を組み替えており，単に憲法制定権力論からKummを批判してもかみ合わない。Kummは，一つの憲法制定権力と結びついた究極の憲法権力という考え方は誤りであると考え，独自の憲法制定権力概念を主張している(158)。すなわち，憲法制定権力は，人民とともに「国際共同体」に与えられていると考えるKummは，憲法制定権力は無制約ではなく，法を媒介にして自己を規律する，国際共同体の一部である自由・平等な個人の共同体により根拠付けられ，制約されると論じる(159)。Kummは，法と権力に規範的根拠を提供する憲法制定権力は，社会学

念』（有斐閣，1938年）18頁; 山本・前掲注(137)72頁。

(155)　Mattias Kumm, *supra* note 39, at 612; Mattias Kumm, *Constitutionalism and the Cosmopolitan State*, NYU School of Law, Public Law & Legal Theory Research Paper Series, Working Paper No. 13-68, 8 (2013); Mattias Kumm, *supra* note 59, at 243.

(156)　Mattias Kumm, *supra* note 39, at 612 and 625.

(157)　Dieter Grimm, *supra* note 43, at 329 and 363; 須網・前掲注(45)167頁。

(158)　Mattias Kumm, *supra* note 8, at 205.

的概念ではなく規範的概念であり，実際に憲法が誰により制定されたかに係わりなく憲法を正当化する，その結果，事前に特定の政治アクターの行為を憲法制定権力に帰することはできず，「我々人民（We the People）」への帰属は，事後の解釈問題であり，憲法により統治される者の規範的評価に依存すると述べて，連合軍の占領下に制定されたドイツ基本法に言及する(160)。ここにおいて，Kumm は，憲法制定権力概念だけでなく，予め存在する憲法制定権力が憲法を制定するという憲法学にとっての当然の前提を覆し，憲法制定権力は，憲法制定の結果であるとパラダイムを転換しているのである。その結果，国家における「我々人民」による憲法制定権力の独占が排され，越境的領域における法（国際法・EU 法）の憲法的性格を議論することが可能となった(161)。そして，前述のように，国際法が，国家同意に基づかない法を認めていることが，グローバルな憲法制定権力としての国際共同体の存在を示す根拠となる(162)。

通説的な憲法制定権力の理解によれば，憲法が人民に由来する以上，まず「人々（multitude）」が「人民（people）」を形成し，その人民が憲法に合意することになるが，単なる「人々」が，どのように政治的に統一された「人民」に変化するのかは明確ではない(163)。通説的な理解が，憲法制定の実態と整合していないことは明らかであり，社会契約論と同様の擬制でしかない。そうであれば，Kumm の憲法制定権力論は，これを一概に否定できず，実際にも，類似の発想に基づく憲法制定権力論が様々に主張されるに至っている(164)。まず

(159) Mattias Kumm, *supra* note 138, at 698.

(160) *Id.*, at 699-700; Kumm によれば，決定的な問いは，制定過程と係わりなく，現在の市民が，憲法が自由・平等な人々の間の意見の相違を解決する枠組として機能できると信じているか否かであり（*Id.*, at 700），国家を越えた憲法制定権力の不在が，社会学的な主張としてなされることは誤りである（Id., at 703）。Mattias Kumm, *supra* note 8, at 208.

(161) Mattias Kumm, *supra* note 39, at 701-702.

(162) *Id.*, at 702-703 and 708-709; Kumm は，法が他の法に由来しない自律的な権力を主張する時に，憲法権力（constitutional authority）の主張がなされるので，国家憲法だけでなく，国連憲章・EU 基本条約・欧州人権条約も，そのような権力を主張できると述べている（Mattias Kumm, *supra* note 8, at 203 and 214-215）。

(163) Martin Loughlin, *supra* note 4, at 50-51.

(164) 憲法制定権力概念の越境的拡張を支持する Peter Niesen も，憲法制定権力は憲法の基礎から変化し，立憲化の副産物として出現すると論じる（Peter Niesen, *supra* note 150, at 223 and 230）。換言すれば，まず形成された憲法が自己の権力を作り出し，それが憲法制定権力の基礎である社会契約又は自然法に取って代わるので，憲法制定過程の終了以前に制憲権者が確定していることを想定しない（*Id.*, at 230）。

Chris Thornhillは，国内機関が超国家・国際機関と統合されて，グローバルな政治システムを形成し，そこでは，憲法制定権力と憲法構成権力の相互作用に基づいて規範秩序が形成されており，憲法制定権力は憲法構成権力により部分的に代替されていると認識し，民主化・ポスト権威主義後の国家構築の過程において，新憲法が，国際人権規範など，国際法によって正統化されることを，その例として挙げる(165)。Thornhillは，国内的な憲法制定権力は，国際法により制約され，予め規定されていると考えた上で，政治制度の正統性の淵源は，憲法制定権力から権利に移行していると説明するのである(166)。

さらに，Kummが，「我々人民」への帰属は事後の解釈問題であると述べるにあたって引用した，法哲学者であるHans Lindahlの議論にも注目すべきである(167)。Lindahlは，集団の志向的活動は，個人の志向的活動の単なる総和としては分析され得ないというSearleの研究から，憲法制定権力に適切なアイデンティティ概念は，「一人称複数の視点（the first-person plural perspective）」であるという着想を得る(168)。そのようなLindahlにとって，憲法制定権力の行使は，予め存在する政治共同体による権力行使ではなく，憲法制定権力を保持する政治共同体の自己構成（the self-constitution of political community）を意味する(169)。しかし，それは一面であり，別の面では，憲法制定権力の行使者は，憲法構成権力としての行為を主張しなければならない(170)。それゆえに，個人による行為の集合体への帰一は，現在から過去への遡及を伴うが，帰属の最終

(165)　Chris Thornhill, *Rights and constituent power in the global constitution,* International Journal of Law in Context Vol. 10, Issue 3, 357, 365 and 369 (2014); Thornhillは，グローバル立憲主義を社会学的基礎に据えようとし，憲法制定権力と憲法上の権利との関係につき，伝統理論では，法的権利は，憲法構成権力の要素であるので，権利の前に，憲法制定権力が行使されていなければならないところ，両者の関係は機能的には相互的であり，両者の区分は理論的には明確であるが，実際には曖昧であると指摘する（*Id.*, at 362）。

(166)　*Id.*, at 366 and 369; 彼は，権利規範は，国際法（国際人権条約及び判例法）に固定化されており，権利が憲法制定権力を越え，実際上，権利が憲法制定権力になっていると述べる（*Id.*, at 370 and 374-375）。

(167)　Mattias Kumm, *supra* note 138, at 699.

(168)　Hans Lindahl, *Constituent Power and Reflexive Identity: Towards an Ontology of Collective Statehood, in* The Paradox of Constitutionalism, *supra* note 3, at 9, 10.

(169)　*Id.*, at 18.

(170)　*Id.*, at 18-19.

点は，現存する集合体の創設行為ではなく，帰属は決して現前しない過去に遡る。当初の行為の投影なしの過去への帰属はないが，共同体の投影なしの将来への帰属もなく，既に発生したと捉えられたものは，これから発生すべきものであり，それゆえに，憲法制定行為は，遡及的かつ暫定的にのみ，集合体による行為と見なされる(171)。要するに，個人が，自己の憲法上の権利を行使することによって，自分たちのために憲法を制定した「私たち」という，「一人称複数の視点」を遡及的に獲得するのである(172)。Lindahl は，比喩的に，「憲法制定権力は，最初ではなく二番目に来る」と述べる(173)。このような分析は，憲法制定権力の存在をまず措定する，これまでの通説的理解への理論的批判に外ならない。憲法の民主的正統性は後付けでしか与えられないのである。これらの議論は，これまでの憲法制定権力論に，根本的な見直しを迫るだけでなく，後述のように，日本国憲法の理解にも重要な示唆を与える。

4　国内民主主義の限界

さて，成立した国家憲法により，各国の政治制度が確立するところ，民主的な政治体制が憲法により成立した国では，憲法に従った決定が正統性を備えた唯一の決定であり，その決定に外部から干渉されないことが，国家の対外主権又は内政不干渉義務により国際法上も保障されている(174)。世界は，排他的な領域支配権を有する国家の集合として構成されるというのが，近代国際法による世界観である。これに対しグローバル立憲主義は，そのような国家の完全な自律を肯定せず，干渉の是非は別として，立憲的諸原則を根拠に，国際社会が国家内に影響を及ぼそうとすることを否定しない(175)。しかしそれが，国内民主主義に基づく決定と対立する契機を含むことは言うまでもない。したがっ

(171)　*Id.*, at 19; Lindahl によれば，集合的主体の政治的存在は，遡及的にのみ確立され得る（*Id.*, at 20）。

(172)　*Id.*, at 20.

(173)　*Id.*, at 21; Lindahl は，人民は憲法制定行為の主体として直接に現前することはないので，代表又は帰属の主張を通じてのみ人民の行為が特定されると説明する（*Id.*, at 23）。Loughlin と Walker も，憲法制定時の現実の人民との関連の希薄さを指摘し，憲法は，制定時以後に成熟した意味を獲得すると論じる（Martin Loughlin and Neil Walker, *supra* note 3, at 3）。制定された憲法を，憲法になっていく過程として扱うのである（*Id.*, at 3-4）。最近は，このような見解は各所に見られる。

(174)　岩沢・前掲注(59)163 頁，167–168 頁。

(175)　Anne Peters, *supra* note 13.

て，ここでも，立憲主義と民主主義の関係を議論しなければならない。その要点は，現在の世界において，一国における民主主義で担保された意思決定の効果には限界を設定せざるを得ないことである。その理由は，民主主義は，民主的な決定により影響を受ける者が，決定過程に参加することを必要とするが，国内民主主義は，「その外部にあり，その国の政策決定によって大きな影響を受ける人々の声を反映することができない」からである(176)。すなわち Kumm は，この国内民主主義の欠陥を「否定的外部性」という概念で把握する。Kumm は，主権国家内の憲法的自己統治は，「正義に関連する否定的外部性（justice-relevant negative externalities）」の問題を惹起するので，国家主権は，その種の否定的外部性を生じる問題につき，正統な権力を主張できないと指摘し，否定的外部性の例として，以下の四つの場合を列挙する(177)。それらは，第一に，国家が，他国への軍事介入を決定すること，第二に，原子力発電を容認する国家が，国境近くに原子力発電所の設置を決定し，隣国が危険と判断する安全基準を採用すること，第三に，国家が，どのレベルの二酸化炭素排出が，地球温暖化と産業競争力の正しい均衡となるのかを決定すること，第四に，国内の越境的組織犯罪が主に国外の利益を侵害する場合に，国家が，それをどの程度取り締まるかを決定することである(178)。全ての場合において，当該国家の決定により，国内の民主的意思決定過程に関与することのできない，国外の第三者に否定的な影響が生じかねず，国内民主主義が良好に機能していても，その否定的影響を正当化することはできない。Kumm によれば，この種の否定的外部性が生じる場合，国家は，人類の受託者として行動する義務を負い，影響を被る外部者の正当な利益を適切に考慮しなければならない(179)。要するに，一国の外部における正義に係る事態の発生は，一国内の人民主権の正統性を揺るがし，国内憲法の権力行使を制限するのであり，そうであるから，前述のようにグローバル立憲主義は，憲法制定権力は内在的に制約されねばなら

(176) 山元・前掲注(127)15 頁; Hauke Brunkhorst, *Constitutionalism and Democracy in the World Society, in* The Twilight of Constitutionalism?, *supra* note 3, at 179, 197.

(177) Mattias Kumm, *supra* note 59, at 243-244; Mattias Kumm, *supra* note 138, at 704; Mattias Kumm, *supra* note 39, at 613.

(178) Mattias Kumm, *supra* note 59, at 244-245; Mattias Kumm, *supra* note 138, at 704.

(179) 逆に，当該国家だけが正統な権力であると主張できるのは，正義に関連する外部性が存在しない場合に限られる（Mattias Kumm, *supra* note 59, at 245; Mattias Kumm, *supra* note 39, at 624）。

ず，制約のために立憲的諸原則と結び付かねばならないと主張するのである[180]。したがって Kumm は，人権・民主主義・法の支配に基づくと理解できない政治的変化を惹起する行為は，規範的に，憲法制定権力の行為とはみなされ得ないと述べるのである[181]。

グローバルガバナンスの正統性に欠損があり，他方，国内政治による決定により影響される第三者を疎外する国内立憲主義での対応にも限界があることは，グローバル立憲主義に反対する Krisch も認めるところである[182]。

5 小 括

内部と外部の区別は，全ての法秩序に不可欠な要素であり，法秩序は，その内部への「包摂（inclusion）」とともに，その法秩序に含まれなかったものの「排除（exclusion）」を必然的に伴うと指摘する Lindahl は[183]，2019 年の論文では，その説明をさらに発展させ，「集合行為（collective action）」と「代表」との関係に，包摂と排除のダイナミクスを見出す。すなわち Lindahl は，法秩序をある種の「集合行為」として記述する。それは，法秩序が，「我々各自（we each）」ではなく，「我々一緒（we together）（一人称複数）」という形態を想定しているからである[184]。「集合行為」の要点は，何が共同行為にとって重要で，何が重要でないかを決定することにあるので，集合行為は，必然的に「包摂と排除」を伴わざるを得ず，その「包摂と排除」は，「代表（representation）」とも関らざるを得ない[185]。「代表」は，集合行為の根本的な特徴である。それは，一人称複数の観点が想定する統一体のためには，誰かが代表として行為しなければならないので，集合行為は，必然的に「代表された統一体」となるからである[186]。

(180) Mattias Kumm, *supra* note 138, at 706 and 710.

(181) *Id.*, at 710.

(182) Nico Krisch, *supra* note 27, at 245, 247-249.

(183) Hans Lindahl, Fault Lines of Globalization, Legal Order and the Politics of A-Legality 11, 24 and 32-35 (Oxford, 2013); Hans Lindahl, *Inside and Outside Global Law*, Sydney Law Review, Vol.41, Issue 1, 1, 2-5 (2019); Lindhal は，内外の区別は，全ての法秩序の特質であり，国家法だけでなく，国際法についても内外の区別があると考える（*Id.*, at 24 and 43）。彼によれば，グローバル化も，「包摂と排除」のグローバル化として生じる（*Id.*, at 1）。

(184) Hans Lindahl, *Inside and Outside Global Law, supra* note 183, at 6.

(185) *Id.*, at 8-10.

(186) *Id.*, at 11.

しかし，代表行為なしに一人称複数の視点は現れ得ないため，統一体への直接のアクセスはできない[187]。そして，間接的にしかアクセスできないため，代表は，常に「不完全な代表（misrepresentation）」とならざるを得ず，代表からは常に包摂と排除が生じ，排除された者から参加の要求が生じることになる[188]。このように，包摂と排除が同時に生じざるを得ない構造は，法秩序だけでなく，民主主義にも示唆的である。代表民主制により「代表」が不可欠である以上，常に「包摂と排除」は避けられず，民主主義は，集合的自己の代表は，常に不完全な代表でしかないという事実を処理しなければならなくなる[189]。

越境的領域には，国内のような民主的な意思決定制度は整備されていない。そのため，国内民主主義を第一次的に重視せざるを得ないが，国内民主主義にも様々な欠陥・限界がある。そうであれば，国内民主主義に基づく国家権力の行使を制限する論理を探求する必要があり，もはや民主主義だけに依拠するわけにはいかない。その時に，依拠すべき理論として，立憲主義が念頭に浮かぶのは当然である。そうであるからこそLindahlも，前述の論文で，その課題・限界を認識した上で，「憲法は国家の独占物ではない」というグローバル立憲主義の議論を積極的に評価するのである[190]。

もちろん，このような越境的立憲主義の正統性は，何に由来するのかという問題は残る。民主主義に基づく決定に優越する場面を認めるグローバル立憲主義につき，民主的正統性を論じることはできない。しかしこの問題は，グローバル立憲主義固有の問題ではなく，立憲主義に共通する問題である。Kummは，自由・平等な市民による自己統治という国内立憲主義の理念が，グローバル立憲主義の理念でもあるとしている[191]。グローバル立憲主義の正統性は，国内立憲主義の正統性と同じである以上，問われるべきは，それが越境的領域

(187)　*Id.*, at 12.

(188)　*Id.*, at 11-12 and 15; 代表の結果，我々は完全な「我々一緒」にはなれず，同時に「我々各自」でもある状態に置かれるとLindahlは述べる（*Id.*, at 12）。

(189)　*Id.*, at 15-17.

(190)　*Id.*, at 31-32.

(191)　Mattias Kumm, *The Cosmopolitan Turn in Constitutionalism, in* Ruling the World?, Constitutionalism, International Law, and Global Governance 258, 315 (Jeffery L. Dunoff and Joel P. Trachtman eds., Cambridge, 2009); Dimitri Van der Meersche, *Exploring constitutional pluralism(s): an ontological roadmap, in* Global Constitutionalism without Global Democracy (?), *supra* note 30, at 39, 55-57.

にも拡張可能か否か，その拡張の根拠を何に求めるかであって，立憲主義それ自体の是非ではない(192)。もっとも，ヨーロッパのグローバル立憲主義者は，立憲主義の正統性を，理性的に導出されたヨーロッパ法の諸原則に見出しているが，その普遍性はなお検証されねばならない(193)。

V グローバル立憲主義と日本国憲法

国内憲法を，同じ立憲的諸原則を基礎とする，国際法と関連付けて理解するグローバル立憲主義は，国内憲法の意味をも再定位することになる(194)。すなわち，グローバル立憲主義によれば，前述のように，国内憲法の正統性は，憲法制定権力の行使だけでなく，国際法との整合性にも求められる(195)。そして，前述のように，憲法制定行為を絶対視すべきではないことも，そのような立場を支えている。要するに，グローバル立憲主義は，憲法制定過程における国際社会の介入の評価を根本から転換させるのである。一国内だけに視点を限定すれば，憲法制定過程への外国の介入は，憲法制定権力の自己決定を阻害し，制定された国家憲法の正統性を揺るがしかねない。しかし，グローバル立憲主義の観点からは，外国による介入の評価は異なり得る。国民の自由意思に基づいて制定された憲法であっても，その内容が，国内法・国際法双方が依拠する立憲的諸原則に反すれば，当該憲法は，国際社会に対して最早正統性を主張できない。これに対して，外国の介入が，憲法と立憲的諸原則との整合性を担保するためになされたのであれば，介入は決して否定的に評価されない。これにより，第二次大戦後に制定された日・独憲法に対する従来の評価は全く異なるも

(192) 2016年に欧州大学院で開催されたワークショップでは，そのような観点から，様々な議論が展開されている（Global Constitutionalism without Global Democracy (?), *supra* note 30)。例えば，地球の共同所有にコスモポリタン憲法の根拠を求める見解もある(Claudio Corradetti, *Constructivism in cosmopolitan law: Kant's right to visit, in* Global Constitutionalism without Global Democracy (?), *supra* note 30, at 3, 18)。

(193) 例えば，カントの世界市民権・公法の統一などを援用しての議論が少なくない（Claudio Corradetti, *Thinking with Kant "beyond" Kant: Actualizing sovereignty and citizenship in the transnational sphere, in* Global Constitutionalism without Global Democracy (?), *supra* note 30, at 23, 33-34, 36 and 38)。カントが現在に様々な示唆を与えていることは事実であるが，それが真にグローバルな説得力を持つかは，なお議論される必要がある。

(194) Mattias Kumm, *supra* note 191, at 271.

(195) Mattias Kumm, *supra* note 39, at 612.

のになる。Kummは，第二次大戦後のドイツ基本法の制定過程への連合国の関与及び東西ドイツの統一による，基本法の東ドイツへの適用拡大は，いずれも，人民の制憲権の行使とは異なるが，そのことは，基本法の正統性とは無関係であり，重要であるのは，現在のドイツ国民が，基本法の憲法としての機能を信頼する理由を有するか否かであると論じ，それを肯定する(196)。国内憲法制定への国際的関与には，現在までに多くの実例があり，欧州評議会ベニス委員会の活動もその一環と位置付けることができる(197)。むしろ憲法制定は，多くの場合，人民と国際共同体の共同作業の結果なのである(198)。日本の場合，そもそも不平等条約の改正を背景事情とし，ヨーロッパ人法律顧問の意見が大きな役割を果たした，大日本帝国憲法の制定も，国際的関与の下に行われたと見ることができる(199)。

以上の検討からは，グローバル立憲主義が，日本の憲法学にとって無視できない議論であることは自明である。言うまでもなく，日本国憲法の制定は，占領下，連合軍総司令部の指導の下に行われ，日本国民の完全な自由意思に基づいたものとは言い難い(200)。そのため，「憲法自律性の原則」は破られたと評価され，憲法の効力が争われるのである(201)。しかし，国際的関与の下での憲法制定を通常の現象と考えるグローバル立憲主義の立場に立てば，その立憲的諸原則への整合性から，当然に制定の正統性を認めることができる。日本国憲法は，現在でも「押し付け憲法」と非難されるが，グローバル立憲主義からすれば，「押し付け」でなぜ悪いのかと開き直ることになる。ここで注目すべきは，芦部の見解である。芦部は，国際法・憲法双方の観点から，日本国憲法制定を検討し，前者につき，「国際の平和と安全に仕える条約（筆者注・芦部は，ポツダ

(196)　Mattias Kumm, *supra* note 138, at 699-700.

(197)　ベニス委員会の活動については，寺谷広司「欧州を越える欧州――ヴェニス委員会による裁判官対話の普遍的展開」法律時報93巻4号（2021年）63-67頁を参照。

(198)　Kummは，この文脈で，ドイツ・イタリア・日本の憲法制定とともに，今日の国連による平和構築活動に言及している（Mattias Kumm, *supra* note 138, at 708-709）。なお大石は，ドイツ基本法の制定を，政治指導者層の自主性に基づくと認識し，日本の場合と区別するが（大石眞『日本憲法史』（講談社学術文庫，2020年）339頁），Kummは，そのような区別はしていない。

(199)　大石・前掲注(198)34頁，43頁，149-150頁，169頁，174-186頁。

(200)　大石・前掲注(198)338-367頁; 古関彰一『日本国憲法の誕生〔増補改訂版〕』（岩波現代文庫，2017年）417頁。

(201)　大石・前掲注(198)366-367頁。

ム宣言を一種の条約と見る）に基づく介入であれば，直ちに国際法違反（筆者注・内政不干渉）」にはならず，後者についても，「憲法の自律性とは，外国の支配・圧力から完全に自由な状態」での憲法制定を意味しない，それは憲法には，現代憲法への進化を支配する歴史的な原理（「共通憲法」又は「憲法の一般原理」）が存在するからであると説明し，非自主的な憲法だから無効であるとの主張を排斥する(202)。芦部の主張は，もちろんグローバル立憲主義ではない。しかし，憲法制定への国際的関与を容認するとともに，日本国憲法の正統性を，「共通憲法（common constitution）」又は「憲法の一般原理」との整合性に求める芦部の態度は，グローバル立憲主義と親和的であり，グローバル立憲主義の論理を先取りしているとも言える(203)。芦部の言う，「近代憲法の一般原理」とは，まさにグローバル立憲主義の言う立憲的諸原則と重なり合うものだからである。グローバル立憲主義の立場からは，日本国憲法は，先駆的事例であるとともに，芦部の説明は，日本国憲法の制定過程が，グローバル立憲主義を根拠付けるものであることを示してもいる(204)。

Ⅵ　結語――グローバル立憲主義の意義

グローバル立憲主義には，幾つかの前提があり，その前提を共有するか否かが，グローバル立憲主義への態度の分かれ目となる。第一は，国際法が法であるか否かであり，国際法を法と認めなければ，グローバル立憲主義はそもそも成り立たない。第二は，国際法が自律的な法秩序であるか否かであり，国際法の自律性を否定し，国家同意による派生的な法秩序でしかないと考えれば，や

(202)　芦部・前掲注(136)『憲法学Ⅰ』182-192頁。

(203)　芦部は，ポツダム宣言のいう「民主的かつ平和的政治形態の樹立，あるいは基本的人権の尊重の建前は，近代憲法の進化を支配する一般原理を明らかにしたもの」と述べている（同・190頁）。

(204)　日本国憲法の制定過程に対する憲法学の分析は，グローバル立憲主義に多くの示唆を与えている。例えば，日本国憲法の制定過程を重視せず，憲法の価値は，「その内容がその憲法のその後の歩みにおいていかに国民に受け入れられ，国民の意思に定着しているかによって判断される。」との見解も（佐藤功『日本国憲法概説〔全訂第2版〕』（学陽書房，1980年）51-52頁），グローバル立憲主義に整合する。逆に，GHQの影響は事実上のものであり，法的には国民の自由な判断により制定されたと「押し付け」を否定する場合には，グローバル立憲主義との連関は生じない（吉田善明『日本国憲法論〔新版〕』（三省堂，1995年）51頁）。これまでの憲法学の議論は，グローバル立憲主義の観点から再度吟味される必要があろう。

はりグローバル立憲主義は成立しない。全ての権力が国家に由来するのであれば，国家の立憲主義が最大かつ唯一の立憲主義であるはずだからである。第三は，国際法と国内法は本質的に異なるか否かであり，国内法の適用が，国家により物理的に強制され得ることに着目して，両者は根本的に異なる接合不可能な法秩序であると認識すれば，やはりグローバル立憲主義を議論することは難しい。グローバル立憲主義は，概して，国際法と国内法を内包するグローバルな公法秩序を構想するからである(205)。そして，これらの論点の基礎に，国家中心主義の是非がある。当然のことながら，現在の憲法も国際法も，国家中心主義に基き，主権を有する国家が特別な存在であることを前提に組み立てられているところ(206)，グローバル立憲主義は，国際法が，国家中心から個人中心のシステムに移行しつつあると認識している(207)。

これらの諸点は，いずれも論争の対象であり，グローバル立憲主義についても賛否が争われるのは当然である。しかし他方，「立憲主義は，どんな権力であれそれは制限されなければならない，という原理である」とすれば(208)，一定の公権力を有する国際組織への立憲主義の適用が発想されるのは当然である。加えて，個人の権利は，人権・法の支配の文脈では，憲法・国際法双方の対象となるところ，個人の観点からは，両者の齟齬は容認できず，個人は，自己の権利を守るために，双方のうちより高い基準に依拠しようとする。要するに，国際法が個人を国際法主体として取り込んだ結果，憲法と国際法を接合させ，内容を収斂させようとする圧力が継続的に両者に供給され，国内での立憲主義が維持される限り，国際法の立憲化を推進する主張が現れることになる。逆に言えば，個人と国際法を切り離し，国際法を国家間の法として再構成しない限り，国際法は立憲主義の主張から逃れられない。しかし，それは不可能である(209)。

(205) Mattias Kumm, *supra* note 39, at 612 and 625;

(206) Thomas Poole, *The Idea of the Federative, in* The Double-Facing Constitution 54, 56-61 (Jacco Bomhoff, David Dyzenhaus and Thomas Poole eds., Cambridge, 2020).

(207) Anne Peters, *Humanity as the A and Ω of Sovereignty*, European Journal of International Law, Vol. 20, No. 3, 513-544 (2009); Anne Peters, *supra* note 10.

(208) 樋口陽一『憲法 近代知の復権へ』(平凡社ライブラリー，2013 年) 106 頁; 樋口陽一「「立憲主義」と「憲法制定権力」: 対抗と補完──最近の内外憲法論議の中から」日本学士院紀要 69 巻 3 号 (2014 年) 108 頁; Alec Stone Sweet, *supra* note 16, at 626-627.

(209) 国家が個人によって構成される以上，全ての法規範の最終的名宛人は個人とならざるを得ず，国際法の「人間化 (humanization)」を逆行させることはできない(Antônio Augusto Cançado Trindade, *Individual, in* Concepts for International Law, Contributions

グローバル立憲主義は，憲法学・国際法学双方にとって新しいパラダイムを提示している。トーマス・クーンによれば，パラダイムとは，「一般に認められた科学的業績で，一時期の間，専門家に対して問い方や答え方のモデルを与えるもの」である(210)。科学は，特定のパラダイムの下における「通常科学」の蓄積と，既成のパラダイムから新しいパラダイムへの移行（クーンは，それを「科学革命」と呼んだ）の反復により発展していく(211)。グローバル立憲主義が，そのような新たな法学パラダイムに成り得るものであるのか，現時点では不明である。但し，本章が示したように，グローバル立憲主義というパラダイムを採用することにより，多くの憲法現象に対して，これまでの解釈に新たな光があてられることになる。そして，従来の憲法学も国家を中心とする一つのパラダイムを前提に議論を進めてきたことに注意しなければならない。そして，それもパラダイムである以上，なぜその国家中心のパラダイムを維持すべきなのか，憲法学は，常に自らに問わなければならないのである(212)。

〔付記〕本章は，科研費基盤研究(A)「国境を越える立憲主義の成立可能性と国際法・憲法の基本概念」(課題番号 18H03617)（代表・須網隆夫）の研究成果の一部である。

---

to Disciplinary Thought 459-467 (Jean D'Aspremont and Sahib Singh eds. Edward Elgar, 2019).

(210)　トーマス・クーン（中山茂訳）『科学革命の構造』（みすず書房，1971年）v頁。

(211)　同・104-124頁。

(212)　樋口が，20世紀後半の複雑な状況の中で，「主権」の観念，その前提となってきた近代国民国家の自明性が，疑問視されている。」と述べたことの意味を考えるべきであろう（樋口・前掲注(126)423頁)。

第2章

憲法と裁判官対話

中 井 愛 子

Ⅰ　はじめに

国際法は伝統的に主権国家間を規律する法として論じられてきた。また，国際社会には政府のような集権的な機関がないため，立法機関・執行機関だけでなく司法機関すなわち国際裁判所も存在しないのが通常であった。だが，今日では多種多様な国際裁判所が存在する。仲裁廷の特設による紛争解決は 19 世紀終わり頃から定着し，20 世紀に入ると常設の国際裁判所が設置され，それから 21 世紀にかけて国際裁判所の数も種類も飛躍的に増加した。

ある種の国際法，とりわけ，過去には国内法に任されていたような事項に関する共通の法の設定を目的に含むものや，国内での個人の権利保障の共通の基準を設定しようとするものは，国を超えた統一的な解釈適用を要求する。この要請に対応して専門の国際裁判所が設置されることもある。他方で，国内で国際法をどのように解釈適用するかは，伝統的にも今日でも，現実にはその国の国内裁判所にかかっている。また，国内でその国が果たすべき権利保障，司法のあり方，各種の法（国際法を含む）の効力や序列のすべてを決定してきたのは，国内の最高法規たる憲法である。

このような中で，国内において国際法から生じる義務と憲法から生じる義務とが抵触する際に，国内裁判所はどちらを優先するべきか，また，国際法の解釈適用に関して国内裁判所と国際裁判所の判決が矛盾する場合にはどのように処理されるのか，といった問題が不可避的に生じている。特に，「共同体法（community law/ droit communautaire/ derecho communitario）」と呼ばれる超国家的な特別な国際法を備えた欧州や米州の地域統合に参加している国の裁判所は，この問題に日々直面しているのである。

本章では，上記のような現状において，国際と国内の各種の裁判所の間で判決の相互参照によってある種の「対話」がもたれ，一定の調和した判例法理の形成に寄与しているとする「裁判官対話（dialogue de juges）」の議論に着目する(1)。裁判官対話は今日いかなる様相を見せており，そこにおいて，各国の憲法と国内裁判所はどのような意義を有しているのだろうか。以下，第Ⅱ節では，国際裁判所が増加し多様化した今日の現状と，国際法・国内法関係および国際裁判所・国内裁判所関係をめぐる従来の考え方を簡単に整理して問題の所在を示す。第Ⅲ節では裁判官対話の概念の沿革と内容を分析する。第Ⅳ節では具体例を交えながら裁判官対話の類型と諸相を網羅的に概観する。第Ⅴ節では，EU法と類似の超国家的な共同体法を有する中米統合機構（SICA）をEUとの比較において取り上げ，憲法と国際法の関係に関して加盟国の国内裁判所と地域的国際裁判所の間でどのような裁判官対話が展開されているのかを提示する。最後に，これらの検討を踏まえて，国際的な司法制度の設計だけでなく，各国の憲法と国内裁判所の憲法解釈が，なお，国境を超える裁判官対話の様相を決定する要因としてカギを握っていることを論じる。

Ⅱ　国際法・国内法関係と国際裁判所・国内裁判所関係

1　国際法と国際裁判所の増加および多様化

現代国際社会の大きな特徴の1つに，国際法と国際裁判所の増加および多様化がある。国際裁判所は，国際司法裁判所（International Court of Justice, ICJ），国際海洋法裁判所（International Tribunal of Law of the Sea, ITLOS），国際刑事裁判所（International Criminal Court, ICC）等の地理的範囲を限定されない管轄権を有する裁判所と，欧州司法裁判所（European Court of Justice, ECJ）をその一部とするEU裁判所（Court of Justice of the European Union, CJEU），中米司法裁判

(1)　裁判官対話の概念の定義は第Ⅲ節2で与える。

所（Corte Centroamericana de Justicia, CCJ），アンデス共同体裁判所（Tribunal de Justicia de la Comunidad Andina, TJCA），欧州人権裁判所（European Court of Human Rights, ECHR），米州人権裁判所（Inter-American Court of Human Rights, IACHR），アフリカ人権および人民の権利裁判所（African Court on Human and Peoples' Rights, AfCHPR）等の特定の地域に設置された地域的な国際裁判所に大別できる。さらに，解釈適用する法の性質内容，当事者適格等によってまた幾通りにも分類することができる。

国際裁判所の多様化は国際法の多様化に起因している。国家間の法としての国際法の伝統的な特徴は数多くの点で修正された。憲法に関しては以下の２点が重要と思われる。

第一に，個人に一定の権利または利益を付与する国際法が増加した。これに対応して国際裁判所の当事者適格も変化している。今日，国際裁判所を利用できるのは，国家，国際組織，個人のいずれかである。最も保守的には国家のみが当事者適格を有する。個人に対する救済は国際裁判以外の制度で図られてきたが，近年では個人に原告適格を認めたり，そうでなくとも陳述等の一定の関与を認める国際裁判所が増えている[(2)]。当然，そこで解釈適用される国際法は個人の権利または利益を問題にしているのである。個人に提訴権を認めるものは地域的国際裁判所に多いが，国連の自由権規約委員会のように，裁判所ではないものの，履行確保の点で類似の機能を期待される普遍的な機関であって，選択議定書を批准した国について個人の通報権を認めているものもある。他方，ICC は，個人が国際法上の一定の義務を負っていることを前提に，国際犯罪を犯した個人を訴追する普遍的な国際裁判所である。

第二に，地域統合の進展に伴い，超国家的な性質を自認する「共同体法」が登場した。共同体法の第一義的法源は条約であり，国家間の合意を基礎として定立された法である点で国際法なのだが，国内的効力，直接適用性だけでなく国内法への優越を掲げ，これらの性質に従った国内での一様な遵守を加盟国の義務とする点で，超国家的とされる特別な性質を有するのである[(3)]。これに対

(2) 個人の権能の範囲はそれぞれの裁判所規程が定める。細部には種々の違いがある。EU の CJEU は，個人の訴えとしては EU 諸機関に対する訴えや EU 法の取り消しの訴えのみを受理する。SICA の CCJ は個人の国家に対する訴えをも受理する。他方，ECHR は個人が国家に対して訴訟を提起することを認めるが，IACHR は個人には提訴権を与えず陳述等の権能のみを認める。

応して，前述の地域的国際裁判所は，地域的な共同体内部の超国家的な国際法である「共同体法」の解釈適用を主たる任務とする裁判所と，地域的人権条約など，地域的な国際法ではあるが必ずしも共同体法の性質を持たない法を解釈適用する裁判所に区別される。前者の代表例がECJやCCJ，後者の代表例がECHRやIACHRである(4)。

上のような国際法と国際裁判所の増加および多様化は，不可避的に，国際法・国内法の関係，ひいては国際法と憲法の関係に大きな影響を及ぼしている。個人に権利を与えたり，国家に個人の権利利益の擁護を義務づける国際法は憲法の人権規範に類似する。さらには，そのような国際法が超国家性を予定する共同体法である場合，原則として国内の裁判所で個人による直接の援用が可能であり，かつ，国内法に優越するはずなのである。そして，国内裁判所は国家機関の1つであるから，その国を拘束する国際法に拘束され，違反すれば国家責任を生じる。憲法が国際法に優越するとする憲法を有する国が，国内法への優越を謳う条約を批准した場合でも，当該条約は国内において憲法にまで優位するのであろうか。憲法上の義務に従ってなされた国家の行為が，国際法上は違法と判断されることは無論ありうるが，かかる行為は国内法上は適法であるために国内では有効であり続けるのか，それとも，国内においても違法無効とされるべきなのであろうか。後者だとすれば，少なくともそのような国際法と国内法の関係は，国際法を優位として一元論的に把握されるべきこととなり(5)，国際法が各国の憲法の短所を埋め合わせて共通の基本法として機能する

(3) 国内的効力と直接適用性を有する条約は自己執行的な条約と呼ばれる。共同体法も自己執行的な条約の一部であるが，その国内的効力，直接適用性および国内法への優越の認定が国内裁判所の解釈・判断に任せられているのではなく，最初から明示的に国際法上の義務とされている点で通常の自己執行的な条約と異なると思われる。国内的効力，直接適用性の概念については，本章は岩沢雄司『国際法』（東京大学出版会，2020年）524-530，556頁と同様の理解をとっている。

(4) カリブ地域の2つの裁判所（カリブ司法裁判所と東カリブ最高裁判所）は，国内の争訟に国内法を適用して解決する国内裁判所としての機能をも併有する。コモン・ローを共有する同地域諸国の特有の事情による。両裁判所につき，中井愛子「中南米（ラテンアメリカ・カリブ）の国際裁判所と裁判官対話」『法律時報』93巻4号（2021年）20-24頁。

(5) 一元論，二元論の簡単な整理は2で行うが，ECJの立場は一般に「一元論的（monist)」と評されている。ECJは，EU法が加盟国国内で直接効果・直接適用性を有し，かつ，憲法を含むすべての国内法に優越するとしており（ECJ, Case 11/70, Internationale

ほどに「グローバル立憲主義（Global Constitutionalism(6)）」が進展したといえるのかも知れない。

こうした状況において，国際・国内の裁判所が判決を通して互いに影響を与え合う，国境を超える「裁判官対話」の現象が注目されている。次節で裁判官対話の実質的な議論に入る前に，下の本節の２において，国際法と国内法の関係に関する伝統的な考え方と，今日の国際裁判所と国内裁判所の関係を整理しておきたい。

2　国際法と国内法の関係

(1) 国際法秩序と国内法秩序の関係に関する一元論・二元論

国際法秩序と国内法秩序がいかなる関係にあるかに関し，国際法学には一元論・二元論の２つの学説がある。(2)で後述する国内の法制度を論じる際の一元論・二元論とは関連するが同一ではない。同じ用語でも論者によって意味が異なることがあるため混乱を生じがちであるが，細部には立ち入らず，要点だけに着目すれば下のように整理できる(7)。

「一元論」とは，一定のヒエラルヒーの元に，国際法と国内法が統一的な１つ

Handesgeselschaft (1970), para. 3)，EU 法と加盟国の国内法との関係に関して EU 法優位の一元論をとると解されているのである。Giuseppe Martinico and Oreste Pollicino, *The Interaction between Europe's Legal Systems: Judicial Dialogue and the Creation of Supranational Laws* (Elgar, 2014), p. 88; Mart Cartabia, "The Italian Constitutional Court and the Relationship Between the Italian Legal System and the European Community," Michigan Journal of International Law, Vol. 12, Issue 1 (1990), p. 180, fn. 14.

(6)　この概念には未だ確立された定義がない。本章では，基本的な意味を重視して，Peters に倣い，グローバル立憲主義を「法の支配，チェック・アンド・バランス，人権擁護，民主主義といった憲法的諸原則の国際法域における適用」を求める考えとみなす。Anne Peters, "Compensatory Constitutionalism: the Function and Potential of Fundamental International Norms and Structures," *Leiden Journal of International Law*, No. 19, pp. 582-584. 類似の立場をとる須網は，グローバル立憲主義が国際共同体に普遍的に共有された価値があることを前提にしているために，国際法秩序の中に他の法よりも高い地位を有する憲法が存在しうるとの考えになじむと指摘する。Takao Suami, "Global Constitutionalism and European Legal Experiences: Can European Constitutionalism Be Applied to the Rest of the World?," in Takao Suami, et al., eds., *Global Constitutionalism from European and East Asian Perspectives* (Cambridge, 2018), pp. 126-127.

(7)　本章での一元論・二元論の整理は岩沢・前掲注(3)512-525 頁に準拠している。

の法秩序をなしているとする考えを指す。この考えでは，両者の規範が抵触する場合，どちらかは違法無効である。どちらが違法無効となるかは法の序列による。類型的に国内法を上位とする一元論が国内法優位の一元論と呼ばれ，類型的に国際法を上位とする一元論が国際法優位の一元論と呼ばれる。

対照的に，「二元論」とは，国際法と国内法は別個の法体系を構成しているとする考えである。この考えでは，国際法と国内法の規範は抵触することなく独立に効力を有する。元来の二元論は「厳格な二元論」とも呼ばれる。厳格な二元論によれば，規律対象を異にする等の理由から国内法と国際法の法体系が交わることはなく，規範の抵触も観念されない。他方，「穏健な二元論」や「調整理論」（または，等位理論）と呼ばれるものは，国際法と国内法の規範の間に抵触はないとしても，実際には規律対象が重なりうる（例えば，国家は双方に拘束される）ことから義務の抵触はありうると認める。ただし，その場合でも，一方の義務と抵触する義務を命じる他方の法が違法無効になることはないとする。国際法違反であるが国内法上は適法な行為や，逆に，国内法違反であるが国際法上適法な行為は，それぞれ，一方の法体系内で適法になされうるが，逆に，他方の法体系内では違法の責任を免れない，と解するのである。国家が国内法上の義務を履行するために国際法上の義務に違反する行為を行った場合，国内平面では適法であっても，国際平面では国家責任を免れない。同じように，国家が国際法上の義務を履行するために国内法に違反する行為を行った場合は，国際平面では適法だが，国内平面では違法の責任を生じる。

学説史でいえば，まず一元論，次いで二元論が唱えられた。今日では，二元論の中でも，20世紀半ばから唱えられた調整理論が通説といわれる。この立場は，国際法体系と国内法体系を別個の法体系とみなし，国際法と国内法がそれぞれの分野で最高であるとみなした上で，義務が抵触しうることは認め，その場合には各法体系内でそれぞれの法に基づいて違法の責任が追及されて調整がなされるとする。国際法と国内法を別個の法体系とみなす点で二元論に属するが，折衷的で穏健な立場である。

(2) 国際法の国内的効力に関する一元論・二元論

(1)に論じた，国際法秩序と国内法秩序の関係を問題とする国際法学説の2つの立場のうち，二元論は，国内における国際法の効力に関する議論でいえば，国際法が国際法のままで国内での法としての効力（＝国内的効力）を有するという立場よりも，国際法が国内的効力を有するためには国内法の形式ないし性質に変型されることが必要であるとする立場と親和的である。そのため，国内法体制を論じる際には，一般に，国際法が国内的効力を有するには国内法の形式ないし性質に変型される必要があるとする国が二元論の国と呼ばれ，これに対して，国際法が国際法のままで国内的効力を持つとする国が一元論の国と呼ばれる(8)。

個々の国際法（主に条約）がどのように国内に受容され，国内的効力を得るかに着目するならば，各国の法体制は以下の３つに大別されてきた。第１に，およそ条約は批准・公布されれば国内的効力を得るとする「自動的受容」の国，第２に，議会が条約を承認して承認法を採択すれば国内的効力を得るとする「承認法受容」の国，第３に，条約はそのままでは国内的効力を持たず，個々に国内の法律や命令によって受容されなければならないとする「個別的受容」の国，である(9)。いずれの法体制をとるとしても，実際には，憲法ないしなんらかの国内法によって，上記のいずれかの方式での国際法の国内への「受容」ないし「編入」が予定されていることに変わりはない。結局はどの体制においても国際法は憲法等の国内法に基づいて国内的効力を得ているのであり，この点をとらえるならば，(1)で論じた国際法と国内法の関係に関する一元論と二元論とでは，いずれの体制も二元論的といえる。だが，上で言及したように，国内法体制を論じる際には，国内法に基づいて国際法が国際法のままで国内で法としての効力を有する国が一元論の国，国際法が国内法に「変型」されて初めて効力を有するとされる国が二元論の国と分類されるのが一般的である。

さらに，日本では，上述の国際法の受容の方式に関する３種の国内法体制のうち，第３の「個別的受容」の国だけを「変型」の国と理解して二元論の国とみなす傾向があるといわれる(10)。しかし，指摘されるように，たとえ形式が変型しないとしても，受容された国際法の「性質」が依然として国際法のままであるのか，それとも国内法に転じているのか，という問いは生じる。国際法が国際法のままで国内的効力を有するとの考えが一元論から導かれ，国際法が国内法に「変型」されて初めてかかる効力を有するとの考えが二元論から導かれるならば，自動的受容や承認法受容の国でも，受容によって国際法の「性質」

(8)　同書，521頁。
(9)　同書，520-521頁。
(10)　同書，521頁。

が国内法に変じて国内的効力を得るのだと考えているのならば，やはり二元論の国といえよう[11]。

本章では，原則的に，一元論・二元論という用語を（1）で論じたような意味，すなわち国際法秩序と国内法秩序の関係を表す語として用い，国内と国際の各裁判所がどちらの立場をとっているかを区別することはなお有用であるとの観点から論じる。したがって，国内法体制に着目した議論における一元論・二元論の分類とは必ずしも一致しないが，国内裁判所が国内的効力を有する国際法の性質を依然として国際法と考えているのか，それとも国内法に転じていると考えているのかを問題とするときにはこれらにも言及する。

3 今日の裁判所間関係は一元論的か二元論的か

さて，今日の国際裁判所と国内裁判所の関係は，国際法秩序と国内法秩序の関係に関して，一元論と二元論のいずれの理解に合致するであろうか。

伝統的にも，また，今日でも，国際裁判所と国内裁判所の間には原則として審級は観念されない。カリブ地域では国内裁判所の判決に対する上訴を国際裁判所が受理するが，英連邦諸国としての歴史を背景にした特殊な例といえる。EU や SICA のように，国内裁判所が共同体法の解釈を先決問題として地域的国際裁判所に移送する手続きや，勧告的意見を要請する手続きが設けられている地域はある。だが，それらにおいてさえ，国際裁判所と国内裁判所に上級審・下級審の関係はない。どちらかの裁判所が下した判決について他方に上訴して破棄を求めることはできず，国内では国内裁判所，国際的には国際裁判所がそれぞれ独立して最終的な判断を下すのである。この点で，現在の国際・国内の各裁判所の制度設計は，原則として国際法と国内法を別個の法体系とみなす二元論の立場に拠っているといえる。

現実には，同一の事件について国際または国内の複数の裁判所が管轄権を有することは頻繁にある。国家による自国内での行為が国内法にも国際法にも規律されるときが典型である。個人の権利利益を問題とする国際法は，必然的に国内での履行を予定するため，そうした国際法が増加するならば，裁判所間の管轄権の重複の場面も増加せざるを得ない。また，管轄権が重複しないとき（すなわち国際裁判所と国内裁判所が同一の当事者間の同一の事件を受理することは

（11） 同上。もっとも，岩沢は国内法体制を一元論・二元論で区分するのは不適切とする。同書 522 頁。

ないとき）でも，同一の法につき，複数の裁判所が解釈権限を有していることはある。国内裁判所は，国内法の定めるところに従い，その国の国内で有効な国際法と国内法を解釈適用する権限を有している。国際裁判所は，国際法たる規程の定めるところに従い，特定のまたはあらゆる国際法について同様の権限を有している。したがって，ある国際法が国内でのなんらかの適用場面を有しうるものである限り，同一の国際法について国際・国内の複数の裁判所が解釈権限を有するのである。

このように，国際法と国内法は依然として別個の法体系とみなされているといえるが，実際には国際裁判所と国内裁判所は同一の事件に重ねて管轄権を持ちえ，また，同種の事件に適用されうる同一の法について重ねて解釈権限を有している。それにも関わらず，国際・国内の裁判所の関係はやはり二元論を前提としており，審級関係は観念されない。そして，世界的なレベルで，各事件を国内・国際のどの裁判所が受理するべきかについて統一的判断を下すような裁判所も存在しない。国内と国際とで相矛盾する判決が出されたとしても，国内・国際それぞれの上級の裁判所，またはその裁判所自身（多くの国際裁判は一審制である）によって破棄ないし修正されない限り併存する。これらの全体の帰結として，国際・国内のそれぞれの法域において，同一の国際法の解釈や適用のあり方が様々に異なる，ということが起こりうるのである。国際法の側が超国家的で統一的な解釈適用を求めたところで，国内裁判所が受け入れるのでなければ変化は国内には浸透しない。

こうした現状が，本章が扱う「裁判官対話」の現象の背景をなしている。次の第Ⅲ節から裁判官対話の本論に入る。

Ⅲ　裁判所間の相互作用——裁判官対話

1　裁判官対話への着目

Ⅱに論じたように，今日の国際裁判所と国内裁判所の関係の設計は，依然として二元論的である。それでは，世界の裁判所は互いに関連しあうことなく，それぞれが異なる判断をなしたままにしているであろうか。二元論からすれば想定される帰結である。ところが，各種の裁判所の実務を観察するならば，国際または国内の裁判所が，審級関係にないにもかかわらず，別の裁判所の先行する裁定や判決を参照して自身の判断に取り入れ，相互に影響する現象がみられる。こうした，裁定・判決の参照を介した裁判所間の相互作用の現象が「裁判官対話（dialogue des juges）」と呼ばれる[12]。

裁判官対話は，欧州の地域統合の中で20世紀の終わりごろから意識され始めた比較的新しい研究対象である。後の節で扱うように，共同体法の国内法への優越をめぐる国際裁判所と国内裁判所の判断を時系列的に比較検討するならば，欧州でも米州でも，地域的国際裁判所と国内裁判所の間でお互いの判断を明示的に参照（または黙示的に意識）した判決・裁定が出され，互いの歩み寄りによって全体として一定の判例法理が形成されたり，逆に，譲れない部分については互いの判断に抵抗して争いを継続する，という現象が確かにみられる。

裁判官対話の進展は憲法にとって，そしてグローバル立憲主義にとって何を意味するか。一方では，対話を通して全体の判例法理が収斂し，個別の憲法を超えた統一が進むという見通しがある。他方，国際裁判所と国内裁判所の見解が相反する場面も決して軽んじられない。本節で以下に裁判官対話の概念の沿革と定義を整理した後，次節の第Ⅳ節では簡単な実例を交えながら裁判官対話の諸類型と様相を確認する。

2　沿革と定義

「裁判官対話」の概念を最初に用いたのは，元フランス国務院副長官の Bruno Genevois 判事とされる。1978年，Cohn-Bendit 事件の政府委員（commissaire de gouvernement）を務めた同判事は，論告（conclusion）の中で次のように述べた。「欧州共同体には，裁判官の政府も，裁判官の戦争もあるべきではない。あるべきは裁判官の対話である[13]」。

もちろん，本章で論じていくように，Genevois 判事が「裁判官対話」の表現を使用する以前から，EU 加盟国の国内裁判所の間での，または，国内裁判所と ECJ の間での，判断の相互参照の現象はみられていた。同判事による命名以降，EU（当時は EC）法と国内法との優先劣後関係，それぞれの法を解釈適用す

---

(12)　裁判官対話の概念を広く解し，裁判官間の会合等による情報交換をも「裁判官対話」に含める立場もある。例えば，次の共著書では共通の理解としてそのような広い意味が採用された。伊藤洋一編『裁判官対話――国際化する司法の協調と攻防』（日本評論社，2023年）。本章はこの概念を狭く解し，裁判所間の裁定・判決の相互参照だけを対象としている。

(13)　Conclusions rendues dans l'affaire Cohn-Bendit, 22/12/1978, D. 1979, p. 161.

る欧州司法裁判所（ECJ）と国内の各裁判所との権限行使のあり方，さらには，統一的なEU法解釈のあり方をめぐって，裁判官対話に着目した様々な議論が欧州で繰り広げられた。これらの議論において，裁判官対話は裁判所間の対話（dialogue entre les cours）とも呼ばれた。

Genevois判事も，後続した議論も，必ずしも「裁判官対話」「裁判所間の対話」の概念に明確な定義を与えない。だが，対話というからには，2者以上の間で相互に考えや言葉を交わす行為が中核であることに争いはない。また，同判事が裁判官間の「戦争」の可能性を前提に「対話」を推奨していることから，裁判官対話とは，裁判所が他の裁判所を敵ではなく対話の相手とみなし，たとえ結論には反対するとしても互いを意識した判決を発し法理を交換することを指すといえよう。相互作用（interaction）や交換（echanges）といった用語が「対話」の同義語として使用されていることが示すとおりである(14)。

したがって，ここでいう対話は，一方の見解に他方が恭順して各裁判所の判断が共通していくことだけを意味するのではない。例えば，裁判所Aが下した判断に裁判所Bが反対する場合でも，それがBの判決・裁定に反映されてAへの新たなメッセージとして送り返され，AがBによる拒絶を意識して次の判決・裁定を出すのならば，やはり対話そのものといえよう。この繰り返しによって，双方または片方の立場が修正され接近していくのか，相違がさらに深まるのか，はたまた平行線をたどり続けるのかは，時間軸を永遠まで進めなければわからない。Genevois判事に捧げる記念論文集の中で裁判官対話を論じたBurgorgue-Larsenは，「対話（dialogue）」というフランス語がプラトンの『対話篇』のような「哲学的な対談」を指すラテン語のdialogusに由来し，これがさらに「議論する」を意味する古代ギリシャ語のdialegeinに由来することを指摘して，対話の基本的な意義が「見解の交換」や「議論」であることに注意を促す(15)。対話とは，2者以上の間での，言葉，考え，見解の交換の行為であるが，必ずしも，一方が他方に恭順するとか，共通の立場が形成されることまでは要求されない。

---

(14)　See for example, Martinico and Pollicino, *op. cit.*, P. 17; Giuseppe de Vergottini, *Au-delà du dialogue entre les cours: juges, droit étranger, comparaison* (Dalloz, 2013), p. 57.

(15)　Laurence Burgogue-Larsen, “De l'internationalisation du dialogue des juges: missive doctrinale à l'attention de Bruno Genevois,” in Robert Badinter, et al., eds., *Le dialogue des juges: Mélanges en l'honneur du président Bruno Genevois* (Dalloz, 2009), p. 97.

以上のことから，本章では，裁判官対話を，裁判官が，係属した事件の判断にあたって他の裁判所の先行する判断を参照することによって，相互に影響しあう現象と定義する。影響の仕方は必ずしも一方が示した判断を他方が受け入れるということに限られない。

Ⅳ　裁判官対話の類型と諸相

1　裁判官対話の分類方法

裁判官対話と一言でいっても，態様，条件，帰結は多様である。裁判官対話と憲法との関連の仕方もそれらに応じて変化する。

多くの先行研究が裁判官対話の類型別の整理を試みている。分類方法の相違は分類軸として着目する要素の相違に起因している。また，いずれの類型の対話であっても，その様相は諸条件（問題となる国際法や国内法の具体的規定）と，具体的な事件における裁判官による反応の選択（対話するかどうか，または，対話するとして，先行する判断を是認するか否定するか，等）に依存して変化する。ここでは便宜的に，以下の３つの分類軸を用いて裁判官対話の全体像を掴んでおくこととしたい(16)。

第１の分類方法は，対話の参加主体すなわち裁判所別の類型化である。これによれば，裁判官対話は，（1）国内裁判所間の対話，（2）国際裁判所と国内裁判所の間の対話，（3）国際裁判所間の対話の３つに大別される。

第２の分類方法は，対話がなんらかの法システムの一部として制度化されたものかどうかによる類型化である。（1）制度化された対話（dialogue institutionalisé），（2）自発的な対話（dialogue spontané）の２つに大きく分かれる。

第３の分類方法は，対話の参加者間の関係性に着目した類型化である。対話する裁判所間の関係が垂直的か水平的かを分類軸とし，前者の関係性における対話を（1）垂直的な対話（dialogue vertical），後者の関係における対話を（2）水平的な対話（dialogue horizontal），として区別するのである。裁判所間の関係性は法制度の建付けに細かく依存するため，この分類方法はごく補助的に用いるのに適すると思われる(17)。

(16)　裁判官対話の整理の仕方は論者によって多様である。ここで用いる３種の分類方法は，Vergottini, *op. cit.*, pp. 63–138 および Burgogue-Larsen, *op. cit.*, pp. 99–116 で提示された類型論を参考に筆者の見解で整理したものである。

(17)　例えば Vergottini, *op. cit.*, pp. 63–70 は，国際裁判所と国内裁判所の間の対話を垂直

以上の3つの分類方法を用いるならば，裁判官対話は，まず，国内裁判所間，国際裁判所と国内裁判所間，国際裁判所間，の3つの類型に大別できる。さらに，各類型の内部にそれぞれ制度化された対話と自発的な対話がありえ，垂直的な対話でも水平的な対話でもありうる。以下では，裁判官対話を対話に参加する裁判所の種類に応じて3つの類型に分け，他の分類軸を適宜併用しながら諸相を簡単に整理する。

2　裁判官対話の諸類型

(1) 国内裁判所間の対話

(a) 一国内の国内裁判所間の対話

裁判官対話の第1の類型は国内裁判所間の対話である。用語自体がEUで生じたため，裁判官対話は国際裁判所と国内裁判所の間のものとして論じられることが多い。だが，当然，国内裁判所間でも対話は起こり，多くの場合，国際的な対話に先行する。

(i) 制度化された対話

審級関係にある国内裁判所間の対話は，制度化された，かつ，垂直的な対話に該当しよう。二審制以上を採用している国では常態である。まず，下級審が事件を審理判断する。上級審は下級審に対する上訴を審理して判断を下し，下級審の判断を肯定することもあれば否定することもある。上級の裁判所の判決の拘束力が別の事件には及ばないとしても（裁判所法第4条），同種の事件において，下級の裁判所はやはり上級の裁判所の裁判例・判例を意識した判決を下す。上訴が提起されたら，上級の裁判所がまた下級審の判断を肯定するか否定するかで応える。この繰り返しによって一定の法理が形成されたり，法解釈が変わったり，法が適用排除されたり，さらには立法府が動いて法改正が導かれてきた。

着目すべき現象として，こうして国内において形成された一定の国際法に関する法解釈や法理が，その後国際裁判所や他国の国内裁判所にも採用されて国際的に輸出され，国際的な裁判官対話に発展することがしばしば起きている。国内裁判所の判決が他国の国内裁判所に参照される事例は(1)(b)，国際裁判所に参照される事例は(2)で紹介する。

的で強制的（imposé）な対話，国内裁判所間や国際裁判所間の対話を水平的で裁量的な対話として論じるが，制度のあり方によっては必ずしも合致しない。

(ii) 自発的な対話

審級関係にない国内裁判所間の対話は，特に制度化されていない限り，自発的かつ水平的な対話といえよう。欧州大陸諸国のように，憲法裁判所，行政裁判所，司法裁判所（民刑事裁判所）など事項管轄を異にする裁判所が分立している国では重要である。

国際法と国内法（特に憲法）の関係に関していえば，国際法の憲法適合性審査権限または国内法の国際法適合性審査権限の有無および所在がまず問題となる。こうした審査権限の有無や所在をめぐる裁判官対話は，形式的には国内裁判所のみの間の対話であっても，国際法と国内法の関係に直接かかわるため国境を超える意義のある対話となる。例えば，事項管轄ごとに裁判所が分立している国にフランスがあり，同国憲法は条約が法律に優越すると定める（第55条）が，法律の条約適合性審査には明文の規定がない。1970年代には欧州統合の深化に応じてEU法の国内施行の問題が浮上してきたが，同国では伝統的に議会制定法の司法審査の可能性は限定されており，当時（2008年改正以前）は憲法院が事前の抽象的違憲立法審査権を有しているのみであった（第61条）。通常裁判所である破毀院は，立法の条約適合性を審査することは憲法第55条への適合性の審査と重なって違憲立法審査の性質を帯びうることから，憲法院の排他的管轄権を害することを危惧して立法と条約の関係や前者に対する後者への適合性の判断を回避してきた。しかし，1975年，憲法院が法律の条約適合性審査は違憲立法審査に該当しないとの見解を示したのを受けて（妊娠中絶判決[(18)]），破毀院は直後の同年5月，前法・後法関係を問わず国内法に対してEEC条約が優越するとの判断を示した（Jacques Vabres判決[(19)]）。1989年には国務院もこの立場を受け入れた（Nicolo判決[(20)]）。その後の憲法改正で条約一般とEU法が区別されて後者の「誠実な施行」が憲法上の国家の義務とされたことを受け，憲法院は，EC指令の国内実施のための立法に限っては自身の抽象的違憲立法審査権の範疇で条約適合性を審査するとの立場を示したが，憲法改正までの空白を埋めて共同体法の国内法に対する優越を確保したのは，国内の自発的な裁判官対話であった[(21)]。

---

(18) Conseil constitutionnel, décision 74-54, DC, 15/01/1975.

(19) Cours de cassation, chambre mixte, 73-13.556, 24/05/1975, publié au bulletin.

(20) Conseil d'Etat, assemblée, 108243, 20/10/1989, publié au recueil Lebon.

(21) この経緯については以下を参照した。伊藤洋一「EC法の優越とフランス憲法規範

⒝ 国を異にする国内裁判所間の対話

国内裁判所間の対話には，重要なその一類型として，国を異にする国内裁判所間の対話がある。制度化されている例はないと思われるため，自発的かつ水平的な対話にあたる。

この類型の対話の典型例は，ある国の国内裁判所が，地域的共同体法の解釈適用に関して，同一の地域統合の他の加盟国の国内判決を参照するものである。(2)⒜(i)でCosta/ENEL事件を紹介するように，イタリア憲法裁判所は国内・国際の多角的な裁判官対話を経てEU法の直接適用性と優越を受け入れていくのだが，その過程では，憲法裁よりも先に破毀院がこれらを認め，その際，ベルギー破毀院のLe Ski判決を明示的に引用して，かかる法理が他の加盟国の国内裁判所によっても肯定されていることを確認していた（Schiavello判決[(22)]）。こうした動きが後の憲法裁の判例変更につながった。

同一の地域統合の中だけではなく，異なる地域統合の加盟国の国内裁判所の間で，地域を超えて判決が参照されることもある。例えば，本章で問題とする憲法と共同体法の関係が典型であるように，地域統合に付随する法の諸問題には，地域を問わず，統合に参加する国が共通して直面するものが含まれる。基本権保障をめぐる憲法と共同体法との関係の論点に関して，共同体法が憲法の諸原則を害さず，憲法と同等の基本権保障がなされている限りで違憲の判断をせずに共同体法の優越を認めるとするドイツ憲法院のSolange I, II判決やイタリア憲法院のFrontini判決は，多くのEU加盟国の国内裁判所に採用・応用されていることで知られる[(23)]。これらの判決は，共同体法と憲法の相互に適合的な解釈を推奨する反面，共同体法の実質上の憲法適合性審査権限（審査の形式上の対象は共同体法そのものではなく国内法たるその批准法等である）を国内裁

──フランス国内判例の新展開」『慶應法学』12巻（2009年）101-170頁。

(22)　Corte Suprema di Cassazione, sezione iii civile, sentenza 2896, 06/10/1972. 伊藤洋一「EC法の国内法に対する優越(2)」『法学教室』265号（2002年）114頁。イタリアもベルギーも国内法と条約の序列に関する明文の憲法規定を欠き，状況が類似していたことも付言に値しよう。

(23)　BVerfG, Beschluss, 29/05/1974, BVerfGE 37, p. 271; Beschluss, 22/10/1986, BVerfGE 73, p. 339; Corte Constituzionale, sentenza, 27/12/1973, Giurisprudenza Costituzionale 1973, p. 2401. See Martinico and Pollicino, *op. cit.*, pp. 11-13; Kaoru Obata, "The Emerging Principle of Functional Complemetarity for Coordination among National and International Jurisdictions," in Takao Suami, et al., eds., *op. cit.*.

判所の手に残すドクトリンでもあるため，「同等の保護」の理論とも「カウンター・リミッツ（原語伊：controlimiti）」ドクトリンとも呼ばれる[24]。「カウンター・リミッツ」と表現されるのは，ECJ が共同体法の優越の根拠を加盟国による自身の主権の制約に求めているのを踏まえて，かかる主権の制約の国内的根拠である憲法に依拠して対抗的な制約をかけるからである。後述するように，SICA の加盟国であるコスタリカの最高裁は，1996 年の判決で欧州の石炭鉄鋼共同体を参照して中米の「共同体」の概念を定義するとともに，憲法と共同体法の関係についても，Solange および Frontini 判決とほぼ同一のカウンター・リミッツの法理を採用して解決を図った[25]。司法が直面する問題が共通する限り，国内裁判所間の判決の相互参照も国を超えて広がっているのである。

EU や SICA の諸国のように共同体法を有し法の問題を顕著に共有する国の間では，国内裁判所が重要と考える自身の判例を積極的に他の加盟国の裁判所に送付して参照を促すことがある[26]。裁判官対話は，国内裁判所が自身の判決の法理の妥当性を国際的に競う側面をも有しているのである。関連して，地域統合と必ずしも関係なく，欧州，米州，アジアのいずれにおいても，外国法や外国判例を研究する専門の部署を置く国内裁判所が増えていること，並びに，裁判官を構成員とする国際会議や国際交流が盛んになってきていることは指摘に値する[27]。

---

(24) 同等の保護の理論は Solange 判決の法理を欧州人権条約について応用したドクトリンとして知られる。Veronika Bílková, “The Standard of Equivalent Protection as a Standard of Review,” in Lukasz Gruszczynski and Wouter Werner, eds., *Deference in International Courts and Tribunals: Standard of Review and Margin of Appreciation* (Oxford U. P., 2014). 庄司克宏「欧州人権裁判所の『同等の保護』理論と EU 法」『慶應法学』6 号（2006 年）。カウンター・リミッツにつき以下。Cartabia, *op. cit.*, pp. 181-183; Guiseppe Martinico, “Is the European Convention Going to Be ‘Supreme’? A Comparative-Constitutional Overview of ECHR and the EU Law before National Courts,” The European Journal of International Law, Vol. 23, No. 2 (2012), p. 419. このドクトリンは Paolo Barlie, “Ancora su diritto comunitario ediritto interno,” *Studi per il XX anniversario dell'Assemblea constituente*, Vol. 4 (1969), p. 49 によってイタリアの学説に導入されたとされる。

(25) 本章Ⅴ節 2(1)参照。

(26) Alejandro Perotti et. al., *Derecho y doctrina judicial comunitaria: Corte Centroamericana de Justicia y Tribunales Superiores Nacionales* (Editorial Jurídica Continental, 2019), pp. 480-481.

(27) 須網隆夫「アジアにおける裁判官対話――韓国憲法裁判所の活動を中心に」，須網

(2) 国際裁判所と国内裁判所の対話

裁判官対話の第2の類型は，本章の問題意識と最も強く関連する，国際裁判所と国内裁判所の対話である。この種の対話は極めて多様な形で展開される。

(a) 地域統合機構の地域的国際裁判所と国内裁判所の対話

(i) 制度化された対話

国際裁判所と国内裁判所の対話で最も活発なのは，地域統合の法である共同体法を解釈適用する地域的な国際裁判所と，その加盟国の国内裁判所の間の制度化された対話である。

欧州や中南米では，共同体法に関する先決問題の国内裁判所から国際裁判所への移送や，同法に関する法律問題の諮問の制度が用意されている。例えば，EU（EU運営条約267条）では，ECJはEU法の解釈および共同体の諸機関の行為の効力等に関して先決的裁定を下す管轄権を有し，終審ではない国内裁判所は，必要と認めるときはECJに先決問題を移送して裁定を求めることができる。終審である国内裁判所ではかかる移送は義務的となる。

こうして展開される地域的な国際裁判所と国内裁判所の間の制度化された対話は，しばしば，垂直的な対話として論じられる。上位に国際裁判所が位置し，下位に国内裁判所が位置するというイメージである。だが，必ずしも，両裁判所の関係が上下関係で理解されるものではないこと，並びに，制度が対話を義務づけているとは限らないことに留意が必要であろう。地域統合において，国内裁判所から国際裁判所への先決問題の移送や諮問は多くの場合に裁量的である。仮に義務的であっても，その義務の範囲を国内裁判所が決定できるときには裁量的であるのと事実上類似する。

地域的な国際裁判所と国内裁判所の間の制度化された対話の理想は，国内裁判所（最上級審であるのが最も理想的である）が，諮問や先決問題の移送の手続きを利用して地域的な国際裁判所の判断を仰ぎ，以降は同国のすべての国内裁判所が地域的な国際裁判所の判断に沿った判断をなす，というものであろう。これに対して，現実のこの種の対話はより複雑な様相を呈する。しばしば「サーガ」と呼ばれるように，国内裁判所と地域的な国際裁判所の判決が全体として一定の法理に収斂するまでには，上級・下級の国内裁判所からの諮問・移送と

「ASEANにおける裁判官対話の制度化──裁判官が会うことの意味」，寺谷広司「欧州を越える欧州──ヴェニス委員会による裁判官対話の普遍的展開」，伊藤編・前掲注(12)所収。

国際裁判所の判断が何度も繰り返されることが多い(28)。また，下級の裁判所が国内・国際の複数の裁判所の判決等を参照して判断を下すことで，ようやく自国の上級の裁判所と地域的国際裁判所の対話が始まる例もある。EC法の国内法に対する優越を確立したとされる高名なCosta/ENEL事件は，同一の法的論点を有する同じ当事者間の事件が，先の訴訟では直接にイタリア国内の憲法裁判所に移送され（イタリアCosta/ENEL事件），後の訴訟ではミラノ治安判事の判断で先決問題がECJに移送されて（ECJ Costa/ENEL事件）対立する判断が出されたものである。ミラノ治安判事は，自国の憲法裁の当時の判例ではなく，EC法を「新法秩序」と認めてEC法の直接適用性を肯定していたECJのVan Gend and Loos判決に依拠して，憲法裁の判例によれば国内問題と理解されるはずであったこの事件の先決問題をECJに移送したのであった(29)。その後，憲法裁も自身の判例を変更して，条件つきながらEC法の直接適用性と優越を受け入れた（Frontini判決）。

また，地域的国際機関や加盟国の司法以外の機関（政府や議会）が，地域的国際裁判所への諮問権限や提訴権を有している場合には，それらの機関の主導によって，国内裁判所が下した判決の是非が地域的国際裁判所に持ち込まれることがある。かかる制度の下では，国内裁判所の判断をめぐる対話が，国際的に，かつ，立法・行政・司法の境界を越えて複合的に展開される。こうした，司法以外の機関が介在する現象は本節3で別に取り上げる。

(ii) 自発的な対話

地域統合機構に設置された地域的な国際裁判所と国内裁判所の対話には，制度化されていない自発的なものもある。

最も典型的なのは，制度上の手続きがないにもかかわらず，地域的な国際裁判所が国内裁判所の判断や法理を参照して判決に取り入れる現象であろう。通常，地域統合における国際裁判所の設置は，共同体法の統一的な解釈適用の実現のために加盟国間の国内法・国内司法の相違を克服することを目的の1つに

(28) Giovanni Piccirilli "The 'Taricco Saga': the Italian Constitutional Court Continues its European Journey," *European Constitutional Law Review*, Vol. 14, No. 4 (2018). 中西優美子「Taricco事件をめぐるイタリア国内裁判所とEU司法裁判所の対話」『自治研究』94巻9号（2018年）。

(29) 伊藤洋一「EC法の国内法に対する優越(1)」『法学教室』264号（2002年）109-111頁。

しているため，国際裁判所の判断に国内裁判所が従うべきことが重視されこそすれ，国際裁判所が国内裁判所の判決を採用することは特に想定されていない。しかし，現実にはしばしば起こる。

例を挙げるならば，同一の地域内における国際裁判所と国内裁判所の自発的な対話の例として，ECJ が基本権の尊重を「加盟国に共通の憲法的伝統」を根拠にして「EC 法の一般原則」とみなした例（Interhandel Gesellschaft 判決(30)），ECJ が Frontini 判決や Solange 判決と類似の法理を採用して EU 法と国連憲章との関係を説明した例（Kadi 判決(31)）がある。ある地域の国際裁判所が他の地域の国内裁判所の判例を参照した自発的対話の例として，メルコスール常設審査裁判所が事実問題と法律問題の区別に関してフランス国内の伝統的な理解を参照した例がある(32)。さらに，CCJ には，①加盟国の国内裁判所であるコスタリカ最高裁の判決，②加盟国ではない国の国内裁判所であるイタリア憲法裁の Frontini 判決，③他地域の国際裁判所である ECJ の Costa/ENEL，という性質の異なる各裁判所の判決に言及して，共同体法の国内法に対する優越を基礎づける共通の根拠（加盟国の自発的な主権の制約による新しい法秩序の創出）を導出した判決がある(33)。

関連して指摘すれば，地域的な国際裁判所が，明示的な引用はしないとしても，懸案となっていた論点に関して特定の国内裁判所と同じ法理を採用した例は実際に少なくない。EC 法の直接適用性を確立したとされる Van Gend and Loos 判決で ECJ が採用した理由づけは，先行してこれを認めていた 1962 年のイタリア国務院の判決（11 月 7 日判決）と共通する(34)。上に言及した CCJ とコスタリカ最高裁の例も同様であるが，先進的とみられがちな地域的な国際裁判所の判決は，しばしば，加盟国の国内裁判所の先行する動きに支えられている。国内の裁判において，最高裁をはじめとする上級の裁判所による判例変更の背景に，下級の裁判所の同趣旨の判決や個々の裁判官の個別・反対意見の先行が

(30)　ECJ, Judgment, Case 11/70, 17/12/1970. EC における法の一般原則としての基本権擁護の展開につき，田村悦一「EC 裁判所における基本権の保障」『日本 EC 学会年報』1985 巻 5 号（1985 年）26-31 頁。

(31)　ECJ, Judgment, Joined Cases C-402/05 P and C-415/05 P, 3/9/2008.

(32)　Tribunal Permanente de Revisión, Laudo 1/2005, 20/12/2005. ただし，抽象的に一度言及したのみである。ECJ および TJCA の判決に短く言及する箇所もある。

(33)　CCJ, sentencia, caso 9/86, res. 4-1-12-96, exp. 4-8-96, 13/12/1996.

(34)　伊藤洋一「EC 条約規定の直接適用性」『法学教室』263 号（2002 年）111 頁。

みられるのと類似する。

(b) その他の国際裁判所と国内裁判所の対話

現在のところ，地域的ではない普遍的な国際裁判所と国内裁判所との間には制度化された対話はない。国内裁判所が慣習国際法や条約を解釈適用する際に国際裁判所の判決を参照してそれと矛盾しない判決を出すことや，国際裁判所が示した国際法解釈と矛盾しないように国内法の適合的解釈を行うことは現実にあるが，自発的な対話に分類されよう。前述のように，国内裁判所一般に国際裁判所の判断に従う義務があるとの考えは必ずしも支持されていない(35)。

対照的に，地域統合機構に設置されたものでなくても，特定の人権条約体制に設置された地域的な国際裁判所（ECHRやIACHR）とその加盟国の国内裁判所の間では，制度化された対話と自発的な対話の双方がみられる。複数の地域的人権条約が国内裁判所から国際裁判所への諮問の制度を設置しており，その限りで制度化された裁判官対話がある（欧州人権条約第16追加議定書，米州人権条約第64条1項2項）。

IACHRは，米州人権条約第64条2項に基づき，加盟国の諮問に応じて国内法の米州人権条約への適合性について意見を発する権限を有するが，それだけでなく，加盟国の国内裁判所が国内法の米州人権条約適合性を審査しなければならず，かつ，その際にはIACHRが示した基準に従う義務があるとの立場を明確にしている(36)。実際には，加盟国の多くにおいて，国内法の条約適合性審査の制度は存在しないか，少なくとも憲法上に直接の根拠がなかった。だが，例えば，メキシコ最高裁は，同国が当事者となった事件のIACHR判決をきっかけに，職権による条約適合性審査に関する決定を発し(37)，結果的に後の憲法改正を導いた。

IACHRと比べれば，ECHRは比較的各国に裁量を残しているとされるが，

(35) Supreme Court of the USA, Medellin v. Texas, 06-984, 25/03/2008.

(36) IACHR, Almonacid Arellano v. Chile, Judgment, 26/09/2006. このため，国内法（特に憲法）と米州人権条約との関係に関して，共同体法をめぐるものと同じ議論が展開されている。See for example, Yota Negishi, *Internationalised Constitutional Adjudication* (2022).

(37) IACHR, Radilla-Pacheco v. Mexico, Judgment, 23/11/2009; Suprema Corte de Justicia, el Pleno, Exp. del Varios 912/2010, 14/07/2011; Jorge Contesse, "The Final Word?: Constitutional Dialogue and the Inter-American Court of Human Rights," *International Journal of Constitutional Law*, Vol. 15, No. 2 (2017), p. 25.

国内裁判所による ECHR 判決の参照や立法によるその内部化は大半の国で顕著にみられる(38)。欧州と米州の 2 つの地域的国際人権裁判所と加盟国の国内裁判所との対話，そして，それによって導かれた国内法の変化は，制度の建付けを問わず，国際法の国内的履行の推進には国内裁判所の反応の影響が大きいことを示す好例といえよう。

(3) 国際裁判所間の対話

最後に，国際裁判所間の対話である。この類型の対話はごく一部の例外を除いてもっぱら自発的な対話であり，かつ，水平的な対話である。

ICJ がすべての国際法に関する国家間の争訟に管轄権を有していることが示すように，管轄権の競合は多くの国際裁判所間で所与といってもよい。20 世紀終わりからの国際裁判所の増殖に際し，国際法学者の間では，同一の事件のフォーラムが複数となり，同一の国際法または共通の法原則に関する司法判断が分かれることで国際法の断片化（fragmentation）が進むと危惧する声が多く聞かれた。だが，現実には，裁判官対話すなわち判決の相互参照によって，逆に調和が進む現象がみられている。例えば，国連海洋法条約に関する紛争には ITLOS，ICJ，同条約第 287 条に基づく仲裁廷が管轄権を有しうるところ，ITLOS の柳井判事は，2012 年の国連総会において，ITLOS が自らに係属した事件の審理の際に他の裁判所や仲裁廷の判決を参照して判断を下していることを指摘し，断片化は生じていないとした(39)。同様に，ICJ の Greenwood 判事も，それらの裁判所間での判断の相互参照によって「注目すべき調和(40)」が達

(38)　Helen Keller and Alec Stone Sweet, eds., *A Europe of Rights: The Impact of the ECHR on National Legal Systems* (Oxford U. P., 2008). 欧州人権条約では，国内裁判所による条約の解釈適用問題の ECHR への諮問は第 16 議定書を批准した国のみに適用され，ECHR の意見は法的拘束力のない「指針」である。

(39)　Statement of President Yanai, available at [https://www.itlos.org/fileadmin/itlos/documents/statements_of_president/yanai/GA_Statement_30th_anniversary_101212.E_FINALE.pdf], as of 19/11/2021.

(40)　Judge Greenwood, Address to the UN General Assembly at the commemoration of the Thirtieth Anniversary of the opening for signature of the 1982 UN Convention on the Law of the Sea, reproduced in Philippe Gautier, "The Contribution of The International Tribunal for the Law of the Sea to Rule of Law," in Geert De Baere and Jan Wouters, eds., *The Contribution of International and Supranational Courts to the Rule of Law* (Elgar, 2015), p. 212.

成されていると述べた。

国際裁判所ないし国際仲裁廷の間での判決の相互参照の現象は，幅広い分野の国際法に関して指摘されている。同一の条約や，慣習国際法ないし法の一般原則といった共通の法の解釈・同定が問題となるときだけでなく，均質的な法の遵守の確保が要求される諸条約の解釈の際や，異なる条約の文言の「通常の意味」が問題になるとき等にみられ，それぞれ多くの実例がある(41)。すでに紹介した欧州のECJと中米のCCJの間の事例は，異なる地域統合に設置された地域的国際裁判所の間の対話の例であるが，共同体法の解釈という点で論点が共通していた。別個であるが共通の条項を有する投資協定を解釈適用する仲裁廷間や，別個であるが同種の人権条約を解釈適用する人権裁判所間でも，判断の相互参照がなされている。

欧州では，国内判決から出た法理が，地域的国際裁判所によって国際法間の文脈に応用されたことがある。すでに言及したように，ECJは，2008年，Kadi判決において，国内判決が示したカウンター・リミッツの法理を，EU諸機関が他の国際法（国連安保理決議およびその根拠である国連憲章）に基づいて取った個人に対する経済制裁措置のEU法適合性審査権限を自認するために流用した。この判決で，ECJは，国連憲章の優越を認めて国連安保理決議に基づく措置のEU法適合性審査を否定した第1審裁判所の判決を破棄し，主張される国連憲章の優越の是か非かに関わらず，個人の基本権に関わるEU加盟国およびその諸機関の行為はEUの「基本的な憲法的憲章」であるEU法への適合性審査を免れないとした(42)。その上で，国連においても基本権保障の手続きは存在するが司法的な権利防御の機会が十分に与えられていないことを指摘し，自身による審査を肯定した。EU法適合性審査の対象は，国連安保理決議等の他の国際法そのものではなく，その実施のためのEU法の2次規則とされた。いずれの要点もFrontiniおよびSolange判決と類似する。なお，これらの判決の法理の国際法間の文脈への応用は，Kadi判決に先立ち，欧州人権裁判所でもなされていた(43)。国際裁判所と国内裁判所の間の対話として始まり，国際裁判所間

(41)　Shotaro Hamamoto, “Judicial Cross-Referencing,” in H Ruiz Fabri, ed, *The Max Planck Encyclopedia of International Procedural Law* (Oxford U. P., 2019) [www.mpeipro.com], as of 05/11/2023.

(42)　ECJ, Judgment, *supra* note 31.

(43)　Bosphorus Hava Yollari Turizm v. Ireland, App. No. 45036/98, Judgment of

の対話の側面をも併有するに至った例といえる。

3　裁判官対話の複合的な広がり

以上のように，裁判官対話は，(1)国内裁判所間の対話，(2)国際裁判所と国内裁判所の対話，(3)国際裁判所間の対話の３類型に大別でき，それぞれの類型の内部で多様な対話が展開されている。

裁判官対話は，その実態が裁判所間の裁定・判決の相互参照であるからには，基本的に司法の世界の内部の現象である。だが，同時に，立法や行政に影響を与えたり，対話の当事者として巻き込んでいることも少なくない。

SICA では，EU でもそうであるように，国内裁判所だけでなく SICA 諸機関も CCJ に勧告的意見を要請できる。そのため，事務局や中米議会といった SICA 機関が加盟国の国内裁判所の判決を問題として CCJ に勧告的意見を要請し，国内裁判所と CCJ との対話を開始させた例がある(44)。また，CCJ が国内の機関間争訟をも受理できるため，国内裁判所の判断に不満な同国の政府や議会が CCJ に事件を持ち込み裁判官対話が始まったこともある(45)。これらは，制度によって，最初から司法以外の機関が対話に関与する例である。このほか，IACHR とメキシコ最高裁の例をすでに挙げたように，条約の要請に合わせた国内の立法の変化を，裁判所間の裁判官対話が導いた例も数多い。

裁判官対話が，国内ではなく国際的な立法や行政に影響する複合的な展開をみた例もある。ドイツ憲法裁 Solange I, II 判決の EC 統合過程全体への影響が挙げられよう。ECJ が共同体法を新たな法秩序と位置づけて間もない 1974 年，ドイツ憲法裁は,「統合過程が，共同体法が基本権のカタログをいただくところまで進展していない限り」は，共同体法の憲法適合性審査権限が自身にあると判示し，同時に，直接選挙による議会の欠如を問題視した（Solange I)。この国内判決を受けて EC は基本権擁護の強化を格段に推進し，EC 議会の直接選挙，基本権擁護に関する各種の諸文書の採択等が実現された。EC 側の対応を受けて，ドイツ憲法裁は，(EC は依然として基本権のカタログを欠いていたものの）EC の枠組みでの基本権擁護に一定の評価を与え，1986 年に「EC が実効的

30/06/2005. 本判決および欧州人権委員会時代の事件につき，庄司・前掲注(24)参照。カウンター・リミッツというよりも同等の保護の側面が強い。

(44)　一例として，本章第Ⅴ節２(2)(b)で扱うグアテマラ憲法裁と中米議会の事案。

(45)　一例として，本章第Ⅴ節２(1)(b)で扱うエルサルバドル最高裁と同国議会の事案。

な基本権擁護を保障している限り」自身は共同体法に関する憲法適合性審査を差し控えると宣言した（Solange II）。2000年の基本権憲章の採択や2005年のEU憲法の採択も，この流れを受け継いだものといえる。

先に論じた各種の例にもみられたように，裁判官対話の原初的な類型である国内裁判所間の対話も，今日では純粋に一国内で完結するのではなく，国際的な対話の一部分を構成することがある。その影響は国内・国際両次元で行政や立法にも及び，国際関係を左右する要因の1つとさえなっている。

V　国際法は憲法を超越するか――SICAでの裁判官対話から

1　地域統合における裁判官対話の重要性

上で裁判官対話の諸類型と諸相を整理したように，裁判官対話の中でも特別の重要性を有しているのは，国際法であるが超国家的とされる共同体法をめぐる裁判官対話である。地域統合をめぐっては国際裁判所と国内裁判所の間の上意下達の関係が強調される傾向にあるが，現実には，裁判官対話を通した国内裁判所の関与が統合の推進に大きな役割を果たしている。

今日，地域統合に参加する多くの諸国の国内裁判所が，共同体法は憲法をも超えるのかという課題に直面している。多くの国が，Solange判決やFrontini判決が示したようなカウンター・リミッツまたは同等の保護の法理を用いるが，細部には違いがある。EUに関しては日本語でも多くの研究があることに鑑み，本節では，SICAを例として，共同体法と憲法の関係をめぐる裁判官対話を簡単に検討する(46)。SICAにおいても，EUと同様，国内裁判所が共同体法と憲法の序列を直接に明言することは少なく，共同体法の憲法適合性審査や具体的規則の優先劣後関係の処理において間接的に立場が表明されている。

2　共同体法と憲法に関するSICA諸国の裁判官対話

(1) 共同体法の特別な性質を認める国――コスタリカ，エルサルバドル

コスタリカやエルサルバドルは，共同体法に加盟国の主権制限に起因する超国家的な性質を認める。しかし，共同体法が憲法に優位するとの立場は取らな

(46)　本節で紹介する裁判例の概略は以下に示した。中井愛子「中米統合機構における裁判官対話――地域的伝統，国内的伝統，そしてEUの影響」伊藤編・前掲注(12)所収。中米各国の憲法の関連条項については以下。中井「中米統合機構諸国における国際法および共同体法の国内的地位の比較：憲法と判例（一）」『法学雑誌』69巻3・4号（2023年）。

い。

(a) **公権力制約原理としての憲法――コスタリカ**

コスタリカ憲法は条約一般の法律に対する優位を認めている（第7条）。憲法への優位に関しては述べていない。「共同体の法システムに特定の権限を与えまたは移譲する」諸条約の締結は明文で認める（第121条4項）。

1973年，中米関税委員会の決議に対する異議申し立てを認めない中米統一関税コード（当時）が問題となったFoto Sport判決で，コスタリカ最高裁は，憲法第7条と第121条4項によって紛争解決に関する権限も共同体法システムに移譲されうるとし，同コードの批准に違憲はないとした(47)。だが，この判決には反対意見が付され，起草者の名前から後に「レタナ・ドクトリン」（Doctrina Retana）と呼ばれる法理が提示された。同ドクトリンによれば，国家による共同体への権限移譲は2つの制約に服する。第一に，その根拠となるコスタリカ憲法第121条に所定の具体的制約に服し，同条が定めるように「地域的で共通の目的」のための移譲に限られる。第二に，一般的制約にも服し，「文言においてもその精神においても憲法を超えることはできない，なぜなら，憲法は国家の基本原則を確立し，その結果，公権力の行為に限界を設けるからである（…）(48)」。

1996年の4638-96判決で，コスタリカ最高裁は共同体の法システムの特徴を「独立と優越」に求め，加盟国がかかる法システムの利益ために「限られた範囲ではあるが，自らの主権的権利を制限した」ことを根拠にして共同体法の直接適用，直接効果，優位性を認めた(49)。加盟国の自発的な主権制限から共同体法の超国家性を導くこの判決は，同じ年の判決でCCJによって明文で援用され，EUと同等の超国家的な統合を目指すSICAの地域的な法理となった(50)。

だが，コスタリカ最高裁の4638-96判決には，CCJが援用しなかった重要な歯止めがある。判決内で，コスタリカ最高裁は，先に言及したFoto Sports事件の反対意見を明示的に引用した上で，「コスタリカの憲法秩序において必要不可欠（esencial）であるような権限は移譲不能である」とし，権限移譲は「憲

(47)　Corte Suprema de Justicia, pleno, “Foto Sport”, exp. 0164-72, 28/03/1973.

(48)　Ibid., voto en disidencia de los magistrados Retana y Bejarano, considerando II.

(49)　Corte Suprema de Justicia, sala Constitucional, res. 4638-96, 06/09/1996, considerando II.

(50)　前掲注(33)。

法が認めた諸原則と諸価値の絶対的な尊重」を払って行われなければならず，「議会は基本権擁護の水準を下げるような国際条約を有効に承認できない」と付言している(51)。2013年の2013-003655判決では，同最高裁は欧州石炭鉄鋼共同体を例に挙げ，「超国家的な性質の地域統合機構」であって，その「スイ・ゲネリスな法システムに加盟国が主権的権能を移譲しており」，「その諸機関が機能の執行にあたって独立性と完全な権威を持っている」のが「共同体」であるとし，かかる諸要件を満たす「真の共同体」にしかコスタリカは主権的権能を移譲できない」と述べた(52)。コスタリカ最高裁は，SICAの基本権擁護が憲法に劣ったり，特定の国に支配されて独立した共同体としての性質を失ったときには，コスタリカによるSICAへの権限移譲を違憲と判断して共同体法の優越を否定するというメッセージをCCJとSICAに投げ返したといえよう。

レタナ・ドクトリンを採用した，上の2つのコスタリカ最高裁の判断は，Frontini判決（イタリア）とSolange（ドイツ）判決を明らかに想起させる。レタナ・ドクトリンは，共同体法の超国家性の根拠が憲法に基づく国家から共同体への権限移譲に存するからには，その権限移譲自体が憲法の制約に服するというのであり，同等の保護というよりもカウンター・リミッツの側面を強く押し出すドクトリンである。

(b) 憲法制定権力の決定としての憲法――エルサルバドル

エルサルバドルの国内裁判所は，共同体法の性質論と特性につき，①地域的共同体の超国家性を認め，その根拠を他から独立して存在することや加盟国からの主権の一部移譲に求める点，②当該超国家性の帰結として共同体法の直接適用性，直接的効果，国内の法律に対する優位，を包括的に認める点，においてコスタリカ最高裁判所の判例と立場を同じくし，また，193-C-2001判決（2001年）は，CCJ判決にも言及して同様の立場を確認している(53)。だが，判旨の細部は若干異なっており，共同体法に対する憲法の優位を明示的に宣言する点と人民に由来する憲法制定権力の至高性を強調する点に特徴がある。この

(51) Corte Suprema de Justicia, sala Constitucional, res. 4638-96, *supra* note 47, considerando III.

(52) Corte Suprema de Justicia, sala Constitucional, consulta legislativa preceptiva, sentencia 2013-003655, 15/03/2013, considerando V.

(53) Corte Suprema de Justicia, sala de lo Constitucional, proceso de Inc. 3/91, 07/09/1999, considerando IV; sala de lo Contencioso Administrativo, sentencia 193-C-2001, 22/07/2003, párrafo 8.

相違は，エルサルバドルの憲法が，条約に対する憲法の優位を明文で規定し，また，すべての国家権力の源たる「人民」を強調していることから生じたと思われる。

エルサルバドル憲法によれば，条約は発効と同時に共和国の法となり，条約と法律との抵触の際には条約が優位する（第144条）。ただし，憲法に抵触する条約の批准はできず（第145条），「政府の形態」を変更する条約，「共和国の領土の統一性，主権と独立」を害する条約，「個人の基本的権利と保障」を害する条約の批准は禁止される（第146条）。条約の憲法適合性審査ならびに憲法に抵触する条約の適用排除は国内裁判所の権限である（第149条）。第86条は「公権力は人民に由来する」とした上で，憲法によって付与された政府の諸機関の権限を「委任不可能」と明文で定める。他方，地域統合については第89条が特別の規程を置き，同国が地域統合を推進すべきこと（第1文），かかる統合は「超国家的な機能を有する機構の創設を企図する諸条約または諸協定を通して行われうる」こと（第2文）が謳われているが，地域統合を含む連合の計画は「国民投票（人民審査，consulta popular）」に付されなければならない。

2003年，憲法第86条が定める政府の権限の委譲禁止，および，租税法律主義と関税に関する共同体法との抵触が問題になった40 y 29-2000-2002事件において，エルサルバドル最高裁は，共同体法の自律性を肯定しつつも「あらゆる条約は最高法規が定めたところに劣後する(54)」とし，国内で賦課される税につき租税法律主義の適用を肯定した。後の事件で，超国家的機構への権限移譲は「議会による移譲」であれば憲法上有効であるとの説明を付加した(55)。2012年の19-2012事件判決では，CCJの判決・裁定も憲法適合性審査の対象になるとし，CCJの特定の判決を国内で適用不能と判断した(56)。

2013年の71-2012判決では，共同体法の法律に対する優越は「憲法制定権力

(54)　Corte Suprema de Justicia, sala de lo Constitucional, procesos de Inc. 40 y 29-2000-2002, 24/06/2003, considerando VI.

(55)　Corte Suprema de Justicia, sala de lo Constitucional, procesos de Inc. 10, 12, 28 y 33-2004, 08/12/2006.

(56)　問題となったのは，議会が採択した裁判官人事に関する法令を違憲としたエルサルバドル最高裁の判決に反対する同国議会が，判決には共同体法および憲法への違反があると主張してCCJに紛争付託した事件（132/12）の判決である。エルサルバドル最高裁はCCJ判決を違憲とした。Corte Suprema de Justicia, Sala de lo Constitucional, proceso de Inc. 19-2012, 17/08/2012.

による明示的な決定」によって初めて正当化されるところ，「その優越が憲法に対抗できない」ことも予め当該決定に織り込まれていると述べ，憲法が共同体法の「限界」(límites) を定めることを肯定した(57)。そして，国が中米の地域統合を推進すべきことを謳い，その手段として「超国家的」な機構を創設する諸条約の締結を明文で認める憲法第89条は，「統合の諸目的の実現に向けて開かれた法解釈を義務づけ，憲法と統合の法の間の潜在的な抵触の解決が調和的になされるべき方向性を確立する」条項であるとの解釈を示し，しかしながら，「かかる開かれた法解釈は，憲法の諸規範の不遵守，変換または秘密裏の操作の予定を意味するのではない」として次のような印象的な一文を発した。「超国家的は超憲法的ではない」(58)。

エルサルバドルの裁判所も，憲法を共同体法の「限界」とみなすカウンター・リミッツの法理を支持する立場といえる。なお，憲法制定権力が決定した憲法に国内的な至高性を認め，憲法所定の手続き（議会が中心的役割を果たす）によらない憲法の改変の阻止を重視して共同体法の憲法への優位を否定するエルサルバドルの判例は，共同体法との抵触の疑いがあったにもかかわらず議会による事後的な憲法改正を有効とし，その憲法改正を差し止めようとしたCCJの仮保全措置判決およびその根拠となった共同体法を違憲として退けたニカラグアの裁判所の立場とも類似している(59)。双方とも，憲法の制定・改正に関する議会の権力や国民の主権を至高とみなし，そのために共同体法の憲法への優位を認めない点で共通する。

(2) 共同体法の特別な性質を認めない国――グアテマラ

グアテマラの国内判例は，上に紹介した2カ国のように共同体法の序列やその憲法適合性審査の可否に関する結論を共同体法の特殊な性質から引き出すのではなく，国際法一般と国内法との関係から引き出す。その結果，国内裁判所による条約の違憲の判断は当該条約の履行を阻害するため国際法違反を構成しうるとし，条約の一種である共同体法の憲法適合性審査を否定する。共同体法と他の国際法を区別しない，すなわち共同体法に超国家的な特別な性質を認め

(57) Corte Suprema de Justicia, Sala de lo Constitucional, proceso de Inc. 71-2012, 23/10/2013, considerando IV. 1.

(58) Ibid., considerando IV. 2.

(59) Corte Suprema de Justicia, pleno, sentencia 15/03, exp. 33-2004, 29/03/2005.

ない国が，かえって，共同体法の憲法に対する優越を肯定するような状況が生じているのである。重要な事例であるため，少し詳しく論じていきたい。

(a) グアテマラ国内判例の二元論の伝統と91年判決

グアテマラの憲法は，国際法に関する条項として，国内における法の序列（条約一般が国内法に優位，人権に関する条約は国内法に優位かつ憲法と等位(60)）を定めた第46条，国際法に従った外交関係の処理を定めた第149条，国家による地域統合の推進を謳った第150条を有する。憲法の規定は一見，国際法が国際法のままで国内で法的効力を有し，かつ，国内法に優越するという解釈を許すため，国際法優位の一元論をとるようにもみえる。だが，実際には，グアテマラ憲法裁判所は国際法秩序と国内法秩序を別個のものとみなす二元論の伝統を有し，第1に，国内法の国際法との抵触は憲法ではなく国際法違反の問題であるため憲法裁は管轄権を持たない，第2に，条約は適法に批准・承認されれば国内法の一部となるため，国内法に編入された後の国際法の憲法との抵触は違憲の問題として憲法裁が管轄する，との判断を維持してきた(61)。

1991年，中米議会の設置に関する共同体法とその国内施行法（行政立法）の違憲の訴え（147-90 y 67-91事件）が提起された。憲法裁は訴えを不受理としたが，問題となった共同体法が違憲でない旨をも示唆したため，共同体法の違憲審査権を自認したとも解されえた（以下，91年判決という）(62)。1996年，中米議会は，共同体法の違憲を宣言する権限がグアテマラ憲法裁に存するのかという問題についてCCJに勧告的意見を要請した（9/96事件）。CCJは，憲法裁が「国内法に従って国際条約に含まれる規範の違憲を宣言する」権限を有すると認めつつ，「しかし，グアテマラが国際条約で約束した義務の履行を免れるために，国内法の規則や国内裁判所の確定判決をもって対抗することはできない」とした(63)。ウィーン条約法条約第27条にも示されているところの，国内法をもって国際法への違反を正当化はできないという立場を示したのみに留まったといえる。

(60)　条項の文言は，人権に関する条約が「国内法に優位する」とする。判例はこれを憲法と等位の意と解している。

(61)　Corte Constitucional, exp. 3-88, 22/03/1988; exp. 320-90, 08/01/1991.

(62)　Corte Constitucional, expedientes acumulados 147-90 y 67-91, 17/07/1991.

(63)　前掲注(33)。

(b) 憲法裁2004年判決

1996年のCCJの勧告的意見から，グアテマラ憲法裁は，国内平面では共同体法の憲法適合性審査が許容されるとのメッセージを受け取ったようである。2004年，中米議会議員の特権免除を定めた改正中米議会条約の諸条項および国内施行法が違憲だとして提起された12-2004 y 213-2004事件で，グアテマラ憲法裁は共同体法の違憲判決（以下，2004年判決という）を下す。憲法裁は，「政府も為政者も最高法規たる憲法に拘束される」と述べた上で，批准された条約は「（国内の）法システムの一部となり」「憲法の優位の原則に従う」として[64]，条約も国内法となったからには憲法適合性審査の対象になるという立場を確認し，問題の諸条項の同国の公務員および住民への適用を違憲とした。

この2004年判決にはRuiz Wong判事の反対意見が付された。同判事は，条約の不履行を国内法によって正当化することはできないとするウィーン条約法条約第27条，並びに，「合意は守られなければならない」の原則等の慣習国際法の諸規則を挙げて，たとえ国内法に編入が完了しているとしても，条約を違憲として国内での履行を阻むことはこれ自体が国際法への違反であり国家責任を生じるとの見解を示した[65]。

(c) CCJ2005年判決

上述のグアテマラ憲法裁の2004年判決およびその後の条約の一部適用排除に対して，CCJは厳しく反応した。

2005年，Reyes Wyld中米議会議員がグアテマラに特権免除を侵害されたとしてCCJに訴えを提起した（66/05事件）[66]。この事件でCCJは，「加盟国による，通常裁判所または憲法裁判所の判決が共同体法の諸規範に優位し，従って共同体の裁判所がなした独占的で排他的な解釈にも優位するといういかなる主張も，諸国が自由かつ主権的に行ったところの，共同体への自発的な加盟の原則に相反する変節の起こりである」と指摘し，批准済みの共同体法の性質についてはグアテマラ憲法裁と同様に「共同体法はまた加盟国の国内法の一部であるから，グアテマラの国内法の一部をなす」と解しながらも，しかし，その帰結について別の結論をとった。曰く，共同体法は，国内法としても「抵触す

(64) Corte Constitutional, expedientes acumulados 12-2004 y 213-2004, 20/07/2004, considerando II.

(65) Ibid., voto disidente del magistrado Ruiz Wong.

(66) CCJ, sentencia, caso 66/05, exp. 1-30-4-2004, 13/01/2005.

る他のいかなる規範にも優位する性質を有する」。そのため，「国内の各当局は（…）これ（共同体法）を適用しなければならず，同様に，本裁判所が法の解釈適用における共同体法の遵守の守護者として下した判断に従わなければならない」。加盟国国内の各当局が当該義務を懈怠すれば，共同体法違反の国家責任を生じるというのである。

(d) 憲法裁 2005 年判決

CCJ の判断を受け，グアテマラ憲法裁は，Reyes Wyld 議員が後に国内で提起した 1129-2005 事件で，同議員が改正中米議会条約の定める特権免除を享受すると認めた。だが，2004 年判決が違法であるとの主張は否定した。曰く，「受け入れられ批准された国際条約はグアテマラの国内の法システムの一部に含まれるところ，それらは憲法の優位の原則に服し，従って，憲法適合性の審査に服しうる（…）そのため，憲法とのなんらかの不適合が認められたときに当裁判所が下すことができるその旨の宣言は，条約ないし協定を改廃する効力は持たないが，国内法に関してはエルガ・オムネスな完全な効力を有する」(67)。

こうして，2000 年代には，共同体法のグアテマラ国内での序列とその憲法適合性審査をめぐって，3 つの立場が顕在化した。第 1 は憲法裁の多数意見であり，二元論の伝統をできる限り維持し，国内平面における憲法の至高性と憲法裁の完全な権限を自認して，編入されて国内法に転じた条約の憲法適合性審査権限を国内の限りで肯定する立場である。第 2 に，2004 年判決における Ruiz Wong 判事の反対意見である。これは，多数意見と同様に二元論に立脚しつつ，問題となる条約の性質が国内法に転じているとしても，その違憲の宣言は結局は条約の国内履行を阻害するために国家責任を生じるとし，国家機関である国内裁判所はこれを慎むべきというものである。第 3 に，CCJ の立場である。CCJ は，上の 2 つのグアテマラ国内の見解とは異なり，共同体法を他の国際法と区別してその特別な性質を強調する。CCJ によれば，共同体法は，国際法であると同時に加盟国の国内法の一部をなし，かつ，その国の憲法の下位に置かれることのない極めて特別な法である。共同体法の特別な性質が認められる根拠は，主権国家が自由な意思で主権の制限を伴う共同体の創設に合意したことに求められる。この点の論理は ECJ と同様である。

---

(67) Corte Constitucional, exp. 1129-2005, 27/09/2005, considerando IV.

(e) 憲法裁 2012 年判決

上述の 3 つの立場の相違をグアテマラ憲法裁はどう解決したであろうか。

憲法裁は，2012 年，またも改正中米議会条約の違憲の宣言を求めて提起された 56-2012 事件の判決（以下，2012 年判決という）において，複数の読み方が可能であった 91 年判決を一定の意味に解した上で判例の変更（すなわち 2004 年判決を踏襲しないこと）を宣言した(68)。

2012 年判決によれば，憲法裁が判例として維持する 91 年判決は，条約を対象とする違憲訴訟の不受理を宣言したものである。理由づけには国際法と国内法の双方が挙げられた。第 1 に，国内に編入された条約の規範の憲法適合性を国内裁判所が審査することは，条約の履行義務を阻みウィーン条約法条約第 27 条に抵触しうるだけでなく，個々の国家の意思を上回る国際法原則である「合意は拘束する」の原則に違反し，グアテマラの国家責任は避けられない(69)。「すべての批准された条約は…国家権力の行使の対外的な限界を構成する」のであり，「条約の規範の適用または効力に関して国内の法システムの規範との抵触があるときには…国際法の命令的規範であるところの，合意は拘束する，および，信義誠実が尊重されなければならない」(70)。第 2 に，グアテマラ憲法第 149 条は国家に国際法の遵守を義務づけている(71)。これらのことから，憲法裁は，「グアテマラは国際条約上の規範の違憲を宣言できない」ことを明言し(72)，91 年判決の本旨である「国際法の優越」を支持し維持することを明らかにした(73)。

上に論じたように，グアテマラ憲法裁の 2012 年判決は，国際法と国内法の抵触の際には国際法を優越させるのが国家機関たる国内裁判所に課せられた義務であるとし，国際法違反を理由の 1 つとして，批准後の条約の憲法適合性審査を行わないこととした。批准前の条約の事前審査は，同国に対して法的な拘束力を生じる前の法文の審査であるから，この判決をもってしても妨げられないと解されるが，いずれにせよ，批准された条約に対する憲法適合性審査を否定

(68) Corte Constitucional, exp. 56-2012, 03/05/2012.
(69) Ibid., considerando II, párrafo 6.
(70) Ibid., considerando III, párrafo 3.
(71) Ibid., considerando III, párrafo 4.
(72) Ibid., considerando III, párrafo 3.
(73) Ibid., considerando III, párrafo 1.

した点で，憲法に対する国際法の優越を認めたと評価されうる判決である。

一元論か二元論かの論点でいえば，国内平面において国際法に由来する規範の優位を認め，その憲法適合性審査をしないというのだから，国際法優位の一元論に舵を切ったとも解されうる。他方で，依然として，国際法体系と国内法体系を別個のもののみなす二元論を維持しているとの理解も可能である。二元論に基づけば，違憲を理由とした条約上の規範の適用排除は，国内法上は適法であれども，国際法上は国際法違反を生じ，国は国際責任を追及されうる。本判決が，もっぱら，国際法体系においてかかる国際責任が生じるのを避けるために違憲審査を慎むこととしたのであれば，法体系としては国際法体系と国内法体系は別個であると理解しているといえよう。

なお，本判決は，条約の違憲審査の適法性に関して，国際法への抵触だけでなく，国際法の遵守を国家に義務付けている憲法第 149 条にも言及している。違憲を理由にした条約の適用排除が国際法上も国内法上も違法（違憲）であることが示唆されているのであって，国際法体系と国内法体系の一元論な理解を前提にしているのだという解釈も可能であるし，反対に，かかる適用排除が偶然にも国際法体系上と国内法体系上の両方に抵触する（しうる）ことを示唆しているにすぎず，やはり両者の法体系を二元論で理解していることに変わりはないと解することもできる。

議会での承認を経て国内に編入された条約の性質が，国際法から国内法に転じているのか，または，国際法のままで国内的効力を有しているのか，という論点に関しては，編入後の条約が依然として国家に国際平面での義務を課していることを重くみた判決であることから，2012 年判決は，少なくとも，編入後の条約に二重の性格を肯定したといえるであろう。もっとも，すでに論じた憲法裁 2005 年判決が示すように，以前から二重の性格は肯定されていたのであるが，憲法裁 2005 年判決が編入後の条約は国内では国内法として扱われるために違憲審査の対象となる，と判断したのに対し，2012 年判決は，そうであるとしても，かかる違憲審査は結局のところ国際法違反を生じるため行わないとし，これを「国際法の優越」と表現した。

2012 年判決によって，グアテマラ憲法裁の判例法理は，憲法を含む国内法に対する共同体法の優越を掲げる CCJ の判例に沿うものになった。だが，CCJ に恭順して，共同体法の超国家的な性質を理由にしてかかる結論を導いたのではない。グアテマラ憲法裁は，国際法の内部での共同体法であるものとそうでないものとを区別する立場をとらず，国際法と国内法との区別こそを重視し，両者の関係性に焦点を絞って議論を展開した。換言すれば，同国の判例法理の伝統に根差した，国際法と国内法との二元論的な着眼点は変化しなかったといえる。その結果，共同体法だけでなく，条約一般について違憲審査が否定され，その限りでの憲法に対する国際法の優越がもたらされた。

3　裁判官対話の決定要因としての憲法

上に検討したように，同じ地域統合に参加して同じ共同体法を遵守する義務を負っており，また，その共同体法によれば同じ国際裁判所の判例に従う義務を負っているはずの諸国の間でも，国内法（特に憲法）との関係での共同体法の国内実施の在り方やそれに関する国内裁判所の判断は分かれている。裁判官対話の様相や帰結も多様である。数十年にわたる裁判官対話を経た後でも，SICA 諸国の国内裁判所の現行の判例は，CCJ と結論を異にしたり，または，結論は同じでも理由づけを異にしている。この多様性の要因はどこに見出されるであろうか。以下，本節の検討に照らして整理したい。

裁判官対話の多様性の直接の要因は，当然ながら，対話に参加する裁判所の反応に複数の可能性があることである。大別して，①是認，②否認，③一部否認（修正），④無視，に分けられる。無視は，対話ではないともいえるし，ある種のメッセージの発出であり対話の一部であるともいえる。仮に，他の裁判所の判断を意識した上であえて無視したのならば後者に分類されよう。否認は，全部否認であれ一部否認（修正）であれ，メッセージとして機能するため対話の一部といえる。問題は，どのようなときに，上の4つの反応のいずれが選ばれるのかである。

本章の検討からは，越境する裁判官対話において国内裁判所の反応を左右する第一義的な条件として，国内の法制度が挙げられるであろう。もちろん，国際的な法制度も無視できない条件だが，EU と SICA を主な例に検証してきたように，同一の共同体法がすべての加盟国に同一の義務を課しているはずであるもかかわらず，国内での機能の仕方が異なる要因は第一義的に国内法の相違に求められる。

国内法の中でも最も重要なのは憲法である。超国家的な国際法は，それと矛盾する国内法を退けて全ての国で一様に履行されるべきことを謳うが，国内の法秩序を決定するのはその国の憲法であり，国内裁判所による憲法解釈が重要になる。本節で検討したように，共同体法と憲法の関係に関しては，憲法を優越させるか，または，一定の条件で共同体法の優位を認めつつも条件を付して共同体法の憲法適合性審査の余地を残す国内裁判所が欧州にも米州にも多い。細部に相違はあるが，一般に，国内での公権力の行使（国際機関への権限の移譲を含む）の根拠が憲法にあること，さらには，国民投票や国民の代表たる議会の決議を通して制定改正される憲法の根拠がまさにその国の主権者たる国民の意思にあることを理由にして，国内における憲法の最高権威性を肯定するものと思われる。立憲主義，民主主義，法の支配といった概念は全て国民国家単位での実現を予定され，主権在民の原則が示すように，国家の権力の源は国民にある。このことと，地域統合における超国家的な立憲主義の要請との間にどう折り合いをつけるのか。多くの国でこの点が争点となっているのである。

最後に再度，国内裁判所の重要性を確認する意味があるであろう。国内裁判所が，国際法に関する自国の憲法の諸条項をどう解釈し，どのような判例を蓄積してきたかによって，すべての国際法の国内での意味や地位は変わる。現状では，特に地域的共同体法と憲法との関係をめぐって，国境を超える裁判官対話が活発に展開されており，国際的な法の統合の進退を左右する大きな要因となっているが，その帰趨は，国内裁判所が越境する対話にいかに反応するかにかかっているのである。

Ⅵ おわりに――裁判官対話と憲法

本章の冒頭で指摘したように，国際法の変容と国際裁判所の増殖に関わらず，手続法上は国際裁判所と国内裁判所の関係に大きな変化はない。今日では，特定の国際法ないし国際裁判所の判決に基づいて，国内裁判所が国際裁判所への先決問題の移送の義務を負っていたり，国際裁判所の判断に従うことが義務付けられていることはあるが，国内でこれらがどのように履行されるかはやはり国内裁判所の判断に依存している。

こうした状況において，実務上は，国際・国内の裁判所が互いの判断の参照を介して影響を与え合う「裁判官対話」が大きな役割を果たしている。裁判官対話はもはや一国内部に留まらず，また，司法機関の間の判決の応酬にも留まらず，国内・国際の立法や行政をも巻き込んだ複合的な現象となるに至っている。

裁判官対話はグローバル立憲主義の進展にどのように作用するか。前述のように，学説は分かれる。一方では，対話によって各法域の裁判所の判断が共通の方向に収斂していき，法のグローバル化が進みグローバル立憲主義が進展するという見通しがある。他方で，国内裁判所の抵抗や各国の法および判例の多様性に焦点を絞り，かえって個別性が際立つとの見通しもある。本章で諸事例を挙げて検討してきたように，現実はその両方からなるといえる。裁判官対話は，一方では国際的に調和する判例法理の形成に寄与し，他方では，一定の範囲で調和を保ちつつもその他の部分では国家ごとの個性を残すような判例法理を生み出している。

国境を越える立憲主義が標榜される今日において，国際法と国内法の関係はどのように理解されるべきなのか。政府が超国家的な性質の条約に合意したならば，当該条約およびそこから生じる国際法は常に各国の憲法に優位し，議会による抵抗をも許さないのか。そうだとすれば，憲法が為政者の権力行使に制約を課すという，一国単位での立憲主義の趣旨や，国民主権の原則はないがしろにならないであろうか。逆に，そうでないとすれば，国家が負った，国際法の国内での履行の義務とその義務違反から生じる国際法上の国家責任の問題はどのように解決されるのか。こうした困難な問題に直面して，各国の国内裁判所の見解は分かれている。現行の欧州・米州の状況から指摘できるは以下の2点であろう。第1に，多くの国の国内裁判所が，その国の国内における最高法規は憲法であると考えており，この意味での憲法の優位は国際法がいかに変わろうとも揺るがない。換言すれば，いかなる国際法であれ，憲法が認めるのでなければ国内で法として存在せず，国内法との優先劣後関係も憲法が決定する。第2に，だが，憲法に従って締結され，かつ，憲法に従って国内で効力を持つに至った国際法から生じる特定の規範と，憲法から生じる特定の規範が相違する際には，憲法が認める範囲の限りで前者が後者に優位することも認められる。いずれにしても根本的な法は憲法なのだが，憲法が認める範囲で国際法の優越がありうるのである。もっとも，本章で明らかにしたのは，現状において比較的多くの国の裁判所がこうした見解を取っていると思われるということのみであり，明日，明後日のことは定かではない。答えは不断に展開されている裁判官対話の中にあり，各国の憲法および国内裁判所による法解釈が，その帰趨を左右する最大の決定要因であり続けているといえる。

〔付記〕この研究はJSPS科学研究費22K13289, 23H00037の助成を受けたものである。

◆第2部◆

国際社会と憲法学

第3章

欠落する安全保障論と国際法・憲法
──若干の問題提起

寺谷広司

Ⅰ 序──問題の所在

本稿は国際法学者である筆者へのいわゆる依頼原稿である。その求めは形式的には「国際社会と憲法学──国際法学から」というものであったが，重要に思われたのはとくにこの主題を安全保障との関係で論じて欲しいとの別途付された要請であった[(1)]。時局的には，集団的自衛権の行使を容認した「安全保障法制の整備に関する閣議決定」(2014年。国家安全保障会議決定・閣議決定）や平和安全法制関連2法（2015年）の成立が想起される。「国際社会と憲法学」は，国際法学者にとって第一級の論点である「国際法と国内法（憲法）の関係」に近似しえ，筆者はこの主題をとりわけ自身の強い関心である人権の国際保障との関係で論じてきたが，安全保障の視角から論ずる重要性は，むしろそれに気付けばこそ原稿を執筆するのを遠ざける程のものであった。それは迂闊に近寄っても，なぜか最後のピースが填まらないジグソーパズルのような焦りを誘うもので，のみならず，日本における平和主義という，敢えて砂川事件最高裁判決（1959年）の表現を借りて言えば，「高度の政治性を有する」主題だと言ってよ

(1) 人権については，本巻，根岸論文(第5章)，小畑論文(第6章)を参照のこと。

い。さらに言えばたちの悪い党派性に絡めとられるリスクを承知しつつ，しかし，自律の覚悟が要求されるかのようでもある。

「国際法と国内法（憲法）」の関係については，ミルキヌ･ゲツェヴィチ『憲法の国際化』(2)という，国際法学・憲法学それぞれにおいて象徴的な論者である小田滋と樋口陽一によるつとに知られた共訳があり，言わば両ディシプリンの協業を象徴している。しかし，現在出版されている憲法の教科書は，概して，「国際法と国内法（憲法）」の関係自体にそれほど多くのスペースを割いているわけではないし(3)，法の全体像を示す総論ではなく比較的技術的な憲法訴訟論の一部として扱うものが少なくない。また，国際法学での議論が参照されるのも比較珍しいように思われる。この点，国際法にとって履行確保の中心的拠り所の一つは国内法の適用・解釈であって，論者達の多くは国内法を織り込んで記述しており，国際法学が強い関心を寄せているのとは非対称的である。国際法学の側からの片思いは常態化しており，これは国際法が主権国家から成る社会で適用されるという構造的要因から来るある程度やむを得ない帰結でもある。

こうした一般論に加えて，管見の限り，「国際法と国内法（憲法）」の関係を「安全保障」の観点で論ずるという採り上げ方も多くないように思われる。そもそも「安全保障（security）」といった採り上げ方はされず，日本国憲法の柱である「平和主義（pacifism）」の項目で論じられる。用語の選択は言うまでも無く，一定の価値選択を背景にしている。

日本の憲法学において国際法の影響の主戦場は，人権の保護をめぐってであった。この関心の高まり方の程度は，国際法と国内法の「関係」という主題を国際人権法という新たなディシプリンとしての「実体」へと転化させようかという勢いである。学会社会学的に言えば，1988年に発足した「国際人権法学会」の誕生とその後の展開は，日本における「国際人権法学」の展開と一定の平仄を合わせている。現在学会を主導している比較的年配の世代としては，外野からの印象論で恐縮だが，代表的には山元一，江島晶子ら――つまり，この講

(2) ミルキヌ･ゲツェヴィチ『憲法の国際化』（有信堂，1964年）。特にこの著の現代的な読み解きとして，石川健治「『国際憲法』再論――憲法の国際化と国際法の憲法化の間」『ジュリスト』No.1387（2009年）。

(3) 執筆者が念頭に置く時代の問題はあるが，例えば代表的教科書である芦部信喜（高橋和之補訂）『憲法〔第8版〕』（岩波書店，2023年）は八月革命説批判への反批判の文脈で触れるか（31-32頁），違憲審査の対象の検討として短く論ずるに止まっており（410-411頁），今日的な国際法が国内法秩序に影響を及ぼす文脈でではない。

座「立憲主義と憲法学」の編者達だが――がいる。もっとも，敬意を込めつつ失礼を承知で申し上げれば，決して主たる流れの中にあるわけでないようにも見える。それは不自然なこととも必ずしも不当なこととも言い切れず，なぜなら日本の憲法学の主たる関心対象はあくまで日本国憲法典の適用・解釈・(非) 改正にあるように思われるからである。そして，主導者たちの初期の研究の出発点が少なからず，フランスやイギリスといった「準拠国」に大きく寄り，場合によっては外国法・比較法研究といって構わないことも背景事情のように思われる。

他方，戦争・武力紛争を積極的に論じてきた国際法学はと言えば，実に類似した状況にある。国際法と国内法（憲法）の関係について今日に続く議論の隆盛を導いた主要人物の一人は『憲法と条約』(4) を記した高野雄一だが，その関心の中心には安全保障問題があった。同書は欧州防衛共同体条約の批准法案の生々しい現実の政治問題によって刺激されたものであり，高野は研究の最後の段階で「今度はフランスでなく日本で，砂川事件という…この問題に関する重要な論点をもつ身近な事件に遭遇し」(同書はしがき)，最終第7章は専らこの判決の分析に当てている。国際法分野でこの論点について今日最も引用されている岩沢雄司の著作『条約の国内適用可能性』(5) は，この高野の学部演習に参加する中で関心を呼び起こしたもの（同書はしがき）だが，「直接適用可能性」という新規の問題提起で議論の状況を刷新した一方で，安全保障論は主たる関心ではあり得ず，この傾向はその後も基本的には変わることがなかった。

つまり，国際法と国内法（憲法）は十分に連絡しているとは言いがたく，連絡しているとしてもその焦点は「人権」に当てられている。この状況は，しかし，安全保障が国際法と国内法（憲法）の関係にとって鍵であることを隠しているように思われる。

以下の記述は，恐らくは本稿の読者の殆どが憲法「専門家」であることを念頭に置きつつ書かれる。安全保障の論点がなぜ・どのように「国際法と国内法（憲法）の関係」にとって鍵なのか，そして，にもかかわらず論じられなくなっているのかを論じ（Ⅱ～Ⅳ)，その上で，そういった背景にある若干の理論的争点について言及する（Ⅴ)。なお，本稿は安全保障一般に関わりうるが「国際法

(4)　高野雄一『憲法と条約』(東京大学出版会，1960年)。

(5)　岩沢雄司『条約の国内適用可能性――いわゆる“SELF-EXECUTING”な条約に関する一考察』(有斐閣，1985年)。

と国内法（憲法）の関係」の視角で記述を絞っている。のみならず，網羅的調査や理論構築の高さを目指すのは著者の能力を超えており，この文脈で十分に触れられていないと思われる論点について試論的な問題提起を行う覚書きに止まる。

Ⅱ 原風景からの考察

1 国家法（国内法）の意義

理解のために，荒削りな原理論から説き起こしたい(6)。しばしば立ち返って説明されるように，国家が観念される際の原風景は戦争状態である。近代政治学の祖であるホッブズは，ホッブズは人間が対等（equal）であるために相互の不信が生じると論じ，政治社会が生まれる前の自然状態を戦争状態と性格づけた(7)。彼は，この戦争状態においては，自然が通常人々に対して生きるのを許している時間を生き抜くことについての保証はあり得ないと考え(8)，これを避けるべく平和を求め，それに従うことを第1の自然法とし，自分及び他者が平和と自己防衛のために自らが必要だと思う限り，自らの持つ他者への権利を，他者と同じ範囲で進んで捨てることを第2の自然法とする(9)。この各人の権利の相互的な譲渡である契約（contract）・信約（covenant）を基礎として「共通の権力」，すなわちコモンウェルス（Commonwealth）を設立するのである(10)。

このホッブズの国際関係観といえば，独立した主権者達が剣闘士の状態と姿勢にある戦争状態であり，「各人の各人に対するこの戦争から，何事も不正たり得ないことも帰結される。正邪（right and wrong）と正不正（justice and injustice）の観念は存在しない。共通権力がないところに法はなく，法がないところに不正はない。」(11)

(6) この項目はかつて9・11テロに触発されて公表した原稿とほぼ同内容である。寺谷広司「内戦化する世界──現代武力紛争法の歴史的位相」『社会科学研究』第54巻5号（2003年）；「内戦化する世界と国際法の展開──国際法はテロリズムを認識できるか。いかに認識するか」同第59巻1号（2007年）。

(7) *The English Works of Thomas Hobbes of Malmesbury*, Vol. III, collected and edited by Sir W. Molesworth,（以下，EW., III と略） Chap. XIII.〈原著1651年〉

(8) *Ibid.*, chap. XIV, p.177.

(9) *Ibid.*, chap. XIV, p.118-121.

(10) *Ibid.*, chap. XVII, pp.157-158.

(11) *Ibid.*, chap. XIII, p.115.

ここでホッブズ示す世界観は正しく二元論である。ホッブズはヴァッテルによって国際法を明確に観念した最初の人物と言われるが(12)，その上でそれが存在しないと論じた。言うまでもなく，ここでいう二元論は「国際法と国内法（憲法）の関係」の論点におけるそれ，つまり国際法と国内法が別個の法体系であるという意味においてではない。ここでは「国際法」が妥当しうる国際関係において法状態が存在しないという意味においてであり，この論点が生ずる19世紀末よりもはるか前における初期状態を想起しなければ，安全保障領域における「国際法と国内法（憲法）」の歴史的意味を位置づけられないように思われる。

あえて国際法の一法分野に引き寄せて表現すれば，国家法とは武力紛争法であるし，今日では武力紛争法（国際人道法）と微温的に表現される戦争法は，国家形式の政治共同体が広がる以前から今に至るまで国際法の主要な法分野であり続けた。ひとたび確立した国家同士が結ぶ条約のうち，1949年のジュネーヴ諸条約共通第3条は「再び」国内レベルの戦争（war）に着目するが，しかし，2001年9月11日のテロを特に契機としてそうした旧来の条約適用方式が「世界内戦」と呼びうる状況に対応しきれずに変容を余儀なくされている(13)。

2　1946年日本国憲法の秩序と二重の国際性

日本という政治共同体が近代国家の形態をとるのは19世紀後半であり，明治政府樹立期にも戊辰戦争で武力紛争法・中立法が問題になっているが(14)，今日に続く日本国法秩序が立ち現れたのは，周知のように，20世紀半ばの第2次大戦の終戦時であった。この憲法秩序は敗戦の最中から立ち現れた法秩序である。少なくとも初期には武力紛争法上の「占領」が問題になっているし，今日的な観点からいえば，当時その言葉はなかったが，移行期正義（transnational

(12)　Emer de Vattel, *Droit des gens ou principes de la loi naturelle appliqués a la conduite et aux affaires des nations et des souverains*, 1758（Nouvelle Édition（par M.P. Pradier-Fodéré), Tome I, 1863), Préface. また，ヌッスバウムも国際関係に「諸国民の法」(law of nations (*jus gentium*)) の用語を最初に適用した人と位置づけている（A. Nussbaum, *A Concise History of the Law of nations*, 1954, p.146)。

(13)　代表的にはHamdan事件連邦最高裁判決での1949年ジュネーヴ諸条約共通第2条・第3条に関する起草過程に反するトリッキーな論理構成を挙げうるだろう（Hamdan v Rumsfeld, 548 U.S. 557, 2006, pp.62-72.)。一般には寺谷・前掲注(6)参照。

(14)　藤田久一『国際人道法〔新版〕』(有信堂，1993年）215頁。

justice）の先行事例である。より分かり易くは，同じく枢軸国を構成したドイツと同時期に，実際に戦争犯罪人が国際的に処罰された初めての事例を提供している。この展開は，17 世紀イギリスにおけるような近代国家生成の態様（敢えて言えば祖型）とは大きく異なるものであることに注意を要する。日本国憲法秩序登場の特徴は国際性にあった(15)。それは旧明治憲法との連続性について「革命」で説明しなくてはいけないようなものだった(16)。この時期の憲法学説において，国際法優位説が一般的だったことは既に広く知られている。

ところでこの国際性は二重の形で生じていた。国際的性格の一つは，もちろん，枢軸国の一国としての全体主義的体制からの体制転換で，民主主義，基本的人権の尊重，平和主義といった来たるべき国際社会において諸国に共通する価値を強調するものだった。これは 1956 年 12 月の国連加盟へと続く普遍主義的国際性である。もう一つの国際性は，1945 年 8 月のポツダム宣言受諾の後，米軍を主とする連合国軍による占領期を経る米国との強い結びつきを有する個別主義的国際性である。東京裁判にせよ，現在問題にしている現行憲法にせよ，この連合国軍総司令部の強い影響の下にあった。1951 年サンフランシスコ平和条約における国際社会への「復帰」は片面的に西側の一員としてであり，ソ連，中国ほかとの関係回復は漸次別立てであったが，それ以上に，同時に同じサンフランシスコの地で署名されたのがまさに日米安全保障条約（旧条約）であった。

この二つの国際性は重畳するものの似て非なるものであり，深刻な対立を内包する。とりわけ安全保障領域で明白で，二重の国際性は日本に限らず，広くグローバルな展開と平仄を合わせている。第 2 次世界大戦後の安全保障秩序は，国連を中心とする集団安全保障体制と米ソそれぞれの集団的自衛権を基礎とする軍事同盟を重ね合わせるものだった。後者における日本の焦点が日米安全保障条約であったことは間違いなく，ここで国家法秩序と国際法秩序の関係

(15) 日本における国際的要素を相対化して把握するためには，同じく敗戦国である日独伊の比較は特に参考になる。石田憲『敗戦から憲法へ──日独伊憲法制定の比較政治史』（岩波書店，2009 年）。

(16) 宮沢俊義「八月革命と国民主権主義」（『世界文化』第 1 巻 4 号（1946 年 5 月））。また，小畑郁「占領初期日本における憲法秩序の転換についての国際法的再検討──『八月革命』の法社会史のために」『名古屋大學法政論集』230 号（2009 年）；「行政主導の国際法の『変型』体制と『棲み分け』観念による国際法の形而上への捨象──降伏文書・占領管理に由来する法令の取扱におけるその独立」『法律時報』第 94 巻 4 号（2022 年）。

が安全保障問題を結節点として深く結びついていたことを確認できるし，当時，まさにそのように理解されていたことは確かである[17]。

Ⅲ　憲法優位説の台頭以降の展開

1　砂川事件（1959年）

1960年代，日米安全保障条約の議論が「国際法と国内法（憲法）」に与えた最も重要な特徴は，憲法優位論の台頭を導いていったことにあろう[18]。

その上で本稿の視角から敢えて着目したいのは，実に，この変化が安全保障の問題で生まれつつ，安全保障問題を遠ざけたように見える逆説的な効果とともにあったことである。それは，著名な砂川判決[19]の著名な説示によって示されている。本件で問題になった日米安全保障条約が憲法第9条，第98条2項及び前文の趣旨に反するかという論点は，本稿が問題とする国際法と憲法の関係を安全保障領域から考察することと直接の関係がある。形式主義的な側面が強いよく知られた説示を再掲すると，「…本件安全保障条約は，前述のごとく，主権国としてのわが国の存立の基礎に極めて重大な関係をもつ高度の政治性を有するものというべきであって，その内容が違憲なりや否やの法的判断は，その条約を締結した内閣およびこれを承認した国会の高度の政治的ないし自由裁量的判断と表裏をなす点がすくなくない。それ故，右違憲なりや否やの法的判断は，純司法的機能をその使命とする司法裁判所の審査には，原則としてなじまない性質のものであり，従って，一見極めて明白に違憲無効であると認められない限りは，裁判所の司法審査権の範囲外のものであつて，それは第一次的には，右条約の締結権を有する内閣およびこれに対して承認権を有する国会の判断に従うべく，終局的には，主権を有する国民の政治的批判に委ねらるべきものであると解するを相当とする。そして，このことは，本件安全保障

(17)　国連発足直後の「国連中心主義」の起源及びその変容については，苅部直「『国連中心主義』の起源」『リヴァイアサン』58号（2016年）参照。この他，本稿では触れないが，今も残滓としての残り続けているのが沖縄を巡る諸問題である。小林武『沖縄憲法史考』（日本評論社，2020年），新井京『沖縄の引き延ばされた占領 ──「あめりか世」の法的基盤』（有斐閣，2023年），等参照。

(18)　齊藤正彰『国法体系における憲法と条約』（信山社，2002年）。

(19)　砂川事件上告審判決（昭和34年(あ)第710号），1959年（昭和34年）12月16日。また，当時の学会及び政治状況を含めて，鈴木敦・出口雄一編『「戦後憲法学」の群像』（弘文堂，2021年）252-255頁（鈴木敦執筆部分）参照。

条約またはこれに基く政府の行為の違憲なりや否やが，本件のように前提問題となっている場合であると否とにかかわらないのである。」

ここではよく知られた統治行為論によって，条約は一般に①「高度の政治性を有するもの」と②そうでないものに，前者が更に「一見極めて明白に違憲無効であると認められ」るもの（①A）とそうでないもの（①B）の，大きく3つに分けられることになる。①Bのみが司法審査に服さず，日米安全保障条約がこれに該当するとされる。ここで，形式的に言えば，日本の安全保障にとって中核である日米安全保障条約が①Bに分類されて司法審査権の範囲外に追いやられることになる。

その上で注意を要するのは，この論理が徹底されたわけではないことにあろう。第1に，既に多数の議論があるように，最高裁自身は裁判所の司法審査権の範囲外におきつつも，上記①Aでないことをいうために，実際には安全保障条約及び行政協定を検討しつつ「憲法9条，98条2項および前文の趣旨に適合こそすれ」との判断を明示している。「論貫性を欠く」（奥野・高橋意見）と評される要素である。その際，個別の補足意見・意見を示して違憲審査が及ぶべきとする裁判官も含めて，一致して，憲法との整合性を是認している。第2に，ここでの司法的判断において「高度の政治」を切り離す論理は三権分立の論理から正当化されており，例えば法秩序が高度に政治的な要素と関わらないから等閑視して良いものといった位置づけではない。また，それを語るには，後述する国際情勢等の「専門知識」の必要が意識され，それが自らに無いことないしより適切な機関があることが示されている。国際法と国内法の関係について安全保障領域が，言ってしまえば無自覚のうちに語られなくなったことを想起すれば，むしろ語らないことに関する明確な自覚があったと言える。

この論理は拗らせた帰結をもたらしうる。一方で日米安全保障条約の位置づけについて正当化する判断だけが仮のものとして保全されつつ，しかし，このことには「政治」の名の下にもう触れないとして後の議論を追い返してしまうからである。本来，「政治」の意味はそのようなものでないはずだが，「高度の政治性」は，少なくとも司法の場では，特定の議論を退ける標語として機能することになる[20]。

(20) 法律関係者による法と政治の切り分けについて，本来，「政治」がそのようなものでないことにつき敢えて学部教科書を示しておきたい。佐々木毅『政治学講義』（東京大学出版会，1999年）44-49頁。

冒頭で触れたように，この分野の金字塔の一つ，高野雄一『憲法と条約』の問題意識の中心には安全保障問題があった。高野による「国際法と憲法」へのアプローチは国際主義と国民主義の原理的なバランスにおいて国家の承認意思形式を重視するもので，これを具体的な解釈論の中で展開すべきだと強調する(21)。安全保障問題に関する彼の直接の言及は，むしろ憲法第9条を国連憲章体制の中で捉える作品(22)で明確であり，これは後の時代に生きる者の有利な視座から振り返るなら，単純な一元論・二元論に陥らず，しかも安全保障論込みのグローバル立憲主義論にさえ通じる議論だった。

後進がこの方向を展開することはなかった。この分野を主導した岩沢雄司の著作『条約の国内適用可能性』は高野の刺激によって生み出されたものだが，この著書が解明しようとしたのは self-executing という概念であった。安全保障条約等は，non-self-executing だとされる「政治条約」「政治的条約」と呼ばれるものとして僅かに言及されたにすぎず(23)，当然，日米安全保障条約等の安全保障の論点は死角とならざるを得なかった。個別に見れば同書のインパクトの強さや著者の卓越した実務能力・経験が時代の求める人権や経済で発揮されたことも影響したと思われるが，「国際法と国内法（憲法）の関係」から安全保障領域を除いて考える傾向はその後も続いた(24)。議論のフォーラムの中心は裁

(21)　高野・前掲注(4)，特に，173，225-227頁など。

(22)　高野雄一『集団安保と自衛権（高野雄一論文集２）』第６章，第７章（東信堂，1999年。初出はそれぞれ1960年，1965年）。

(23)　岩沢・前掲注(5)49-50頁。また，米国法での文脈で199-200頁。近著でも同様だが（Yuji Iwasawa, *Domestic Application of International Law: Focusing on Direct Applicability,* Brill/Nijhoff, 2023, pp.80-82,189-190），ここでは，the political question doctrineへの明示的言及が見られる。

(24)　この論点を巡っては注目すべき業績が次々と出版されているが，例えば，岩沢の議論を直接の標的とする松田浩道『国際法と憲法秩序――国際規範の実施権限』（東京大学出版会，2020年）に安全保障問題への言及はなく，根岸陽太（Yota Negishi, *Conventionality Control of Domestic Law: Constitutionalised International Adjudication and Internationalised Constitutional Adjudication,* Nomos, 2022）は，もとより人権に焦点を当てまた日本に焦点を当てていないので日本の安全保障問題への言及がないのは自然だが，この他，山田哲史『グローバル化と憲法』（弘文堂，2017年）の言及もごく僅かである（同書，200頁）。例外的なのは，憲法優位説が多数説化した背景に日米安全保障条約の存在を指摘していた齊藤正彰（齊藤・前掲注(18)）の論考である（齊藤正彰『多層的立憲主義と日本国憲法』（信山社，2022年）第Ⅲ部）。論集という性質上同書での考察はより特定的に「国際法と国内法（憲法）の関係」の論点と強く結びつくわけではないが，

判所に移っていったが，ここではすでに上記のように安全保障を基本的に外側に追いやった後だった。後述の「調整理論」との関係では山本草二にも学説史上注目すべきだが，非「政治的」な行政的側面が中心となる彼の方向性から，安全保障論は中心的論点とならなかった(25)。後述のように，「グローバル行政法」の展開とパラレルである。

2 集団的自衛権の解釈変更，安全保障法の制定

集団的自衛権に関わる直近の大論争に至るまで，日本の平和主義の変容はいくつもの段階を踏んでいるが，大きい変化としてはそれまで国際政治の構造を規定していた冷戦が1989年に終焉し，湾岸戦争（1990年-91年）を契機としたPKO協力法（1992年）の制定や日本国民意識の変化があった(26)。2001年の9・11テロは世界的にも重要な事象で，一国で安全保障が可能であるとすればこの国以外にないであろう米国が非国家主体によって圧倒的な攻撃に晒された。日本ではそれまで忌避されていた有事法制が徐々に整備され，2003年に有事関連三法が，翌2004年に同七法が成立した。安全保障の基軸であった日米関係については1997年にガイドライン，99年に周辺事態法，2015年には新ガイドラインが成立した。

一連の動きの中で，本論冒頭でも触れた2014年の「安全保障法制の整備に関する閣議決定」や2015年の平和安全法制の枠組み整備に至る。ここに至るまでには国内手続を含む複数の論点があったが，こと焦点である集団的自衛権について筆者が属する国際法学者の多くにとっては，「絡みづらい」主題だったように思われる(27)。特に筆者のように武力行使法を専門としない一般的な国際

継続的に安全保障問題を採り上げて，国際法と憲法の双方からの考察を意欲的に行っている。

(25) なお，広部和也・田中忠編集代表『国際法と国内法――国際公益の展開 山本草二先生還暦記念』（勁草書房，1991年）でも安全保障の論点は取り上げられていない。

(26) 柳井俊二「日本の平和貢献とその法的基盤」『国際法の実践 小松一郎大使追悼』（信山社，2015年）特に7-8頁。

(27) 直接に論じていたものとして，もちろん当事者というべき柳井俊二・同上；同「新安保法制の意義と課題」『国際問題』No.648，（2016年）村瀬信也「集団的自衛権をめぐる憲法と国際法」柳井俊二・村瀬信也編『国際法の実践 小松一郎大使追悼』（信山社，2015年）がある。他に，根本和幸「国際法上の集団的自衛権における「宣言」・「要請」の法的意義――安保法制懇談会報告書と憲法解釈変更に関する閣議決定の批判的検討」『同書』；森肇志「新安保法制と国際法上の集団的自衛権」『国際問題』No.648（2016年）

法学者からすれば，国連憲章が第51条で「個別的または集団的自衛の固有の権利」を規定している通りで，この権利が国際法上認められていること自体については全く争う余地がなかった。その国連憲章は190を超える事実上全ての国が加盟する国連の設立条約であり，敢えて言えば立憲的な枠組みであるが，この「憲法」との関係は焦点ではなかった。また，国際法上，集団的自衛権発動の条件や範囲に大いに論争があることは確かだが，焦点は前提的にそもそも日本国憲法上それを認めるか否かにあった。

集団的自衛は「権利」と観念されているので，それを各国自身が縮減することは各国の裁量に任されており，一国が集団的自衛権を有すると考えるか否か，特定の法文（憲法典）との関係でそう解釈できると考えるかどうかは，どちらの立場も国際法上認められる。その外枠が設定されている中，国内での議論についてはどのような結論に対しても開かれている。ここには明示さえされないほど，明確なディシプリンの役割分担，更には垣根が横たわっていたように思われる(28)。筆者の体感で言えば憲法学者と比して政治的参画を好まない国際法学者の一般的傾向も手伝っていたように思うが，この状況の背景を国際法学者の怠慢なり世論による国際法の無視なりに求めるのも，それは正しさの(29)それは正しさの一面を示しているだろう。

もっとも，ある種の棲み分けを認めたとしても，国際法解釈は憲法の関連規定の解釈に影響を与えないのか，特定の法典の解釈権はその分野に専らに委ねられるべきなのか，そうで無いなら，他ディシプリンの関与はどの程度可能なのか，また，いずれにしてもどのような根拠でそうなのかといった疑問が数珠つなぎで連なることになる。

山形英郎「国際法から見た集団的自衛権行使容認の問題点」『別冊法学セミナー』No.231（日本評論社，2014年）；松井芳郎「国連の集団安全保障体制と安倍内閣の集団的自衛権行使容認」『別冊法学セミナー』No.234（日本評論社，2015年）などがある。これらは当時の憲法学会におけるような非常に広範で一様性の高い反応ではない。もちろん，憲法学説も，特に歴史的に見たときに諸相があり（鈴木・出口・前掲注(19)10-12，279-281頁，等），大きいながらも程度差ではある。

(28)　そうだとすると，国際法の側からディシプリンの尊重を重く見つつ憲法第9条に切り込むとすれば，憲法解釈自体に立ち入らず，それがもたらす国際法上の評価とのズレを論ずることが限界となろう。例として，浅田正彦「憲法9条と国際法」『自由と正義』Vol.60, No.6（2009年），特に22頁。

(29)　松井・前掲注(27)55頁。

Ⅳ　国際人権法およびグローバル立憲主義との関係

他の思潮との関係も概観したい。国内では憲法優位説が通説化し，同時に安全保障領域が「国際法と国内法（憲法）の関係」の主題から欠落していく過程で，憲法優位説との距離を必ずしも十分に明示することなく幾つかの重要な問題領域・アプローチが論じられるようになった。

1　国際人権法

「国際法と国内法（憲法）の関係」は，今日では安全保障領域ではなく人権論が主要な主戦場となっており，その程度はこの問題がかつては安全保障との関係で語られていたことを思い出せなくなる程である。人権分野においてはこれが争点化せざるを得なかったが，これにはいくつか理由がある。

第1に，国内法秩序の位階に関する問題がある。対外的な安全保障上の変化に対しては，例えば有事法制のような法律で対処されてきたが，憲法優位説が維持される限り，少なくとも形式的に言えば，依然として第9条のコントロール下にある改定であり得た。防衛政策を推進する側からすれば，実務レベルでの処理がなされれば良い。他方，人権については日本の憲法典第3章が第10条から第40条にわたって規律しており，その適用・解釈が国際規範とズレが生ずるときに，少なくとも一つの主要な思考のルートとして，どちらを優先すべきかを考えざるを得ない。そして，各種の国際人権機関が，日本の人権状況を継続的に評価し続けているために，不断にこの論点に触れざるを得ない。対比的に言えば，安全保障問題は9条に極度の負荷をかけ，あるいはかけ過ぎて実態と離れていたとしても一度膠着に目を瞑りさえすれば──ある種の共犯関係だが──やり過ごすことが可能で，人権問題の場合とは事情が異なる。

第2に，人権分野は司法機関の中心中の中心の問題領域であり，安全保障のように「統治行為論」によって外せるようなものではない。また，しばしば「護憲」勢力と曖昧に括られる勢力が平和主義と人権保障を強く推進していた。特に初期に，そして今も続く国際人権法の主要な関心は日本国内の人権状況の改善にあり，ここで他国との関係，外交政策の不整合を気にしなくてはいけないような状況もなかった。裁判所での言及は無視できず，他方で，取り扱いやすいという事情がある。さらにいえば，人権保障の促進のために，国際的「外圧」を積極的に活用したい・してきたという実務的欲求もある。憲法学としても，なによりも「人権保護」は日本国憲法の最も主要な目的であり，国際法との連続は比較的自然に映るのだと思われる。これは，更に，人権が人たれば当然に有する権利という人権のもつ普遍性とも親和性の高い議論であることも大きい。この「護憲」勢力が国内裁判における国際法の利用に好意的である一方で，政治的とされた安全保障論に関して少なくともその一部を構成する国際法に好意的でないのはチェリー・ピッキングに見えなくもないが，もちろん，ここではどういった国際主義を掲げるのかが重要であり，一つの一貫した立場になり得る。

興味深い考え方の一つは，国際法分類論だろう。つまり，国際法と国内法の関係について，国際法を一律に語るのではなく，その種類に応じて論ずる考え方である。それは，従来からあった国際法の形式的存在分類において慣習法を別に論ずるのとは異なり，内容についてであった。他ならぬ人権条約について，これが他の国際法一般と異なり，単純な国内法優位論に服さないという考え方が出て来たし，実際，例えば1991年ルーマニア憲法（第20条）のように，他国の法実践にそのような例がある。別の例はユス・コーゲンスを別扱いする考え方であり，国際法規範一般よりも優位にあると考えられる規範であることを背景に主張された。もちろん，国際法平面におけるユス・コーゲンスの優位自体は，直接，国内法平面における憲法に対する優位までをも論理的には示さないものの，それは十分に正当化されうるだろう。人権条約を特別視する前出の考えとは理論的構成を別にすると考えられるが，人権規範の全てがユス・コーゲンスと考えられているわけではなく，今後の展開に予断を与えることは無いとはいえジェノサイド禁止や人種差別及びアパルトヘイトの禁止，奴隷の禁止等の人権規範の重要な部分に限られていることは(30)，穏当な落としどころとなる可能性を高めている。

関心が，安全保障論から人権論へと移っていったことと並行して，議論の主たる態様も変わっていった。議論は，こうした妥当の有無や優越関係よりも，むしろ後述の調整理論を背景に国内法の解釈論が強く意識されるようになった。

また，この変化はとくに岩沢以降で議論のフォーラムが裁判所を巡るものと

(30)　International Law Commission, Draft conclusions on identification and legal consequences of peremptory norms of general international law (*jus cogens*), 2022, Conclusion 23, annex.

なっていったことと平仄を合わせる。外交政策論ではなく，裁判例が主たる分析対象となっていった。そのような仕方で，脱「政治」化が進行したと言って良い。

2 グローバル立憲主義

特に1990年代以降の思潮において，上記の傾向をより一般的，包括的な仕方で示すものとしてグローバル立憲主義（Global Constitutionalism）が強く主張されるようになった。地球規模での包括的構想自体（例えば「世界政府」論）は一貫して国際法学の主題であったが，近時のグローバル立憲主義論の契機は，国際社会における（準）司法機関の豊富化を受けた国際法の断片化の危機意識であり，また，国際情勢としては冷戦の終焉に伴う。もとより日本でも，「憲法」概念には形式的なものと実質的なものがあると説かれてきた(31)ことから考えても「憲法」を一国に止める必要はなく，日本における国際人権法の流布と共に，一定の説得力を持っていったように思われる。

グローバル立憲主義論と，古典的論点である国際法と国内法の関係に関する議論との関係でいえば，従来の一元論・二元論という語り方では足らないことが示唆されている。一つの単純な理解は，地球大の法構想であることによって一元論の一系譜でもあるようだが，他方で，多元的グローバル立憲主義の主張に見られるように，対象を広くとることと一元論をとることは同じではない。むしろ現代的に複雑な状況への視座を提供しようという点で，妥当を中心的な論点としてきた議論の焦点を変えるものと言えそうである。

しかし，安全保障論に着目する本稿の立場からは興味深いことに，現に展開されているグローバル立憲主義においても安全保障論に十分な焦点が当たっていないことが強調されるべきだろう。グローバル立憲主義と共通する主張を先行する思潮として最上敏樹は自らも参加した1970-80年代の世界秩序モデル計画（WOMP）を挙げ，しかし同時に，現在のグローバル立憲主義がこれより狭い対象しかもたないとして，その重要な一つとして平和・安全保障を十分に論じていないことを批判する(32)。

---

(31)　芦部・前掲注(3) 4頁，；樋口陽一『憲法〔第4版〕』（勁草書房，2021年）5-7頁，等。

(32)　Toshiki Mogami, “Perpetruum Mobile: Before and After Global Constitutionalism”, Takao Suami, Anne Peters et al (eds.), *Global Constitutionalism from European and*

そもそも何を憲法（立憲的要素，constitution）とするかについて，論者によっても強調点は分かれる[(33)]。人権，民主主義，法の支配などの自由主義的性格の強い理念が強調されるこの思潮にあっても，国連憲章をベースに考える場合，安全保障論の欠落は埋められた可能性が高い。というのは，1945 年に生まれた国連は，今日広く期待されている人権保障ではなく安全保障こそが最重要の設立目的だったからであり，権力の中心は安全保障理事会，とりわけその常任理事国にあったからである。例えば，Fasbender は国際社会の立憲的枠組みを国連に見出し，de Wet はなかでも安全保障理事会の権限に着目して論じた[(34)]。この点，グローバル立憲主義が安全保障論に最も接近していたと思われるのは，この思潮の台頭初期に国連安保理決議との調整が問題になったテロリズムに関する諸事件で，代表的には EU 規則との関係でカディ事件，自由権規約との関係でサヤディ事件がある[(35)]。一連の事件はここで論じている「国際法と国内法（憲法）の関係」が「裁判官対話」などの国際レベルの組織間調整の一般論に組み入れて論じるべきことを知らせるものであるが[(36)]，他方，グローバル立憲主義論においても人権がより重視され，少なくとも安全保障論以上にそう

East Asian Perspectives, Cambridge University Press, 2018, pp.32, 37-40.

(33)　「グローバル立憲主義」「国際立憲主義」と呼ばれる立場の類型化を含む概観につき，Jan Klabbers, "Constitutionalism as theory" Jeffrey L. Dunoff, Mark A. Pollack (eds.), International Legal Theory: Foundations and Frontiers, CUP, 2022, p.227 ff.

(34)　Bardo Fassbender, *The United Nations Charter as the Constitution of the International Community*. Martinus Nijhof, Leiden and Boston 2009; Erika de Wet, *The Chapter VII Powers of the United Nations Security Council*, Hart Publishing, 2004, esp.pp.92-116.

(35)　Joined Cases C-402/05 P and C-415/05 P, Kadi and Al Barakaat International Foundation v. Council and Commission, Judgment of the Court (Grand Chamber), 3 September 2008; Human Rights Committee, Sayadi and Vinck v. Belgium (CCPR/C/94/D/1472/2006, 29 December 2008). 丸山政己「国連安全保障理事会における立憲主義の可能性と課題──国際テロリズムに関する実行を素材として」『国際法外交雑誌』第 111 巻 1 号（2012 年）；加藤陽『多元主義の国際法──国連法と人権法の交錯』（信山社，2022 年）等も参照。

(36)　寺谷広司「国際法における『裁判官対話』──その理論的背景」伊藤洋一編『裁判官対話──国際化する司法の協働と攻防』（日本評論社，2023 年）特に 49-56 頁。もっとも，この論文も本稿が批判的に検討している安全保障の欠落の潮流の延長にある。「裁判間対話」一般については，須網隆夫「『裁判官対話』とは何か──概念の概括的検討」同書，参照。

見なされる傾向のうちにあることが分かる。

安全保障問題を回避して人権論に傾斜する傾向は，興味深い同時代的傾向のように思われる。グローバル立憲主義は特定の安全保障体制を帰結するには広すぎる概念であり，逆に特定の安全保障体制を支持するためにあえてグローバル立憲主義の理論的建て付けが必須とまでは言えない。国際安全保障体制の中核の一つは大量破壊兵器の管理にあるが，これは国連よりも──核兵器で顕著だが──米ロ二国間関係を中心としており，国連憲章を「憲法」だと位置づけても現実連関性に乏しい。また，グローバル立憲主義をフラグメンテーションの対抗主張と位置づけるなら(37)，フラグメンテーションが（準）司法機関の豊富化を受けた問題意識のために，論争の場は最初から（準）司法機関に限定されて，国際社会においても敢えて擬えて言えば「高度に政治的な」領域には立ち入りにくい。日本のようにそもそも自発的に国際法上の権利を縮減する国との議論は，敢えて立憲主義の語ですり合わせる有用性も乏しい。グローバル立憲主義を語るなら好適なのは「人権」だった。この時期はグローバル立憲主義の中心であるヨーロッパにおいては欧州人権条約第11議定書（1994年署名，1998年発効）によって従来の委員会・裁判所の二元体制から裁判所の一元体制となって個人による直接の申し立てが実現するなどの司法化が進み，世界的には各種人権条約の批准が進み，また90年代，2000年代における国連の人権組織の改革，また，ヨリ一般的に国際法の各領域との関係でもいわゆる「人権の主流化」が進行した(38)。こと最上が着目するWOMPとの比較で言えば，グローバル立憲主義の担い手として法学以外のディシプリンの不在(39)がこの傾向を確定的なものとしよう。

また，ニューヨーク大学の関係者を中心にほぼ同時期から主張され続けているグローバル行政法の主張(40)は，非政治的傾向が一層強いと言うべきだろう。

---

(37) 代表的には，Martti Koskenniemi, “he Fate of Public International Law: Between-Technique and Politics”, *The Modern Law Review*, Volume 70 No 1, 2007.

(38) 特に国連での動向としては A /C.3/60/L.44/Rev.1, 17 November 2005, United Nations Develoment Group, Mainstreaming Humna Rights in Development, 2013, 等。他に，一般に，Menno T. Kamminga and Martin Scheinin (eds.), The Impact of Human Rights Law on General International Law, 2009, Oxford University Press ; 阿部浩己『国際法の人権化』（信山社，2014年）5-36頁。

(39) Mogami, *supra* n. (32), p.36.

(40) Benedict Kingsbury, Nico Krisch and Richard B. Stewart, “The Emergence of Global

このことは，上述のように，日本であれば山本草二における議論で安全保障領域が主たる争点とはなっていなかったことと一定の対応関係があるように思われる。

3　平和的生存権論及び人間の安全保障論

「国際法と国内法（憲法）の関係」と直接関わることなく，「立憲主義」といった理論的に抽象度の高い概念を必ずしも介さずに安全保障（平和）と人権の関係を焦点化する議論もあった。

一つは，日本の憲法学に際立った特徴を与えてきた平和的生存権論である(41)。憲法前文が「平和のうちに生存する権利」を明示し，第9条と深く関わる。もっとも，その具体的権利性は依然として十分に明確ではない。2008年の名古屋高裁が，「裁判所に対してその保護・救済を求め法的強制措置の発動を請求し得るという意味における具体的権利性が肯定される場合がある」(42)とした内容の更なる明確化が問題になる。共通しうる近時の試みとして，国連では人権理事会等での検討を受けた2018年の「平和への権利（the Right to Peace）宣言」総会決議が着目に値する。しかし，前文のほか具体的制度設計とは結びつかない5か条があるだけで，もちろん法的拘束力は無い(43)。平和的生存権を認めることで何が達成可能になるのかが問題になりうるが，一般に，安全保障領域に限らず，多数の考慮を要しかつ世界政治全体に関わる政策領域について人権論がなし得る射程は広いとは言えない。

Administrative Law", *Law and Contemporary Problems*, Vo.68 Num 3 and 4, 2005. 主導するニューヨーク大学における当該プロジェクトの継続的な発信については〈https://www.iilj.org/gal/〉を参照。

(41)　代表的には星野安三郎「平和的生存権序説」小林孝輔・星野安三郎編『日本国憲法史考』（法律文化社，1962年）や「総合的平和保障」を提示した，深瀬忠一『戦争放棄と平和的生存権』（岩波書店，1987年）等。

(42)　自衛隊のイラク派兵差止等請求控訴事件判決（2008年4月17日）（平成18年（ネ）第499号），『判タ』No.1313，137頁。

(43)　A/RES/71/189(Declaration on the Right to Peace), 2 February 2017. それ以前の代表的決議として，A/RES/39/11(Declaration on the Right of Peoples to Peace), 12 November 1984; A/RES/62/163(Promotion of peace as a vital requirement for the full enjoyment of all human rights by all), 13 March 2008，等。建石真公子「『平和のうちに生存する権利』と国際人権保障」深瀬忠一・上田勝美ほか編『平和憲法の確保と新生』（北海道大学出版会，2008年）67-71頁参照。

もう一つは，人間の安全保障（human security）論である。もともと，この概念には武力の行使を論点として組み込む潮流があったが，日本ではそれと明確に距離をおいて安全保障を国家レベルではなく個人レベルで理解しようという点が強調された(44)。「人権」というラベルを敢えて打たずにそれと区別するものの，個人に引きつける発想は人権論と同様であり，特に，人権が常に厳密に「権利」論として構成されるわけではない一般的論調からすると，人権から安全保障を考える構想とも位置づけうる。これは日本外交の錦の御旗の一つとなった(45)。平和的生存権が反権力側の礎とされてきたことと対比して，人間の安全保障を権力側から主導したものと評価することもできようが，実際には後者においても，憲法第9条に代表される日本の法体制及びその制約を所与として国際貢献の可能性を探ったものであり，一定の日本の外交的特徴を表現する主張である。

とはいえ，果たして，これらの主張がどこまで精確な現実的インパクトを与えているのかは疑わしい。人権と特定の安全保障政策との結びつきは，良かれ悪しかれかなり柔軟になりうるものであり，2014年の安全保障法制整備閣議決定が，むしろ武力行使の制約と位置づけるのが通常であった「国民の平和的生存権」や憲法13条の「生命，自由及び幸福追求に関する国民の権利」を自衛権行使要件の中に書き込んで立論の正当化根拠としているのは好例である。もっとも，日本的コンテクストでは新規に映るとしても，武力による人道的介入の義務や保護する責任さえ論じられる国際的状況からすると(46)，その防衛版と

(44) A/RES/66/290 (Follow-up to paragraph 143 on human security of the 2005 World Summit Outcome), 25 October 2012, esp. para.3(b), (e). この他，人間の安全保障委員会『安全保障の今日的課題―人間の安全保障委員会報告書』（朝日新聞社，2003年），/64/701 (Human Security), 8 March 2010; A/66/763 (Follow-up to General Assembly resolution 64/291 on human security) ,5April 2012; A/RES/66/290 (Follow-up to paragraph 143 on human security of the 2005 World Summit Outcome), 25 October 2012，等参照。

(45) 例えば，2023年開発協力大綱Ⅰ 3(2)。これは2003年の1993年ODA大綱見直し以降継続している（旧開発協力大綱（2015年）Ⅰ(2)イ，旧政府開発援助（ODA）大綱（2003年） Ⅰ 2(2)）。

(46) 学説レベルでは，Fernando Tesón, *Humanitarian Intervention: An Inquiry Into Law and Morality*, 3rd Edition, 2005, Brill. 等。実行では，2005年9月の世界サミット成果文書((A/RES/60/1, 24October 2005)), paras.138-140。「保護する責任」論は「人間の安全保障」としても論じられている。(*Ibid*., para.143.) リビアへの武力行使に関する国

考えればむしろ自然な着想とも言える。いずれにしても，人権中心の秩序構想がますます魅力的になる中で「平和的生存権（平和の権利）」や「人間の安全保障」が人権と平和を考える上で重要な議論だったこととは別に，これが「国際法と国内法（憲法）の関係」に関する議論において安全保障論を欠落させていくことの歯止めにはならなかった。

V　不確かな憲法解釈と憲法「専門家」

国際法と国内法の関係に関して安全保障論が欠落していく様子を概観してきたが，最後に，その背景にある理論的争点に触れたい。これは，若干の問題提起を含みつつ，繰り返し言及されている内容の確認でもある。

1　論点先取問題──解釈の基礎はどこにあるか？

(1) 一つは，国際問題への論者（特に憲法学者）の判断が陰に陽に憲法優位説を背景にしていることに鑑みつつ，この通説たる憲法優位説がどのような基礎に立っているかを問題にする必要がある。

留意すべきは，憲法優位説が1946年日本国憲法典の第98条2項の解釈として行われている点ないし憲法優位説が妥当する議論の射程についてである(47)。ここには，ある種の論点先取り，ないし得られる結論の射程の限界についての無自覚な判断が迷い込みやすい。本来，「国際法と国内法（憲法）の関係」は双方を相対的に位置づけた上で委任関係なり衝突時の優先性なりを評価しなくてはならないが，出発点が特定時点の日本国憲法の特定条項であることで，憲法優位説は一方的な宣言ないし自己評価に止まることになる。特定法典に別の法規範との優先性なりを尋ねても当該特定法典を優先すべきと回答するのは，とりわけ国家主権を背景にすれば自然な状況である。また，論点先取の嫌いは国際法優位を主張する場合でさえも同様で，オランダやオーストリアが条約優位に言及したとしても，その言明の基礎づけが国内法の側にあることになる(48)。

連安保理決議（S/RES/1970 (2011) ,26 February 2011;S/RES/1973 (2011) ,17 March 2011）参照。

(47)　直ぐ後で論じる「等位理論（調整理論）」につき，教科書レベルで言及されているものは例外的で，長谷部恭男『憲法〔第8版〕』（新世社，2022年）454頁がある。この記述は第3版（2004年）からであるが，明示された出典から「輸出」先の窓口は調整理論の性質を明快かつ簡潔に示した小寺彰『パラダイム国際法──国際法の基本構成』（有斐閣，2004年）のようである。

この点，憲法に明文規定のないベルギーやルクセンブルクが理論的に一層興味深い問題となり，国内規範階層関係を憲法が決定するということを当然視はできない(49)。国際法の側から言えば，各国内部については基本的に各国が決めることを許容するという慣習国際法を前提にした議論になる(50)。

憲法優位説の基盤に関わる不安定性ないし場合によっては独断性と呼ぶべき性質は，第98条2項の文言が非常に簡潔であることにも影響される。日本の憲法典の諸規定はこの規定に限らず対象領域が膨大な割に簡潔であり，そもそも豊富な判例法理とともに読まれるべきものであり，また，詳細な規律はそもそも憲法に期待されているわけではないともいえるが，他方で，十分な規律を提供できない状況は，安全保障にしろ人権にしろ，どの分野であれ，特定の政治的見解に左右されやすいことに繋がる。

(2) こうした「国際法と国内法（憲法）の関係」における議論の出発点を日本国憲法側におくある種の恣意性は，この問題領域における日本に固有の事情を考慮したとしても，むしろ広く諸国に共通する構造的論点である。周知のように，一元論・二元論や優位性に関する争鳴を他所に，実際の運用の現状は調整理論（等位理論）によって処理されてきた(51)。例えば条約法条約第27条，国家

---

(48) 小寺・同上，50頁。

(49) 濵本正太郎「なぜ条約が憲法に優位するか――ベルギーとルクセンブルクの実践」伊藤編・前掲注(36)147-156頁。もっとも，論証自体を当該国内裁判所の判例に頼るなら結局は国内法に基づく判断に委ねているとも言え，他方，ならばどのような論証ならこの問題に決着がつくのかは依然として考察されるべき対象である。

(50) なお，ベルギー等のいわゆる「小国」が国際関係に強く依存しつつ建国されている事実は，現行の日本法秩序の淵源が実に国際的であったことと連続的に把握できる。むしろ国際的環境の中で一国の憲法が生まれることを原則的理解として推定する方が適切であるように思われる。

(51) 調整理論については，寺谷広司「『調整理論』再考――認識論的及び過程論的把握」江藤淳一編『村瀬信也先生古稀記念 国際法学の諸相――到達点と展望』(信山社，2015年)；「グローバル化時代における法の把握――調整理論の現代的展開」『論究ジュリスト』No.23（2017年）参照。主要や唱道者の議論として，G. Fitzmaurice, “The General Principles of International Law Considered from the Standpoint of the Rule of Law”, *RdC*, Tome 92, 1957. C. Rousseau, “Principes de droit international public”, *RdC*, Tome 93, 1958; C. Rousseau, *Droit international public*, Tome I, 1970; *Droit international public*, (Précis Dalloz), 10éme éd., 1984．また，横田洋三『国際社会と法――平和と発展の条件』(旺文社，1982年) 63-64頁；同『国際関係法〔改訂版〕』(放送大学教育振興会，2006年)，70-73頁；山本草二『国際法〔新版〕』（有斐閣，1994年）86頁。

責任条文第3条に示されている。それらの争鳴は国内位階秩序の問題に限定され，日本の解釈が優先されるという一国主義的な理解を無制限には主張できない。国際平面での義務関係には及ばない。

問題は，この調整理論が本稿の焦点である安全保障論に与える影響である。この点，調整理論は安全保障論の欠落を固定化させる側面がある。というのは，調整理論は，国際平面と国内平面をそれぞれ独立の平面だとし，お互いが触れ合わない側面を強調するからである。前者では国際法が後者では国内法が最高だとすることによって，前者では日米安全保障条約等の日本が結ぶ関連する各種条約が，後者では憲法第9条をはじめとする関連規定が最高となることで，それのすれ違いを正当化する側面があるからである。別の言い方をすれば，調整理論が可能な相対化は日本法による適用・解釈の優先が無制限には主張できないということに止まり，基礎付けがどちらの側にあるのかは依然としてクリティカルだがそもそも国際法もこの事態を許容しているといえ，これは安全保障問題を切り離す議論とパラレルに動くことになる。

焦点となるのは，調整理論の別の中核である「調整義務」をどこまで真剣に受け止めるかである(52)。国際法と国内法の関係の主戦場が安全保障問題から人権問題へと移っているのとは裏腹に，現実の必要を言えば，人権問題の場合は，対外政策たる人権問題ではなく自国国内問題を対象とすることが通常なので，自国の法秩序を国際法からそのまま切り離しても即座に食い違いが他国との国際関係にまで問題にならないのに対して，安全保障問題は関連する他国との実務的協力を求めることになるので，国内と国際の齟齬を調整する必要性は高い。ここにはある種の逆転現象があるようにも見え，普遍的とされる「人権」の方が，むしろ国際と国内で「棲み分け」が可能だという現実がある。その上で言えば，安全保障での不一致及びその放置は，およそ独立の法平面の尊重というよりは，「政治」の名の不当な用語法の下で，法の外へと括り出す隔離とさえ言えるようにも思える。この点，2014年に集団的自衛権を政府解釈として認めたことには制定のプロセスや文民統制の意義等，憲法学者の多くが疑義を呈したが，国際法上は基本的には「調整義務」を果たそうという方向性の一つに沿うとも評価でき(53)，しかし，もちろんその正否は調整先たる国際法，日米安全保障条約を含む総合的な安全保障政策の評価とともになされなくてはならな

(52)　寺谷・前掲注(51)，2015年，特に135-142頁。

(53)　「調整義務」の言葉は用いていないが，例えば，浅田・前掲注(28) 31頁なども参照。

い。

2 「専門家」と民主主義——解釈者とはだれか？

(1) 憲法典第98条2項及び「国際法と国内法」の関係を論ずる基礎に関する不確定性と相まって，誰が憲法問題の解釈権者であるべきかについても問題となる。国内法学にとって最も有力な回答は司法府，なかんずく最高裁判所であろう。ただし，憲法第9条解釈にあっては内閣法制局——それはまさに「国際法と国内法」の整合性を陰で支えてきた機関だが(54)——の解釈が争点化し，それに対するなかんずく当時の政権による「解釈改憲」が問題になった(55)。主権国家の分権構造から成る国際社会を対象とする国際法の側からすれば，解釈権の分散は日常的光景であり，国家なのか国際機関なのか，国際機関といっても政治機関なのか司法機関なのか，そもそも（準）司法機関が複数ある中でどう判断するべきかといった問いが連なっている。学説さえ，国際司法裁判所では裁判における解釈適用の参照基準になることが認められている（国際司法裁判所規程第38条1項（d））。解釈権の所在が曖昧であることは国内法学にあっては病理なのかも知れないが，国際法ではそうではない。別言すれば，この問いに国際法学は耐性がある。

隣接分野の一研究者の立場から言うと，2015年に至る論争で際立っていた対立は時の政権側と多数の憲法学者（ないし歴代の内閣法制局関係者）にあった(56)。後者において，積み上げられてきた憲法解釈の重要性が強調された。しかし，一つの「専門」分野の知的蓄積を尊重すべきこととは別に，ここでそれを司る「専門家」の意味は必ずしも自明ではない。例えば，特定の専門教材執筆に参加していることなどは一つの目安でしかない。また，数式や統計が分

(54) 松田・前掲注(24)175-178頁。一般に，奥村公輔『政府の憲法解釈の諸相』（日本評論社，2022年）特に第12，13章。

(55) この文脈で解釈および解釈権限への関心は憲法学でも明確に示されている。特に本稿との関係では国際立憲主義を意識した，山元一「九条論を開く——＜平和主義と立憲主義の交錯＞をめぐる一考察」水島朝穂責任編集『立憲的ダイナミズム』（岩波書店，2014年）や，他に「憲法尊重擁護義務」との関係で，蟻川恒正『憲法解釈権力』（勁草書房，2020年）など。

(56) この視角は山元のいう動態的憲法理解——そして山元はこれを支持するわけだが——の系に位置づけられ得るもので，学説自体がアクターであることを示すが（山元・前掲注(55)101頁），特に憲法ディシプリン内部にいない立場からすると一層そのように見える。

からないといった知識の欠如や限界が直ぐに明白にならない文系分野における「専門家」の意義は，例えば新型コロナ感染症等の保健問題や地球温暖化等の環境問題のそれとは異なる。

安保法制を巡る論争で興味深かったのは，国際法学の一般的傾向については前出の通りだが，別の法分野の専門家も積極的に参加したことにあるだろう。法の基礎に関わるローマ法学者，そもそもすべての法の基礎を問い直す法哲学者，憲法が具体化する局面を問題にする行政法学者など多くの法分野の研究者・実務家が参加していたのは不思議なことではない(57)。

特に方法論が異なる立場からの批判的評価は憲法学にとって折り合いが困難なものになりがちで，国際政治学ないし安全保障学からの批判はそのようなものであった(58)。憲法学においても事実を見ることについては立法事実論という重要な窓口・契機があるはずであり(59)，国際安全保障環境の変化は考慮されるべき要因であったが，ただし，国際政治学並みに取り込む憲法学内での議論はなかったように思われる(60)。これは立法事実論が基本的に憲法訴訟との関係で論じられてきたことに伴っているからとも考えられ，この点を強調するな

(57)　木庭顕『憲法9条へのカタバシス』（みすず書房，2018年）；井上達夫『立憲主義という企て』（東京大学出版会，2019年）；藤田宙靖「覚え書き──集団的自衛権の行使容認を巡る違憲論議について」『自治研究』第92巻2号（2016年），等。

(58)　篠田英朗『集団的自衛権の思想史─憲法九条と日米安保』（風行社，2016年）ほか。

(59)　このほか，輸入先の米国との概念構成の違いなども問題になるし，直接に憲法事実を論じようというものでもない。古典的な，芦部信喜「合憲性推定の原則と立法事実の司法審査──アメリカの理論・実態とその意義」（『憲法訴訟の理論』（有斐閣，1973年，所収）初出1963年），時国康夫「憲法事実──特に憲法事実たる立法事実について」『法曹時報』第15巻5号，1963年のほか，淺野博宣「立法事実論の可能性」長谷部恭男・安西文雄ほか編『現代立憲主義の諸相 上』（有斐閣，2013年），大林啓吾「生ける憲法と憲法訴訟──合憲性審査としての立法事実」『法學研究』91巻1号（2018年）等を参照。

(60)　なお，第9条をめぐる憲法変遷論が問題にするような「変化」をめぐる議論は，現在の国際法学においても最重要論点の一つになっており「発展的解釈」の射程が課題になっている（代表的判例及び文書として，Dispute regarding Navigational and Related Rights（Costa Rica v. Nicaragua），Judgment, *I.C.J. Reports 2009*, p.213; International Law Commission, “Draft conclusions on subsequent agreements and subsequent practice in relation to interpretation of treaties, with commentaries”（2018）at 〈https://legal.un.org/ilc/texts/instruments/english/draft_articles/1_11_2018.pdf〉.）。一般に条約の「改正」が困難な中でどのように現実と引き合わせるか・引き合わせないかという日本国憲法と同様の問題状況があり，同時代的現象である。

ら「高度の政治性を有するもの」についてはこのフォーラムとは馴染みにくいことになる[61]。例外的ながら，大石眞は「立法事実」論をまさに平和安全法制の文脈で採り上げており，「憲法学でその問題を正面から取り上げたものはほとんどなかった。そのため，そうした大きな変化があるとしても，他の取りうる選択や講じうる手立てはないのか，といった建設的な論議もほとんど起こらなかったように思われる」とする[62]。また，仮にこの点に気付くとしても，憲法学者一般がこうした憲法事実に詳しいとは思われず，少なくとも「専門家」とは言い難い。つまり，「専門家」とは何なのか，特定的には「憲法学者」は「専門家」でありうるのか，答が肯定的だとしてその意義は何なのかが問題となる。

(2) この議論の反対の極から，「専門家」であることはそもそも必要なのかも問題にできる。「専門」の中心から離れた「素人」による議論をどう位置づけるかである。良くも悪くも知の大衆化が進行し，過去には困難であった専門知識へのアクセスやSNSやブログによる発信が技術的にも心理的にも著しく容易になった。2015年の論争は，誰もが比較的容易に「専門家」であるかのように振る舞える，ないしそうした勘違いを助長しやすい状況下のことであった。新型コロナ感染症のようなより客観的でありうる医学的専門知識でさえも，「専門家」の優位が強力な「世論」とのせめぎ合いの中に併呑されて行かざるを得ないことに例証されるように，特定主体の権威の有無が問題となる以前に，そもそも権威を成立させる基盤自体が揺らいでおり，匿名の「専門家」が活躍ないし跋扈する時代にある。そして，問題含みのこの現象を単純に否定し切れないのは，これが現に起きている向かい合うべき事実だというだけでなく，正しく民主主義の進展とも受け止めうるからである。

古典的な議論ながら，今や「専門家」の存在と民主主義の緊張関係に改めて着目しないわけにはいかない。一般論で言えば，民主主義を強調する観点から言えば，一つには「専門家」の意見に反した間違った決定であっても，肯定されうる。むしろ「間違っている」ときにこそこの主義は固有の意義を示す。選挙制度や運用にどれほどの批判があろうとも，選挙を経ていない「専門家」が民主的正統性において政治家を上回ることはできない。「専門家」は選挙を経ない，つまり数に頼らないことでこそ専門的知識を司ることができ，民主的正統性に頼ろうとすれば自らの基盤を掘り崩しかねない。このことは2015年時

(61) とはいえ，具体例として，鈴木・出口・前掲注(19)262頁参照。
(62) 大石眞『憲法制度の形成』（信山社，2021年）44頁。

にも基本的に当てはまる(63)。そして，民主主義の制度的ないし個別政策の発現の仕方に論ずべき点があるとしても，総体としてみたとき日本国憲法もまた国民それぞれの政治参加を求めているというべきである。全ての法「分野」がそのリスクと可能性に晒されているのだが，憲法は国の基本法として最も「専門」を構成しにくいはずの分野と言うべきだろう。

(3) 民主主義の尊重と区別されつつ関連する別の困難は，ここで強調された「専門性」が「解釈」に関わる点にある。言うまでも無く，集団的自衛権を巡る論争は，1946年憲法の条文を改定しない上でこれが解釈上認められるかという論争であった。憲法学の主流は「解釈改憲」を批判するものであり，とはいえ，なら改憲すれば良いという彼ら・彼女らからすれば粗野に聞こえるだろうが正面切って否定するのも難しい外側のラインに近づかない距離を置いていたと思われる(64)。問題は2段階で，「解釈」という特定の思考様式に関わること及びこれが「憲法」の特殊性に影響されうることである。論争の導火線の一人であった長谷部恭男は憲法第9条2項を文字どおり受け取るべきものでなく，そこで「解釈」が必要だとする。その上で，この条項を「名宛人たる政府の行動を明確に枠づける準則（rule）ではないが，一定の方向を目指すべきことを明らかにする原理（principle）」と位置づける。同時に，解釈の結果が「明確性と安定性を備えたものでなければなら」ず，「一旦確立した解釈の結論は，十分な理由がない限りは，変更を許すべきではない」とも述べる(65)。「解釈」に関する傾聴すべき論考(66)の当てはめであり，また通俗的な絶対平和主義的理解を排していることにも着目すべきだろう。

---

(63)　朝日新聞の世論調査によると，安全保障関連法への賛否について，成立直後の2015年9月には賛成30%反対51%，成立約5年後の2020年11月では賛成46%反対33%であり，賛成が上回っている。（2023年11月13日）〈https://www.asahi.com/articles/ASRBV3HGKRBJUZPS006.html〉多数者による「追認」は戦後の安全保障問題で何度も見てきた光景だが，ここではこの事実のみ指摘しておく。

(64)　解釈改憲を批判する「護憲」が立脚する内閣法制局見解も第9条の解釈改憲となっているとする批判について，より一般的な「護憲」論への批判を含めて井上達夫『立憲主義という企て』（東京大学出版会，2019年）第Ⅱ部第4章（特に，219-221頁）。井上はここから「第9条削除論」に至る。憲法は個別的自衛権も認めていないとするのは松井も同様である（松井・前掲注(27)73頁）。改正が正道だとする浅田も（浅田・前掲注(28)26-27頁），解釈に頼る難点を指摘する点では共通している。

(65)　長谷部恭男『憲法の理性〔増補新装版〕』（東京大学出版会，2016年）234-236頁。

(66)　長谷部・同上，202-224頁。

その上で敢えて素人の側に身を寄せつつ生ずる疑問は最低でも二つある。一つは，国の基本法を文字通り受け取れないという状況はどこまで民主的に正当化しうるかである。専門家の叡智の上に作り上げられた繊細な憲法解釈及びその経過について，能力の上で国民にどれほど要求できるのか。もし憲法が同一なままに法律の新規立法なり改正なりで時代の変化に対処している，少なくともできているようにも見えるなら，そうした専門知識が不要だということにならないか，つまるところそのような仕方で立憲主義自体を弱めているのではないか。もし一定以上の理解なしにこの議論に参加できないなら憲法関係者が自ら権威化ないし特権化──そして，それは憲法優位説を問題意識なく主張する場合を想起させる──しかねないのではないか。更に，「憲法専門家」が必ずしも一体的でない中で何を頼りにすべきか，である(67)。

もう一つは，「十分な理由」がある場合には解釈変更の可能性を認めるなら，それはそもそもどの程度の高い論証を要する理由付けなのだろうか。1946年から70年以上経た軍事技術の圧倒的な進歩，非国家主体が米国本土さえも攻撃できるようになった国際環境の変化，日本であれば複数の隣国の軍事的脅威の増強などはそれに当たらないのだろうか。「自らの実践理性の地平」に立ち戻るべきことがその通りだとして，それはどういった知識や智慧を基礎とするのか。長谷部は「究極的な論点」として「そもそも日本の安全保障がなぜ必要か」を問い，「憲法による政治権力の拘束という最低限の意味における立憲主義を破壊しておいて，一体何を守ろうというのであろうか」と述べる(68)。ここでは特に国内手続，国内政治実践に関わる逆説が鋭く指摘されているように思われる。他方，国際法学の立場との違いは視野の範囲のようでもある。仮に権力への対抗という「憲法」構想を両ディシプリンで共有したとしても，国際関係で対抗すべき「権力」は憲法学が念頭におくような自国政府のそれに限られない。人権侵害さえ正当化する権威体制・独裁体制の複数国の諸「権力」であり，頼るべき同盟国や国連などの国際組織の権力さえ恣意的でありうる中での判断が問題になっている(69)。言わば，不完全で不条理な国際社会におけるよりマ

(67) なお，井上，前掲注(63)250-252頁も参照。

(68) 長谷部・前掲注(65)226頁。

(69) これは国際法学と憲法学の違いであると同時に，「現実主義」──もとよりこの語も多義的なのだが──との距離感の違いや，「現実」において何を重視するかの違いでもある。実際，国際法学者の意見も一体ではない。例えば，本稿が特に着目した砂川事件最

シな実践的選択肢は何なのかを問わなくてはいけないのである(70)。

とはいえ，もはや議論は「国際法と国内法（憲法）の関係」の射程を大きく超えようとしている。

Ⅵ 結 び

率直に言って，この論点は「鬼門」であり，周到な準備なしに議論するのは危険である。そう理解しつつ私が敢えて未熟な研究ノートを書き起こしているのは，この論点の危険性とそれ故の魅力を口にしたかったという単純な理由に基づいている。

国家の最小限の役割が国内の暴力の統制であるという一般的理解に引き寄せつつ言えば，国家法とはそもそも国際法で言う「武力紛争法」の性質を有するが，ならば，その国家法（国内法）と暴力を括り出した国際平面に妥当する法たる国際法の関係を語る上で，安全保障論は不可避の論点である。しかし，特に日本に焦点を当てつつ言えば，本論で示した流れの中で，安全保障論は欠落して人権論に焦点が移っていった。もちろん，語られなくなったという事実は安全保障が人権と対になっていることを変えるわけでなく，両者はともに欠けることなく語られるべきであろう。とはいえ，語られなくなった背景として，一つには憲法典解釈として行う憲法優位説によるある種の論点先取，更には国際実行（調整理論）による一定程度の追認，更にはディシプリンを司る専門家が自らの解釈の非常に強い尊重を求めていること――そしてそれは自然なことでもある――などがあるように思われ，論争の構造が容易に変わるとも思えない。

高裁判決の評価につき，横田喜三郎は「政治的見地からして，日本平和と安全のためとともに，日本とアメリカの友情と協力のために，固い基礎をおいた」とこの判決を高く評価し（横田喜三郎「政治問題と日本の最高裁判所」『法曹時報』第16巻1号（1964年）），本文中に言及した高野は，評価に慎重であった（高野・前掲注(4)，特に302-305頁）。同時期に寺沢は安保条約を痛切に批判している（寺沢一『安保条約の問題性〔増補改訂版〕』（有信堂，1971年））。国連側の問題を含めつつ近年に至る流れであれば，松井芳郎『武力行使禁止原則の歴史と現状』（日本評論社，2018年）等を参照。とはいえ，各ディシプリンが念頭に置く射程は「現実主義」の距離の置き方にも影響することは確かであろう。

(70) 国連憲章第2条4項に表現される「武力不行使原則」を「偽善の体系」とさえ呼んで国際法の側の限界を示す大沼は（大沼保昭『国際法――はじめて学ぶ人のための』（東信堂，2005年）562-583頁），武力行使を巡って本稿と共通するマインドセットを示している。

一国際法学者が記す本稿は，半身を「憲法」に傾けつつもディシプリンの外からこの状況の変更を企図するものであるが，これは「憲法」がそのような開放性において最も魅力的となりうると考えるが故であり，更に，基礎付けが曖昧とならざるを得ないとしても，その魅力が対話を重ねて党派性をも抱擁する可能性を拓くことに期待するが故である。

第4章

国際法と国内法の関係論から多層的・多元的な法秩序の中での憲法論へ

山田哲史

Ⅰ　はじめに

編者からもともと本章に課された課題は，憲法学，おそらくは日本のそれが，国際社会や国際法と憲法との関係性をどのようにとらえてきたかを検討することであった。もっとも，筆者は，同様の主題について，日本国憲法が採用するとされる国際協調主義の内容をめぐる憲法論の検討という形をとって，すでにいくつかの論稿で，簡潔ながら(1)も扱ってきたところである(2)。そこで，本章

---

(1)　もっとも，後掲注(2)に挙げる拙稿における国際協調主義の検討が不十分なものにとどまっていることを指摘するものとして，齊藤正彰『多層的立憲主義と日本国憲法』（信山社，2022年）157-158頁（とりわけ，158頁註27）がある。

(2)　山田哲史「日本国憲法と国際社会」宍戸常寿・林知更編『総点検 日本国憲法の70年』（岩波書店，2018年）270頁以下，山田哲史「国際協調主義の『50＋25』年」論究ジュリスト36号（2021年）125頁以下［以下，山田（論ジュリ）］。そこでの検討の結果を簡潔に振り返っておくと，まず，日本の憲法学界の国際社会，国際法への関心は，憲法制定当時，戦前・戦中の国際法軽視・蹂躙への強い反省を背景とする強いものであったが，冷戦構造の定着とそれに対する現実的――立場によっては反動的――対応が政治によって進められる中で冷淡なものとなって以降，総じて高いものではなかった。もっとも，冷戦終結とグローバル化の進展の中で，近時では国際人権を中心に憲法学界の関心も高まっている一方で，安全保障分野では国際法に対して冷淡，場合によって敵対的とも言える態度が残っている（なお，安全保障の分野を題材に従来の日本の憲法学の国際社会・国際法への眼差しを論じることが，編者からの要望であったが，これについては，山田

でも同様の議論を繰り返すのではなく，旧稿が人権と平和・安全保障という具体的な分野を題材に，そのプラクティカルな議論を振り返るものであったのに対して，ここでは国際法と憲法を頂点とする国内法との関係性をめぐる総論的，理論的問題を扱うことにしたい。なぜこのような問題を主題化するかといえば，もちろん，上述のような，旧稿とのテーマの住み分けという，至って便宜的な，実際上の理由もないわけではない。しかし，根本的には，グローバル化時代において，法秩序の多層化・多元化が進展していると解されていることを踏まえる(3)と，国際法と国内法に止まらない，多様な法秩序の存在を想定しうる状況下で，従来国際法・国内法の関係をめぐって論じられてきた議論がいかに再定位されることになるのかを改めて検討すべきだという思いを，筆者が強く持っているからである。

なお，以上に概略を示したような本章の検討内容は，本来の依頼内容からは若干外れたものとなっているようにも思われるが，この検討の過程において，従来憲法学が国際法・国内法の関係性に関してどのような議論を展開してきた（，あるいはしなかった）のかを振り返る作業も行う予定であり，最低限の応答は

（論ジュリ）・前掲注(2)125-130頁で直接的にではないにしてもテーマとして扱ったつもりであり，本章では重ねて扱わない）。戦後憲法学の泰斗，佐藤幸治が「世界を理想化しすぎるか，逆に拒否的になって内向きになりがちな日本の対外秩序観，そしてそれと通底するようにも思える実際の政治システム・プロセス」の存在を指摘していたこと（佐藤幸治『日本国憲法論〔初版〕』（成文堂，2011年）80頁）に象徴されるように，国際社会や国際法に対する憲法学，さらには日本社会の態度は，分野によっても対照的な違いを見せる，アンビバレントなものとなっている。

(3) 本章筆者なりの分析，整理として，山田哲史「法秩序の多層化・多元化の下での憲法の意義と限界」片桐直人・岡田順太・松尾陽編『憲法のこれから』（日本評論社，2017年）135頁，山田哲史「G. Teubnerの『抵触法アプローチ』：議論の整理を中心に」岡山大学法学会雑誌70巻3・4号（2021年）554-550頁［以下，山田（Teubner）］を参照。国内外の議論状況，文献についても，これらの拙稿から参照願いたい。

なお，本章において，まず，多層化とは一般国際法に加え，EUなどの地域的法秩序が登場し，国際法・国内法の二層構造から三層，さらにはそれ以上の層をなすようになることを指す。（ちなみに，地理的な広狭において段階があるということを比喩的に層と表現しているのであって，層をなして積み重なるというイメージから，国際法・地域法・国内法の間に優越が存在することを所与とする趣旨ではない。）また，多元化とは，問題領域ごと，法領域ごとに国境を超えたシステム，あるいはレジームが並列的に成立するようになっていることを指す。もっとも，従来，国際法，国内法の関係性の整理を「元」の多寡によって議論されてきたところもあり，本章においても，元と層は厳密に区別せず，互換的に用いることもある。

行っているものと考えている。

Ⅱ　一元論，二元論再訪

1　導入――用語法の整理

国際法と国内法の関係性をめぐる議論として本章が基本的に想定しているのは，一番狭い意味における両法（秩序）の関係性に関するもの，すなわち，（国際法・国内法）一元論と二元論の争いとして論じられてきた問題である。まずここでは，この一元論・二元論をめぐる議論について振り返って，そのグローバル化の下での法の多層・多元化時代における意義づけを検討につなげることにしたい。

なお，一元論・二元論という用語は，両法（秩序）の関係についての理論的整理をめぐる議論に止まらず，そこから派生して，国際法の国内法秩序への受容のあり様をめぐって，国際法平面における国際法規範の成立をもって国内法上も効力が発生するとみるものを一元論（あるいは，一元論的），国内法上の一定の措置が必要であるとみるものを二元論（あるいは，二元論的）と呼ぶ場合がある。もっとも，――この先の記述は，若干今後の議論を先取りしてしまっているところがあるが，――両法秩序を一元的に同じ法概念で捉えることができると考えたからといって，主として一方の法秩序に属すると解される個別具体的な法規範が他方の法秩序においても成立，あるいは妥当すると論理必然に見なければいけないわけではない。他方で，両秩序が別々の秩序であると解した場合も，国際法平面において国際法がある国にとって有効に成立しただけで，当該国家の国内法上も有効な法として成立・妥当すると，各国の憲法をはじめとする国内法が決定することは妨げられないはずである。そうすると，すでに指摘されている通り[(4)]，一元論（的）・二元論（的）の２つ目の用法は，精確性を欠き混

(4)　小寺彰『パラダイム国際法』（有斐閣，2004年）50頁注12［後者の一元論，二元論はそれぞれ，「受容型」と「変形型」の言い換えにすぎず，国際法と国内法の理論的関係に関する一元論，二元論とは，「次元を異にする」という］，柳原正治・森川幸一・兼原敦子編『プラクティス国際法講義〔第４版〕』（信山社，2022年）56頁（高田映執筆部分）［後者のような一元論・二元論という用語法は，「必ずしも適切ではない用語法であろう」とする］。

憲法学の文献においても，「（国際法と国内法）は次元の違う別個の法体系だとみる」か，「同じ次元の法秩序に属するものとみるか」という，「伝統的な一元論か二元論かの議論は，各国の実定憲法で憲法と条約が一元的に考えられているか二元的に考えられて

乱を招く恐れを持つものであるということとなろう。そこで，本章では，不要な混乱を避けるため，一元論・二元論というのは，国際法・国内法両法（秩序）の関係についての理論的整理をめぐる議論を指すものとして限定的に用いることとする。

2　一元論，二元論の概要

(1) 現代の日本の国際法教科書類における各見解の紹介

日本の主要な国際法の教科書を見ると，国際法と国内法の関係性をめぐる議論について概ね以下のような流れで著述がされている(5)。

すなわち，まずは，二元論の立場に立つ Triepel(6)によって，初めてこの問題が主題化されたことが説かれる。教科書類の著述によれば，この二元論は国際法と国内法が妥当根拠も，規律の対象も異にする別個の法秩序であると説くものである。そして，Hegel の国家論の影響を受け，国家の最高性を前提に自己拘束によって国家の国際法への拘束，国際法の法としての性質を説明づけようとした，Triepel 以前のドイツ語圏における国際法理解が，国内法，とりわけ憲法に従って自己拘束の決定がなされたことに国際法の妥当根拠を求めるもの（国内法優位の一元論と整理される）であった(7)のに対して，二元論は，国際法の法秩序としての独自性を強調するものであった(8)というのである。さらに，二

いるかの議論と，関連はするけれども，次元を異にする」と述べる，芦部信喜『憲法学Ⅰ 憲法総論』（有斐閣，1992年）85頁のほか，「妥当根拠論（一元論か二元論か）と形式的効力論（条約優位か憲法優位か）の混交を避けなければならない」とする，齊藤正彰「補論3 ポツダム宣言受諾と国内法の効力」同『憲法と国際規律』（信山社，2012年）［初出，2004年］54頁などがある。

(5) 歴史的な展開にも言及しながら，この先紹介するような説明を行うものとして，酒井啓亘・寺谷広司・濵本正太郎・西村弓『国際法』（有斐閣，2011年）382-384頁［濵本執筆部分］，岩沢雄司『国際法』（東京大学出版会，2020年）512-515頁，浅田正彦編著『国際法〔第5版〕』（東信堂，2022年）23-26頁［浅田執筆部分］，杉原高嶺『国際法学講義〔第2版〕』（有斐閣，2013年）106-111頁，柳原ほか編・前掲注(4)52-58頁［高田執筆部分］を参照。少し古いが，おそらくこういった近時の教科書の著述のあり方の原型となっている，田畑茂二郎『国際法新講 上』（東信堂，1990年）51-56頁がある。

(6) *H. Triepel*, Völkerrecht und Landesrecht, 1899.

(7) 代表的なものとして，*G. Jellinek*, Die rechtliche Natur der Staatenverträge: Ein Beitrag zur juristichen Construction des Völkerrechts, 1880 を挙げておく。

(8) 関連して，この時期に国際法，国内法の関係が論じられ，国際法の法としての性質の基礎付けが試みられた背景には，国際関係の客観的制度化が一定程度進んだほか，法実

元論が厳密には，国内法秩序は各国で異なるため，多元論とも呼ばれること[(9)]も紹介されている。

続いて，Triepelが二元論を提示して，国際法・国内法の関係性を主題化したことに触発されたこともあって，そこからあまり間を置くこともなく，20世紀に入り国際的な交流の進展によって，国際的な統一的法秩序の存在が構想されるに至り，国際法優位の一元論が提示されるようになったことが指摘される[(10)]。この国際法優位の一元論は，このような歴史的・社会的背景も前提としつつ，根本規範を頂点とする段階構造を持つ法秩序を想定する純粋法学[(11)]な

証主義の興隆により，国家を拘束し，厳密でない言い方をすれば，国家を超える法の存在が自然法を通じて基礎付けできなくなってしまったという事情があると指摘するものとして，奥脇直也「『国際法と憲法秩序』試論（一）」立教法学40号（1994年）84-86頁がある。関連して，さらに，自然法論の凋落後，法実証主義国際法学の確立にあたって登場した，「合意主義」をめぐる，最近の学説史研究として，小栗寛史「実証主義国際法学の確立過程における合意主義の系譜（一）・（二）・（三）」岡山大学法学会雑誌71巻1号（2021年）1頁以下，2号（2021年）105頁以下，72巻2号（2022年）131頁以下［以下，続刊］を，そこに引用される従来の研究と併せて参照。

(9)　この点を指摘するものとして，田畑・前掲注(5)51頁［多元論と呼ぶ方が正確であるとする］，酒井ほか・前掲注(5)383頁［濵本執筆部分］，岩沢・前掲注(5)513頁。また，寺谷広司「『調整理論』再考」江藤淳一編『国際法学の諸相　到達点と展望』（信山社，2015年）133頁は，二元論が実は多元論であることの重要性を強調する。また，このような指摘は，夙に，Kelsenによってもなされていた。*H. Kelsen*, Reine Rechtslehre, 1. Aufl., 1934, S. 135［ケルゼン（横田喜三郎訳）『純粋法学』（岩波書店，1935年）207頁］; *ders*, Reine Rechtslehre, 2. Aufl., 1960, S. 329［ハンス・ケルゼン（長尾龍一訳）『純粋法学〔第2版〕』（岩波書店，2014年）316頁］.

(10)　例えば，「この説が唱えられた20世紀前半には，国際関係はかなり緊密化し，従来は国内問題と考えられていた事項も国際法が規律の対象とするようになっていた」と指摘する，岩沢・前掲注(5)513頁参照。日本の教科書からは離れるが，より具体的に，1864年の最初のジュネーブ条約や1899年の第1回ハーグ平和会議のような国際人道法の協定の登場が，各国間の通商関係の緊密化と並んで，国際法・国内法の関係をめぐる議論を活発化させた原因であると指摘する，T. Finegan, *Neither Dualism nor Monism: Holism and the Relationship between Municipal and International Human Rights Law*, 2 Transnt'l Legal Theory 477, 480 (2011)［ただし，この問題が大きな関心を呼んだのは，主として大陸法国，とりわけドイツとイタリアにとどまったことも指摘］も参照。

(11)　Siehe *Kelsen* (1. Aufl.) (Anm. 9); *Kelsen* (2. Aufl.) (Anm. 9). 純粋法学，あるいはウィーン学派に属しない，国際法優位の一元論として，酒井ほか・前掲注(5)383頁［濵本執筆部分］や岩沢・前掲注(5)513頁では，フランスのScelleの議論も挙げられている。また，柳原ほか編・前掲注(4)54頁［高田執筆部分］は，ウィーン学派内部でも，後述するように（後掲注(31)ないし(34)とこれらに対応する本文参照），Kelsenが一元論を採

どにも依拠して，国内法の妥当性は国際法によって根拠づけられるという意味[12]で，法秩序は一元的であるとするものである。

(2) 代表的論者の見解

ここで，簡単に，それぞれの見解の代表的論者の見解について確認しておこう。

まず，二元論の立場を説く Triepel は，当事者の相反する利益についての意思表明である，主観的な法律行為的国家間契約（Vertrag）としての条約ではなく，複数主体間を同一または共通の利益を同時に充足するような成果のもとに結びつける協約（Vereinbarung）[13]による客観法の創設が，国際法に法源を提供するとし[14]，またそのような協約は想定可能であることから，国際法が有効な法であることを示す[15]。その上で，このように，つまり国家間の共同意思によって存在が基礎付けられる国際法と，国家がその単独意思によって[16]公権力下にある個人やその個人からなる団体の関係を規律する国内法[17]とは，異なる法体系であると整理している[18]。なお，Triepel も，国際法上の規律と国内法上の規律の接触の可能性自体は否定しておらず[19]，国際法上の個別の規定の国内法への取り込みのほか，それとは逆に，かなり稀ではあるが国内法上の個別の規定の国際法への取り込みがありうることは認めており[20]，そのありようについての論究に Völkerrecht und Landesrecht の第2章を割いてい

用した上で，国際法・国内法のいずれが優位すると考えるかはイデオロギーの問題であるとしたのに対して，Verdross や Kunz は，明確に国際法優位の一元論を採用したというような相違があることについて触れている。

(12) 田畑・前掲注(5)53-54頁，岩沢・前掲注(5)514頁など参照。

(13) Siehe *Trieple* (Anm. 6), S. 68ff.

(14) Siehe ebd., S. 64.

(15) このような基本的な考え方の拡張によって一般国際法も基礎づけられる（ebd., S. 84ff.）し，強制の手段を欠くため国際法は法でないという議論には，強制に関する法は二次的な法として区別されるべきで不可欠な法概念の一部ではないとしつつ（ebd., S. 103ff.），実体的な一次的な法は共同意思による協約の創設を通じて成立可能であるとする。

(16) Siehe *Trieple*, ebd., S. 132.

(17) Siehe ebd., S. 12.

(18) Ebd., S. 111.

(19) Siehe ebd., S. 111.

(20) Ebd., S. 169.

る[21]。したがって，二元論が国際法と国内法が全く何も関係を持たずに相互に独立していると主張しているとする説明[22]は，厳密には正確ではない，あるいは少なくとも，ミスリーディングな面があることは否定できないだろう[23]。

続いて，時代は前後するが，国内法優位の一元論の代表的論者と目されるJellinekは，前出のDie rechtliche Natur der Staatenverträgeで，実定国際法の法としての存在をいかに基礎付けるかをテーマに，その根拠づけとしての国家の自己拘束の可能性を論証しようと試みている[24]。具体的には，理性的動機づけによる自律というものは，人間の共同体の基礎であり，これ無くしてはあらゆる法は成立し得ないのであるし[25]，国家の自己拘束もまた，公法，法治国原理の根本をなすものであり，可能かつ実際上必要とされるという[26]。加えて，国家の意思も必然的に変化を伴うものであるけれども，恣意的に変更することは許されていないという意味において自己拘束は成立すると説明される[27]。さらに，曰く，これでは一方的な自己拘束であるが，その自己拘束を相互に承認し，合意することによって形成される条約は，客観的な法を生み出しうるものなのである[28]。

このように見ると，国家の意思による国際法の存在の基礎付けという意味においては，JellinekとTriepelの見解の間に類似性が見出される。もっとも，Triepelは，Jellinekが国際法はある国家の一方的な意思であるところの対外国家法であることを認めていることを捉えて，それでは客観法としての国際法の存在を基礎付けないとして批判を加えている[29]。また，他方で，晩年のJel-

(21)　Ebd., S. 169ff.

(22)　現代の日本の国際法教科書では，例えば，中谷和弘・植木俊哉・河野真理子・森田章夫・山本良『国際法〔第4版〕』（有斐閣，2021年）123頁［植木執筆部分］。

(23)　以上の点については，石川健治「『国際憲法』再論：憲法の国際化と国際法の憲法化の間」ジュリスト1387号（2009年）26頁も参照。

(24)　Siehe *Jellinek* (Anm. 7), S. 8. なお，Jellinekは憲法に定められた手続に従った自己拘束の決定という側面にはあまり焦点を当てていないが，この点に踏み込んだ議論を展開するものとして，*M. Wenzel*, Der Begriff des Gesetzes: Zugleich eine Untersuchung zum Begriff des Staates und Problem des Völkerrechts, 1920, S. 385ff. がある。

(25)　*Jellinek*, ebd. S. 16.

(26)　Ebd., S. 18ff.

(27)　Ebd., S. 40ff.

(28)　Ebd., S. 65f.

(29)　*Triepel* (Anm. 6), S. 131ff.

linek も，Triepel の議論について，共同意思によって国際法の基礎付けを行うのであれば，共同意思にとっての統一的主体を必要とするところ，それでは世界国家を想定せざるを得ず，結局，国際法優位説へと繋がることをも示唆して，批判している(30)。このような両者のやりとりを踏まえれば，客観法としての国際法の基礎づけのあり方については両者にそれなりの距離があることは否定できない。ただ，それでも，現在一般に説かれるところとは若干ニュアンスを異にして，国内法優位の一元論も，それはそれで国際法の客観法としての性質を基礎付けようと試みたものであり，その時代背景に伴う限界の中で，国際法の意義を見出そうとした見解であったように，本章筆者には見受けられる。

最後に，Kelsen の国際法優位の一元論について見ておこう。なお，Kelsen は国際法優位の一元論の論者として整理されるところであるが，彼が必ずしも国際法を国内法に優位する法秩序とすることが唯一ありうる見解であるという立場をとっていないことには留意しておく必要がある。確かに，Kelsen は純粋法学の初版においては中央集権的な世界法秩序への志向性を隠さず，国際法を優位させることへの志向性を示している(31)が，第2版においては，国際法優位の一元論をとろうが，国内法優位の一元論をとろうが，国際法と国内法の内容は変わるものではなく，いずれの見解をとるかは，客観主義的世界観を採用するか，主観主義的世界観を採用するかという，アプローチの違いに過ぎず，その選択は法学の外の問題であり，政治的な考慮のもとに決定されるとしているとして，国際法優位の一元論の選択もまた一つのイデオロギーであることを認めて相対化を図っている(32)。確かに，第2版においても，国際法の集権化傾向を指摘する(33)など，国際法優位の一元論への自身の志向性は強く示唆するのだが，やはり，Kelsen も少なくとも（執筆当時の）現状認識としては，国際法と国内法の規律対象が原則的には異なっていることは認めているのである(34)。

そうすると，Kelsen の主張の肝は，彼自身の価値判断として国際法の優位を

---

(30) *G. Jellinek*, Allgemeine Staatslehre, 3. Aufl., 1913, S. 377f. Fn.1 u. S. 479f. Fn. 1［G. イェリネク（芦部信喜ほか訳）『一般国家学〔翻訳第2版〕』（学陽書房，1976年）311頁註50；396頁 註89］．あわせて参照，石川・前掲注(23)26頁註6)。

(31) *Kelsen*（1. Aufl.）（Anm. 9）, S. 153f.［横田訳 231-233頁］．

(32) *Kelsen*（2. Aufl.）（Anm. 9）, S. 591ff.［長尾訳 331-333頁］．

(33) Ebd., S. 330［長尾訳 315頁］．

(34) *Kelsen*（1. Aufl.）（Anm. 9）, S. 132ff.［横田訳 203-205頁］；*Kelsen*（2. Aufl.）, ebd., S. 325ff.［長尾訳 312-315頁］．

支持した点はともかく，国際法・国内法の優劣よりも，一元論の採用にあることになるが，Kelsenが一元論を採用する根本的な理由は，「法の認識的統一」に求められる。すなわち，国際法と国内法が同時に法，つまり有効な法規範という範疇のもとに認識されるためには，相反する規範の有効性が同時に認められるというような，両法体系の間の矛盾はあってはならず，一元的に理解される必要があるということである(35)。そして，彼が優位（Primat）というとき，それは，優位する法秩序が，もう一方の法秩序の妥当性を根拠づけるという意味（委任連関）においてであって，これは，優位する法秩序の法に反する，もう一方の法秩序に属する法が，当該劣位する法秩序において効力を否定されることを必ずしも意味しない。Kelsenは，他の国際法の優位（Primat）を説く一元論者が，国際法が国内法に優位する（übergeordnet）ことから，国内法より上位の（höher）法秩序であり，両者が抵触した場合には，国際法が優位（Vorrang）し，国際法に矛盾する国内法は無効であるというような主張をしていること(36)は認めつつ，彼の言う国際法の優位（Primat）は，個別国内法秩序の効力根拠が国際法からの委任に求められることであり，それによって国際法と国内法が統一体として認識されることをいうにとどまり，国際法違反の国内法を無効とする手続が用意されていない限りにおいて，また，その手続の中で無効と判断されない限りにおいて，当該国内法は無効とはならないし，国際法上違法として制裁の可能性が生じるだけであるという(37)。このようなKelsenの理解には，国際法から見てこれに反する国内法についての帰結という点においては，二元論のそれに実質的には近いといってもよいところがある。

(3) 現代の日本の国際法学説における検討

これまで紹介したように，現在の日本の国際法の教科書類では，歴史的な流れの中で各見解の概要がなされることが少なくないが，これに続いて，このよ

(35)　Siehe *Kelsen* (1. Aufl.), ebd., S. 138f. ［横田訳211-213頁］；*Kelsen* (2. Aufl.), ebd., S. 330ff. ［長尾訳315-317頁］.

(36)　現在の日本の教科書の中で，国際法優位の一元論に立てば，理論的にはこのような帰結になるはずだとするものとして，中谷ほか・前掲注(22)121頁［植木執筆部分］などがある。また，酒井ほか・前掲注(5)383-384頁［濵本執筆部分］も，国内法における違憲の法律の取り扱いからの「苦しい類推」と批判的である。

(37)　*Kelsen* (2. Aufl.) (Anm. 9), S. 336f. u. 341f. ［長尾訳323-324，329頁］. Siehe auch *Kelsen* (1. Aufl.) (Anm. 9), S. 144ff. ［横田訳219-223頁］.

うな概要の紹介を踏まえて，各見解の検討・評価がなされることとなる。ここでは，まず，国際法が結局各国における対外国家法（äußeres Staatsrecht）として位置付けられ，国家の数だけ多様な国際法が存在することを認め，結局は国際法を否定するに等しい(38)，国内法優位の一元論は現在では支持を失っているとされる。そして，次に，二元論と国際法優位の一元論との間での決着はなおついていないことに言及がなされている。

さらには，二元論も国際法優位の一元論も，現状を説明するにあたっていずれも有用ではなく，いずれを採用するかという議論は理論的な整序の問題となってしまうこともあるため，実践的意義を失っており，それを反映して，二元論も国際法優位の一元論も双方ともに，穏健化・折衷化が進んでいることも指摘される(39)。こうして，最終的には，理論的整序よりも，実践的な処理に関心を移した，調整理論あるいは等位理論（以下では，基本的に調整理論に代表させる）と呼ばれる見解がわが国では広い支持を集めるようになっているとされることが多いのである(40)。

---

(38) 国内法優位の一元論と整理されるJellinekも，彼自身の見立てとしては，国際法が各国の対外国家法となって，各国の一方的な意思表示に止まってしまう面があることを認め，その問題に取り組んでいた（siehe *Jellinek* (Anm. 7), S. 46f.［結論としては，対外国家法という不完全な形によるものとはいえ，それによって当事国間に合意が生まれていることを通じて，客観法たりえているとする（siehe S. 65f.)］)。なお，このようなJellinekの説明では客観法としての国際法の説明ができていないとする，Triepelの批判については，前掲注(29)及びこれに対応する本文を参照。また，Kelsenは，二元論に立ち，国際法も国内法と並んで拘束力を持つ法規範の体系であることを説明しようとすれば，国家による国際法の承認によって根拠づける必要があり，結局，二元論は国内法優位の一元論に帰着し，自己否定に陥らざるを得ないといい，その上で，Kelsenは，国内法優位の一元論に帰着するところの二元論は，国際法の否定を意味すると説く。Siehe *Kelsen* (1. Aufl.), ebd., S. 139ff.［横田訳213-217頁］; *Kelsen* (2. Aufl.), ebd., S. 335［長尾訳321-323頁］.

(39) このような説明を明示するものは多くないが，明示するものとして，酒井ほか・前掲注(5)383-384頁［濵本執筆部分］がある。また，国際法優位の一元論と二元論の接近，双方の折衷化については，岩沢・前掲注(5)514-515頁も指摘している。さらに，後述の調整理論と呼ばれる議論にも言及した上で，法秩序構造認識の問題という原理的対立に容易に出口は見出しえず，実際面に議論が集中している今日の国際法学の傾向に，国際法・国内法の理論的関係をめぐる論争の歴史的使命の終焉を見出す，田中忠「国際法と国内法の関係をめぐる諸学説とその理論的基盤」広部和也・田中忠編集代表『国際法と国内法――国際公益の展開』（勁草書房，1991年）49頁も参照。

(40) 小寺・前掲注(4)48頁は，「日本では山本草二が紹介して，たちまち通説の地位を占

もっとも，日本における調整理論の主唱者である山本草二（山本自身は「等位理論」の語を用いる）が，自身が引用する，調整理論の代表的論者 Fitzmaurice の学説を正確に理解，紹介していたかについては疑問がないわけではない。山本は，彼のいう等位理論を，「国際法と国内法を等位の関係にお」く立場として理解し，おそらくは，それゆえに等位理論と呼んでいる(41)。しかし，Fitzmaurice は従来の二元論（と彼が整理する見解）について，国際法と国内法を等位（coordinate）に置くものであるが，等位という以上は共通の場（field）の存在が予定されているはずであり，そうであれば，二元論がいうところに反して，抵触（conflict）が生ずることになるし，抵触の調整者が必要になるのだから，結局，両者に優位する第三の秩序を想定する必要があるという批判を展開している(42)。ただし，Fitzmaurice を coordinate の理論として整理するのは山本だけではない(43)し，そもそも，Fitzmaurice のいうように国際法と国内法とを等位に整理する二元論が主張されていたかは疑わしい。すなわち，まず，Fitzmaurice は，通常 Triepel と並んで二元論の代表的論者とされる Anzilotti を，おそらくは，国際法と国内法の等位を主張するという意味での，二元論者ではないと理解しており，国際法と国内法を等位の法秩序としてではなく，相互に独立した法秩序として整理する自身の見解の先駆者と位置付けている(44)。ま

めるに至った」とする。山本による等位理論・調整理論紹介の概略版として，山本草二『国際法〔新版〕』（有斐閣，1994 年）85-86 頁を参照。併せて参照，寺谷・前掲注(9)106 頁［横田洋三による紹介が先行していたことなどに言及する］。さらに，長谷部恭男『憲法〔第 8 版〕』（新世社，2022 年）454 頁も，国際法学の通説が「等位理論（調整理論）」であるとする。

(41)　山本・同上 85 頁。

(42)　G. Fitzmaurice, *The General Principle of International Law Considered from the Standpoint of the Rule of Law*, 92 Recueil des Cours 5, 81 (1957). このような Fitzmaurice の著述と山本の議論の不整合を指摘するものとして，多喜寛「国際法と国内法の関係についての等位理論」法学新報 105 巻 6・7 号（1999 年）245 頁がある。さらに，あわせて，寺谷・前掲注(9)112-113 頁，134 頁も参照。ちなみに，Fitzmaurice が山本のいうところの調整（coordinate）に相当する概念として用いるのは，harmonize である（Fitzmaurice, *id.*, at 89；寺谷・同上 118-119 頁）。

(43)　例えば，調整の諸理論（寺谷・同上 120，122 頁は，theories of coordination と，Brownlie が複数形で表現していることに注意を喚起し，調整理論に位置付けられる議論の多様性を踏まえると，またそれは適切であるとする）の一つに Fitzmaurice の見解を位置付ける，Brownlie がいる。*See*, I. Brownlie, Principles of Public International Law 33 (7th ed., 2008).

た，他方でTriepelとて，国際法と国内法の等位を強調するのではなく，法の扱う社会領域の違いを強調し，国際法と国内法はせいぜい「接触する（berühren）」ことはあっても，「交わる（sich schneiden）」ことはない別々の法秩序であるとしている(45)。関連して，石川健治も，Mirkine-Guetzevitch(46)を引用しながら，Triepelの議論は二元論というよりは並行論と呼ぶ方が適切であり，国際法・国内法に共通の公法秩序を想定せざるを得ない等位の関係に，国際法と国内法を整理づけたものではないと指摘する(47)。なお，石川は，本章の立場とは逆に，「等位」理論とTriepelの「並行論」との間には，国際法・国内法を等位に据えないという意味において「決定的な懸隔」が存在するという。一方で，石川がここで「等位」理論として挙げるのは，Brownlieや山本の文献であって，おそらくは周到にFitzmauriceが省かれている(48)。ここで石川がFitzmauriceを引用しないのが意図的なものであるとすれば，石川の議論は，TriepelとFitzmauriceの議論の近似性を否定するものではないと解することができよう。二元論の論者も様々であり，安易な断定は憚られるものの，以上の点を踏まえると，やはり，Fitzmauriceの議論は従来の二元論と同様のものであるという後述の見立ても，少なくとも国際法と国内法の相互関係に関する限り，相応の由縁があるように思われる(49)。もっとも，山本がFitzmauriceの

(44) Fitzmaurice, *supra* note 42, at 72-73, 79 Fn. 3. なお，ここで，Fitzmauriceが引用するAnzilottiの著述の邦訳として，一又正雄訳『アンチロッチ国際法の基礎理論』（巌松堂，1942年）62-63頁がある。

(45) *Triepel* (Anm. 6), S. 8 u. 111. なお，J. Nijman & A. Nollkaemper, *Introduction*, in New Perspectives on the Divide between National and International Law 1, 7 (J. Nijman & A. Nollkaemper eds., 2009) は，berührenにadjoin, sich schneidenにintersectという英訳を当てている。

(46) ミルキヌ＝ゲツェヴィチ（小田滋・樋口陽一共訳）『憲法の国際化――国際憲法の比較法的考察』（有信堂，1964年）7-8頁参照。なお，この小田・樋口による翻訳では，並行主義と訳されており，この「並行主義」という語は，二元論と互換的に用いられている。

(47) 石川・前掲注(23)26-27頁。なお，いわゆる二元論を分立説と呼ぶものとして，横田喜三郎『国際法の基礎理論』（有斐閣，1949年）118-121頁がある［なお，同書は，いわゆる一元論については，統一説と呼ぶ（121頁）］。

(48) 石川・同上27頁注13。

(49) 田中・前掲注(39)40頁参照。さらに，国内法への取り込みに関する考え方や，「調整義務」を強調する点を踏まえても，二元論と調整理論に違いはないと主張して，山本などの論者の見解を批判するものとして，多喜寛「国際法と国内法の関係についての等位

いうところの相互に独立した法秩序という関係性を，等位とパラフレイズしたと考えれば，混乱を招きやすい用語法とはいえ，目くじらを立てるほどのことではないのかもしれない。それでもやはり，多喜寛も指摘するように，Fitzmauriceがいう義務の抵触の意義についての山本の理解が十分であったのかについて疑義が生じる(50)し，結局，国際法と国内法の関係性についてのFitzmauriceの整理を必ずしも理解できていなかったのではないかという疑念が生じてくる。他にも，山本は，実施（Vollzug）理論(51)を等位理論の具体化の典型例とするが，これも多喜が指摘する(52)通り，そのような議論は少なくともFitzmauriceには見られないし，実施理論は，変型理論を採用した際に生じる，条約の国内外での効力発生時期や解釈基準のズレを，条約同意法律を通じた条約の内容の国内取り込みを整合的に説明するための理論であり，国際法と国内法の義務の抵触を調整する方策とは関連はしても異なるものであると考えるべきだろう。さらに加えて，この理解にも関わるところがあるように思われるが，二元論が今日でいうところの狭い意味での「変型」を要求するのではなく，一般的受容なども含む意味で，何らかの国内法への取り込みを求めるに過ぎないものであるところ，狭義の変型を求めるものと誤って理解していること(53)も，Fitzmauriceの議論を正確に理解できていないか，Fitzmauriceの議論から着想を得てそれとはまた別の理論を構築したことを示唆しているように思われる。

以上のような山本の調整理論の整理・理解についての疑問を措くとしても，調整理論については，いくつかの批判がなされている。すなわち，まず一つには，国際法と国内法はそれぞれの法秩序において最高であり，互いに別々の秩序であるなどとする点は，結局二元論の範囲内にあるというものがある(54)。

理論」法学新報105巻6・7号（1999年）261-262，267，271，276-277頁がある。他方で，調整理論の多様性への注意を喚起しつつ，二元論と調整理論の一致を安易に見出すことを戒める，寺谷・前掲注(9)113頁も参照。

(50)　多喜・同上271頁。

(51)　これについては，山田哲史『グローバル化と憲法――超国家的法秩序との緊張と調整』（弘文堂，2017年）27-28頁とそこに引用の文献を参照。なお，山本は，Vollzugについて執行という翻訳を当てている。

(52)　多喜・前掲注(49)253頁。

(53)　これについても，多喜・前掲注(49)255-266頁の詳細な批判を参照。

(54)　岩沢・前掲注(5)515頁，浅田編著・前掲注(5)25頁［浅田執筆部分］，酒井ほか・前掲注(5)384頁［濵本執筆部分］，杉原・前掲注(5)110頁。

他には，実践的処理を扱うもので，理論的な説明を試みる，一元論・二元論と同一のレベルで扱われる理論ではないというものがある(55)。さらには，肝心の調整のありようについては，調整理論の論者から提示されていない(56)といった批判的な指摘も多い(57)。

このような議論状況を踏まえて，2015年に寺谷広司は，調整理論の意義を再検討する論稿を公表している(58)。そこでは，調整理論が様々な論者によって議論の力点を変えつつ論じられてきた議論の集合であり，とりわけ後期には，国際法と国内法の「義務」の抵触の処理としての調整義務が強調されるようになった傾向があり，多元化や国際法の断片化（fragmentation）の下での調整の必要性や調整のありようについて論じられることにつながるものであることが指摘されている。さらに，2017年には，寺谷はこのような調整理論についての分析を踏まえて，現代における調整のありようをより具体的に検討する論稿ものしている(59)。

また，教科書の中でも，実践的意味を失ったとされる，一元論・二元論の論争について，近年，「国際法でも国内法でもない法」が登場している(60)状況において，法体系相互の関係性を見直す必要から，一元論・二元論が扱ってきた問題が改めて形は変えつつ主題化してきていることを指摘するものがある(61)。

最後に示したような指摘や，調整理論の整理あるいは再評価には，法秩序の多元化・多層化のなかで，一元論・二元論といった議論がどのような意義を持

---

(55) 浅田編著・同上26頁［浅田執筆部分］。なお，これに関連して，浅田が「調整理論の二元論に対する付加価値的部分は，いわば現実の法現象の説明にすぎ」ないとする一方，杉原・前掲注(5)110頁は，国家責任の追及によって国際法上の調整がなされるとする，調整理論の議論について，「現行国際法の要請を正しく反映するものかどうか」疑問視する。この杉原の指摘をめぐっては，寺谷・前掲注(9)140頁も参照。

(56) 酒井ほか・前掲注(5)384頁［濵本執筆部分］。

(57) 批判のありようをまとめたものとして，寺谷・前掲注(9)107頁。加えて，批判も踏まえつつ，義務の調整が国家により一層要請されるようになっていると言う現状分析のもと，支持の広がりを積極的に評価するものとして，柳原ほか編・前掲注(4)53頁［高田執筆部分］がある。

(58) 寺谷・同上105頁以下。

(59) 寺谷広司「グローバル化時代における法の把握：調整理論の現代的展開」論究ジュリスト23号（2017年）27頁以下。

(60) これは，本章でいうところの法の多元化・多層化と同じことを指していると解される。

(61) 酒井ほか・前掲注(5)384-385頁［濵本執筆部分］。

つか，どのような変化を持ちうるかという点に関心を寄せる本章の立場からは，強く興味を引かれるものである。次の3で，まずは日本の憲法学において一元論や二元論といった，国際法と国内法の理論的関係をめぐる議論がどのように扱われてきた，あるいは受容されてきたかを確認する作業を行うが，その上で，Ⅲにおいて，主として寺谷の議論ももう少し掘り下げて検討しながら，国際法・国内法の理論的関係をめぐる議論の現代的においてどのような変容を見せ，どのような意義をもつことになっているのかについて論じることにしたい。

3　日本の憲法学における扱い

翻って，わが国の近時の憲法の教科書類を紐解くと，一元論と二元論のような，国際法と国内法の理論的関係をめぐる議論への関心は総じて低い。すなわち，多くの教科書が，日本国憲法下の国内法秩序における条約と憲法との優劣関係に，主として条約に対する違憲審査が可能であるかという観点から関心を寄せるにとどまっており，一元論・二元論に言及を行わない場合が多い(62)。一元論，二元論に言及するものも一部には見られるが，そこでは，一元論，二元論について一通り標準的な説明がなされ，国際法優位の一元論と二元論の間では議論に決着がついていないこと(63)のほか，現状として二元論的な処理がなされている(64)とか，二元論が通説的な立場となっていること(65)が説かれている。この他，さらに国際法一元論が委任連関の問題において，国内法の妥当根拠が国際法に求められるというものであり，国内法秩序において具体的な適用の場面で国際法の優位を必然的に導くものではないことに注意が喚起されてい

(62)　例えば，芦部信喜（高橋和之補訂）『憲法〔第7版〕』（岩波書店，2019年）13頁，396-397頁，高橋和之『立憲主義と日本国憲法〔第5版〕』（有斐閣，2020年）457頁，野中俊彦・中村睦男・高橋和之・高見勝利『憲法Ⅱ〔第5版〕』（有斐閣，2012年）428-430頁［野中執筆部分］，渡辺康行・宍戸常寿・松本和彦・工藤達朗『憲法Ⅱ 総論・統治』（日本評論社，2020年）168-170頁［工藤執筆部分］，351-352頁［渡辺執筆部分］，毛利透・小泉良幸・淺野博宣・松本哲治『憲法Ⅰ 総論・統治〔第3版〕』（有斐閣，2022年）19頁［毛利執筆部分］，328-329頁［松本執筆部分］，浦部法穂『憲法学教室〔第3版〕』（日本評論社，2016年）386-388頁，渋谷秀樹『憲法〔第3版〕』（有斐閣，2017年）33-34頁，688-689頁，市川正人『憲法』（新世社，2014年）360-362頁。

(63)　佐藤幸治『日本国憲法論〔第2版〕』（成文堂，2020年）99頁。

(64)　佐藤・同上99頁参照。

(65)　松井茂記『日本国憲法〔第4版〕』（有斐閣，2022年）50頁。

ること(66)もある。調整理論にも言及する憲法教科書も存在する(67)が，調整義務などが憲法の解釈運用においてどのような意義を持つかといった点に言及しているものは，少なくとも教科書レベルでは皆無といって差し支えないだろう(68)。

---

(66) 樋口陽一『憲法〔第4版〕』（勁草書房，2021年）100頁，川岸令和・遠藤美奈・君塚正臣・藤井樹也・高橋義人『憲法〔第4版〕』（青林書院，2016年）11頁［川岸執筆部分］参照［ただし，当該教科書は委任連関といった用語は使わず，究極的な場面での国際法優位と表現している］。関連して，佐藤・前掲注(63)99-100頁は，純理論的な対立であり，究極的な場面での優位を主張するものであり，一元論・二元論の違いは相対的であるとする。他方で，このような曖昧な記述は論理的には排除されなければならず，また，国際法優位の一元論を採用したとしても，国内法秩序において，憲法優位，条約優位のいずれも採用可能とする見解に対して疑義を呈し，二元論の採用を主張するものとして，教科書ではないが，君塚正臣「憲法と条約の関係・序説：国内法と国際法の理論上の二元的理解とその帰結について」関西大学法学論集51巻2・3号（2001年）300-301頁がある。この見解については，あわせて，齊藤正彰「国法体系における条約の受容」同『憲法と国際規律』（信山社，2012年）44頁［とりわけ，註18］も参照。他方で，「憲法学において，一元論・二元論という場合」は，「《憲法体制が条約を取り入れるにあたって，いかなる手続きを必要としているか》」を問うための用語であるとして，憲法学での問題の現象のあり方に限定してではあるが，本章（Ⅱ.1.）では一元論・二元論の問題とは別問題とした論点の方を，むしろ一元論・二元論の問題として扱う，阪本昌成『憲法理論Ⅰ〔補訂3版〕』（成文堂，2000年）92頁も注目される。

(67) 大石眞『憲法講義Ⅰ〔第3版〕』（有斐閣，2014年）24-25頁，辻村みよ子『憲法〔第7版〕』（日本評論社，2021年）37頁，本秀紀編『憲法講義〔第2版〕』（日本評論社，2018年）289頁。

(68) ただし，長谷部・前掲注(40)454頁は，上述のように，国際法学の通説が「等位理論（調整理論）」であるとした上で，調整義務の内容について検討している。また，そのなかで，それぞれの法秩序において，それぞれの法が優位すると認識した時点で，調整の法的義務の存在についての説明を放棄しているのではないかという指摘は，本章の後の検討との関係でも重要なものを含んでいる。

さらに，教科書を離れた場合，現代における国際的，あるいはグローバルな法秩序の理解や，憲法学・国際法学の協働の可能性をめぐって，調整理論の現代的意義にも検討を及ぼすものとして，石川・前掲注(23)24頁以下がある。この他に憲法学説で調整理論，等位理論に言及するものとして，例えば，まずは，一元論・二元論の用語法の混乱を指摘し，妥当根拠論と実定秩序論への振り分けなど，精緻な腑分けをした上で，調整理論・等位理論については，妥当根拠論の意味での一元論・二元論とは離れて，実定秩序論の場面で国際法・国内法の関係の処理において意義を持つ議論であるとする，内野正幸「国際法と国内法（特に憲法）の関係についての単なるメモ書き」国際人権11号（2000年）6頁がある。次に，統一的な調整原理が示されていない点などにおいて，この理論が，あくまで「従来の二元論と実質的に大差ない」ものであるなどと指摘し，法秩

このような関心の薄さについては，宍戸常寿が，国際法学と憲法学の結節点であった純粋法学の後退によって説明できると指摘している(69)。すなわち，純粋法学の立場をとる宮澤俊義は8月革命説の主唱者でもあり，8月革命説の背景には国際法優位の一元論が存在するとされたところ(70)，日本国憲法の定着とともに8月革命説を議論の遡上に載せる必要性が低減するとともに，憲法学者の関心が憲法訴訟論へと向かったことで，国際法と憲法の関係への注目が，少なくとも憲法学の側において希薄化したというのである(71)。このような指摘は，翻って，宮澤俊義における，国際法と国内法の理論的関係に対する関心の強さを示唆することとなるが，実際，宮澤の筆になる日本国憲法の註釈

序とは本来多元的なものであること，地方自治の問題を取り扱う点において，憲法学は多元的な法秩序に馴染む契機をもっているものであることなどを指摘する，君塚・前掲注(66)304-306頁が存在する。さらに，法の淵源について理論的な説明を断念するという点において，等位理論を採用しつつ，日本国憲法（98条2項）の解釈として，一元論を採ることを示唆する，齊藤・前掲注(66)46頁も挙げられる。なお，この論者は，国法秩序と国際法秩序は同一の次元にあるものととらえるものを一元論と呼び，条約自体が国法体系内部に入ることができると考えることを一元論の帰結であるとしている（41-42頁）。

(69)　宍戸常寿「6-1 イントロダクション」宍戸常寿・曽我部真裕・山本龍彦編『憲法学のゆくえ』（日本評論社，2016年）339頁，森肇志・宍戸常寿・曽我部真裕・山本龍彦「6-3 座談会 憲法学と国際法学との対話に向けて」同書363頁［宍戸常寿発言］。

(70)　もっとも，菅野喜八郎による，「ラジカルな国際法優位の一元論」を採用しなければ8月革命説が成立しないという言明（菅野喜八郎「八月革命説覚書」『続・国権の限界問題』（木鐸社，1988年）［初出，1983年］147-151頁）は，むしろ，国際法優位の一元論者でも採用していないような，極端な国際法優位の一元論を採用しない限り成り立たないという意味で，国際法理論上も8月革命説が不当なものであるという，8月革命説批判なのであって，8月革命説の主唱者が積極的にこれに依拠しているというわけではない。実際，8月革命説を支持する芦部信喜は，芦部信喜『憲法制定権力』（東京大学出版会，1983年）342-343頁で，無条件に近い全面的降伏という形で休戦の約定がなされた場合において，憲法理論を越えて，降伏条項に定められたことが（国内においても）拘束力を有するのは，むしろ理の当然といってよく，8月革命説を成立させるために，国際法優位説をとる必然性はないとしている。この記述の趣旨は必ずしも明瞭ではないところもあるが，国内法上，法的な意味における「革命」を生じさせることを余儀なくするような国際約束を行うという，国内における決定に，国内法上，法的な意味での「革命」の発生を見出す余地は，国際法・国内法の関係性についてどのような見解を採ろうとも残されているように思われる。ポツダム宣言の国内法上の効力については，齊藤・前掲注(4)54-56頁も参照。

(71)　森ほか・前掲注(69)364頁［宍戸常寿発言］。

書では，この点について踏み込んだ記述が見られる。そこでは，一元論も「今日における人間の営む社会生活はけっして単一のものではなく，きわめて多様なものであり，それに応じて，各人間を律する法秩序もまた多元的なものである」が，「それらの多元的な法秩序は，たがいに無関係なもの，互いに次元を異にするものではなく，同じ人間を律するものである点において，統一された意味をもつ一元的なものと見なくてはならない」[72]と，純粋法学のいう一元論を基本としていると解される説明をした上で，「具体的な場合に，国際法と国内法が抵触したときに，そのいずれが優先するかは，もっぱらその国内法秩序の内容だということとなる」[73]ともしており，（本章の立場からすれば，）正当にも，委任連関の意味での優位と具体的な抵触処理における優位を区別している。それでも他方で，各国内法秩序における，条約と憲法の優劣について，前者が優位するとするものを国際法優位，後者が優位するものを国内法優位と呼んでおり[74]，国内法秩序における序列の問題と，一元論の内部での国内法・国際法の優位の問題を読者が混同しかねない用語法をとっている。その上，国際法，国内法，それぞれの内部の法形式の多様性を無視するような記述も，緻密さを欠いているように見受けられる。さらに，日本国憲法の規定ぶりを根拠に，日本国憲法が一元説を採用しているなどとしている点[75]は，純理論的な国際法・国内法の関係整理の議論として一元論・二元論を理解する本章の立場からは，誤導的な用語法とうつる。日本国憲法98条2項が国際法規範の誠実な遵守を要求していることが，日本国憲法の一元論の採用を基礎付けるとする点も，二元論を採用した上で，国内法に取り込まれた国際法規範の遵守の徹底を日本法の最高法規たる憲法が採用したと解する余地もあるのであって[76]，論証として不十分であるように思われる。もちろん，宮澤におけるこのような概念の混乱

(72) 宮澤俊義（芦部信喜補訂）『全訂日本国憲法』（日本評論社，1978年）810頁。

(73) 同上・811頁。

(74) 同上・810頁。

(75) 同上・812頁。ここで宮澤は，日本国憲法98条2項の趣旨から，日本国憲法が一元論を採用していることは明らかであるとするが，少なくとも，宮澤に大きな影響を与えているはずのKelsenは，各国の憲法が国際法を国内法秩序の一部として扱う条項は，一元論，二元論の採用，さらには，一元論において，国際法優位，国内法優位のいずれの立場を採用するかとは無関係で，いずれの見解とも整合的に説明可能であるという立場である。Siehe *Kelsen* (2. Aufl.) (Anm. 9), S. 333ff. u. a. 336［長尾訳320-324（特に，324）頁］.

(76) これについては，浅田編著・前掲注(5)24頁［浅田執筆部分］も参照。

は，時代的背景を考えたとき，国際法学説も含めて，必ずしも十分な概念・用語法の整理が行われていなかった時期のものであり，これを論難するのは適切ではない面もあろう(77)。もっとも，国際法と国内法の理論的関係について強い関心を持っていた宮澤を含めて，従来のわが国の憲法学においては，整理のついた理解を持ち合わせていなかったということを象徴していると言えよう。こうして，上述したようなその後の関心の薄さも含めて，わが国の憲法学における議論の欠如，不十分さが確認できる。

---

(77)　なお，現在においても，辻村・前掲注(67)37頁が，清宮四郎『憲法Ⅰ〔第3版〕』（有斐閣，1979年）448-449頁と並んで，この清宮教科書を引用する野中ほか・前掲注(62)429頁［野中執筆部分］を引用して，国内法優位の一元論が憲法学界において優勢であったとする。しかし，野中が引用するのは清宮・同上443頁であり，そこには，「特別の国内法を制定する必要はなく，条約が公布されることによって国内的効力をもつに至る」といった記載があり，野中ほか・同上429頁［野中執筆部分］自体も，日本国憲法が一般的受容の方式を採用している旨を，「一元論的な見地」（圏点付加，本章筆者）として説明しているものである。したがって，野中の用語法も，委任連関の問題と国内法秩序への国際法規範の受容のあり方を混同するものであり混乱を招くものであるが，これを国内法優位の一元論とする辻村の引用は，本章の整理からは誤り，そうでなくとも，少なくとも，誤導的な用語法であり不適切というべきであろう。なお，1971年刊行の清宮教科書の「新版」の443頁は，「第3版」の448-449頁と同様の記載——しかも，日本国憲法が「一元論的」な立場をとっているとの記載も含まれる——のある箇所であり，この偶然が辻村の勘違いを招いた可能性がある。他方で，清宮は確かに，日本国憲法の法秩序における条約（国際法）と憲法の優劣の問題を，国内法優位の一元論と国際法優位の一元論のいずれを採用するかの問題と同値の問題であるかのように記載しており（清宮・同上448頁「一元論を認める場合は，さらに，国際法と国内法とのいずれに優位が認められるかという問題について，国際法優位説と国内法優位説との対立が生ずるが，これについては，次に，条約と憲法との効力関係として論及する」），辻村の引用は，清宮に関する限り，おそらく誤りではない。しかし，清宮のこのような記載もまた，各国の国内法秩序において，条約あるいは国際法と，憲法やその他の国内法との優劣関係を，国際法優位，国内法優位という誤導的な語で用いていた宮澤同様，混乱を招く用語法である。なお，宮澤，清宮という2人のケルゼニアンをしてこのような誤導的な用語法をなさしめた理由はなんなのか，本章ではこれ以上深入りしないこととするが，興味を惹かれるところではある。なお，先にみたように（前掲注(36)及び(37)，並びに，これらに対応する本文参照），Kelsenは，国際法と国内法のいずれが他方の根拠を提供するかについては「Primat」，具体的抵触における優先は，「Vorrang」というように用語まで区別している。以上の点を踏まえると，憲法学界における国際法と国内法の関係をめぐる理解は，今日においてもなお十分に整理されたものではないということができよう。

4 小 括

本節では，国際法学，憲法学双方の現代日本の教科書レベルでの説明を中心に，ここに，国際法・国内法の関係に関する見解の代表的論者の見解を加えて，一元論・二元論（さらには調整理論）をめぐる議論を再確認した。

ここでは，一元論・二元論といった議論が，実践的意味が必ずしも大きくない，純粋に理論的な議論であるという装いとは一見裏腹に(78)，――法学の議論であれば，どのような議論も，多かれ少なかれそうであることを免れないところではあるものの，――それぞれの議論が登場した時代の状況に大きく影響，規定されながら提示されたものであることが確認されたように思われる(79)。このことは，現代における展開・応用を問うとき，それぞれの見解が前提とする時代状況と，現代のそれの共通点と相違点を十分に見極める必要があるということを意味しよう(80)。次節では，現代における展開・応用について検討を行うことが予定されているが，従来の議論が帯びる時代性と，現代の時代状況の異同をきちんと踏まえる必要があるといえよう。

なお，日本の憲法学が，国際法・国内法の関係性をめぐる議論に長らく関心を示していないことについても本節の3では確認された。他方で，多層化・多元化する現代の法秩序を前にして，国際法・国内法の関係論についてどう再構成すべきかが，今まさに取り組まれなければならないという，本章の出発点となっている問題認識について，すでに国際法学においては，少なからず同様の認識が示されていることも，ここでは確認されたのであった(81)。日本の憲法学説の上記のような無関心にもかかわらず，国家の基本法であり，国内法秩序

---

(78) もっとも，実践的意味は乏しく，理論から演繹的に実践のあるべき形が導かれるのではなく，むしろ現実をどうすれば理論的にうまく説明づけられるかということが問われる場面であるからこそ，時代的な背景・要請に左右されるのだということはできそうである。関連して，20世紀前半から中盤にかけて，（国際法優位の）一元論への支持が広がった背景には，Kelsenによる理論化などよりも，二つの世界大戦の惨劇の大きな影響があると指摘する，Finegan, *supra* note 10, at 480も参照。

(79) 2の(2)で代表的論者の議論を説明するにあたり，その時代背景について言及したほか，2の(1)でも，一定の国際法教科書が，時代背景を踏まえながら，各学説が登場した順番に説明を施していることを指摘した。

(80) Nijman & Nollkaemper, *supra* note 45, at 6は，一元論・二元論の現代的意義を問い直す論文集の導入部分（Introduction）で，一元論・二元論の時代への拘束性，それぞれの時代背景の理解の重要性を強調している。

(81) 前掲注(58)ないし(61)，及びこれらに対応する本文参照。

の構造を決定する法である憲法を扱う憲法学にとっても，法秩序の多層化・多元化による国家の意義の相対化や，憲法概念の国家以外への拡大可能性も視野におさめる議論の重要性は，やはり否定できず(82)，一元論と二元論や，その対立を止揚するものとされる調整理論が，現代の多層化・多元化する法秩序との関係でいかなる意味をもってくるものなのかを，憲法研究者である本章筆者が今一度確認しておくことにも意義が見出せるように思われる。そこで，続くⅢでは，そのような点について検討を進めることにしたい。

Ⅲ　法秩序の多層化・多元化の下での国際法・国内法関係論の位置づけ

1　現代的な法多元主義と一元論・二元論の関係

現代の多層化・多元化する法秩序と，従来の一元論・二元論がどのように接続されるのかを考えたとき，すでに見たように，二元論というのは実際には各国の国内法秩序もそれぞれ互いに独立の法秩序と整理されることになるがゆえに，厳密には多元論であるという指摘が古くからなされてきたこと(83)を踏まえると，現状は，本来は多元論というべき二元論と親和性があると整理することが素直な展開であるようにも思われる。しかし，少なくとも，従来の二元論が多元論だと言われる所以は，結局，国家を基準にして，国家毎の国内法秩序と国家が法主体として取り込まれる国際法秩序とが振り分けられ，国内法秩序が国家の数だけあるために，厳密には国家の数だけ法秩序は存在するとされるからであった。このように，伝統的な二元論・多元論にいう「元」が，国を基準として捉え，各々区別されたものであるのに対して，現在，多層化，多元化と言われる場合の，「層」，「元」には，国家以外の私的アクター・レジーム，国際機構を含む，グローバル，あるいは，トランスナショナルなレジームが位置付けられているという点で大きな相違が存在することをまずは指摘することができる(84)。もっとも，これは，現代においては，国に限らないレジームへと，

(82)　例外的に，憲法学にとっても対岸の火事ではなく，重要な問題であることを指摘する憲法学説として，石川・前掲注(23)31頁がある。

(83)　前掲注(9)及びこれに対応する本文参照。

(84)　この点を指摘し，そして強調するものとして，寺谷・前掲注(59)35頁がある。「元」という表現も，寺谷の表現を借りている。*See* also J. Nijman & A. Nollkaemper, *Beyond the Divide,* in New Perspectives on the Divide between National and International Law 341, 359 (J. Nijman & A. Nollkaemper eds., 2009).

「層」・「元」たりうる存在が拡大された，あるいは，そのように拡大すべきだというだけの話であると捉えられるのであれば，伝統的な二元論・多元論の本質的な変更は不要であって，時代に即したマイナーチェンジを施せば済む話のようにも思われる。さらに，様々な「層」・「元」の間の抵触を調停する第三の審級，上位法秩序が実際問題として存在しないことを前提としているのが現代の法多元主義だということを踏まえると，この点でも，伝統的な二元論・多元論と共通性を持つものであるということができそうである。

しかし，現代の法多元主義，あるいは，法秩序の多層・多元化を強調する議論(85)というのは，第三の審級が欠ける中にあっても，法秩序間の抵触問題が実際上は生じることを前提としてその処理の方策を構想していたり(86)，そもそも，一つの法秩序を形成すべきレジームへの該当性を問うような議論を展開したりするもの(87)であり，その意味においては，法として位置付けられる以上，一定のミニマム・コアを共有していることを前提とし(88)，このミニマム・コア

(85) なお，現状において世界規模の統一的憲法秩序の存在を説く議論はほぼ見られず，グローバル立憲主義も多様なものを含むもののその主流は，多元主義に立脚しつつ，国内立憲主義の最小限の内容をグローバルな次元で求めるものであること，元来，ヨーロッパレベルで，各国の憲法秩序と欧州全体の「憲法」秩序の調整的併存をとく，憲法多元主義のグローバルレベルへの展開論としてのグローバル立憲主義が有力化していることについて，須網隆夫「グローバル立憲主義とヨーロッパ法秩序の多元性―EUの憲法多元主義からグローバル立憲主義へ」国際法外交雑誌113巻3号（2014年）325頁以下を参照。この点について，併せて，近藤圭介「憲法多元主義」濵本正太郎・興津征雄編『ヨーロッパという秩序』（勁草書房，2013年）5頁以下［なかでも，Mattias Kummの憲法多元主義からグローバル立憲主義（文中の用語では，コスモポリタン立憲主義）への議論展開については，29頁注55］も参照。

(86) 加藤陽『多元主義の国際法』（信山社，2022年）297頁によると，多元性をもっとも強調する「ラディカル多元主義」も，政治的なプロセスを通じた漸進的なものであるとはしつつも，制度間，レジーム間のやりとり，相互学習を通じた調整が行われるとし，これによって「法の動態的な発展」を目指す議論であるとされる。

(87) 法秩序の多元化，断片化を強調し，憲法概念を国家から解放さえするTeubnerの議論も結局このような作業を展開しているという意味において，グローバル時代における「公」を問い直す議論と整理可能だというのが，山田（Teubner）・前掲注(3)549-540頁における本章筆者の見立てである。なお，Teubnerの法秩序構想の詳細については，山田（Teubner）・同上542-540頁で詳しく分析している。

(88) 関連して，近藤圭介「グローバルな公共空間の法哲学」論究ジュリスト23号（2017年）37頁は，本章にいうところの現代の法多元主義，彼のいうところの「多元論 pluralism」について，複数の法的な枠組みの共存を認める点で（本章にいう伝統的な）二元

の内容を探求する議論であるように見受けられる(89)。この意味では，別々の秩序を「法」という概念で包摂することは不可能であるとした，伝統的な意味における純粋法学型一元論との共通点を見出してもあながち間違いではないだろう(90)。もっとも，伝統的な純粋法学型一元論においては，国際法と国内法という法秩序がいずれも法という概念によって認識されることを要求したところから，いずれかの法秩序が他方の法秩序の法としての妥当性を根拠づける関

論と共通性を有するが，単一の法的な空間を認める点で，一元論と共通性を持つと指摘しており，本文の立場との類似性が見出せるように思われる。もっとも，この近藤の議論は，全体論（ホーリズム［holism］；これについては，Finegan, *supra* note 10, at 483-484や，J.C. スマッツ［石川光男・片岡洋二・高橋史朗訳］『ホーリズムと進化』（玉川大学出版部，2005年）［原著の刊行は1926年］などを参照）を背景に一元論・二元論の対立を止揚しようと試みる，Finegan, *supra* note 10, at 484 ff. の議論に依拠するものであって（近藤・前掲注(88)37頁注2参照），Fineganが人権法を題材に，国際法，国内法と分断して考えるのではなく，国際法，国内法の中間領域に位置付けられるような，地域的な人権法レジーム，NGOなど非国家アクターの動向までも含めて，人権法全体としての把握と議論展開の重要性を説くものであることを踏まえると，様々なレジームのルールに「法」としてのミニマム・コアを見出し，あるいは，逆に法と認識するためには，ミニマム・コアの共有を求めるという本章のいう意味での「一元性」との間に距離があると解すべきかもしれない。それでも，単一な法的空間を認めるにあたって，何らかのミニマム・コアの存在を前提にせざるを得ないように思われる。

(89) 山田（Teubner）・前掲注(3)520頁参照。また，Nijman & Nollkaemper, *supra* note 84, at 359-360は，論文集のまとめとして，そこに収録された諸論文が示した法多元主義というのは，多様な法システムの共存と協働を可能とする共通の諸原理に根差すものだとする。

(90) もっとも，本章と同様，純粋法学型の一元論の根本的な立脚点を法認識の一元性に見出した上で，Hartの内的視点の考え方に着目して，現代的法多元主義（厳密にはこれにつながる，ヨーロッパレベルでの憲法多元主義）が，多様な法認識の可能性を基礎に置くものだと指摘して，純粋法学型の一元論との相違を強調する，寺谷・前掲注(9)132-133頁もある。もっとも，寺谷も，寺谷・前掲注(59)35頁では，現代における地球規模での法の一体性・遍在性を認め，それでも，「法の濃度」（この比喩的表現の意味するところは本章筆者には必ずしも明らかではない）は認めうると表現をしており，法認識のために一元的な共通要素，ミニマム・コアの存在を認める方向に変化しているようにも見受けられる。

また，ここでは，純粋法学型の一元論の法認識の一元性の観点と，法と認識されるためのミニマム・コアな要素を想定する考え方との共通点を指摘するにとどまり，法秩序における階層性の主張の共有を指摘するものではない。法秩序における階層性も，法認識の一元性と並ぶ，純粋法学型の一元論にとって重要な要素であるとしても，法認識の一元性と階層性は必然的に結びつくものではないはずである。

係，すなわち，妥当の委任連関の意味における法秩序間の階層性の存在を導くのであるが，現代的な法多元主義は，まさにこのような妥当の委任連関，法秩序間の階層性を否定するものであって(91)，それこそが多元的な法の捉え方だとされる所以である。

以上のような，伝統的な一元論・二元論と現代の法多元主義の共通点・相違点は，先にその重要性を強調した，それぞれの見解が提示された際の歴史的背景の考慮を行うと，よく理解できるように思われる。すなわち，まず，国内法優位の一元論や二元論は，自然法への依拠から，法実証主義へと移行する中で，主権国家の重要性が強調される中で生まれた議論である(92)。その意味では，伝統的二元論が主権国家の黄昏，相対化（の進展）が問題とされている現代において登場している法多元主義と，法の多元性を認める点は一致しても，法秩序の基準が国家ではないという意味において，大きく異なるというのはもっともなことである。また，国内法優位の一元論も，国家の主権性を重視する点において，各国の国内法秩序が別個の法秩序であると考えるのが自然なのであって，そうすると，各国国内法と国際法が一元的に理解されたとしても，対外国家法たる国際法が実は国家毎に多元であり(93)，国際法を内包した各国法秩序が多元的に並立する多元主義であるとなるはずである。その意味で，国内法優位の一元論も，多元的発想という点は現代の法多元主義との共通点を見出しうるが，やはり国家（のみ）を法秩序の基準とするかどうかという点で大きな相違があるという意味において，伝統的な二元論と同様であろう。国家との関係性の濃淡も様々なレジームが多数存在する上に，そのレジームはといえば，トランスナショナル，あるいは，グローバルな形でも成立している現代における，法多元主義は，主権国家を基準にそれぞれの法秩序の法的空間を切断する，伝統的二元論とは異なるのは当然のことであろう。むしろ，国際的組織の誕生を尻目に，国家外の法秩序と国家法秩序の統一的把握を試みた側面を有する(94)，

(91) 近藤・前掲注(88)37頁。寺谷・前掲注(59)35頁も，寺谷が展開する立憲主義的・人権基底的なグローバル時代における法のあり方の理論を踏まえた場合であるが，多元化するグローバル社会における法のあり方は，地球規模で一体性・遍在性を有するものである点において「一元」的である一方，そこには，妥当の委任連関が欠けているとする。

(92) See e. g., Nijman & Nollkaemper, *supra* note 45, at 7. 併せて参照，前掲注(8)。

(93) 前掲注(38)及び対応する本文を参照。

(94) 前掲注(10)及び対応する本文を参照。なお，Nijman & Nollkaemper, *supra* note 45, at 6-7 は，戦間期に（国際法優位の）一元論が提唱されることになったのは，民主主義の

国際法優位の一元論との共通性が認められるべきことは当然ともいえる。もっとも，国際法が国家間法のみの性格から解放されつつあり，断片化していることが指摘される現代においては，とりわけ法学がその対象として認識し，議論を展開する上で，「法」として把握される以上，一定の共通の属性を有すると想定すべきことを論じる余地はあって(95)も，いずれかの法秩序のもとに階層化され，妥当の委任連関が認められるという発想はとるべくもないのである。

2　多層・多元化する法秩序と調整理論の意義

現代では，1で見たように，法秩序が多層・多元化し，国際法というものも断片化する状況が生じている。このような状況に対して，かつて一元論・二元論の対立を止揚するものとして登場した調整理論が，問題把握と問題解決の両面において有用だとするのが，これもまたすでに述べたように(96)，寺谷広司である。以下では，寺谷の議論について検討してみたい。

まず，寺谷は調整理論が複数の主張の集合であることを強調しつつ，調整理論を次の命題・言明によって構成されるものであると整理する。すなわち，①［実務性］実務が重視されるべきであり，従来の一元論と二元論は実務的ではなく，少なくともそのままでは適用できないこと，②［理論性］一元論や二元論と区別される独立の理論であること，③［作動する場］国際的場と国内的場は共通部分を持たず，国際的場では国際法が，国内的場では国内法が最高であること，④［位階秩序］法体系の関係としては「等位」にあると評価できること，⑤［義務の衝突］法体系と区別される「義務」の存在に注目し，「義務」については衝突がありうること，⑥［調整義務］法的義務としての「調整義務」に着目すること，⑦［調整方式の諸相］国家責任制度や「調整義務」などの調整のあり方が課題となることの，7つである(97)。

もっとも，このうち，調整理論を主張する主要な論者は，「等位」性を主張していないか，通常理解されるところの「位階」の問題を論じるものではないと

危機という時代背景の下にあって，国家の主権に対する，個人，そしてその権利の，国際法における主題化が目的であったと指摘する。

(95)　しかも，法のミニマム・コアな共通要素について，論者によってその広狭を巡って論争が生じうるのも，当然といえば当然である。

(96)　前掲注(58)及び(59)，並びに，これらに対応する本文を参照。

(97)　寺谷・前掲注(9)122-123頁，寺谷・前掲注(59)27頁。

して,「再構成されるべき調整理論」からは,④の位階秩序に関する主張は除かれるべきだとする(98)が,上記のような7つの命題に整理されるところの調整理論は,多元化する法秩序の下での現代的な諸問題の把握,対応について現在提示されている見解と理論的視座を共有する議論であるとする(99)。

もう少し詳しく説明すれば,従来の一元論・二元論が,メタな立場から国際法・国内法がどのような関係に立って存在するかという存在論であったのに対して,認識主体ごとに複数の視点が存在しうることを認める,認識論的性格を持つものであることを指摘する(100)一方で,それにも関連して,それぞれの認識主体としての法体系において,他の法体系との間に生じる義務の衝突について,それぞれ体系内における根拠づけによって調整義務が生じると説明されることとなる(101)ところ,一定の統一性は志向しつつも,「位階制」を想定するものではない調整理論においては,各々の法体系において,独自の規範によって裏付けられる調整義務が,それぞれ実施・履行されていき,法体系ごとの実施結果が相互にやりとりされる中で調整がさらに進んでいくというように,動態的,過程論的な把握を要するものであるとされる(102)。このような分析を経て,従来の一元論・二元論の静態的な存在論から,認識論的把握,そして,動態的な過程論的把握へという思考枠組みの変更をもたらす点で理論性が認められるし,実務的処理にも寄与する議論であると,寺谷は評価している(103)。そして,調整理論の持つ,認識論的把握,動態的な過程論的把握としての性格は,ヨーロッパ法秩序を理解する上で提唱され,また注目されるべき憲法多元主義につながる議論だと指摘する(104)。

また,2015年の論稿の段階では,国際法のレベルでは条約法条約26条に表れている「pacta sunt servanda」,例えば日本の国内法秩序であれば,憲法98条2項の国際法の誠実遵守義務によって調整義務がそれぞれ基礎付けられることが示唆される(105)にとどまり,国内法秩序,国際法秩序双方の裁判所を中心

(98) 寺谷・前掲注(9)134-135頁。
(99) 同上・146-147頁。
(100) 同上・132-135,145頁。
(101) 同上・137頁。
(102) 同上・138-139頁。
(103) 同上・144-145頁。
(104) 同上・146-147頁。
(105) 同上・137頁。このように,寺谷の調整義務論は,義務内容としては同一だとはし

に「対話」が行われることについては言及がなされる(106)ものの，その調整の機軸をなす原理のようなものについては言及がなされていなかった。

他方，2015年の論稿が国際法と国内法，国際組織と国家の関係の問題に言及するに基本的にはとどまり，語弊のある言い方をすれば国家を基準，単位とする議論であったのに対して，2017年の論稿では，国際組織間，国家間，国家機関間(107)への調整理論の拡張が行われた(108)。さらに，この論稿ではこれにと

つつも，調整義務は，国際法平面，国内法平面それぞれで，それぞれ独自の法源によって基礎付けられるという議論であり，法秩序の多元性を強調し，実際的な抵触の回避・処理の必要性から，想像上のトランスナショナル公序を想定し，外来法適合的解釈の根拠づけを行うTeubnerの議論（山田（Teubner）・前掲注(3)537頁，参照）以上に，統一的な調整義務の想定が困難な立論であるように見受けられる。もちろん，相互作用の過程の中で，動態的に，調整がなされていくということなのであるが，国際法平面，国内法平面の間のやりとりがなされたからといって調整がうまくいく保証はないし，このような緩やかな要請を義務という言葉で把握するのは，語義の観点から，若干の無理があるように思われる。

なお，寺谷広司「『間接適用』論再考」坂元茂樹編『藤田久一先生古稀記念 国際立法の最前線』（有信堂，2009年）188頁が指摘する，国際法と国内法の合致推定も，国際法上，国際法と国内法の合致推定を国家に求める規範が存在しているというのではなく，各国が各国内で不要な国際法と国内法の抵触問題を避けるという観点から，国内法上の原則として認められているものに過ぎず，各国内での調整を義務付ける義務が国際法上存在するという議論ではない。これについては，合致の推定を法技術，法解釈の技術の問題だとし，その解釈を担うのは裁判所だと指摘する，深津栄一「国際法と国内法との『合致の推定』の問題」日本法学24巻1号（1958年）52，67頁を参照。また，OPPENHEIM'S INTERNATIONAL LAW 81（9th, R. Jennings & A. Watts eds. 1992）は，複数の国家の共通する同意に国際法が基礎付けられることを根拠に国家が意図的に規則を制定することは考えられないことを理由としており，国際法上の要請であることを示唆するようにも見受けられなくはないが，多くの国内法システムが，合致の推定の仕組みを持っていると指摘しており，あくまで合致の推定が国内法上の仕組みであることを前提としているとみるべきだろう。

(106)　寺谷・前掲注(9)147頁。

(107)　寺谷も「三権分立」との関連性を自覚している（寺谷・前掲注(59)32頁，参照）が，国際法規範の国内での履行・実施が国家機関に法的に要請されるという意味における国内効力が認められる，国際法規範の実施・履行について，どの機関がどのように担っていくかを論じることは，従来の憲法学が十分にそのような問題の存在を認識できていたかは別として，本来権力分立論が当然その射程に入れているはずの問題である――なお，日本国憲法98条2項によって，日本の国家機関に協働して国際法規範を誠実遵守する義務が課されるとし，これを前提に，それぞれの機関適性などに照らして，国際法規範の実施権限の配分がなされていくありようを示そうとした松田浩道の議論（松田浩道

どまらず，調整の基軸として，（グローバルな）立憲主義，なかでも，人権基底的な立憲主義を提示するに至った(109)。ただし，寺谷自身も認めるように，調整理論が人権基底的な立憲主義と結びつく必然性はない(110)。また，法秩序の多元的把握や，法秩序間の「調整」の必要性(111)も，調整理論によらなければ得ら

『国際法と憲法秩序：国際法規範の実施権限』（東京大学出版会，2020年）165-168頁）は，日本国憲法下の権力分立を踏まえた，国際法実施権限へのアプローチであると評価できると同時に，当人も認める通り（松田・同上220頁参照），寺谷の調整義務論の日本国憲法の文脈における実証的探究と評価されよう――。また，逆に，国家機関の相互作用の中で国家が行う，国際法規範の実施・履行が，国際法上の国家実行として，あるいは国際法に関するある国家の見解の提示として評価されうるということも，国際法の文脈においては，いわば当然のことである。それを，厳密には義務と言いがたい面も有する，ファジーな概念である調整義務というものを持ち込み，その一端をなす現象だということで何が得られるのか，本章筆者には判然としない。

(108) 寺谷・同上28-32頁，あわせて35頁も参照。なお，この2017年の論稿でも，基本的には，国家間条約によって設立される国際組織間の問題や，国家間，国内諸機関の間における国際法上義務の実施の配分が論じられているのであり，それ以上に，私的なものを含むグローバル・トランスナショナルなシステムやレジームと国家，そのようなレジーム相互，レジーム内部の権限問題については検討を行っておらず，多層・多元化するグローバルな法秩序の問題を捉えきれてはいないことも指摘しておかなければならない。

(109) 同上・33-34頁。

(110) 同上・34頁。関連して，前掲注(94)でも指摘した通り，Nijman & Nollkaemper, *supra* note 45, at 8-9によれば，むしろ，国際法優位の一元論は，戦間期において，個人や民主主義を重視する文脈において登場したものであるという点が想起されるべきである。

(111) そもそも調整義務の存在を基礎付けられることが調整理論が理論として成立する肝であるとされることもある（奥脇・前掲注(8)99頁，多喜・前掲注(49)250頁。加えて，寺谷・前掲注(9)135頁も参照。さらに，三浦武範は，調整理論が「理論」として成り立つためには，調整義務が明確に規定される必要がある［三浦武範「法体系の調整に関する一考察――国際法と国内法の関係についての『調整理論』を中心に（一）」法学論叢142巻2号（1997年）88頁］とし，調整義務論について詳細な検討を行なっている［三浦武範「法体系の調整に関する一考察――国際法と国内法の関係についての『調整理論』を中心に（二）・完」法学論叢143巻5号（1998年）34頁以下］）一方で，「位階制」を否定する調整理論においては，調整の義務付けが上位の法体系やメタなルールによって行われるという立論にはならず，――だからこそ，双方向のやりとり，動態性に目を向ける契機を得られるのが利点であると寺谷はいうのではあるが，寺谷の説明も，結局，抵触を回避・処理する実際上の必要性によって調整を基礎付けるにとどまっているように見受けられ，――とりわけ，日本国憲法98条2項のような，外在法秩序の尊重を規定する規範が存在していない法秩序，レジームにおいて，厳密な意味における法的な調整義務を根

れないものではなくて(112)，むしろ，実際上そのような必要性があることを前提に，調整の義務の存在や，調整のありようについて論じる役割を調整理論が担っている面もあるというべきである。加えて，そもそも，ここで論じられる調整理論は，法秩序の多元的把握や，法秩序間の「調整」の必要性へと接続すべく，調整理論の現代的意義を見出そうとした寺谷による再構成が加えられた調整理論であることにも注意しなくてはいけない。

このように見てくると，寺谷の議論は結局，①今や忘れ去られがちな調整理論に今日的問題につながる萌芽が見出されうるのだという学説史的意義(113)を強調するものであると整理できるほか，調整理論にとっての肝とされる調整義務を導く役割も果たすことになる(114)，調整の「基軸」としての②人権基底的な（グローバル）立憲主義の妥当性・重要性を主張するものであると整理されるように見受けられる。前者①の主張については，確かに，調整理論と関係するものであるとはいえよう。しかし，後者②については，今ちょうど指摘したように(115)，調整理論によっても調整義務が必ずしも導出できず，逆に調整理論に依らなくても調整の必要性は導きうることを踏まえれば，人権基底的な（グローバル）立憲主義の選択の表明自体は，調整理論自体の有用性とは分けて考えうる事項であるというべきであろう。そうすると，人権基底的グローバル立憲主義と同様に，調整の「基軸」，あるいは，嚮導原理を提供しうる，人権基底的グローバル立憲主義以外の，ものによってはこれとは対立的な場合もある，多

拠づけることは大きな困難を抱えることとなろう。この点については，調整義務が実際上放棄されているのではないかという，長谷部・前掲注(40)454頁や，調整の要請を法的に説明づけるためには困難を伴うという，石川・前掲注(23)27頁の指摘がもう一度想起されるべきである。

(112)　例えば，法秩序の多元性を強調し，相互を架橋・調整する存在が欠如していることを指摘する，Teubnerにおいても，実際的な調整の必要性から，国際私法にヒントを得た抵触処理のための理論を提示していることは，本章筆者も，山田（Teubner）・前掲注(3)540頁以下で示したところである。

(113)　寺谷自身による，調整理論の学説史上の意義の評価については，寺谷・前掲注(9)148-149頁を参照。

(114)　寺谷の見解からすれば，厳密には，調整の義務を基礎づけるというのではなく，あくまで調整の方向づけを行う，「基軸」に過ぎないということにはなろうが，調整を方向づけ，調整の必要性の基礎付の役割を担うものであるのだから，そもそも調整義務が厳密な意味における法的義務とは言い難いことは，すでに前掲注(111)で指摘した通りではあるものの，ファジーな用語法として，一種の調整義務と呼ぶことは許されよう。

(115)　前掲注(111)および(112)，並びにこれに対応する本文参照。

層・多元化したグローバル化時代の法秩序にとってのミニマム・コア[116]の提示を行なう諸議論との間における比較・検討に付されなくてはならないだろう。

最後の問題については，本格的な検討[117]が必要とされるところであるが，本章筆者の見立てのみを述べておけば，（国際）人権法も法秩序，レジームの一つに過ぎないのであって[118]，ある法秩序やレジーム内における決定への関与の機会保障や法的救済の確保など，ある意味法秩序を法秩序たらしめる制度的な側面を有する権利はともかく，それを越えた実体的に踏み込んだ内容を持つ人権，あるいは憲法上の権利といったものについて，あらゆる（公）法秩序が備えるべき規範内容とすることには疑問がある。むしろ，各法秩序に共通する権利や実体的な等価性に焦点を当てると，価値の同一性が確保されていない現実を覆い隠すことになり，法秩序間の適切な管轄配分ができなくなるとする，ラディカル多元主義者 Nico Krisch の指摘[119]などの方に，本章筆者としては，説

(116) 寺谷の議論は，グローバル時代における多元的な法秩序において法として認識されるための，ミニマム・コアを論じる議論として立論されたものでは必ずしもないが，様々な法体系の内外で，統一的な調整を要求する基軸というものには，法としてのミニマム・コアとしての性格を認めることができるだろう。

(117) 本格的な検討ではないが，本章筆者が，Teubner のトランスナショナル公序論と，グローバル立憲主義，ラディカル多元主義，グローバル行政法論の比較について，素描したものとして，山田（Teubner）・前掲注(3)527 頁以下を参照。

(118) これに対して，人権保障の特殊性，すなわち，分野横断性，さらには，いかなるレジームにおいても尊重されるべき普遍的性格を有することを理由に，寺谷（寺谷・前掲注(59)34 頁では，国内法秩序における一般的な人権規範の高位性，人権が占めうる生活領域における汎用性を指摘する）と同じく，人権基底的な国際法の立憲化の必要性を説くものとして，例えば，C. Walter, *International Law in a Process of Constitutionalization,* in NEW PERSPECTIVES ON THE DIVIDE BETWEEN NATIONAL AND INTERNATIONAL LAW 191, 208-209（J. Nijman & A. Nollkaemper eds., 2009）がある。ただし，人権というものを抽象化して捉えれば，その普遍性について肯んじざるを得ない面がある――そもそもそういうものとして想定されたある種のフィクションが人権概念ということもできよう。なお，これはフィクションであるがゆえに人権を軽視しても良いという趣旨ではなく，そのようなフィクションの設定が必要とされるほどに重要なものであること，加えて，フィクションとしての側面があるからこそ，フィクションを必要とする理由を常に想起する必要があるという趣旨である――ものの，具体性を増せば増すほど，地域や国によって内容に相違があることは否めず，人権の普遍性を強調する人権基底的グローバル立憲主義の根拠づけがどこまで有効なものなのかは疑問であるように思われる。

(119) N. KRISCH, BEYOND CONSTITUTIONALISM: THE PLURALIST STRUCTURE OF POSTNATIONAL

得性を感じさせられるのである。

3　小　括

以上の本節における検討を踏まえると，法秩序が多層・多元化するグローバル化時代の法多元主義というものは，まずもって，従来にいわゆる一元論，二元論とは，理論化の背景などを含めて，ある意味，次元の異なる議論であるということとなる。

そして，一元論・二元論の対立を止揚するものと位置付けられた，調整理論が，現代の法多元主義の考え方につながる特徴を有するものであるという寺谷の指摘には，それはその通りと言えるところがある反面，調整理論を法多元主義と結びつけることによって得られるものは決して多くない。すなわち，調整理論と法多元主義を結びつけたところで，多層・多元化した法秩序相互の調整の要求を規範的に根拠づけられるものではなく，実際上の必要性で説明するしかないように見受けられる。

寺谷もそうしているように，調整を方向付ける嚮導原理を見出そうとすれば，調整理論との結びつきが必然的ではない，別の規範的な原理に頼らざるを得ないが，それをどう想定・設定するかについては，なお定見が得られていないのが現状である。ここでも，グローバル化時代においても見出される，法と認識されるに必要なミニマム・コアはどのようなものなのかという，本章筆者がこのところ取り組んでいる問題[(120)]に，結局落ち着いてしまう。つまり，ここまで長々と検討してきた割に得るものが少ないという，ある意味，元も子もない，暫定的な検討結果が我々の前には残されている。

Ⅳ　おわりに

本章における検討を通じて，改めて確認されたことであるが，国家を中心に据える国内法優位の一元論や二元論，さらには，国際的仕組みへの純朴な希望が垣間見える伝統的な意味での国際法優位の一元論が前提としていた状況とは異なり，現在，国際法は断片化しているとされ，さらには，グローバル，トランスナショナルに形成される，私的なレジームやシステムまでもが法秩序とし

LAW 295 (2010).

(120)　山田 (Teubner)・前掲注(3)520-518 頁，山田哲史「グローバル化時代における『憲法』の概念」神戸法学年報 32 号（2018 年）269-270 頁などを参照。

て認識されうるほどに，法秩序は，多層・多元化している。また，この多層・多元化の様相を見せる複数の法秩序相互は没交渉ではなく，相互の調整が必要となってくる。その中で，国家は，なお最も有力なアクター（の一つ？）ではありつつも，特権的地位を失い，一つのレジームとなった。この国家について，その構造を論じる憲法学は，外在の他のレジームとの絶え間ない調整に向き合わなくてはならない(121)こととなる。とりわけ立憲民主主義国家における憲法学は，国家の基本構造としての民主的運営とその統制を前提としつつ，外在的秩序，レジームとの調整を可能かつ効率的に行えるような仕組みを構想する必要がある。幸い――あくまで国家間法を中心とする国際法を想定するにとどまるとはいえ――，国際法の誠実遵守義務を謳う日本国憲法98条2項を有する日本においては，国家機関の調整義務を想定することは容易であるが，憲法上の他の基本的価値との均整をとることも必要であり，一国内でこれを構想することだけでも十分大きな課題を日本の憲法学は負っている。

また，多層・多元化が指摘される中で，様々なシステムやレジームが登場しているが，これが法秩序であるところのレジームとして認められるためには，やはり，何らか共通する一定の構造をもつことが要求されると考えるべきであるように思われる。しかしながら，この法として認められるために備えるべきミニマム・コアの内容については，議論が定まっていない。国際社会における，あるいはグローバルな規模の立憲主義をこのミニマム・コアと位置づけ，国内における立憲主義の内容とされてきたものの一部を括り出そうという見解に象徴されるように，従来，国家というレジームの基本構造を論じてきた，憲法学，さらには，行政法学を含めた公法学(122)が構築してきた枠組み，知恵を整理，再構成して提供する役割も，国内憲法学・公法学は持っているし，逆に見れば，そのような役割を果たす責務を負っているということができよう。

---

(121)　なお，こういった調整の必要性に気づかせてくれるという意味において，調整理論は重要な役割を果たすが，調整のための嚮導原理は別途用意されなくてはいけないというのも，本章で改めて確認された事項であった。

(122)　さらには，主として国際条約によって設立された政府間機構を中心に論じてきた，国際機構法との融合も視野に入ってくることとなる。この点については，山田哲史「グローバル化時代に公法学の可能性は残されているか」毛利透・須賀博志・中山茂樹・片桐直人編『比較憲法学の現状と展望』（成文堂，2018年）195-199頁とそこに引用の文献を参照。

〔付記〕本章は，JSPS 科研費「基盤研究(A) グローバル法・国家法・ローカル法の多層的構造とその調整法理の分析」(課題番号 19H00568，研究代表・原田大樹) の助成を受けて行った研究の成果の一部である。

また，本章は 2021 年 12 月に脱稿していた一方，2023 年の夏に与えられた校正期間は限られたため，引用文献の新版刊行への対応を除き，脱稿後の文献の追加は原則として行っていない。

第5章

世界人権宣言と日本国憲法
──「身近で小さな場所」から始まる人権と責任

根岸陽太

Ⅰ　はじめに──「身近で小さな場所」から始まる人権

第二次世界大戦を経て産み落とされた世界人権宣言（Universal Declaration of Human Rights）（1948年）は，未曾有の惨劇を経験した「一般の人々の最高の願望」として，「恐怖と欠乏のない世界の到来」を告げる象徴であった。その洗練された構造は，その後に条約として採択される国際人権規約（自由権規約／社会権規約）（1966年）を設計する礎となり，両者を合わせて「国際人権章典（International Bill of Rights）」として国際人権法を体系づけてきた。太平洋戦争の反省を経て世界人権宣言よりも一足先に誕生した日本国憲法も，「全世界の国民（all peoples of the world）が，ひとしく恐怖と欠乏から免かれ，平和のうちに生存する」世界の到来を夢見た。両文書の採択から世界は東西分裂を経るも，ついに日本を含む自由民主主義陣営から『歴史の終わり』が布告される[(1)]。その表題であるウィーン宣言・行動計画（1993年）では，「国際共同体は，公平か

（1）　Fukuyama, ‘The End of History?’ (1989) 16 *The National Interest* 3-18.

つ平等な方法で，同じ基礎に基づき，同一の強調をもつて，人権を全地球的に（globally）扱わなければならない」（5項）ことが確認された。世界人権宣言に謳われる普遍的人権が文字どおり地球を覆い尽くすことが期待された瞬間であった。

しかし，『歴史の終わり』が布告されてから約四半世紀が経過した現在，われわれは「一般の人々の最高の願望」に近づいたであろうか。実のところ，「近年ではもはや，われわれが人権運動のなかで知ってきた世界ではなくなっている」というフィリップ・オルストンの嘆きが現状を端的に表している[(2)]。試しに冷戦後の出来事を振り返るだけでも，内戦の激化による民族浄化，テロリストや「ならず者国家」に対する戦争，債務国の市民生活を混乱に陥れる金融危機，紛争や災害から逃れる大量の（国内避）難民，人／経済のグローバリゼーションに反旗を翻す右派／左派ポピュリズムの台頭，権威主義的体制の復興，新型コロナウイルス感染症（COVID-19）パンデミック，そして，ロシアによるウクライナ侵略，ロヒンギャの人々やガザの人々を対象にして蓋然性を持って進行するジェノサイドなど普遍的人権に対して挑戦を突きつける事態は枚挙に遑がない。今後も現状が漫然と続けば，世界人権宣言前文が掲げる「『一般の人々の最高の願望』を引き続き達成できない状況を目の当たりにし，それどころか，われわれはさらに重大な人権の構造的否定に直面するだろう」[(3)]。

普遍的人権の理念が地球を覆い尽くしたにもかかわらず，なぜ世界人権宣言／日本国憲法が到来を予告する世界から遠ざかるばかりなのか，この矛盾を正面から受け止めて問い直すときが来た。そもそも，「われわれが人権運動のなかで知ってきた世界」とは，一体どのような世界であったのだろうか。世界人権宣言に端を発する国際人権法は，およそ70年の歴史のなかで時期に応じて強調点は異なるが，主として自由民主主義を基調としてきた。そこで主流として紡がれてきたのは，個人が理性と良心とを授けられた法主体として，自律性を確保する第一世代人権（市民的・政治的権利）を軸に第二世代人権（経済的・社会的・文化的権利）も行使しながら，民主的社会において独立して自己の人格を

(2) Alston, 'The Populist Challenge to Human Rights' (2017) 9 *Journal of Human Rights Practice* 1-15.

(3) O'Connell, 'Brave New World? Human Rights in the Era of Globalization' in Ssenyonjo (ed), *International Human Rights Law: Six Decades after the UDHR and Beyond* (2010) 195-212, 211-212.

発展させるという物語である。自由民主主義の系譜に連なる日本国憲法の人権論においても同様に，国家から自律する個人への志向，国家からの自由を保障する防御権への集中，人格的自律の生を全うする物語といった体系化が図られてきた。しかし，自律的個人を中心として主体・権利・社会を統一的に体系化する主流の物語は，その支配的な人権言説があくまでも歴史的な「偶然性（contingency）」や「相対性（relativity）」をもって形成された「文脈依存的」な産物であることに無自覚となる嫌いがある[4]。

人権言説において自律性を持つ「われわれ」への志向性が働いていることは，まさに共約不可能とさえ思える他者としての「かれら」に対峙することで顕著となる。統一的体系を志向する言説では，その体系に「対称」的な影響を与える場合に限り，上記の諸事態が「外部」からの脅威として問題視される。侵攻者から体系を防衛することに主眼を置くために「○○との戦い」といったレトリックが好まれ，異常（アブノーマル）事態の収束に合わせて（新（ニュー））通常（ノーマル）の体系に回帰する方途が模索される[5]。しかし，上記の諸事態が進行するにつれて明らかになるのは，体系の「内部」構造により以前から脆弱な立場に置かれてきた他者がさらに「非対称」的な影響を被るにすぎないという不都合な真実である[6]。それらの他者にとってみれば，「いつもすでにそこにある」生活で異常（アブノーマル）事態を経験してきたのであり，（新（ニュー））通常（ノーマル）の体系に帰還することは悪循環の助長を意味する[7]。このように時空間的に極限化された「危機（crisis）」が体系へ与える脅威を可視化するばかりでは，普遍的人権の矛盾は繰り返され悪化するばかりである。その問い直しを図るためには，人間的生が営まれる現場である「日常（everyday）」において体系により不可視とされてきた問題にこそ焦点が当てられねばならない[8]。

劇的な危機ではなく平凡な日常から普遍的人権が始まることを強調した人物こそ，世界人権宣言の起草委員会で委員長として指揮を振るったアンナ・エレ

---

(4)　Donnelly, ‘The Relative Universality of Human Rights’ (2007) *HRQ* 281-306.

(5)　Ferrando, “Let’s Not Be Fooled: There’s Nothing External & Symmetrical in the Global Economic Downturn”, *Critical Legal Thinking* (8 April 2020).

(6)　Quintana and Uriburu, ‘Modest International Law: COVID-19, International Legal Responses, and Depoliticization’ (2020) 114 *AJIL* 687-697.

(7)　水嶋一憲「コモン／ウイルス」『現代思想』第48巻7号（2020年）45頁。

(8)　Charlesworth, ‘International Law: A Discipline of Crisis’ (2002) 65 *Modern Law Review* 377-392.

ノア・ルーズベルトである。彼女は宣言採択10周年記念式典において，現代を生きるわれわれにとっても含蓄に富んだ次の一節を残している。

> 結局のところ，人権とはどこで始まるのでしょう。それは，身近で小さな場所――世界のどんな地図でも見つけられないほど身近で小さな場所から始まるのです。けれども，それこそが人の生きている世界なのです。その人の住む町，通っている学校や大学，働いている工場や農場や会社。そうした場所こそ，あらゆる男性，女性，子どもが，差別のない平等な正義・機会・尊厳を求める場所なのです。これらの権利がそこで意味を持たないとしたら，それらはどこでもほとんど意味がないでしょう。身近なところでそれらを支持するために団結した市民の行動がなければ，私たちがそれよりも大きな世界に進んでいこうとしても徒労に終わります(9)。

本章は以上の問題の所在を踏まえてルーズベルトの格言に倣い，「身近で小さな場所」，言い換えれば，いつもすでにそこにあり（immer schon da），あらかじめ我々にとって存在し，すべての実践のための地盤である生活世界（Lebenswelt）に国際人権法／憲法の言説を復帰させること，それにより人間的生との相関関係において普遍的人権の意味を問い直すための道筋を照らしていく(10)。本章の構成は，人権の普遍性を同文書に込めた起草者の一人，フランス代表ルネ・カサンの構想を便宜的に参考とする。彼は宣言の構造をギリシャ建築の柱廊（portico）に喩えており，人権の主体を定める二層の土台（1・2条），具体的な権利の内容を表す四本の支柱（3～27条），個人と社会の関係を司る三層の破風（28～30条）から成る建築，そして建物へと至る前庭の階段（前文）として説明している(11)。これら4つの部分は，問題の所在として前述した主体（Ⅱ）・権利（Ⅲ）・社会（Ⅳ）・物語（Ⅴ）に対応している。それぞれの節において，自律的個人を中心として体系を構築する主流の言説を概説したうえで(1)，そ

(9) Roosevelt, ‘In Your Hands: A Guide for Community Action for the Tenth Anniversary of the Universal Declaration of Human Rights’, 27 March 1958.

(10) 本章は現象学の知見に依拠しているが，議論の複雑化を避けるために同領域の概念を前面に押し出して論じることを極力控える。生活世界を含む現象学の主要概念については，同様の問題意識に基づいて国際法学について論じた別稿を参照。根岸陽太「国際法『学の危機と超越論的現象学』――事実学から人間的生へ向けられた学問へ」『世界法年報』40号（2021年）。

(11) Cassin, ‘La déclaration universelle et la mise en œuvre des droits de l'homme’ (1951) 79 *RdC* 237-367, 278-279.

こから零れ落ちてきた他者を掬い上げる支流に光を当てる(2)。

Ⅱ 二層土台（1・2条）――理性と良心を授けられた差別なき個人

1 自己を規律する主体

世界人権宣言本文の最初を飾る1・2条は，カサンによれば柱廊を支える土台（soubassement / assises）として据えられており，ともに尊厳と権利の「主体性」に関わる(12)。1条は，「すべての人間は，生まれながらにして自由（born free）であり，かつ，尊厳と権利とについて平等（equal）である」こと，「人間は，理性（reason）と良心（conscience）とを授けられており，互いに友愛（brotherhood/fraternité）の精神をもって行動しなければならない」ことを銘記する。続く2条1項は，「すべて人は，……いかなる事由による差別を受けることなく，この宣言に掲げるすべての権利と自由とを享有することができる」と宣言し，人権の基本原則となる差別禁止を掲げている。これらの規定と同様に日本国憲法も，基本的人権の特質として固有性・不可侵性・普遍性を定める11条，自由と権利の保持を強調する12条，人権享有主体としての「個人の尊重」を謳う13条，法の下の平等を保障する14条，基本的人権の由来を物語る97条といった総論的条文を置いており，また個別規定として24条も「個人の尊厳」に言及している。

「人権の無視および軽侮が人類の良心を踏みにじった野蛮行為をもたらした」という世界人権宣言前文の反省を踏まえて，国際人権法は理性による自律的個人を基軸とした体系を構築してきた。宣言起草過程のなかで登場した理性概念は，原案作成者であったカサンが，類稀なる西洋哲学的素養を備えたレバノン代表チャールズ・マリクの影響のもとで採用した文言とされる(13)。ここでいう理性とは，行動の選択や評価に関する問題を理解したうえで回答を熟考する能力としての実践的理性（practical reason）と解されており，個人が法規範にしたがい自律性を保つための基礎となる(14)。理性を授けられ自律性を保つ個人という抽象像は，他者との差異を除去しようとする差別禁止原則とも相俟っ

---

(12) ibid.

(13) Lindholm, 'Article 1' in Alfredsson and Eide (eds.), *Universal Declaration of Human Rights* (1999) 41-73, 43.

(14) Wetlesen, 'Inherent Dignity as a Ground of Human Rights, a Dialogical Approach' in Maihofer and Sprenger (eds) *Revolution and Human Rights* (1990) 98-114, 108-109.

て，かつて偏狭な人権主体を生み出していた。差別禁止原則に関する発展の歴史を区分するオドニー・ミョル・アルナドッティルによれば，第1の時代区分（1950～70年代）では，国際人権規約に含まれる差別禁止原則（自由権規約2条1項・社会権規約2条2項）が，人々の差異にかかわらない開放的な差別禁止規範であるがゆえに，普遍的に同一の様式で適用されること（universal sameness）が志向されていた(15)。この普遍的同一性への志向は，個人を形成する様々な背景的要素を短絡的に削ぎ落とし，差別がいかなる要因によって引き起こされているかを曖昧にしてしまった(16)。

そこで第2の時代区分（1970～90年代）に差し掛かると，人種差別撤廃条約（1965年）と女性差別撤廃条約（1979年）が稼働し始めることで，差別禁止原則の解釈や適用において，「特殊的差異（specific difference）」が強調されるようになる。両条約では，直接的な差別のみならず間接的な差別も撤廃の対象となり，特別措置による積極的な改善も許容されるなど，前時代の素朴な普遍主義を相対化する重要な貢献がもたらされた(17)。その一方で露わになった限界として，同時代のアプローチは，社会の主流において不利益を生じさせる多種多様な要素というより，それぞれ人種と女性という個人的特徴に差別原因を還元してしまう傾向にあり，それゆえに複雑に絡まりあった構造的差別に立ち入る措置は例外として控えられていた(18)。このようなアルナドッティルの整理は，マーサ・ミノウが見抜いた「差異のジレンマ（the dilemma of difference）」と似通った部分がある。すなわち，「異常人」に「正常人」と同等の権利の行使を通じた自律を求めても，後者を標準として成立してきた社会の現状（status quo）に起因する負担を前者に課すことになるが，だからといって「異常人」と「正常人」の間の差異を強調して特別の保護を与えようとすると，かえって差異のスティグマが維持再生産されてしまうという二律背反である(19)。

日本国憲法の人権主体論においても，時代の要請に応じて様々な変遷を辿り

(15) Arnardóttir, 'A Future of Multidimensional Disadvantage Equality' in Arnardóttir and Quinn (eds), *The UN Convention on the Rights of Persons with Disabilities: European and Scandinavian Perspectives* (2009) 47-49.

(16) ibid.

(17) Arnardóttir supra note (15), at 49-54.

(18) ibid.

(19) Minow, *Making All the Difference: Inclusion,* Exclusion, and American Law (1990) 50.

ながら，個人の自律性を基底に据える論調が主流を成してきた[20]。時局ごとに学説を整理した概説によれば，戦後人権論が国家的視点から人権体系を捉えることで人権主体の側からの理論的発想を欠いていたところ，1970-80年代に政治行政や経済産業分野で強力な企業支配が確立されると同時に大衆社会的な社会構造が登場することで，多様な要求が人権の名の下で提起される現状を認識する新たな主体論の構築が迫られた[21]。そこで1980年代後半に差し掛かると，「個人と主権的国家の二極構造」に純化させる樋口陽一の「方法としての個人主義的憲法観」が登場し，近代立憲主義が想定する硬質の人間像が提示された[22]。時期を同じくして，大衆による消費社会化とそれに伴う管理社会化が進むなかで個人の喪失が各領域で実感されるようになると，自立と自律に基づく自己決定権が人権領域全体に広がり，それを基本原理に据える佐藤幸治の「人格的自律」論が魅力的な学説として受容された[23]。さらに奥平康弘は，多様化する社会の需要に対して人権概念が道徳哲学的な「ヒューマンライツ」と通底しながら「融通無碍」に持ち出されている状況に警告を鳴らし，その主体を「一人前の人間（＝最小限の限度において理性的な判断能力を備えている者）」に限定した[24]。以上のように硬質で自律的な一人前の人間を想定する「強い人権」論に対しては，笹沼弘志が対抗軸として「弱い人権」論を並置したことを皮切りに[25]，石崎学も「通常化（ノルム）」という生権力（bio-pouvoir）的な抑圧性を析出するなど[26]，様々な角度から批判が展開されている。これらの批判が暗示していたように，21世紀に突入し新自由主義経済や高度情報技術化の影響が強まると，市場に適合した資本／企業家へと自らを変貌させる個人主義のイデオロギー化が進み他者性が排除されることで，逆説的に個人が全体に埋没する危険も顕在化しつつある[27]。

(20)　愛敬浩二「近代人権論と現代人権論──『人権の主体』という観点から」愛敬浩二編『人権の主体』（法律文化社，2010年）。

(21)　大久保史郎「人権論の現段階」『公法研究』67号（2005年）3-5頁。

(22)　同上7-15頁；樋口陽一『近代国民国家の憲法構造』（東京大学出版会，1994年）。

(23)　同上；佐藤幸治「人権の観念と主体」『公法研究』61号（1999年）。

(24)　奥平康弘「"ヒューマン・ライツ"考」和田英夫教授古稀記念論集刊行会編『戦後憲法学の展開』（日本評論社，1988年）。

(25)　笹沼弘志「権力と人間──または人権の普遍性の証明について」憲法理論研究会編『人権理論の新展開』（敬文堂，1994年）34-37頁。

(26)　石埼学『人権の変遷』（日本評論社，2007年）3-10頁。

(27)　江藤祥平「『個人として尊重される』とはどういうことか──欲望とエロティシズム

2　他者との関係にある主体

自律的基底論の排除性を克服しつつ，差異のジレンマにも嵌り込まないためには，いかなる主体論が考案されうるであろうか。その思案のための一つの鍵として，世界人権宣言1条の起草過程においてカサンとマリクの協働により「理性」が挿入される一方で，中国代表の張彭春（チャン，ペン・チュン）が「良心」を導入した経緯は注目に値する。後者の概念は，儒教的精神である「仁(*Ren*)」を意味しており，「他者が存在するという意識」を強調するために加えられた(28)。このような起草過程を踏まえるならば，「とかく『他者存在』（社会）とは無関係にまず独立した個人が存在するというが如き人間観に陥りやすいことに対する一種の修正」が施されたと理解しうる(29)。われわれの生活を省みても，自立している「強い個人」と見なされる人は実は依存先を多く確保しているにすぎず，自立していない「弱い個人」と見なされやすい人ほど依存先が少ないという事情があり，誰でも「依存先に頼る度合いの間で流動しながら」生きていることが分かる(30)。このように誰しもが普遍的に結び付けられている「身近で小さな場所」から出発し，人間的生を共に営む自己と他者の相関関係を踏まえると，どのように人権主体論を再構築していくことができるだろうか。

その予備的作業としては，前項で開示した普遍的同一／特殊的差異という二項対立を揺るがし，そこに埋もれている他者性を救出することから始めねばなるまい。ポストモダン法理学の観点から批判人権論を展開するコスタス・ドゥズィーナスは，上記の二律背反の構図を脱するために，レヴィ＝ストロースが提唱した「浮遊するシニフィアン（signifiant flottant）」の概念を援用する。すなわち，浮遊するシニフィアンとしての普遍的人間は，いかなる特定のシニフィエ（signifié）または概念にも自動的または必然的に連結されることはないのであって，むしろ「意味的に空虚」であるからこそ，女性，移住労働者，障害者，

の諸相」『論究ジュリスト』33号（2020年）9-12頁。

(28)　Roth, *P. C. Chang and the Universal Declaration of Human Rights* (2018) 218-220.

(29)　寿台順誠『世界人権宣言の研究――宣言の歴史と哲学』（日本図書刊行会，2000年）102頁。

(30)　木村光豪「グローバル・サウスと人権（2）」関西大学法学論集69巻3号（2019年）230-232頁（熊谷晋一郎「受け取ったこのバトンはナマモノであったか」尾上浩二・熊谷晋一郎・大野更紗・小泉浩子・矢吹文敏・渡邉琢『障害者運動のバトンをつなぐ――いま，あらためて地域で生きていくために』（生活書院，2016年）の知見を引用）。

子ども，その他の「無限の数の諸シニフィエに結びつきうる」(31)。この浮遊的発想により固定された自律的個人像が脱構築されたあとには，生けるものすべてに共通する「身体性（embodiment）」に基づき現実の生活のなかで抱え込みうる具体的な「脆弱性（vulnerability）」へと帰着する(32)。フェミニズム法学と現象学を人権論に編み込むエリザベス・アンカーは，モーリス・メルロ=ポンティの「間身体性（*intercorporéité*）」概念を援用しながら，人権主体が自律性を保つ抽象的な個人としてではなく，現実のなかで傷つき壊された身体を持つ他者との関係性において存在することを主張する(33)。現象学の始祖エトムント・フッサールの用語法で言い換えるならば，抽象化された自律的個人像が「能動的（aktiv）」に統制しようとする客観的な「物体（Körper）」から，誰しもが日々移りゆく主観的な生活のなかで「受動的（passiv）」に経験する「生きられた身体（Leib）」へと転換することを意味する(34)。

身体性を再評価する脆弱性理論の台頭と並行して，アルナドッティルが第3に分類する時期（1990年代～）に「多面的不利益（multidimensional disadvantage）」アプローチも登場している。特殊的差異が過度に強調され個人に問題を還元する嫌いのあった前時代のアプローチとは異なり，この新しい潮流では障害者権利条約（2006年）を典型例として，「社会で作用している力学・特権・不利益の非対称的構造（asymmetrical structures）」に焦点が当てられる(35)。実際に障害者権利条約前文p項では，多種多様な差別事由「に基づく複合的または加重的な（multiple or aggravated）形態の差別を受けている障害者が直面する困難な状況を憂慮」することが表明され，単一の差別事由に限定する伝統的なアプローチとは一線を画している(36)。その趣旨は平等および差別を定める同条

(31)　Douzinas, The End of Human Rights: Critical Legal Thought at the Turn to the Century (Hart 2000) 255-256.

(32)　Grear, *Redirecting Human Rights: Facing the Challenge of Corporate Legal Humanity* (2010).

(33)　Anker, *Fictions of Dignity: Embodying Human Rights in World Literature* (2012) 51-66. 憲法学における間身体性の可能性については，金井光生「憲法哲学の執拗低音(1)(2)(3・完) ──間主観－身体的コミュニケーション的存在論としての憲法学のために」『行政社会論集』21巻3号・4号，22巻1号（2009年）。

(34)　根岸陽太「不可視の人権侵害を可視化する──現象学的『人権法意識』論」『国際人権』33号（2022年）。

(35)　Arnardóttir, supra note(15), at 54-64.

(36)　Lord, 'Preabmle', in Bantekas, Stein and Anastasiou (eds), *The Convention on the*

約3･5条にも具体化されており，それらの解釈指針を提供する障害者権利委員会の一般的意見6号（2018年）では，複合的差別を一歩推し進めた「交差的(intersectional)」差別概念が導入されている(para. 19)。同概念により，「多様な差別事由が相互に作用して関わり合うと同時に，それらが不可分であることにより，独特な類型の不利益と差別に関係する個人を晒すような状況」が可視化され，まさに身体化された脆弱性をありのままの現象として捉えることが可能になる。

上記の脆弱性理論や国際人権法の発展と足並みを揃えるように，日本憲法学においても他者性に積極的に向き合う具体的人間観の潮流が形成されつつある(37)。人格形成の過程が顕著に現れる子どもの権利を問い直す大江洋は，子どもの権利論で示唆されている「おとなも子どもだ」という相互依存的な人間観を背景として，主張される権利の実質的な内容が様々な関係性のなかで構成されると同時に（関係性の権利化），多概念との重複／融合のなかで展開していく（権利の関係化）という動態的な理解を提示している(38)。日本国憲法24条上の家族概念を再考する朱穎嬌も，発達心理学者キャロル・ギリガンが提起した「ケアの倫理」を媒介としながら，能力を基準とする「所有論的尊厳論」に代わり関係性に着目した「存在論的尊厳論」を提唱し，「もっぱら個人を家族から解放することを求めるのではなく，個人が家族の中で適切なケアを受けることによって，脆弱性に対応する能力を身に付けたり，個人として自立したりする」過程を描写している(39)。さらに徹底的な他者志向の関係性理論家として，アイヌ民族，在日韓国・朝鮮人，ハンセン病患者など，法秩序から不条理に放擲されてきた「一人前でない者」に向き合う小畑清剛が挙げられる。自律基底論と親和性のある合意（consensus）理論に対抗する小畑は，共約不可能な「根源的受動性」＝「イノセンス」を持つ複数の人間存在の間に「合意なき共生

Rights of Persons with Disabilities: A Commentary (2018)1-34, 25.

(37) 大野悠介「具体的人間観・社会法と人権論・憲法上の権利論」『慶應法学』43号(2019年)，棟居快行「具体的人間像を求めて」同『憲法の原理と解釈』（信山社，2020年)。

(38) 大江洋『関係的権利論──子どもの権利から権利の再構成へ』（勁草書房，2004年）150頁。大西健司「関係的権利論による子どもの人権論の再構成」一橋法学12巻3号(2013年）も参照。

(39) 朱穎嬌「婚姻と家族と個人の尊厳（2・完）──ケアの倫理に基づく関係論的な尊厳構想を中心に」『法学論叢』186巻4号（2020年）119-124頁。

(conviviality)」を実現することを志向する(40)。擬制的合意のもとで一方的に犠牲を強いられていた他者がコミュニケーションの場に復帰できるよう促し，「生き生きと生活する在り方」を多数者と構築していくための前提を創り出すことを求める(41)。

以上の潮流に見られるように，自律的生を目指す自己は，「身近で小さな場所」で脆弱性に苛まれる他者とともに人間的生を営みながら，相関的に人権主体を構成し続ける。本節で確認された相関関係は，人権主体論のみならず，ある人権主体がどのような権利を有するかにも影響を及ぼしていくことから，次節では引き続き権利内容につき検討していく。

Ⅲ　四支柱（3～27条）──恐怖と欠乏から免れる自由と平等

1　自己が所有する権利

柱廊建築に喩えられる世界人権宣言において，権利内容に言及する部分は四本の支柱に擬えられる。すなわち，「人格的次元（ordre personnel）の権利と自由」に関する第一支柱（3～11条），「個人（individu）がその一部を成す集団および外部世界の事物との関係における個人の権利」に関する第二支柱（12～17条），「基本的な精神的特性ならびに公共的自由および政治的権利」に関する第三支柱（18～21条），「経済的・政治的・文化的権利」に関する第四支柱（22～27条）である(42)。最初から数えて三つの支柱はのちに自由権規約に含まれる第一世代人権（市民的・政治的権利）に該当し，最後の支柱はもう一方の社会権規約に収められる第二世代人権（経済的・社会的・文化的権利）に該当する。日本国憲法第3章においても同様に，生命・自由・幸福追求に関する条項（13条）を基軸として，第一世代人権に相当する権利群（15～24条，29条，31～40条）とともに，第二世代人権に分類されうる権利群（25～28条）が羅列されている。

第一世代人権と第二世代人権を並列させる世界人権宣言とは対照的に，国際人権規約の起草過程では，第二世代人権を第一世代人権から切り離そうと働きかけていた自由民主主義陣営と，それに対抗して不可分性を唱えていた社会主

(40)　筆者は，国際法の歴史・理論に関する共約不可能な他者との「会話」について，目黒麻生子氏との共著論文を執筆中である。'From *Dia-Logos* to *Conversari* for International Legal Histories and Theories: A Call from Japanese Scholars'.

(41)　小畑清剛『「一人前」でない者の人権』（法律文化社，2010年）228頁。

(42)　Cassin, supra note (11), at 278-279.

義陣営や第三世界諸国が拮抗した。最終的には世界人権宣言に残酷な手術を施して自由権規約と社会権規約に分割することになった(43)。その後に採択されたテヘラン宣言（1968年）では，「人権および基本的自由は不可分（indivisible）であるから，経済的，社会的および文化的権利の享受なしには，市民的および政治的権利の完全な実現（full realization）は不可能である」と明記され，上記の分裂傾向に一定の歯止めがかけられている（para 13）。とはいえ同宣言の不可分性は中立的であると言うにはほど遠く，当初より第二世代人権を支持していた社会主義陣営や独立を獲得して新国際経済秩序（NIEO）を構想する第三世界諸国が自国に有利な政治経済体制を追求する目的で強調していた(44)。実際に，社会主義諸国や第三世界諸国の影響力が低下していくなかで，人権保障の「代替的」手法に関する国連決議（1977年）が採択されると，テヘラン宣言から微妙に修正がなされ，第一世代人権と第二世代人権が「不可分かつ相互依存的（interdependent）」こと，それらの実現において「平等な（equal）注意と緊急の考慮が払われるべき」と路線変更がなされた（para 1(a)）。

ついには冷戦が終焉を迎え世界各国が集う世界人権会議にてウィーン宣言（1993年）が採択されると，人権の不可分性が装いを新たに掲げられることになる。すなわち，すべての人権が「普遍的・不可分・相互依存的・相互関連的（interrelated）」であるという表明である（5項）。ここで標榜された不可分性原則についても，歴史的視座や社会経済的文脈を取り除いて手放しで称揚することは控えねばなるまい(45)。実際にウィーン宣言は「民主主義，発展ならびに人権および基本的自由の尊重は相互依存的であり相互に強め合う」（8項）と明確に打ち出しており，「歴史の終わり」をもたらした自由民主主義の価値観が色濃く投影されているからである(46)。同時期に採択された社会権規約委員会一般的意見（1990年）においても，「本規約は政治経済体制の観点からは中立的

(43) Schabas, 'Freedom from Want: How Can We Make Indivisibility More Than a Mere Slogan?' (1999/2000) 11 *NJCL* 189-209.

(44) Whelan, 'Indivisible Human Rights and the End(s) of the State' in Mills and Karp (eds), *Human Rights Protection in Global Politics: Responsibilities of States and Non-State Actors* (2015) 69-89.

(45) Anthony, *The Human Rights Principle of Indivisibility and Its Ideological Significance in the Contemporary Age* (PhD Thesis, UNSW Sydney 2018).

(46) Donnelly, 'Human Rights, Democracy, and Development' (1999) 21 *HRQ* 608-632, 612.

(neutral) である」と冷戦期の対立構造に配慮した文言が見られる一方で，その実施が「民主的でありかつすべての人権がそれによって尊重される限り」という冷戦後に覇権を握る自由民主主義の枠内に留められ，かつ「とくに規約の前文で確認された二組の人権の相互依存性および不可分性が当該体制において認められ反映されている限り」という条件を付すことで，自由権規約上の第一世代人権の優位性も固守している（para 8）[(47)]。

自律的個人を中核として自由権と社会権の関係を形作ってきた日本国憲法学も，前者を後者に優位させる立場を主流化させてきた。人権論パラダイムの概説を再び参照すると，戦後人権論では公安条例判例や官公労働者基本権判例などが蓄積することで，人権制約原理である公共の福祉に対抗して，集団的な「国家による自由」が個人的な「国家からの自由」の役割を担う逆説的な構図になっていた[(48)]。しかし，前述のように次第に「集団から個の実現」というパラダイムに限界が訪れ，「集団一般への対抗による個の実現」へシフトしていくにつれて，個人主義的な自由権が集団的要素を持つ社会権に優位していく[(49)]。生存権の分野で自律基底論者として指導的立場にある菊池馨実は，佐藤の人格的自律論に共感を寄せて「自律指向的社会保障論」を展開する。その理論枠組は，憲法13条に基づく個人基底性（国家からの過度な干渉への警戒，個人単位での権利義務の把握）・自律指向性（個人による主体的な参加・選択・情報アクセス）を尊重することで，生き方の選択の幅に関する実質的機会平等の実体的保障（医療・福祉・介護サービスの充実，子どもの個性・能力に応じた発達支援，精神的自律能力の不十分・欠如へ支援，失業者等の就労支援）を規範的に達成していくことを目指す[(50)]。自律基底生存権論は生存権の制約要因として勤労義務を対置する傾向にあるが[(51)]，「現実の社会的経済的環境のなかで自律を確立，維持できない具体的に人間像を切り捨てることになる危険」があるとの笹沼弘志らの批判を招いている[(52)]。

---

(47)　中立性に対する疑義については，Nowak, *Human Rights or Global Capitalism: The Limits of Privatization* (2017) 49-50を参照。

(48)　大久保・前掲注(21)3-5頁。

(49)　同上7-15頁。

(50)　菊池馨実『社会保障法制の将来構想』（有斐閣，2010年）6-35頁。

(51)　尾形健『福祉国家と憲法構造』（有斐閣，2011年）127-129頁。

(52)　笹沼弘志『ホームレスと自立／排除──路上に〈幸福を夢見る権利〉はあるか』（大月書店，2008年）。

2 他者との関係にある権利

自律的個人に親和的な第一世代人権の優位，その反面で脆弱な他者に必要な第二世代人権の劣位，このような不均衡を内在する権利体系はどのように再構築されうるだろうか。両世代の関係を再考するにあたり世界人権宣言の起草過程に立ち返ると，その保障が「無条件」である第一世代人権「を覆う条項は保障に含まれなくてもよい」とされる一方で，第二世代人権の「実現には国家側の物質的援助が必要である」ことから，カサンが後者に傘（umbrella）条項の導入を提案したことが知られている(53)。その提案どおり採択に至った宣言22条は，すべて人が「社会の一員として（Everyone, as a member of society）」「自己の尊厳と自己の人格の自由な発展（free development of his personality）」に関する第二世代権利を有すると規定し，のちに社会権規約2条1項の一般的義務の原型となる。この傘条項は，「人類家族のすべての構成員（all members of the human family）」という宣言前文第1段落，次節で扱う宣言29条1項が同じく共同体における人格発展を明記している点で共鳴しており，第二世代人権の実施において，国家のみならず，様々な中間団体も役割を果たすことを示唆している(54)。このように四支柱において異彩を放つ22条は，自律的個人／第一世代人権を中心とする伝統的な自然権的発想というより，中間団体を含む複層的構造において実現される「多元的社会正義」とも呼びうる理念を体現している(55)。自己と他者が多元的な人間的生を営むことを想定する当該理念は，誰しもが普遍的に結び付けられている「身近で小さな場所」から権利内容を再編する潜在性を秘めていると言えよう。

その潜在性を解き放ち権利内容に他者性を取り込んでいくためには，世代分類論における階層的な差異を脱構築していくことが出発点となろう。まず何よりも，ジョセフ・インダイモがポストモダン思想家ジャック・デリダに依拠しながら警告したように，人権の世代間に生み出された相違が単なる差異（différence）に収まらない「差延（*différance*）」を引き起こしてきたという事実を直

(53) Commission on Human Rights, 3rd sess, 24 June 1948, UN Doc E/CN. 4/SR. 72, 5.

(54) Diller, *Securing Dignity and Freedom Through Human Rights: Article 22 of the Universal Declaration of Human Rights* (2012) 44-46. 小坂田裕子「国際人権法における人間の尊厳（1）──世界人権宣言及び国際人権規約の起草過程を中心に」『中京法学』第46巻第1・2号合併号（2012年）47-49頁。

(55) 寿台・前掲注(29)67-68頁。

視せねばならない。すなわち，自律的個人が所有する権利として第一世代人権が優先されることで，第二世代人権（とそれ以降の第三世代人権）は周縁化の烙印が押された者の権利として劣位に置かれ，それにより第一世代人権がさらなる優位を盤石にしていくという差異の相互作用的な延長が生じてきたという事態である[56]。このような差延により排除されてきた他者性を包摂し尽くすことは，たとえ未来（avenir）でも不可能であり，むしろデリダが待望するような「来たるべき（*à-venir*）」世界として理解すべきであろう。この思想を踏襲した「来たるべき（futural / to come）人権」を提唱するカスリン・マクニーリーによれば，普遍的と考えられる人権の内容は，文脈に依存する偶然性と相対性を持ち合わせるがゆえに，常にそこから排除された他者性により形作られる[57]。「来たるべき人権」論は，現時点で支配的である普遍性の限界を乗り越えるために，権利内容に関して継続的に異議申立する過程を可視化していく[58]。

「自律的個人／第一世代人権」を支える「脆弱な他者／第二世代人権」という差延を可視化することで，ようやく両者の人間的生を視野に入れた人権内容の再構成に着手しうる。実定化された独特な規定として，障害者権利条約19条は「自立した生活および地域社会への包容」という権利を明文化している[59]。障害者権利委員会が一般的意見5号（2017年）において注釈を付したように，同条約19条は「障害者権利条約のなかで最も広範かつ交差的（intersectional）な条項」であり，各項(a)〜(c)も第一世代人権と第二世代人権の不可分性を顕著に示す特殊な規定として注目される（para 6）。また同条項の柱書は，「全ての障害者が他の者と平等の選択の機会をもって地域社会で生活する（live in the community）平等の権利を有する」ことを承認しているが，次節で扱う共同体志向の世界人権宣言29条1項が一般的意見5号で援用されているように，他者と社会における個人の人格発展の趣旨に根ざしていると解せよう（para 9）。個人の存在を成り立たせている経済的・社会的・文化的要素が失われることにより，尊厳が損なわれ生命の減衰につながる事態も認識されつつある。実際に，

(56)　Indaimo, *The Self, Ethics and Human Rights* (Routledge 2015) 60-61.

(57)　McNeilly, *Human Rights and Radical Social Transformation: Futurity, Alterity, Power* (2017) 67.

(58)　ibid 68.

(59)　河野正輝『障害法の基礎理論――新たな法理念への転換と構想』（法律文化社，2020年）3-23頁。

自由権規約委員会が生命権に関する解釈を刷新した一般的意見36号（2018年）では，第二世代権利への悪影響が「尊厳ある生への権利（right to life with dignity)」としての生命権の侵害をもたらすことが認められている（para 26）[(60)]。同様に人権世代間の差延を修正する兆候として，国連人権理事会が採択した「小農と農村で働く他の人々の権利に関する国連宣言」（2018年）の権利関係も注目に値する。同宣言では，6条以下の第一世代人権に先立つ5条において，「小農と農村で働く他の人々は，適正な生活条件（adequate living conditions）を享受するために必要な彼らの共同体に現存する天然資源に，持続可能な様式でアクセスし活用する権利を有する」と規定する。同宣言は，脆弱な立場に置かれる他者の人間的生に直結する権利と相関的に権利世代間の関係を組み替える点で，自律的個人が所有する第一世代人権を中心とする従来の差延的体系から脱却している[(61)]。

個人の自律性を基底に据えてきた日本憲法学も，自由権と社会権の間に惹き起こしてきた差延を受け止め，脆弱性を抱える他者の人間的生に即して人権内容に新たな均衡を見出しうるだろうか。日本国憲法の人権内容については，前節で概観した権利主体論と複雑に絡まり合いながら，とくに東日本大震災と福島第一原発事故を契機として，自律基底的生存権論に対抗しうる「生」の在り方が問われ始めている。2011年に起きた未曾有の事態に直面するなかで「生命権の確立と生存権の再構築」の必要性を説いた吉崎祥司は，それに先立つ論稿で「社会権の根拠」についてすでに道筋を素描していた[(62)]。その論稿で吉崎は，人間的生存／生活の集団的保障という規範的要求により所有的個人主義が制約されてきた歴史的経緯を踏まえながら，社会権の理念を「『関係的な存在』としての人間における，生の相互補完・補填にもとづく平等の現実化の基底」に据えている[(63)]。3・11が投げかけた課題を憲法から読み解く渡辺治も，「仮設住宅入居者の孤独死が大量に続いており，仮設住宅での孤立のもたらす生存

(60) 根岸陽太「感染症対策の生政治（*Bíos*）に抗する「尊厳ある生への権利」──免疫（*Immunitas*）から共同体（*Communitas*）へ」『国際人権』32号（2021年）。

(61) Cotula, 'Between Hope and Critique: Human Rights, Social Justice and Re-imaging International Law from the Bottom Up' (2020) 48 *Georgia Journal of International and Comparative Law* 473-521, 508.

(62) 吉崎祥司「『生命権』の確立と『生存権』の再構築──福島と生活保護をむすんで」『唯物論研究年誌』17号（2012年）。

(63) 吉崎祥司「社会権の根拠をめぐって」『社会文化研究』14号（2011年）73-74頁。

侵害も深刻化している」状況では，従来至上の価値とされてきた「自律と同時に『協同』が同等の価値，生活保障の目的として認められねばならない」と主張する(64)。岡田順太も他者との交際を保障する結社の自由について考察しながら，近年の格差社会で露わになった極度の貧困や大震災で顕著となった「絆」としての関係性の切断を基調とする人権論に陥っていないかと疑問を呈する(65)。このように個人主義がイデオロギー化して社会が縮小していく現代では，憲法学の隣接分野で活発に議論されている「連帯」概念を人権内容と接合させる柴田憲司の試みも意義深い(66)。

以上の潮流に示されるように，人権内容は自律性に基づき集団から独立するためではなく，自己を取り巻く他者の人間的生との相関性において構成され続けることになる。そこで次節では，世界人権宣言最終三条に示される個人と社会の関係に光を当てていく。

Ⅳ　三層破風（28〜30条）──平和のうちに生存するための友愛

1　自己が独立する社会

破風（fronton）が柱廊の外縁を定める役割を果たすように，世界人権宣言最終三条にあたる 28〜30 条も人権の実現における「個人と社会の関係」を規律している(67)。一層目の 28 条は，権利規定（3〜27 条）と義務規定（29・30 条）を橋渡しする条文として，「すべて人は，この宣言に掲げる権利および自由が完全に実現される社会的および国際的秩序（a social and international order）への権利を有する」と定める。同条文は，宣言 1 条に掲げる友愛の精神を体現しており，カレル・ヴァサクの権利分類論にしたがえば，集団的な人民（people）を主体とする自決権など，連帯（solidarity）に基づく第三世代人権の根拠とされる(68)。

(64)　渡辺治「3・11 が投げかけた課題──憲法で希む」森英夫『3・11 と憲法』（日本評論社，2012 年）201 頁。

(65)　岡田順太『関係性の憲法理論──現代市民社会と結社の自由』（丸善プラネット，2015 年）69-70 頁。

(66)　柴田憲司「縮小する社会と生存権──『連帯』と憲法二五条との関係をめぐる一考察」『公法研究』82 号（2020 年）。

(67)　Cassin, supra note (11), at 278-279.

(68)　Vasak, 'Pour une troisième génération des droits de l'homme' in C Swinarski (ed), *Etudes et essais sur le droit international humanitaire et sur les principes de la Croix-Rouge: en l'honneur de Jean Pictet* (1984) 837-845.

日本国憲法との対比では，前文に掲げる「全世界の国民（all peoples of the world）が，……平和のうちに生存する権利」と親和性を有する(69)。次に，二層目の29条は，「すべて人は，その人格の自由かつ完全な発展がそのなかにあってのみ（only）可能である共同体に対して義務（duties to the community）を負う」として義務規定を置くと同時に（1項），「自己の権利及び自由を行使するに当っては，他人の権利および自由の正当な承認および尊重を保障することならびに民主的社会（democratic society）における道徳，公の秩序および一般の福祉（general welfare）の正当な要求を満たすことをもっぱら目的として法律によって定められた制限にのみ服する」と権利制限の条件を定める（2項）。最後に，三層目の30条は，「この宣言のいかなる規定も，いずれかの国，集団または個人に対して，この宣言に掲げる権利および自由の破壊を目的とする活動に従事し，又はそのような目的を有する行為を行う権利を認めるものと解釈してはならない」として，「人間が踏み越えられない限界」を画している(70)。これらと同じ趣旨を日本国憲法に見出すならば，「この憲法が国民に保障する自由及び権利は，国民の不断の努力によって，これを保持しなければならない。また，国民は，これを濫用してはならないのであって，常に公共の福祉のためにこれを利用する責任を負う」という12条が相当する。

集団的要素を必然的に内包する世界人権宣言最終三条は，自律的個人と第一世代人権を中心とする統一的体系では，その動態的力学が封じられ後景に退いてきた。たしかに宣言から条約化する過程では，脱植民地化を達成した新興国に配慮した自決権が国際人権規約共通1条として掲げられ，少数者の権利に関する規定も自由権規約27条に置かれるなど，表面的には集団的要素が埋め込まれたように見える。また開発途上国によるNIEO構想との関連では発展への権利宣言（1986年）が採択され，さらには人権と並び人民の権利を列挙するアフリカ人権憲章（1981年）に代表されるように，第三世代人権や個人の義務は地域的枠組ではむしろ幅広く受け入れられてきた(71)。しかし，今日までの

(69) 後藤光男『人権としての平和――平和的生存権の思想研究』（成文堂，2019年）50-53頁。

(70) Cassin, supra note (11), at 278-279.

(71) アフリカ人権憲章は，自決権（20条1項），抵抗権（20条2・3項），天然資源への権利（21条），発展への権利（22条），平和への権利（23条），環境への権利（24条），個人の義務（27-29条）を規定する。アラブ人権憲章（2004年）も，個人の義務（3条3項），自決権（2条1項），抵抗権（2条4項），天然資源への権利（2条1項），発展への

自由権規約委員会の解釈実践を振り返れば，規約共通1条は名目的な役割しか果たしておらず，それと読み合わせられる自由権規約27条も「当該少数民族に属する者（persons belonging to such minorities）」という文言に沿った個人中心的な理解が維持されている(72)。また，発展の権利宣言2条1項も権利主体を「個人（The human person）」に限定しており，あくまでも人権の集団的性格を否認する言説に支配されている。社会への義務に関わる世界人権宣言29・30条についても，自由権規約と社会権規約への条約化に伴い，それぞれに共通する前文第5段落や第2部5条1項の解釈条項という脇役にとどめられた。なるほど個別条文に踏み入れば，表現の自由に関する自由権規約19条3項が，中段と後段で世界人権宣言29条2項と同様の制限条項だけでなく，前段には「特別の義務および責任（special duties and responsibilities）」を権利行使に課しており，同29条1項の義務条項を彷彿とさせる。しかし，同条に関する自由権規約委員会一般的意見34号（2011年）を参照すると，権利と義務および規則と例外の順序を反転してはならないとの警告が発せられ，世界人権宣言30条に端を発する同規約5条1項の解釈条項もその警告に沿って想起されている（para 21）。

このように世界人権宣言最終三条の集団的要素は，秩序構成（／憲法制定）権力（constituent power）の主体である人民＝デモス（demos）の意思を反映するものであるが，とくに冷戦後は自由民主主義に基づく秩序を維持する傾向が強められている。人民の自決権を内包する宣言28条の秩序への権利は，「人民の意志（the will of the people）」を統治権力の基礎と定める21条3項上の政治的権利と結び付けられ，自由民主主義の勝利に伴い当該価値に基づく「良き統治（good governance）への権利」が唱えられるようになる(73)。世界人権宣言29・30条が示す社会への義務の趣旨が最も先鋭化している実践も，やはり自由民主

権利（37条），環境への権利（38条）と幅広く受容している。ASEAN人権宣言は，個人の義務・責任（6条），環境への権利（28条f項），発展への権利（35-37条），平和への権利（38条）を含む。米州人権条約については後述の注(91)とそれが付随する本文を参照。

(72)　Joseph and Castan, *The International Covenant on Civil and Political Rights): Cases, Materials, and Commentary*, 3rd ed (2013), 24. 19. ただし，近年の判例では1条と27条の連関も見られる。Sanila-Aikio v Finland, Comm No 2668/2015; Käkkäläjärvi et al v Finland, HRC, Comm No 2950/2017, Views of 1 November 2018.

(73)　Franck, 'The Emerging Right to Democratic Governance' (1992) 86 *AJIL* 46-91, 52-56; Bach-Golecka, 'The Emerging Right to Good Governance' (2018) 112 *AJIL Unbound* 89-93, 90.

主義の体現者として他地域を牽引する欧州人権裁判所の判例に蓄積している。ひとたび友愛原理に由来する「共生（vivre ensemble / living together）」が危ぶまれる限界事例になると[(74)]，欧州人権裁判所は民主主義の担い手である「多数者の権利（majority rights）」を少数者の権利に優先させており，いわば権威主義的（authoritarian）／不自由的（illiberal）自由主義とも呼びうる一面も垣間見せている[(75)]。他にも欧州公序の外縁を画する道具立てとして，世界人権宣言30条に類似する欧州人権条約17条は，第二次世界大戦の反省から「戦う民主主義（militant democracy）」を体現する規定として，条約上の価値と適合しない表現等を類型的に排除する「ギロチン効果」を発揮している[(76)]。

日本国憲法に関する言説においても，自律的な「個人の尊重」に拘る立場が主流となっていることから，集団的な社会はそれに対峙する位置づけにとどまる。憲法前文に刻まれた平和的生存権については，〈特定の内容を有する一個の権利〉として成立することを論証する努力がなされてきたが，当該権利の根拠規定・主体・内容のいずれについても説得力ある説明が提示されているとは言い難い状況にある[(77)]。平和的生存権がすべての人権の「基底」にあることを肯定した自衛隊イラク派遣違憲訴訟名古屋高裁判決（2008年）が注目されるが，「局面に応じて自由権的，社会権的又は参政権的態様をもって表れる複合的」性格を指摘しながらも，事案の局面はとしては「主として自由権的な態様」に限られていたことは注意を要する[(78)]。平和的生存権を離れて一般的な文脈に視野を広げても，とくに先住民族の権利など人権の集団的性格を認めることに慎重な態度がとられてきた[(79)]。憲法上の個人の義務についても，「国民一般に

(74) *SAS v France*, ECtHR（GC）, App no 43835/11, 1 July 2014, para 25.

(75) Orgad, *The Cultural Defense of Nations: A Liberal Theory of Majority Rights*（2015）Chap 4.

(76) 世界人権宣言30条に対応する欧州人権条約17条と，世界人権宣言29条2項と部分的に関連する欧州人権条約18条の関係について，根岸陽太「権利制約事由の濫用禁止原則──政敵を排除する目的での拘禁と権利制約事由の濫用──メラビシュヴィリ判決── Merabishvili v. Georgia［GC］, 28 November 2017」『人権判例報』1号（2020年）を参照。

(77) 齊藤正彰「解釈基準としての平和的生存権」同『多層的立憲主義と日本国憲法』（信山社，2022年）は，「特定の内容を有する一個の権利」という理解とは別次元の議論として，深瀬忠一『戦争放棄と平和的生存権』（岩波書店，1987年）の可能性を掘り下げる。

(78) 名古屋高判平20・4・17判時2056号74頁。

も，憲法上の権利を擁護すべき道徳上の義務はある」といえど，法的義務としては具体的な場面における「他者の権利行使を妨げない義務」があるというにとどまり，教育（26条）・勤労（27条）・納税（30条）につき国民の義務を定めた個別条文も「法的意義はきわめて乏しい」と断ぜられる(80)。12条前段に定められる不断の努力による自由・権利の保持義務，12条後段が禁止する権利濫用や公共の福祉に関しても，基本的には受動的な性格として消極的に評価される(81)。

2　他者との関係にある社会

世界人権宣言最終三条とそれらに反映される友愛概念は，これまで概説したように（新）自由（民主）主義的国際／憲法秩序を背景から支えてきた。しかし，貧困・紛争・環境破壊など現行秩序が露呈させた諸問題を克服するためには，自由と平等の均衡を調整する原理として友愛概念を再検討すべきであろう。その観点から注目すべき宣言起草過程の発言として，レバノン代表のカリム・アズクールは，29条において「社会が人格の完全な発展を保障する限りにおいてのみ個人は社会に義務を持つ」との解釈が成り立つことを示唆していた(82)。この立場は，「アトム化された個人という考え方を廃して社会（共同体）に対する義務を強調することによって，むしろそこに個人が義務を負う社会そのものを，個人のもつ諸権利が保障されるような社会に変革する権利を発生させる余地」を認めている(83)。実際に，同条は「秩序」の文言に不定冠詞を付すことで（an order），現在の秩序が人権の実現を妨げるような構造的障壁を有する場合には，それらを除去した新たな秩序の創出に可能性を開いている(84)。つまり，誰しもが普遍的に結び付けられている「身近で小さな場所」から，自己と他者が人間的生に相関して共に社会を構成し続ける動態性が最終三条に埋

(79)　愛敬浩二「リベラリズムとポジティブ・アクション」田村哲樹・金井篤子編『ポジティブ・アクションの可能性』（ナカニシヤ出版，2007年）56-57頁。

(80)　長谷部恭男「前注（§§ 10～40）」長谷部恭男編『注釈日本国憲法(2) ――国民の権利及び義務(1)』（有斐閣，2017年）7-8頁。

(81)　宍戸常寿「§ 12【自由・権利の保持の責任とその濫用の禁止】」『同上』59-60頁。

(82)　Official Records of the Third Session of the General Assembly, Part I, 154th meeting on 24 November 1948, Draft international declaration of human rights (E/800) (continued), 659.

(83)　寿台・前掲注(29)109-125頁。

(84)　最上敏樹『国際立憲主義の時代』（岩波書店，2007年）269-270頁。

め込まれているのである。

他者に開かれた社会を世界人権宣言最終三条に基いて構想するためには，その前提として，秩序構成（／憲法制定）権力とその主体である人民の意思に潜む排除論理が脱構築されねばならない(85)。兄弟愛（*fraternité*）に強い関心を抱くデリダは，同概念が系譜・家族・誕生などの同類性を示すとして，民主主義を担う人民と結びつくことに警戒を示す(86)。実際に「テロとの戦い」で現前化したように，民主主義の暗殺者であるテロリストを非対称的な他者として同類から排除するために，民主主義とそれが保障するあらゆる権利と自由を破壊するという逆説的な事態が引き起こされた(87)。その生政治的現象は，まるで有機体が自身の内部に異物を認識して自らに免疫作用を及ぼすかのようであり，「民主主義の自己免疫（auto-immunité）」とも呼ばれる(88)。しかし，デリダは自己免疫性を絶対悪と見なさず，自殺行為の末に「到来する物や者──したがって計算不可能に留まるしかないもの──に晒される」力学を引き出し，自己を他者により変革する可能性を示す(89)。同様の脱構築は，例外状態，包摂的排除／排除的包摂，剝き出しの生といった概念を用いて他者性に向き合ってきたジョルジョ・アガンベンの「脱構成的権力（potenza destituente）」論にも表れている。アガンベンの整理によれば，人民による「構成的権力は破壊を伴い，常に新しい法形態を創設する」一方で，「脱構成的権力は，法を一回限りで退け，即座に新しい現実を開始する」力学であり，限局的に「民主主義を定義する人民（*demos*）ならざるもの（the *a-demy*）を求める思想」であると説明される(90)。

秩序構成権力の脱構築により，自律する個人の集合である人民は，自らを取

---

(85)　本段落の内容については，筆者が２つの別稿でそれぞれ異なる角度から詳説している。See Negishi, '*Fraternité (Dé-) Naissante:* Populist Potentialities of Human Rights' in Jure Vidmar (ed.), *European Populism and Human Rights* (2020) 142-165; 'The Forgotten Principle of *Fraternité:* Re-interpreting the Last Three Articles of the Universal Declaration of Human Rights' in McCall-Smith, Birdsall and Adam (eds), *Human Rights in Times of Transition: Liberal Democracies and Challenges of National Security* (2020) 41-63.

(86)　Derrida, *Voyous: deux essais sur la raison* (2003) 87.

(87)　Ibid 57-58.

(88)　Ibid 173.

(89)　Ibid 210.

(90)　Agamben, 'What Is a Destituent Power?' (2014) 32 *Environment and Planning D: Society and Space* 65-74, 71 (Stephanie Wakefield tr).

り巻きながら生き続ける無数の他者との相関関係のなかで，新たな社会現実へと変革していくことを迫られる。たとえば社会権規約委員会は，ビジネス活動の文脈における社会権規約2条1項上の締約国義務に関する一般的意見24号（2017年）において，世界人権宣言28条に定める秩序への権利を明示的に援用しながら，「規約上の権利の充足を可能にする国際環境（international environment）の創出に貢献する」義務を導いている（para 37）。また，米州人権裁判所は，環境と人権に関する勧告的意見23号（2017年）において，環境への影響により特別に脆弱な性質を持つ諸権利を侵害することが，「個人間で相互に友愛をもって行動しなければならない義務（deber de conducirse fraternalmente entre las personas humanas）」に違反するとの見解を採用した（para 66）(91)。生成過程にある法規範としては，世界人権宣言22・28条を具体化する発展への権利条約草案（2022年）が興味深い。同条文草案3条a項は，発展への権利の中心的な主体が個人に限られず「人民（people）」も含まれることを明確化しており，発展への権利宣言からの対比を明確にしている。その一方で，同草案7条は，世界人権宣言29条1項を敷衍して，国際法上の人権を尊重する「すべての者の一般的義務（the general duty of everyone）」を定めており，その人的範囲として，世界人権宣言30条が示した「国，集団または個人（State, group or person）」に加えて，法人（legal person）と人民（people）といった中間団体も含めている。

脆弱性を抱える他者の人間的生に即した新たな秩序や社会は，自律的個人を基底とする日本国憲法の文脈においても構想しうるだろうか。沖縄米軍基地訴訟をめぐる訴訟類型を分析する小林武が示すように，沖縄代理署名訴訟など安保条約や米軍駐留の違憲を抽象的に主張することなく平和的生存権の具体的な違反を主張することも人権救済に資するのであり，その副次的機能は「視覚・聴覚・嗅覚・味覚・触覚のそれぞれにより認識できる平和的生存権侵害の無数

(91)　裁判所は，環境汚染がしばしば武力紛争を引き起こし人々に多大な被害をもたらすことから「平和への権利（derecho a la paz）」の侵害につながるとして，社会への義務と第三世代権利の連関性も示している。また同意見57段落（脚注85）では，米州機構（OAS）憲章第8章〔統合的発展（integral development）〕に関する30・31・33・34条から，人民の発展に関する当事国義務が確認されている。裁判所は，その後のラカ・ホナト（*Lhaka Honhat*）先住民族共同体に関する争訟事件（2020年）で当該箇所を判決本文中で引用し，上記の義務を踏まえると環境への権利が第二世代人権に関する米州人権条約26条のもとで保障されると断定した。同様の論理構成が「発展への権利（derecho a la desarrollo）」も含みうるかについては議論の余地がある。

の事実」という具体的な人間的生に裏打ちされる(92)。また，憲法9条に関する四訴訟（砂川事件，恵庭事件，長沼事件，百里基地訴訟）を丹念に検討する蟻川恒正も，上記四訴訟の闘争を最底辺で担ったのは農民の抵抗運動であり，「農民の土地所有権が機軸に存する」ことを炙り出している(93)。「基地（base）に対する凡そ何らの根拠地（base）を持たない憲法論は，蜃気楼の裡に消えるほかはない」として農民の生活基盤に立脚した具象的憲法論を打ち出す蟻川の立場は(94)，彼らの共同体的な人間的生から権利体系を相関的に再構築する「小農と農村で働く他の人々の権利に関する国連宣言」を想起させる。これらの基地訴訟において，琉球／沖縄の人々や農民は，デモスとしての日本国民が権力主体として構成した現行の安全保障秩序から零れ落ちた他者であり，それぞれの実生活が脅かされる現場から平和的生存権を援用して，新たな秩序の到来に向けた脱構成的権力を行使していると整理できよう。他者の人間的生と相関的に秩序を再編する可能性は，従来の憲法論で軽視されてきた社会への義務にも反射的に示唆を与える。勤労の義務の意義を再考する辻健太は，経済的自由対公共の福祉という構図のなかで当該義務の意義を理解する必要性を説き，不平等に所有されている資産に対して課税して公正な分散を図ることで，経済的平等を足場とする社会制度を構築する可能性を秘めていると述べる(95)。そのような義務論が不在となっている現状に一石を投じる江藤祥平も，従来の憲法学が幸福追求の意義を個人の人格的実現に見出し，基本的に「国家からの自由」を意味する防御権的発想に立脚してきたことで，逆説的に自律の多様性を阻害してきたと批判する(96)。

以上の潮流が示すように，自己と他者が協働する秩序構想は，もはや現代の人々による社会の共時的な再構成のみならず，過去と未来に跨る通時的な連鎖

(92) 小林武「平和的生存権の総合的・基底的権利性――沖縄に即した一考察」『愛知大学法学部法経論集』205号（2016年）217-220頁。

(93) 蟻川恒正『尊厳と身分――憲法的思惟と「日本」という問題』（岩波書店、2016年）129-130頁。

(94) 同上。平和への権利の集団的側面と個人的側面の対比については，根岸陽太「（脱）構成的権力としての平和的生存権――国際人権と日本国憲法に内在する抵抗」『憲法研究』13号（2023年）を見よ。

(95) 辻健太「生存権と勤労の義務をめぐって――運の平等主義論争の生存権論への含意」尾形健編『福祉権保障の現代的展開――生存権論のフロンティアへ』（日本評論社，2018年）59-62頁。

(96) 江藤祥平「権利／人権――義務の不在」『法律時報』91巻8号（2019年）95-96頁。

により実現されていくことになる。そこで最後に，これまで検討してきた主体・権利・社会の問題を物語という世代を超えた壮大な文脈に位置づけていく。

V 前庭階段（前文）──人類の願望としての平和な世界の到来

1 自己を統治する物語

世界人権宣言は，本文に先立ち，7段の文章と1段落の宣言を置いている。カサンの構想に倣えば，建築物には前庭（parvis）が広がっており[(97)]，柱廊へと歩みを進める者は階段を一つ一つ踏みしめながら昇って行くことになる[(98)]。その前庭階段は柱廊それ自体には含まれないという「拒絶（refusal）」を味わう一方で，その建築物を外から「記念（celebration）」するという両義性を有しており，前文と本文が不可分一体となって人権の物語を紡ぎ出す[(99)]。そのような両義性は，過去から現在に至るまでの状況を記述する証言（*testimonium*）と並んで，将来に向けた願望（*desiderata*）を含んでいることに起因する[(100)]。本章冒頭でも触れた前文第2段落をもう一度想起すると，「人権の無視及び軽侮が，人類の良心を踏みにじった野蛮行為をもたらし」たと証言すると同時に，「言論と信仰の自由が受けられ，恐怖と欠乏のない世界の到来が，一般の人々の最高の願望」として提示されている。その願望は，同じく序論で言及したように日本国憲法でも先立って表明されており，「政府の行為によって……戦争の惨禍が起」きた過去を証言として刻み込んでいる。

証言と願望を織り交ぜた前文により，世界人権宣言は人類が歩んできた歴史を記録するというよりも，ある種の規範的世界を情熱的に伝える物語としての役割を果たしてきた[(101)]。起草作業において多大な功績を残したルーズベルト

(97) Cassin, supra note(11), at 278-279.

(98) Glendon, *A World Made New: Eleanor Roosevelt and the Universal Declaration of Human Rights* (2001) 174.

(99) Koskenniemi, 'The Preamble of the Universal Declaration of Human Rights' in Alfredsson and Eide supra note(13), at 27-39, 27-28.

(100) Klabbers, 'Treaties and Their Preambles' in Bowman and Kritsiotis (eds), *Conceptual and Contextual Perspectives on the Modern Law of Treaties* (2018) 172-200, 176-182.

(101) Goodale, 'Values without Qualities: Pathos and Mythos in the Universal Declaration of Human Rights' in McClennen and Moore, *The Routledge Companion to Literature and Human Rights* (2016) 441-449.

も，宣言の特筆すべき価値は「人類が懸命に到達しなければならない理想を人々の眼前に示した」功績にあると回顧し，少なくとも当時には存在していなかった規範的世界の投影を示唆していた[102]。世界人権宣言は，その改革的な魅力に最初は懐疑的な見解も散見されたが，1960〜80年代にかけて条約化の基礎として機能し，東西冷戦が集結して普遍性が再認するための基盤となるなど，象徴的役割を果たしてきた[103]。第二次世界大戦以後の歴史区分よりもさらに古代へと想像的に遡る（imagined antiquity）語り方では，ギリシャ哲学やローマ帝国に始まり中世を経て，自然権的思想の芽生えからフランスとアメリカで人権概念の誕生をもたらした18世紀の革命的契機を捉え，その延長線上に20世紀の世界人権宣言を位置づける[104]。これらの教科書的物語（the textbook narrative）には相違点もあるが，西洋で誕生した人権概念が世界人権宣言を契機に国際平面においても普遍性を獲得したという単線的進歩を描く傾向では共通しており，自己言及的に繰り返されることで聖伝承（hagiography）の地位にまで引き上げられている[105]。

近年では人権の歴史的転回（historical turn）と呼ばれる潮流が形成されており，単線的進歩観に陥らないために人権の諸起源（origins）を問い直す試みも蓄積しつつある。その代表的論者であるリン・ハントは人権の基礎を革命期の18世紀における「想像された共感（imagined empathy）に見出し，単線的な進歩とは異なる視点を提供しながらも，人権が今日まで継続性（continuity）をもって発展する歴史観に与する[106]。人権の歴史的転回を表から推し進めてきた継続性諸説に対し，1970年代後半こそが人権の起源であると主張する『最後の楽園』の著者サミュエル・モインを筆頭に，それらの物語の裏に断絶性（discontinuity）を見出す，いわゆる修正主義（revisionism）も登場している[107]。断絶性

(102) Roosevelt, 'The Promise of Human Rights' Foreign Affairs (1948).
(103) von Bernstorff, 'The Changing Fortunes of the Universal Declaration of Human Rights: Genesis and Symbolic Dimensions of the Turn to Rights in International Law' (2008) 19 *EJIL* 903-924.
(104) Halme-Tuomisaari and Slotte, 'Revisiting the Origins of Human Rights: Introduction' in Slotte and Halme-Tuomisaari (eds.), *Revisiting the Origins of Human Rights* (2015) 1-36, 2-6.
(105) Ibid.
(106) Hunt, *Inventing Human Rights: A History* (2007).
(107) Moyn, *The Last Utopia: Human Rights in History* (2010).

を強調する立場は，進歩主義的な普遍化を素朴に想定する主流に対して警告を発する功績となったが，人権の発展に寄与した重要な継続性を軽視しているとの批判に晒されている[108]。また，断絶性命題の諸説を加えたとしても，人権が歴史上の表舞台に躍り出た「突破口（breakthrough）」を物語の中心に据える点では，継続性命題と同根の悩みを抱え込むことに変わりはない[109]。結局のところ，素朴な普遍主義も無限の相対主義も避けて通るためには，人権の歴史における「継続性と断絶性」の双方を語らざるをえない[110]。

歴史的転回を経て様々な物語が現れてきた国際人権法に対して，はたして「日本国憲法に『物語』はあるか」。この問いを論題に据えた巻美矢紀によれば，「歴史に依拠した狭義の『物語』は，……平和主義に関して語られうるにすぎず，歴史に直接は依拠しない規範的世界を提供する広義の『物語』がもっぱら語られうる」という[111]。後者の物語を自覚的に編み出した佐藤幸治は，「今われわれに求められているのは，こうした憲法と日常の具体的生活との深いかかわり合いを自覚せしめる“物語”（narrative）を構築し，“善き社会”の形成に向けて努力するための道筋を提供する基盤とする」憲法観であると説く[112]。過去の歴史に直接的に依拠しない規範的性格ゆえに，「法の支配」を基礎とする佐藤の「専門家の物語」については，個人の自己決定／責任のイデオロギー化を招きうる危険性も指摘されている[113]。その危険性がもし現実になるとすれば，「自律の教説を基礎とする“物語”が我々にとって大きな異論なく受容されてきたとすれば，それは，十分に強力な『対抗的“物語”』の不在，または，あちこちで囁かれているはずの『対抗的“諸”物語』を聴き取ることのできない憲法学の感受性の鈍さによるところが大きい」[114]。

(108)　Alston, ‘Does the Past Matter? On the Origins of Human Rights’ (2013) 126 *Harv L Rev* 2043-2081.

(109)　Brier, ‘Beyond the Quest for a “Breakthrough”: Reflections on the Recent Historiography on Human Rights’ (2015) 16 *Jahrbücher für Europäische Geschichte* 155-173.

(110)　McCrudden, “Human Rights Histories” (2015) 35 *OJLS* 179-212.

(111)　巻美矢紀「日本国憲法に『物語（narrative)』はあるか――主権と人権・再訪」辻村みよ子・長谷部恭男編『憲法理論の再創造』（日本評論社，2011年）71-73頁。

(112)　佐藤幸治『憲法とその“物語”性』（有斐閣，2003年）11頁。

(113)　巻・前掲注(111)71-73頁。

(114)　小泉良幸「人権とオートノミー――自律の教説は公共社会の共通の“物語”たりうるか？」『憲法問題』24号（2013年）72-73頁。

2 他者との関係にある物語

「大きな物語」に無批判に身を委ねることなく，または新たな神話の創造に陥ることもなく，他者性を掬い上げる対抗物語（counter-narratives）は創り出されるだろうか。その問いへの答えを探して世界人権宣言に立ち返ると，まさに対抗物語に開かれた豊かな鉱脈を秘めてきたことが分かる。たしかに過去の起草当時を振り返る先行研究では，ルーズベルトやカサンなど指揮をとった西洋の代表者が中心的な登場人物であり，西洋以外の代表者に焦点が当てられる場合にも張やマリクなど卓越した男性の役割が強調されてきた(115)，それゆえ，世界人権宣言に端を発する人権の歴史は総じて西洋／男性中心主義の物語であるとの誹りを受けてきた。このような主流の歴史観に対抗するレベッカ・アダミは，宣言起草過程研究において周縁化されてきた非西洋諸国の女性代表たちの役割を再評価することで，主流の「西洋／男性中心主義の物語」が排除してきた声を拾い集めると同時に，フェミニズム法学／第三世界アプローチなどが批判の矛先を向けてきた「西洋／男性中心主義の物語」が実態を伴っていたかについても問い直している(116)。世界人権宣言前文の文法的な時（間的）制（約）を超えて，誰しもが普遍的に結び付けられている「身近で小さな場所」で人間的生が営まれる時点と相関的に物語は紡がれうるだろうか。

自己が共に生きる他者に開かれた物語を創り出すためには，統一的な規範的世界を投影する物語の方法論から問い直されねばならない。本章の目的との関連で注目されるのは，ポストモダン思想家ジル・ドゥルーズ＝フェリックス・ガタリのリゾーム（rhizome）概念を取り入れたデヴィッド・コラーの国際法史観である。大局的な継続性と限局的な断絶性のいずれかを語るにせよ，ドゥルーズ＝ガタリが『千のプラトー』で樹木状（arborescent）モデルと名付けたように，文字どおり特定の結節点（突破口）から系譜的に展開していく歴史とならざるをえない(117)。そのような歴史は，特定の中心的な結節点が想定された統一的構造を持つが，その構造を維持しようとする志向により，現実を歪曲してしまうだけでなく，構造に沿う予定調和により将来までも制御してしまう(118)。

(115) Roth, supra note(29); Malik, *The Challenge of Human Rights: Charles Malik and the Universal Declaration* (2000).

(116) Adami, *Women and the Universal Declaration of Human Rights* (2018).

(117) Deleuze and Guattari, *Mille Plateaux : Capitalisme et schizophrénie* (Les Editions De Minuit 1980) 29.

そこでコラーは，結節点同士が非中心的かつ非階層的に接続していくリゾーム状の「反歴史（anti-history）」こそが必要であるとして，「一つの新たな歴史（a new history）」が樹木状に伸び育つなかで切り落とされてきた枝葉（他者性）を拾い集めようとする[119]。リゾーム状の反歴史的な提案は，連続性と断絶性の双方に加えて，特定の主体や場所に限られない非中心的（polycentric）展開，一貫した読解に抗うような多様性さえも含みうる[120]。

茎根状に広がる物語は一見すると相対化の悪循環という混乱を招くように思われるが，そのような矛盾に満ちた歴史であるからこそ，特定の結節点を中心化させる力学を無効化し，無数の人間的生を映し出す物語のために土壌を整える。その実例を挙げると，唯物論的人権史を展開するスーザン・マークスは，観念的な人権の起源を探求する先行研究とは距離を置き，金や死といった人間的生に密着する物質的条件（material conditions of life）を当時の絵画や風刺画を含めた日常の物々（everyday objects）から人権を紐解いていく[121]。もう一つの例として，マクリーニーは1960～70年代のグローバルサウスによる新秩序構想に理想と現実の狭間に揺れる白昼夢（daydreaming）を見出す。すなわち，もし当時の情勢が継続していた場合には，より草の根的な社会運動，より多様なアクターが参加する国際制度，より新自由主義の影響を抑えられる法構造が登場しえたであろうという夢想である[122]。自己と他者の相関性の中で描かれる上記の物語では，中心となる結節点に即して合理化された樹木状の系譜を描くという一元的時間（homotemporality）の歴史性は薄れ，感性的な人間的生に相応して構成され続ける多元的時間（heterotemporality）の物語を茎根状に紡ぎ続けることになる[123]。

以上に示した対抗物語の可能性は，自律的個人の統合的物語を主流とする日

(118)　Koller, '... and New York and The Hague and Tokyo and Geneva and Nuremberg and ...: The Geographies of International Law' (2012) 23 *EJIL* 97-119, 114.

(119)　Ibid 115.

(120)　Eckel, *The Ambivalence of Good: Human Rights in International Politics Since the 1940s* (2019) 8-13.

(121)　Marks, *A False Tree of Liberty: Human Rights in Radical Thought* (2019) 16-19.

(122)　McNeilly, 'Rights for Daydreaming: International Human Rights Law Thought Otherwise' in Venzke and Heller (eds), *Contingency in International Law: On the Possibility of Different Legal Histories* (2021) 267-280, 273-279.

(123)　Moore, *Vulnerability and Security in Human Rights Literature and Visual Culture* (2016) 4.

本国憲法についても開かれているだろうか。憲法学において物語論を展開する論者は，多くの場合に対抗物語の必要性に言及しており，その候補としては奥平康弘の物語論を取り上げることが多い(124)。奥平の物語論の特徴は，日本国憲法の平和主義と9条に纏わる歴史＝記憶について，憲法制定時と現代を跨ぎ「世代を超えた共同作業」として構成する点にあり(125)，上意下達的な「専門家の物語」を特権化することなく，草の根的な「抵抗のための物語」として動態性を秘めている(126)。「他者との関係性を承認するということは，複数の物語が存在するということを必然的に含意する」と開放的な姿勢を見せる江藤祥平も，「憲法の物語的構築が解釈学上開かれているとみる限り，物語は必ず複数存在」すると主張する(127)。江藤が切り開く新たな物語とは，日本国憲法と世界人権宣言がともに前文で理想として掲げる「恐怖と欠乏から免かれ」る世界の到来に向けて，先の大戦において国内外で尊い犠牲となった他者のために，日本人が憲法9条にしたがい平和実現の世界的使命を先んじて引き受けねばならないという「贖い」の物語である(128)。他者に向き合う「贖い」の物語は，平和主義の文脈にとどまらず，「過去の制度設計に囚われた法」を現在も運用し続けることで，「将来に向けた扉を開いているとはいえない」権利保障の文脈においても語られよう(129)。

以上の潮流が示すように，人権の主体・内容・社会を文脈づける物語は，自律的個人を主人公に仕立て上げるために「大きな物語」や「一つの歴史的画期」を措定する樹木状ではなく，その統合的な物語のなかで見逃されてきた他者の人間的生との相関性のなかで再編され続けることになる。

---

(124) 成澤孝人「立憲民主主義と共和主義──奥平康弘の憲法思想における一側面」樋口陽一・中島徹・長谷部恭男編『憲法の尊厳──奥平憲法学の継承と展開』（日本評論社，2017年）。

(125) 奥平康弘『憲法の想像力』（日本評論社，2003年）；奥平康弘『憲法を生きる』（日本評論社，2007年）。

(126) 巻・前掲注(111)74-75頁；愛敬浩二「憲法学における『物語』論」『立憲主義の復権と憲法理論』（日本評論社，2012年）。

(127) 江藤祥平『近代立憲主義と他者』（岩波書店，2018年）176-177頁。

(128) 同上361-365頁。

(129) 大林啓吾「飽くなき贖罪を超えて──『平等権解釈の新展開』の楔」『千葉大学法学論集』34巻3・4号（2020年）112頁。

Ⅵ おわりに――「身近で小さな場所」から始まる責任

世界人権宣言は「恐怖と欠乏のない世界の到来」を構想したが，幾多の複雑な実定規範が実働する現代から振り返れば，まるで無邪気で小さな手が描く宝地図のようにも思える。世界人権宣言28条が夢見る「秩序」を「天国のような理想郷（utopia of heaven-like）」と皮肉交じりに呼んだクリスティアン・トムシャットは，「法律家としては，ただ何かを約束しながらその目標に届きうる方途を示さないこのような条文は，正当に評価することはできない」と強弁した(130)。しかし彼は同時に，同条はそのような非現実的な性格だからこそ，「真に法的な文書が踏み切るべきでなかった境界線を飛び越えることができた」と擁護の姿勢も示している(131)。なるほど「われわれが人権運動のなかで知ってきた世界」＝「故郷（Heimwelt）」は，登場こそは朧げに立ち現れた規範的世界にすぎなかったが，次第に自律的な個人を中核として「秩序づけられた（ordered）」ことで，「真に法的な文書が踏み切るべきでなかった境界線」を護持するようになった。しかし，その大人びた世界が個人に自律性を求めることで他者を脆弱な立場に追いやってきたとすれば，緑児のような純粋さで「境界線を飛び越え」，「われわれが人権運動のなかで知って〔こなかっ〕た世界」＝「異郷（Fremdwelt）」へと自らを開き「かれら」を招き入れるよう新たに「秩序づける（ordering）」責任がある(132)。そのように秩序の静態（Stasis）から発生（Genesis）へと視線変更を促す本章は，国際（人権）法／憲法に関する主流の言説が形作る「この世界に住み，この世界を支え，この世界を可視的たらしめている見えざるもの」としての他者を可視化することで(133)，「われわれ」と共に生きる「かれら」の人間的生と相関関係において普遍的人権が構成され続ける道筋を示した(134)。

とはいえ，大人はいつまでも子どもの国には留まれない。異郷から「かれら」

(130) Tomuschat, *Human Rights: Between Idealism and Realism*, 3rd ed (2014) 33.

(131) Ibid.

(132) Lindahl, *Fault Lines of Globalization: Legal Order and the Politics of A-Legality* (2013) 5-6, 160, 264.

(133) Merleau-Ponty, *Le visible et l'invisible* (1964) 198.

(134) 本章と問題意識を共有すると思われる見解のうち，次の両論文は，国際法学と憲法学のそれぞれを出発点としながらも，両学問を架橋する視点を提供している。齋藤民徒「国際法学におけるもうひとつの主体性」『法学セミナー』774号（2019年），山元一「グローバル化と憲法秩序」『法学セミナー』774号（2019年）。

を迎え入れて境界線を引き直したあとは，その内側で新たな「われわれ」の故郷に踏み止まらねばならない。世界人権宣言の誕生に立ち会ったルーズベルトの孫娘，もう一人のアンナ・エレノア・ルーズベルト（・シーグレーヴス）は，同宣言採択70周年記念演説のなかで，祖母の責任感を受け継ぎ一人一人と分かち合っている。

> 人権は，愛についてのものではなく，まして情についてのものでもありません。それは，徹底した規律ある尊重（radical and disciplined respect）についてのものであり，尊重のための文書を形作るために，それらすべての特性を取り込んだのです。しかし，私たちの態度や法律や公私にわたる行動を形作るものでなければ，ある文書もただの紙切れに過ぎず，それらを成し遂げるのも国連の任務や人権専門家の成果だけではありません。私の祖母はそのことを知っていました。この点について彼女が述べた見解は，影響力あるものとしてしばしば繰り返されています。〔本論文冒頭引用文〕……彼女は，人権を保護する責任が誰か他の人のものではないことを知っていました。その責任が，私自身に，そしてすべての人にあるのです(135)。

日本国憲法においても，「個人の尊重」を掲揚する条文の直前に，「この憲法が国民に保障する自由および権利は，国民の不断の努力によって，これを保持しなければならない」と定める条文が置かれている(136)。後者の意義を再評価する江藤祥平によれば，同規定は「権利からは導かれないような，それ自体で価値のある義務」を意味しており，個々人が義務を協力・分担して「自尊および寛容の文化」を醸成していく解釈学的営為を示すという(137)。同様の「非権利的規範（nonrights norms）」は，アラン・ブキャナンが読み解くように世界人権宣言にも見られ，しかも社会的要素を明示する土台・第4支柱・破風ではなく，個人の第一世代人権を列挙した第1〜3支柱の規定ぶりに表現されている。たしかに，「すべて人は……権利を有する（everyone has the right to / is entitled to ...）」という肯定文により権利を承認する規定とは別に，「何人も……されることはない（No one shall be ...）という否定文により権利を明示しない規定が存在

(135) Roosevelt, 'Preface' in McCall-Smith, Wouters and Gómez Isa (eds), *The Faces of Human Rights* (2019) v-vi.
(136) 江藤・前掲注(127)97頁。
(137) 同上96-97頁。人権哲学者アラン・ブキャナンによる「非権利的規範（nonrights norms）」。

する[138]。これらの否定文は，個人の権利以上に社会集団的な目的を念頭に置く非権利的義務（nonrights duties）を暗示するものと解せよう[139]。

二人のアンナ・エレノア・ルーズベルトは，世代を超えた共同作業として，「身近で小さな場所」から人権が始まるという物語を紡ぎ出した。その物語の主人公は，「徹底した規律ある尊重」を受けることで，表舞台で眩しい輝きを放つことができる。しかし，その舞台の裏方では，「人権を保護する責任」が「私自身に，そしてすべての人」にあることが自覚されねばなるまい。

---

(138)　Buchanan, *The Heart of Human Rights* (2013) Annex. 後者の具体例としては，奴隷禁止（4条），恣意的逮捕・拘禁・追放禁止（9条），罪刑法定主義（11条2項），国籍剥奪・否認禁止（15条2項），婚姻の成立（16条2項），財産剥奪禁止（17条2項），結社所属強制禁止（20条2項），統治権力の基礎としての人民の意思（21条3項）が挙げられる。

(139)　Morsink, *The Universal Declaration of Human Rights and the Holocaust: An Endangered Connection* (2019) 213-215.

第6章

「定住外国人の人権」論と地球上のどこかに住む権利の間

──世界と日本の「無国籍」問題と「向こう岸」に開かれた公法学への展望

小畑　郁

Ⅰ　はじめに──「送還忌避」論とその「批判」に巣くう宿痾

2021年2月に内閣から国会に提出された入管法（出入国管理及び難民認定法）改正案(1)（政府案）は，結果的には6月の会期末で継続審議となった(2)。たしかに，立憲民主党など野党や日弁連（日本弁護士連合会）からの批判をうけたこと，これが当面不成立となった一つの要因であることは間違いない。

実は，政府案の立法事実は，「送還忌避」問題と定式化されていた。つまり，

(1)　第204回国会閣法36号。提出時法律案のテキストは，〈https://www.shugiin.go.jp/internet/itdb_gian.nsf/html/gian/honbun/houan/g20409036.htm〉。法務省の解説は，次のウェブページからリンクしている文書に示されている。〈https://www.moj.go.jp/isa/laws/bill/05_00003.html〉. なお，本章におけるウェブページの最終確認日は，いずれも2022年7月5日である。

(2)　周知のように，その後，政府案と実質的に変わりのない改正案（第211国会閣法48号）が再度内閣から提出され，ごくわずかの修正の後，2023年6月，可決・成立した。この改正案の筆者による評価として，見よ：小畑郁「（法律時評）人類関心事項としての日本の『入国管理』法制」法律時報95巻9号（2023年）1頁以下。本章は，日本の制定法の状況というよりは，その背景で動いている法意識について批判的に分析するものであるので，この法改正の成立により，以下本文中に展開する所見については，変更の必要性はないと考える。

【図1】日本に居る「移民」の母国・日本との関係

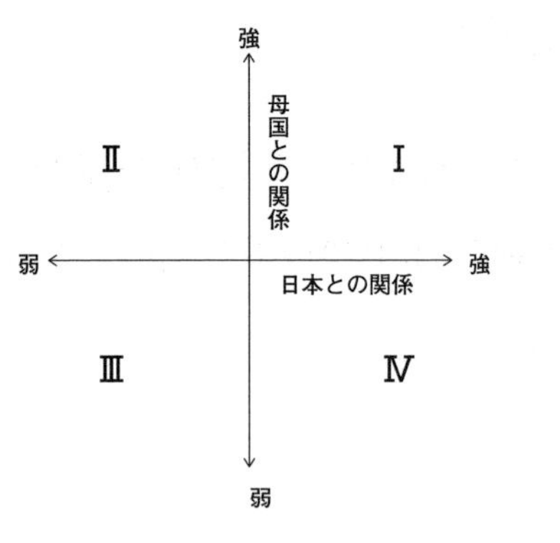

退去強制令書が発付されているにもかかわらず，自費出国に応じない者を「送還忌避者」と呼び，彼(女)らが，難民認定手続中の送還停止効を濫用し，さらには，彼(女)らの存在が長期収容をもたらしている，とされていたのである(3)。これは，現行の退去強制制度の下で，退去強制令書が発付された外国人が帰国しない背景にあるものを，すべて本人の責めに帰すべきものと決めつける立場であり，当然批判の対象となった。

こうした批判的立場を代表した立憲民主党など野党の論陣は，①実際に難民認定される範囲が国際水準からすれば著しく小さい，および②帰国できない外国人についての「人道的理由」による救済の範囲が狭い，ということであった(4)。②は，野党対案における，在留特別許可の際の広範な考慮事項の列挙という形で具体化されている(5)。日弁連（日本弁護士連合会）は，これを，(i)日本社会への定着性，(ii)家族統合，(iii)子どもの最善の利益，という三つの要素に

---

(3)「かねてより退去強制令書の発付を受けたにもかかわらず，様々な理由により，送還を忌避する者が相当数存在しており，実務上，迅速な送還の実現に対する大きな障害となっている。そして，このような送還忌避者の中には，法律上，難民認定手続中は一律に送還が停止されることに着目し，この送還の停止を目的に申請していると思われる濫用・誤用的な難民認定申請者も少なからず見受けられ，これに対する適切な対応の必要性もかねてより指摘されているところである。送還忌避者の増加は，我が国にとって好ましからざる外国人を強制的に国外に退去させるという退去強制制度の趣旨を没却するばかりか，退去強制を受ける者の収容の長期化の主要な要因ともなっている」〔改行を略した〕。入管庁「第7次出入国管理政策懇談会における『収容・送還に関する専門部会』の開催について」（2019年10月）〈https://www.moj.go.jp/isa/content/930004722.pdf〉.

(4) たとえば見よ：立憲民主党「難民等保護法案・入管法改正案の立法事実」，〈https://cdp-japan.jp/news/20210217_0768?msclkid=c772927ca78b11ec96e4e6d9eaff33ef〉よりダウンロード。

(5)「出入国管理及び難民認定法を改正する法律案」（第204国会参法21）改正後47条の2第3項。同法律案の提出時のテキストは，〈https://www.sangiin.go.jp/japanese/joho1/kousei/gian/204/pdf/t1002040212040.pdf〉.

整理している[(6)]。

このような野党や日弁連の批判は，送還「忌避」という決めつけが不当と考えられる多くのケースをカヴァーしていることは確かであろう。しかし，(A)日本社会との結び付きの強さ，という観点でのみ送還の(不)必要性・(非)合理性を考えるのは妥当であろうか。(B)送還先の社会との結び付きの強さ，という観点の軸を立てる必要はないであろうか。(A)と(B)とは，人間の越境移動が加速度的にまた多様な形で人間の生活に浸透している時代[(7)]においては，互いに独立の関数であるから，それぞれを横軸・縦軸とする図を描き，中間値を分割線として四つの象限を観念することができる（**図1**）。この第Ⅰから第Ⅳ象限のそれぞれの類型に即して考える必要があろう。端的にいえば，法上の無国籍者はもちろん，パスポートをもたない事実上の無国籍者は，(A)からすれば極めて弱い場合がありうるが，それでも，彼（女）を引き受ける国が僥倖のように現れない限り，国外への退去を強制するすべがない[(8)]。

こうした問題があることは，実は，入管庁（出入国在留管理庁）の側も全く意識していないわけではない。政府案の説明資料の一つでは，ごく一部としながらも「自国民の受取を拒否する国」がある，と述べられている[(9)]。ここでそうした国とされるのは，日本政府から一方的に国籍のリンクがある，とされている国であることに注意が必要である。

難民については，(B)の観点も考慮されている。難民も(A)が強いかどうかは偶然的事情による。しかし，難民については，政府案批判論が依拠するのは，

---

(6)　日弁連「出入国管理及び難民認定法改正案に関する意見書」2021年3月18日，1，14頁。〈https: //www. nichibenren. or. jp/library/pdf/document/opinion/2021/210318_7.pdf〉.

(7)　さしあたり参照：カリド・コーザー（是川夕・監訳，平川和也訳）『移民をどう考えるか』（勁草書房，2021年）。

(8)　無国籍者の収容問題を扱う憲法学の注目すべき論稿として，参照：近藤敦「無国籍者に対する収容・退去強制・仮放免の恣意性」戸波江二先生古稀記念『憲法学の創造的展開　下』（信山社，2017年）201頁以下。近藤は，無国籍者の収容等を比例原則と適正手続保障との関係で扱い，違憲性を説く。もちろんそれらも一般的には重要な観点であるが，本章の立場は，事実上の無国籍者に対する退去強制手続の適用は，善意の引き取り国があるというごく例外的な場合を除き，そもそも目的達成の見込みがなく，措置の根拠そのものがないというものである。

(9)　入管庁・入管法改正案Q＆A，Q5に対するA，〈https://www.moj.go.jp/isa/laws/bill/05_00006.html〉.

彼(女)らの（暫定的）受入れあるいは追放・送還禁止（ノン・ルフールマン non refoulement）が国際法上の義務ないし国際基準として求められているという論理だけである。いいかえれば，そうした義務あるいは基準がなにゆえに求められるのか，という議論は，野党側においても避けられている。それは，野党対案で難民のみならず難民と同等の保護が与えられる「難民等」についても，国際機関の見解がガイドラインとして参照されることに端的に示されている(10)。なお，ここでは「無国籍者」も「難民等」のうちに含められているが，これも国際基準に沿って，法上の無国籍者に限定されていると解される。立憲主義を主題とする本講座に即して述べれば，「難民等」の地位についての憲法的保障はあるのか，あるとすればどういう根拠に基づくのか，という議論は，全くといってよいほどなされていない(11)。

入管庁は，引き取らない国があることを認めつつ，本人に対する不退去罪の新設をこれに対する対処と説明している。これは，できないことをしていないことに対して刑罰という制裁を課すことに等しい。ここには，すでに，自らの制度の貫徹不可能性を見て見ぬふりをして，純形式的な法的一貫性を回復しようとする最悪のリーガリズムがある。その結果犠牲を強いられるのは，行き場を失っている者である。

このような問題は，（事実上・法上の）無国籍者については，いつでも生ずることである。無国籍者については，憲法上も特別の地位が主張されることもないわけではない(12)。しかし，本人がこれを立証することは理論上不可能であり，また，日本国家がこれを捕捉することにも大きな困難があるばかりでなく，捕捉することが責務にすらなっていないことに，注意すべきである(13)。憲法学が，こうした状況に顧慮してきた形跡はない。無国籍者は，一国の視点に内在

(10)「難民等保護法案」（第204国会参法20号）〈https://www.sangiin.go.jp/japanese/joho1/kousei/gian/204/pdf/t1002040202040.pdf〉.

(11) これは，国際基準を自らの規範意識の中で十分には受け止められていない，ということであろう。この問題については，参照：小畑郁「日本における『難民』受入れをめぐる規範意識のこれまでとこれから」難民研究ジャーナル11号（2021年）50頁以下。

(12) 後注(54)およびそれを付した本文を見よ。

(13)「外国人」とは入管法上，「日本の国籍を有しない者」と定義されている（2条2号）。入管法の適用上，外国の国籍の有無は問題にされていない。後で述べるように，外国人の社会保障をうける権利を認めない憲法学説は，社会保障の提供は国籍国の責務としているが，外国人を権利者から排除している生活保護法は，権利者の範囲を日本「国民」としており，外国籍の有無は問題にしていない。

する公法学からは，不可視の存在，あるいは不都合な真実である。さらにいえば，日本の（国内）公法学には，公共性の観点からの資源の権威的配分について，外（外国や国際社会）の視点を意図的に遮断する，あるいは，遮断できない場合には，それは日本公法学の守備範囲外と決めつける，宿痾とでもいうべき傾向があるのではないか。こうした宿痾があるとすれば，日本の公法学が，上のような最悪のリーガリズムが生ずる土壌の一部を形成しているといっても過言ではない。

本章は，こうした疑問を背景に，戦後日本の憲法学を中心とする公法学が，外国人の問題をどのように考えてきたのかを再検討し，さらに，その結果形成された通説的枠組みについて，ようやく広く指摘されるようになってきた歴史的実態と現状に照らして，批判的に考察するものである。そのことを通じて，一国自己完結主義の公法学の決定的限界を踏まえて，「向こう岸」[(14)]に開かれた，新たな公法学についての，端緒的な展望を切り開きたい。

Ⅱ　大沼保昭における「国籍」へのアンビバレントなアプローチ

1　「『在日コリアン』の地位」論における反転への契機

外国人の憲法上の権利享有については，かなり早くから，積極説が支配的となり，また権利性質説が通説・判例といわれるような状況がつくられていた[(15)]。その後の状況を停滞と喝破し，憲法学における外国人の人権論に新展開をもたらしたのは，国際法学者の大沼保昭（1946-2018）であった。ここでは，まず，1970年代末に書かれた大沼の「在日コリアン」[(16)]の地位に関する論文を

---

(14)　この言葉は，もともとアレクサンドル・ゲルツェン（あるいはヘルツェン，1812-1870）の著作のタイトルに由来するが，筆者が外国人問題との関係でも念頭においているのは，良知力『向う岸からの世界史』（ちくま新書，1993年）〔初出1978年〕である。

(15)　見よ：芦部信喜編『憲法Ⅱ　人権(1)』（有斐閣，1978年）6-10頁（芦部信喜執筆）。

(16)　本章では，当事者の意識を現在において最も公平に反映し，問題が小さいと考える「コリアン」という用語を用い，また戦中から日本社会を常居所地としたコリアンとその子孫であってなお日本に居住する者を，とりわけ1980年代末以降，新たに日本に居住するようになったコリアンと区別するため「在日コリアン」と「」つきで表記する。もっとも，大沼が注17に掲げる論文を執筆した1979年当時の状況においては，大沼が初出論文で用いた「在日朝鮮人」という用語が，当事者の意識を最もよく反映するものであったと思われる。ただし，とくに在日本大韓民国居留民団（現称・在日本大韓民国民団，

取り上げよう[17]。この論文こそ，大沼が「定住外国人の人権」論を本格的に展開するための下作業となったものであった。

実は，この論文は，「在日コリアン」を単なる外国人と取り扱うことに対する強い異議申立から書き始められている[18]。つまり，「在日コリアン」についての対日平和条約（日本国との平和条約）に基づく日本国籍喪失，という，判例が支持してきた実務処理上の命題が，この論文における批判の対象である。

大沼は，従来の国際法で「領域変更に伴う国籍変更」という枠組みで議論されてきた問題が，植民地の独立に際しては，「民族自決と人権の枠組みによる国籍変更」という性格の問題に移り変わっていること，したがって，とりわけ領土割譲条約による処理よりも，独立国の国内法による自国民確定を受けた旧宗主国国内法による確認的処理，という枠組みが原則となっていることを，重厚な実証によって明らかにする。これを「在日コリアン」の国籍問題に当て嵌めると，対日平和条約によって日本国籍を喪失させることは，解釈問題としてそうした意図が認められない，ということを持ち出すまでもなく，有効なものとは考えられない[19]。

「〔韓国・北朝鮮国内法と在日朝鮮人の具体的意思から彼らの朝鮮国籍保持を確認し，その現実の効果として日本国籍喪失を確認する〕ような日本の国内立法による解決がなされておらず，在日朝鮮人の日本国籍喪失を規定した通達438号が違憲無効である以上，在日朝鮮人は，これまでのところ日本および朝鮮国籍を共に保持していると考えるほかない」[20]。

ただし，朝鮮の独立を承認したポツダム宣言と対日平和条約に基づき，日本は，「国籍のもつ機能のうち，朝鮮の民族自決に反する一定の機能を自制すべき義務を負う」[21]。したがって，国民としての教育を受ける義務や国民主権原理

民団）の側から，とくに「朝鮮」という用語については，以前から反発もあった。この問題については，さらに見よ：鄭栄桓『歴史のなかの朝鮮籍』（以文社，2022年）124-130頁。コリアンという用語についての大沼の批判については，大沼・後掲注(17) iv頁。

(17)　大沼保昭『在日韓国・朝鮮人の国籍と人権』（東信堂，2004年）。初出は，「在日朝鮮人の法的地位に関する一考察（1）〜（6・完）」法学協会雑誌96巻3，5，8号，97巻2，3，4号（1979-1980年）。

(18)　大沼・前掲注(17)59頁。

(19)　以上は，同上，とりわけ304-305頁。

(20)　同上，314頁。

への参与は認めるべきではなく，他方，日本国内居住権は認められるべき，という。

本来，これが，最初に提起された国籍問題との関係での結論になる部分である。したがって，この，日本と「朝鮮」国籍の重国籍状況，および，自決権尊重義務との関係での日本の国籍の一定の機能の行使自制という命題から，「在日コリアン」の個々の具体的な権利状況が，さらに検討されるというのが，この論文の論理的な展開であったはずである。指摘しなければならないのは，この命題と実際の行政実務における厳しい乖離があるのは，「外国人」としての全面的な在留管理に服していること，とくに，(再)入国権の保障がないこと，である。こうした結論的命題と実務に乖離がある部分についての展開が期待されたとはいえないであろうか。

ところが，ここで「どんでん返しがおこる」(22)。この後に続く部分では，「在日朝鮮人の具体的権利義務関係における差別は，もっぱら，日本社会との実体的きずな=定住という事実に依拠して批判される」(23)。このようなどんでん返しは，論理の流れからすれば，不可解というほかはない。しかし，これには，いくつかの理由があることは認めなければならない。一つには，当時の「在日コリアン」の生活上の最大の問題は，なによりもまず，就職差別に代表されるような日本社会に根を張った差別から生じていた，という極めて正確な状況認識を，大沼がもっていたことが挙げられる(24)。もう一つには，当事者である「在日コリアン」の圧倒的多数が，日本国籍を(も)保持している，という自己認識を，激しく拒絶していたことがある(25)。したがって，大沼にとっては，日本社会が責任をもって認めるべききずなは，実体としての定住であり，これに依拠して彼(女)らの具体的権利関係を明らかにすることが，まずは重要であったのであろう(26)。

しかしながら，コリアンの（潜在的）日本国籍を確認すれば，より明解で根本

---

(21)　同上，315頁。

(22)　松田竹男「公法学の動向」法律時報53巻3号（1981年）118頁。

(23)　同所。

(24)　見よ：大沼・前掲注(17)4頁，359-360頁。

(25)　見よ：同上，316頁。

(26)　これは，大沼が徐龍達とともに編んだ，『在日韓国・朝鮮人と人権』（有斐閣，初版1986年，新版2005年）という「入門書」の第1章に，「定住外国人としての在日韓国・朝鮮人」と題する大沼=徐対談の書き起こしをおいたことに如実に示されている。

的な解決が与えられる全面的在留管理・(再)入国権否認の問題に対しても，この論文では，定住性の枠組みのなかで「出入国管理」の修正（原則と例外の逆転）という議論が展開されるだけである[27]。もっとも，大沼自身は，国籍の観点を，とりわけサハリン残留コリアン問題という別の文脈でこだわりつづけているのであるが[28]。

このように，大沼は，あるところから，その国籍状況から「在日コリアン」の地位を考えるという視点を著しく相対化，ないしほとんど無効化している。それは，大沼が国籍についてその後も強調した国籍の「機能的把握」論[29]，ないしそれを導き出す発想と関係している。支配的法観念においては，今日に至るまで，関連の個々の権利の性質からこうした権利の享有者の範囲を定めるのではなく，「国籍」という包括的な地位から，個別具体的な権利享有者の範囲を，修正を加えるとしても，考えてきたのである。そうだとすると，国籍の機能的把握を社会実態に照らして賢人が説けば問題が解決するのではなく，どうしてそのような歴史的範疇としての「国籍」がある時点で立ち現れ，支配的な観念となったのか，そして，そのような歴史的条件が，どの程度存続し，どの程度失われたのか，ということを解明することが必要だったのである[30]。

つまり，「国籍」概念の分解が論理や観念の上では可能であるということから，「国籍」観念が，誤解あるいは稚拙な論理に基づくものであったしても，包括的地位と理解されて暴力的ともいえる作用を個人に対して及ぼさない，ということにはならない。大沼は，後者の暴力作用の認識を出発点としたはずであるが，国籍の機能的把握という論理的な議論を，一足飛びに適用したために，「在日コリアン」の国籍状況のより徹底的な構造的把握が省かれるかたちになったのである。

大沼が追求しなかったのは，当事者たる「在日コリアン」も保持していると考えた，「朝鮮」国籍なるものが，それ自体きわめて曖昧であったことである。「朝鮮」籍・韓国籍は，ある程度において，それぞれ北朝鮮（朝鮮民主主義人民共

---

(27)　見よ：大沼・前掲注(17)346-356頁。

(28)　大沼保昭『サハリン棄民』(中公新書，1992年)。

(29)　大沼保昭「国籍とその機能的把握」寺沢一・内田久司編『国際法の基本問題』(別冊法学教室，1986年)。

(30)　そのような試みとして，小畑郁「『経済籍』と『政治籍』の政治文化的融合としての近代的国籍」国際人権31号（2020年)。

和国)・韓国（大韓民国）という国家への帰属意識に対応していたが，多くの人々にとっては「統一朝鮮」への帰属意識と共存し，あるいはむしろそれに劣後するものであった(31)。この統一朝鮮なるものは，現実の国家としては存在しておらず，したがって，それへの帰属としての「国籍」が機能する余地はない。他方で，大沼が保持していると考えた日本国籍も，実務においては，徹底して否認されてきたのであり，その意味では，機能する国籍とは言いがたい。ということは，少なくとも事実上の無国籍状態が，「在日コリアン」のなかに広範に存在し，逆に言えば，半島居住のコリアンとも異なる「在日コリアン」の特徴は，極めて容易に無国籍状態に陥る，〈曖昧な国籍状況〉にある，といってもいいのである。

このように，国籍の状況で「在日コリアン」の地位を把握するのではなく，その定住性で把握する大沼のアプローチは，結局のところ，日本社会がどのような社会であるべきか，という関心に支えられている(32)。つまり多民族社会としての日本社会のあり方を自覚すべきというのである。その関心それ自体は否定すべきではなく，またその歴史的意義は否定すべくもない多文化共生論のパイオニアとして，いくら評価しても足りないものである。しかし，〈曖昧な国籍状況〉を捉えそこなったという結果論からの評価が許されるのであれば，大沼の議論には，日本社会のあり方に軸足をおくあまり，〈向こう岸〉からの視線や声なき声を果たして十分に受けとめていたのか，という問題があったというべきであろう。

2　「外国人の人権論」再構成における国籍問題の曖昧化

ともあれ，大沼の「在日コリアン」の地位の分析は，当然のことながら，そ

(31)　「対立する体制の一方への荷担というのは，大多数の在日朝鮮人の意識に反するものである。自らの日々の具体的生活こそが何より大切な問題であり，朝鮮については，その統一を希求するというのが，在日朝鮮人の一般的意識であろう」。大沼・前掲注(17)216頁。なお，「朝鮮」籍を維持ないし選択した人々の意識についての最近の研究として，見よ：李里花編著『朝鮮籍とは何か』（明石書店，2021年）および鄭・前掲注(16)書。これらの著作が強調するところは，本文で述べたこととは異なるが，これらの著作における観察が，それと矛盾するものとは考えられない。韓国における，とりわけ朴正熙政権下での反体制運動のスローガンは，朝鮮半島の（平和的）統一，であった。このころの日本における韓国人難民問題については，さしあたり見よ：小畑・前掲注(11)56-57頁。

(32)　見よ：大沼・前掲注(17)359-360頁。

の後の「定住外国人」という類型設定と，その類型に固有の具体的権利関係の議論に直接的に繋がっている。しかし，注意しなければならないのは，大沼自身が，かかる議論を展開した1983年の論文(33)では，まず外国人の諸類型を考え，「定住外国人」を，その一つの類型とする構成がとられていることである。

この論文では，憲法学における「外国人の人権」論を，最初から土俵として設定した(34)こともあってか，当時日本の外国人の圧倒的多数であった「在日コリアン」それ自体を一つの類型とすることはなされていない。また，外国人の国籍問題は，棚上げされている。つまり，外国人の「日本の国籍を有しない者」という定義は，所与の前提とされている。実のところ，国籍状況から観察すれば，ごく形式的に言っても，日本に居る人間は，①日本国籍を有するが，外国の国籍を有しない者，②日本国籍を有せず，外国の国籍を有する者，だけではなく，③日本の国籍を有する一方，外国の国籍を有する者（重国籍），④日本の国籍も，外国の国籍も有しない者（無国籍），というように，分類される。大沼の枠組みも，「日本国民」と「外国人」の二分法に従って，その地位を考えるという，既存の日本の公法学に組み込まれた欠陥を継承している。要するに，外国籍の有無を問題としないことによって，日本国籍の有無という観点から考える単眼的視座が埋め込まれている。

しかし，この論文が，のちの憲法学者の「定住外国人の人権」論と決定的に異なるのは，この類型のほかに，「一般外国人」と区別されるもう一つの類型として，「広義の難民」を挙げていることである(35)。このような類型を設けるのは，大沼にとって必然的であって，「外国人の人権」論の再構成を迫る動向の一つが，「難民問題の衝撃」であるからである(36)。大沼がいう「難民」には，集団的かつ構造的要因により発生する構造難民も含まれ，難民条約（難民の地位に関する条約）上の難民には限定されない(37)。

---

(33)　大沼保昭「『外国人の人権』論再構成の試み」大沼『〔新版〕単一民族社会の神話を超えて』（東信堂，1993年）180頁以下，182頁。同論文は，法学協会編『法学協会百周年記念論文集 第2巻』（有斐閣，1983年）が初出であるが，大沼・前掲書（本注）への収録に際して「初出時に紙数の制約から本来本文で書くべきものを大幅に注としたため，〔…〕それを本来のかたちにした」という。同ｖ頁。

(34)　初出時の媒体であった『法学協会百周年記念論文集』の第2巻は，「憲法行政法・刑事法」とのサブタイトルが付されている。

(35)　大沼・前掲注(33)206頁。

(36)　同上，189頁。

このように，大沼が，定住外国人とは異なる特別の類型と位置づけたように，広義の難民をも深刻に受けとめていることは間違いない。しかし，それゆえに，「再構成」を必要とする論理の流れが，形式上複線化することとなった。つまり，定住外国人(38)については，「生活の実体において国民と同一に立場にある」ことから，「共同体一般の利益にもとづく」権利については，「外国人性を根拠として権利関係から排除・制限すること」は許されない(39)，とされる。この「社会構成員性」は，権利享有関係を決定する基準として，国籍と並んで重要な地位を占める，とされる(40)。

これに対して難民について適用されるのは，「生存権的必要性」といわれるもので，「個人が生存していくうえで彼(女)が連結点をもつ国家とのつながりをどれだけ必要としているか」という基準(41)である。これは通常の場合には，国籍国が保障すべきものである。ところが，「難民，無国籍者はまさに定義上〔そ〕の前提を欠く」〔下線は原文では傍点〕ので，各種国際基準で内国民待遇が保障されている，とされる(42)。しかし，この「生存権的必要性」は，社会構成員性と比べて，「国際法，国内法の両面において実定法的根拠は微弱であり，基準性の確立度は劣る」ということは，大沼においても最初から認められてしまっている。したがって，難民も，一般外国人と同じく「生活の実体面では国民との間に基本的な差異がある」(43)ので，一般的には，「権力一般と『人』一般との関係が問題となる自由権」および国際法が国籍による差別を禁止している権利領域において，国民と同等の保護が認められる(44)，とされるのみである。したがって，難民については，国際法以上の保障はないことになる。結局，難民につい

---

(37)　見よ：同上，189-190頁。

(38)　大沼の定義では，「日本社会に生活の本拠をもち，その生活実態において自己の国籍国をも含む他のいかなる国にもまして日本と深く結びついており，その点では日本に居住する日本国民と同等の立場にあるが，日本国籍を有しない者」である。また「〔そ〕のために必要とされる具体的な居住期間は，〔…〕個々的に求められるほかないが，国籍法が，引き続き五年以上日本に住所を有することを帰化条件としていることを考えるなら，五年間を一応の基準と考えることができる」とする。同上，204頁，205-206頁。

(39)　同上，212頁。

(40)　同上，193頁。

(41)　同上，196頁。

(42)　同上，197頁。

(43)　同上，211頁。

(44)　同上，214頁。

ては，既存の憲法学に対する異議申立にはなっておらず，それを安堵させるものであった，といえる。投げかけているのは，定住外国人の特別の地位の問題に尽きていることになる。

もっとも，大沼にとっては，広義の難民および無国籍者は，少なくとも，その倫理的感覚においてひっかかる存在であった。それは，おそらく大沼における反植民地主義と関係がある。実際，大沼は，難民問題を，植民地遺制のために解放民族が個々人の保護を国民国家体制のかたちで取り込むことができない，という，植民地支配の事後責任の問題と捉えている(45)。ここには「在日コリアン」の地位へのアプローチの仕方との共通性がある。しかし，個人を国民国家体制の下に十分に取り組むことができていない，ということは，国籍が曖昧になっている，ということを意味している。大沼には，国籍問題を問題として提起しながらも，個人の地位をその国籍状況において把握するということを最後の最後で避ける，という傾向があるように思われる。国籍の機能的把握という命題がドグマ化してしまい，国籍における曖昧な状況は治癒されるべきものというよりは，ある意味で健全な状況として理解されているのであろうか。このことによって，国籍の曖昧さそのものが，それだけで個人にもたらしている害悪を，十分に捉えることができなくなってしまっている，といえば酷な評価であろうか。

Ⅲ　憲法学における「定住外国人の人権」論と無国籍者・難民の不可視化構造

1　「定住外国人の人権」論の確立

大沼の問題提起は，憲法学に直接の影響を及ぼした。しかし，それはもっぱら「定住外国人の人権」論として収斂して展開させられることとなった。今日に至るまで憲法学の「通説」提供者として知られる芦部信喜（1923-1999）は，1989年初出の憲法についての体系的叙述で，外国人に「保障されない人権の問題点」を考える前提として「外国人の類別」を示しているが，これは大沼の論

(45)　同上，197-198頁。ここで，大沼は，国民国家の確立を，植民地解放のための合理的かつ正当な経路とみていることがわかる。たしかに，かかる考え方は，とりわけ東アジアおよび東南アジアの，知識人の大多数によって支持されていた。しかし，この地域においてすら，少数者などの周辺化された人々の問題が未だに残されていることは明らかである。筆者が，この特定の歴史的文脈において十分に根拠があり，正当と考えられる大沼の議論に対して，その欠点のいくつかをあえて指摘するのは，この理由に基づく。

文の該当箇所をトレースするものである(46)。

芦部は，「①定住外国人，②難民，③一般外国人」という類別をおいた上で，参政権（公務就任権を含む），社会権，入国権（再入国権を含む）について，外国人は享有できないという従来の命題を，順次相対化している(47)。もっとも，個々の制限の違憲性に踏み込むことには，大沼と比較すると，極めて慎重である。さらに，せっかくの「難民」の独自カテゴリー化は，難民条約における社会権についての内国民待遇，海外旅行・再入国の自由，一時庇護制度に言及があるに止まり(48)，大沼と比較しても，その意義が極小化している。

定住外国人の権利制限の撤廃についても，一面で積極的な主張が目立つが，他方で，現行法上の制限が違憲であると断じてはいない。たとえば，社会権について，「定住外国人の概念にもよるが，少なくとも永住資格を有するものについては，〔社会権規約（経済的，社会的及び文化的権利に関する国際規約）・難民条約の締結〕と切り離して日本国民とほぼ同様に取り扱う立法上の措置をすべきであったと解するのが，妥当であろう」と述べてはいる(49)。しかし，それは，次のようなかつての叙述の趣旨を強化した(50)ものに止まる。

「生存の基本にかかわるような領域で一定の要件を有する外国人に憲法の保障を及ぼす立法がそもそも社会権の性質に矛盾するわけではないのである。わが国の場合には，とくに永住権をもつ在留朝鮮人・台湾人については，日本国民に準じて取り扱うのがむしろ憲法の趣旨に合致する」（下線は引用者）(51)。

(46)　芦部信喜『憲法学Ⅱ　人権総論』（有斐閣，1994年）129-131頁。この箇所の初出は，同「憲法講義ノート（第22回）人権の享有主体(2)」法学教室102号（1989年）30頁以下（33-34頁）。

(47)　憲法学において，「定住外国人論」は，時代的にもう少し遡る。たとえば萩野芳夫（1929-）は，「生活の本拠と密接な人間関係」が日本にある外国人については，「国民に準ずる地位」を認めるべきだと述べていた。萩野芳夫「外国人の法的地位」公法研究43号（1981年）38-41頁。また，浦部法穂（1946-）は，「日本を生活の本拠とする外国人」には，「日本国民とまったく同じように人権が保障されると考えるべきである」と早くから説いていた。浦部法穂『憲法学教室〔第3版〕』（日本評論社，2016年）65-67頁。表現はわずかに異なるが，この箇所の初出は，「憲法学教室(6)　第1章 基本的人権総論(3)」法学セミナー370号（1985年）90頁以下（93-94頁）。

(48)　芦部・前掲注(46)137，140-141頁。

(49)　同上，138頁。

(50)　見よ：同上，137頁。

(51)　芦部編・前掲注(15)12-13頁（芦部執筆）。

したがって，芦部説は，なお定住外国人[52]の社会権保障について許容説にとどまっていると解すべきであろう。すなわち，憲法によりそれが要請されているわけではないが，立法により内国民待遇をすることが違憲とはならない，という立場である。この立場は，たとえば，「少なくとも定住外国人については，〔…〕日本国民と同等にとり扱うことが憲法上要求されている」[53]というような立場からすれば，好意的とはいえ不徹底なものということができる。

芦部説は，宮沢俊義（1899-1972）の学説を土台にしつつ，許容説を明確にとることによりそれを発展・改良した，という面を有していた。宮沢は，社会権は，「もっぱら権利者の属する国家によって保障されるべき性質の権利である」としていたからである。したがって，宮沢は，外国人一般の社会権享有主体性を否定する一方で，「無国籍人は，その居住する国家の権力に全面的に服するものであり，〔…〕国民に準じて，社会権の享有を認められるべき」としていた[54]。そのような学説からすれば，無国籍者のみならず国籍の実効性が失われている難民についても，社会権の享有を認めるべきであろう。これに対して，芦部における「難民」という「外国人の類別」は，ここにおいても，効力を有していない。しかし，それは，少なくとも憲法学においては，芦部だけの問題に止まるものではない[55]。

このように，生活の本拠に注目して「定住外国人」に特別の地位を認める立場は，1980年代末には，憲法学において確立した。しかし，その論理は，日本

---

(52)　ここでもそうであるが，芦部には，「定住外国人」という類別を立てながら，実際には，永住権者に限定する傾向がある。芦部の概説書である『憲法』（岩波書店，初版1993年，高橋和之補訂第7版2019年）では，「定住外国人」は定義上，永住資格をもつ者に限定されている。第7版，92頁。大沼らの「定住外国人」の定義との乖離に注意が必要である。

(53)　戸波江二「憲法から考える(3) 外国人の社会保障」法学セミナー462号（1993年）76頁以下（78頁）。

(54)　宮沢俊義『憲法Ⅱ〔新版〕（法律学全集）』（有斐閣，1971年）242頁。

(55)　たとえば，外国人の権利制限に最も敏感な学説を提供し続けてきた浦部においてすら，「難民」のカテゴリーが登場するのは，その『憲法学教室』の第3版（2016年）になってからである（68頁）。前注(8)にも挙げた近藤敦は，憲法学からは，最も越境移動international migrationと国際移住者international migrantsに好意的な学説を展開しているが，それにしても，「多文化共生」論という，少なくとも沿革的には「定住外国人」論に繋がる枠組みの中で議論している。近藤敦『多文化共生と人権』（明石書店，2019年）。

との結びつき（**図1**の横軸）とは区別される国籍国との結び付き（**図1**の縦軸）に，宮沢説がかすかに意義を見いだしていたことを，かえって見失わせる結果に繋がっていた。

2 「国籍離脱 expatriation の自由」論における片面的解釈

憲法学において，縦軸が考慮されないという構造的問題を，より端的に示すものとして，日本国憲法22条2項にも保障されている「国籍離脱の自由」の解釈がある。この条文では，「何人も」という主語が用いられているので，ここで問題になる国籍とは，日本国籍に限られないはずである。実のところ，1949年刊の法学協会編コメンタリーでは，ごく簡潔な記述ながらも，日本と外国の重国籍者について，外国の国籍の離脱を保障する意味が見いだされていた(56)。もっとも，この部分は，ほとんど無視されたも同然であった。美濃部達吉（1873-1948）は，「国籍離脱」の「国籍法上〔の〕特殊の意義」(57)を同条においては排斥し，「主としては外国に帰化することを意味する」としていた(58)。さらに，俵静雄（1905-1992）は，外国の国籍についての当該外国の自律的権限を想起させて，ここから次のように，日本国憲法上の「国籍離脱の自由」の限定解釈を導き出す。

「本条第2項は『何人も』といっているが，外国人にかかる保障をおよぼすことは無意味であるから，『何人も』とあるのは，日本国民を意味し，国籍とあるのも，日本国籍を意味するものであることは，当然である」(59)。

このように，外国の権限を呼び出して，それに日本は全く介入できないと断定し，ここから，「国籍離脱の自由」の片面的な理解を導き出すことは，その後主流になった(60)。たとえば，外国人の憲法上の権利享有主体性をめぐる解釈

---

(56)　法学協会編『註解日本国憲法 上巻』（有斐閣，1949年）219頁。この解釈は，後述する，合衆国における「国籍離脱の自由」に関する立法とその背景から導き出されている。同，214-215頁。

(57)　ここでおそらく念頭におかれているのは，後述する1868年の合衆国連邦法律を引用する次のような著作であろう。実方正雄『国籍法（新法学全集27巻）』（日本評論社，1938年）30-31頁。

(58)　美濃部達吉『新憲法逐条解説』（日本評論社，1947年）61頁。

(59)　俵静夫『逐条憲法要義』（警友書房，1949年）118頁。

(60)　このような趨勢に，抵抗の意を表明しているものと解されるものとして，法学協会

学説対立のなかで，いわゆる文言説，すなわち日本国憲法のテキストにおける「何人も」／「国民は」という使い分けに決定的意味を与える立場を批判するときに，22条2項後段の「何人も」という文言が明らかに不合理だといわれるようになった。この規定の解釈における倒錯性が，さらに一般化された形である。次の1978年刊の権威的体系書における記述が典型的である。

「憲法22条2項の国籍離脱の自由のように，もっぱら日本国民の日本国籍からの離脱の自由を保障する規定であるにもかかわらず，条文上は『何人も』となっている規定もあるので，〔文言〕のみで外国人に認められる人権の種類を決定することは不可能である」(61)。

しかし，美濃部が意識していたように，この解釈は，「国籍離脱」という文言の起源からすると，一面的なものであった。この語は，合衆国の歴史において，自らの国家性確立の理念にかかわる特別の意味をもって語られるものである(62)。最近の研究では，その歴史的性格は，次のように総括されている。

「建国から1856年の国籍離脱法までの間，〔…〕合衆国における個人の国籍離脱の権利の生成と進展は，出身国から移民し合衆国市民に帰化した個人が，その出身国から合衆国に忠誠のきずなを移すという能力を，さらには権利を有したいという願望を，その推進力としていた」(63)。

1868年の「外国における合衆国市民の権利に関する法律」は，前文で「国籍離脱の権利」確認し，合衆国に帰化した市民は，生来の市民と同一，その身体および財産の保護を享受し，合衆国大統領には，外国での彼らの拘禁について，外国政府にその理由を質し，不法と判断される場合には釈放を要求する責務が

編・前掲注(56)に大きな役割を果たした鵜飼信成（1906-1987）の1956年初出の次の著作がある。鵜飼『憲法』(岩波文庫，2020年)。とりわけ172-173頁を見よ。もっとも，「国籍離脱の自由」の解釈論としては，世界市民となる権利の承認にとどまっている。

(61)　芦部編・前掲注(15)89頁（芦部信喜執筆）。

(62)　国籍に即して，この歴史について論じた憲法学者の浩瀚な著作としては，次のものがある。高佐智美『アメリカにおける市民権』(勁草書房，2003年)。国籍離脱の権利については，同書，148-152頁。もっとも，この観念の歴史の，日本国憲法解釈への効果については，禁欲的にも，沈黙が守られている。

(63)　Jonathan David SHAUB, “Expatriation Restored”, *Harvard Journal on Legislation*, Vol. 55 (2018), p. 363ff. at p. 369.

ある，と定めた(64)。

つまり，「国籍離脱の自由」の「母国」である合衆国では，もちろん合衆国国籍からの離脱も問題になっているが，離脱の対象となる国籍とは，なによりもまず外国の国籍である。実際，イギリス艦船乗船者からの脱走者で，合衆国に帰化したものに対しても，イギリスがイギリス国籍を主張し，公海上で脱走者を捜査・逮捕した例があり(65)，それに対抗する議論であったのである。憲法22条2項が，「何人も」と規定したのは，必然的で理由があったのである(66)。

このような経緯は，日本においても，国籍法の教科書においてだけでなく，国際法の研究者によっても，紹介されてきた(67)ことにも注意が必要である。美濃部は，こうした経緯を意識していたが，その以降の憲法学は，むしろ無意識的に，自己完結的な世界に立て籠もっていたのである。

1868年の合衆国連邦法律が，「生命，自由および幸福追求の権利に不可欠な，すべての人民の自然で固有の，国籍離脱の権利」を冒頭で確認していることは，見逃されてはならない。したがって，この権利の少なくとも理念としては，自らの良心に基づく帰化申請については，当然に認めるということが含まれているはずである。

したがって，その「原意」に基づいて日本国憲法22条2項の「国籍離脱の自由」を解釈すれば，それは，日本国籍からの離脱を保障する側面を除くと，庇護権ないし少なくとも「庇護を求める権利」(世界人権宣言14条)(68)に，正確に

---

(64)　15 Stat. 223.

(65)　さしあたり見よ：芹田健太郎「国籍単一の原則に対する疑問」(1984年)『永住者の権利（芹田健太郎著作集3）』(信山社，2020年) 71頁以下 (76頁)。

(66)　この点は，憲法学者のものとしては，次の論文がごく簡単にではあるが，示唆している。近藤敦「複数国籍」〔初出・2012年〕近藤・前掲注(55)229頁以下 (245頁)。しかし，同論文は，重国籍の容認傾向との関係で，「国籍離脱の自由」を論じていることもあり，この自由に基づき，他国による国籍のリンクに基づく強制を，自国で制限するという効果を導きだすところまでは，論究していない。

(67)　実方・前掲注(57)30-31頁のほか，江川英文ほか『国籍法〔第3版〕(法律学全集59Ⅱ)』(有斐閣，1997年) 20-21頁，阿部浩己「出国の自由に関する一考察」早稲田大学大学院法研論集50号 (1989年) 48-49頁，芹田・前掲注(65)75-77頁。

(68)　世界人権宣言における個人の庇護権の保障は，正確には，個人が庇護を求めること，また庇護を与えられればそれを享受することにとどまる。いいかえば，個人が国家の庇護を与えられる権利は保障していない。しかし，「庇護を求める権利」は，少なくとも，個人が自己の良心に基づいて庇護を申請したならば，その庇護申請については，適正手続により誠実に処理する（そしてその間の暫定的滞在権を保障する)，という意味を有す

一致する(69)。日本国憲法は，庇護権を明文で保障していた，といいうるのである(70)。

日本の憲法学説においても，庇護権が憲法上保障されているとするものがごく少数ながら存在する(71)。しかし，これらの学説は，憲法の国際協調主義の精神を国際法の動向と合わせ読むことから，あるいは，それらと併せて，「全世界の国民が，ひとしく恐怖と欠乏から免かれ〔…〕る権利」（前文），個人の尊重・幸福追求権（憲法 13 条）などの解釈から，庇護権を導き出すものである(72)。文理的に庇護権を保障する 22 条 2 項の「国籍離脱の自由」を根拠とするものは見当たらない。外国人の外国国籍について，憲法が規定するはずがない，できるはずがない，という決めつけが，日本国憲法上の庇護権について，必ずしも強いとはいえない根拠しか提供できない状況を自ら作り出していたのである。

「国籍離脱の自由」の片面的解釈をもたらした，この決めつけは，「向こう岸」を視界に入れない，入れないことが健全と考えるという，戦後日本の憲法学さ

るといわなければならない。また，重大な人権侵害がまつと合理的に考えられる国への送還を禁止する「ノン・ルフールマン」原則は，その他の国への送還は可能であるという意味で，庇護を与えられる権利そのものではないが，そのいわばスケルトン的保障であるといいうる。このような庇護権の構造については，参照：芹田健太郎「庇護権の構造と庇護法の体系」（1977 年）『犯人引渡と庇護権の展開（芹田健太郎著作集 4）』（信山社，2020 年）274 頁以下（282-287 頁）。

(69)　日本の憲法学界において，国籍離脱の自由と庇護権を結びつけて論じ，前者の双方向的解釈を示す稀有な例として，齊藤正彰「移動の自由の構造」北大法学論集 73 巻 3 号（2022 年）1 頁以下（15-16 頁）。

(70)　最近の憲法学界において，「国籍離脱の権利」について注目すべき議論を展開しているのは山元一である。たしかに，山元が援用する「国籍離脱の自由」の「思想」と本章の立場とは親近性がある。しかし，国籍離脱の権利が外国人にも保障されうることや，ウクライナ政府の軍事指導に「ついて行けない」人々のみならずロシアの人々の庇護権（ないし庇護を求める権利）が保障されうる可能性については，触れられていない。山元一「ロシアによるウクライナ侵略と日本国憲法の思想」（2022 年）〈https://www.jicl.jp/articles/opinion_20220502.html〉．なお，後の雑誌掲載版（2023 年）では，筆者が提供した本章の入稿時原稿が引用され，本章で示した解釈の可能性が好意的に取り扱われている。法律時報 95 巻 4 号 66 頁以下（68-69 頁）。

(71)　日本憲法学における学説状況については，見よ：芦部・前掲注(46)143 頁および 145 頁注 27。

(72)　和田英夫『現代日本の憲法状況』（法学書院，1974 年）233-235 頁，萩野芳夫「国際社会と人権」芦部信喜ほか編『演習　憲法』（青林書院，1984 年）173 頁以下（178-179 頁）。

らには公法学全体に巣くう宿痾とでもいうべきものから生じている。実際には，外国人の外国国籍についても，少なくともその効果について，憲法は規定すべきであるし，できるはずであることは明白である。

Ⅳ おわりに――「向こう岸」に開かれた公法学への展望

日本憲法学における「定住外国人の人権」論の確立は，1980年代半ばであり，この時期までは，この議論の革新性は明らかであった。しかし，まさにこの時期に，この議論の前提となる日本をめぐるヒトの越境移動の動向に変化が現れてきた。

大沼が，定住外国人の典型と考えてきた，「在日コリアン」は，1985年（以下も含め各年末）には外国人登録人員総数比で80.3%であったが，1990年末には，64.0%まで落ち込み，1995年末には，41.3%となった(73)。この傾向は急速に進み，2020年末では，10.5%に過ぎない。この変化は，たしかに一部は，1985年の国籍法改正による父系血統主義から男女両系血統主義への変更によりもたらされたものであるが，むしろ，「新外国人」と評された日本への外国人の大量流入が支配的な要因である。

「在日コリアン」と入れ替わるように，「身分系」の在留資格(74)をもつ，一般的には定住化傾向をもつ人々が，とくに実数において増えてきたのも事実である。とりわけ，「日本人の配偶者等」や「定住者」という在留資格を有するブラジルないしペルー国籍を有する日系人が顕著に増えた。しかし，こうした「定住化傾向を有する」人々が在留外国人の中で圧倒的多数を占めているかと言えば，そうではない。**図2**は，2019年末における「在留の資格」(75)別の在留外国人の構成を示している。ここでは，右上から時計周りに，まず，在留中の活動

(73) ここでの「在日コリアン」とは，1990年末までは，「朝鮮・韓国籍」，1995年末以降は，特別永住者を指す。なお，以下の統計情報は，すべて入管白書または政府統計によっているが，いちいち出所を示さない。

(74) 日本の外国人（コミュニティ）の性格は，入管法上の「在留資格」によって，一応その特徴を浮き彫りにすることができる。もっとも，この概念のイデオロギー機能にも注意が必要である。この点については，参照：小畑郁「日本の外国人法における在留資格の肥大化」広渡清吾・大西楠テア編『移動と帰属の法理論』（岩波書店，2022年）76頁以下。

(75) 入管法上の在留資格と，特別永住という資格とをあわせて，実務上「在留の資格」と称している。この用語については，参照：同上，96頁注24。

【図2】2019年末における在留外国人の「在留の資格」別構成

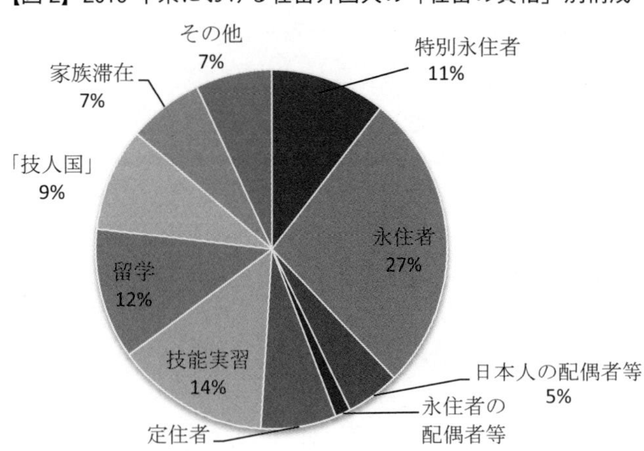

に制限のない，「特別永住者」と，いわゆる「身分系」の在留資格（入管法別表第2）を，日本との結びつき実績の強いカテゴリーから順に並べ，次に「活動系」の在留資格（同別表第1各表）を，パーセンテージの高い順に主なもののみ，並べた。

ここから分かるのは，まず，すでに，活動に制限のない資格の外国人は，割合として51％を占めるに過ぎなくなっていることである。より詳しく述べると，「活動系」の在留資格を有するものが在留外国人のなかに占める割合は，2000年代後半から2010年代前半にかけては35％程度で停滞傾向にあった。それがこの数年で急速に50％に迫ってきたのである。

つまり，1980年代までの「在日コリアン」という，なし崩し的同化傾向にあったほとんど均質の外国人の問題は，ごく少数派の問題となり，さらに，定住化傾向を有すると考えられる外国人も大多数とは言えなくなっている。日本の現状について，「移民」社会化と，筆者も形容してきたが，即してより正確に表現すると，移住者 migrants の問題があちこちに生じているような社会となっている，ということである。これは，世界的に生じている現象が，日本においても顕著になってきたことにほかならない。

さらに，このような日本を巻き込む巨大な流れと，それをもたらしている「ヒト」を越境移動へと促すさらに大きな圧力，その渦のなかで，少なくともある一定の割合では，パスポートの効力を否定される人々，つまり事実上の無国籍者が生まれるのは明らかであろう。このような実情を踏まえて，日本憲法学における「外国人の権利」論，ひいては「人権」論が，今や構築されなければならない。

こうした，「非定住」外国人の問題にも，日本の憲法学が一定の注意を払ってきたことは，認められなければならない。たとえば，厚生行政実務の突然の変更（1990年）によって生じた，非定住の（より正確には「活動系」の在留資格をもつ，あるいは在留資格をもたない）外国人に対する緊急医療の問題は，一部の憲法学者も着目するところであった。佐藤幸治（1937-）は，いち早く「緊急の医療扶助について，外国人であるからという理由で扶助の対象とならないとするのは困難であろう」と明快に述べた(76)。この見解は，佐藤の最新の体系書でも維持されている(77)。この佐藤の見解は，棟居快行（1955-）の優れた議論(78)を承けたものと考えられる。棟居は，いわば生存権のもっとも中核的な部分については，生活保護受給者の範囲を決定する行政の裁量はゼロ収縮する，と立論している。

しかし，こうした，「非定住」外国人の権利問題を議論しているのは，ごく一部の憲法学者である。また，上の議論も，「非定住」外国人の人権享有主体性というレヴェルのものではない。したがって，最近議論されるようになってきた仮放免中の外国人の権利問題(79)，さらには，「在留カード」制度(80)の導入により，全く不可視の存在となってしまった非正規在留外国人(81)の権利問題については，管見の限りでは，憲法学からのアプローチは見いだすことができない。

---

(76) 佐藤幸治『憲法〔第3版〕』（青林書院，1995年）422頁。

(77) 佐藤幸治『日本国憲法論〔第2版〕』（成文堂，2020年）167頁。

(78) 棟居快行『憲法フィールドノート〔第3版〕』（日本評論社，2006年）184頁以下（196頁）（初出は，同「憲法裁判相談室4――外国人医療費住民訴訟 異国で死なない権利」法学セミナー476号（1994年）82頁以下(86頁)）。

(79) これについては，次が最新の実態を明らかにしている。北関東医療相談会「生きていけない――追い詰められる仮放免者 仮放免者生活実態調査報告」2022年3月，〈https://npo-amigos.org/wp-content/uploads/2022/03/c6a8056cb5546ddc67f96ef542378eae.pdf〉.

(80) 2012年に導入された「在留カード」制度では，在留資格のない外国人は対象とされず，地方自治体ですら彼(女)の実態を把握することが著しく困難となった。こうした問題については，参照：小畑・前掲注(74)89-91頁。

(81) 彼(女)らの数的規模は，入管庁が出入国記録を電算処理してはじきだした，「不法残留者」の数で推定できる。2021年1月1日現在で，82,868人である。

「定住外国人の人権」論が，こうした問題について全く対応できないことは明らかである。さらに，「骨を埋める」覚悟を地域コミュニティへの包摂への条件とするような社会意識が進めば，具体的局面では，「国際移住者」の権利に対しても，それを否定ないし制限する効果を帯びることすらある[(82)]。

日本の憲法学としては，おそらく，**図1**の第Ⅲ象限に属する人々がかかえる人権問題は，あるとしても，日本国家による公共的規律の領域の外にあり，そうしたものとして日本憲法学の守備範囲外である，と考えてきたのであろう。「定住性」や「社会構成員性」は，その守備範囲であることを理屈立てる論理であった。しかし，日本を呑み込む越境移動の規模と速度，その結果として生ずる事実上の無国籍者の問題は，そうした態度を維持することが極めて困難となっていることを示している。さらに，そうした守備範囲に立て籠もることは，「周辺」の「ヒト」を「生きてはいけない」状況に追いやることを黙認し，内における立憲主義にとっても危機をもたらす[(83)]。むしろ，「定住性」や「社会構成員性」と並行して理念としては語られてきた，人権の普遍性や人間の尊厳を，直截に呼び出すべきであろう。日本国憲法13条を想起するとともに，ここでは，ここでは，世界人権宣言の1条を引用しておこう。

「すべての人間は，生まれながらにして自由であり，かつ，尊厳と権利において平等である。人間は，理性および良心を授けられており，お互いに同胞の精神をもって行動しなければならない」。

地球上のどこかに住む権利というのは，現代において，この普遍的な理念か

(82)　Cf. 五十嵐泰正「多文化都市におけるセキュリティとコミュニティ形成」社会学評論62巻4号（2012年）521頁以下（529頁）。なお，「（日系）定住外国人施策」という定式化の下の政府の「共生」施策の挫折と，そこから生じた入管庁による総合調整・管理体制の確立については，小畑・前掲注(74)91-92頁。

(83)　政府は，2018年頃から，仮放免許可を著しく制限し，その結果，長期収容問題を生じさせた。これは，東京オリンピック開催の年までに，「社会に不安を与える外国人」を大幅に縮減するためにとられたとされる。たとえば見よ：木下洋一（述）「入管における収容と人権保障①」（2020年10月14日）『入管収容・送還と人権保障』（千葉大学国際教養学部「国際人権論」講義録）〈https://www.chiba-u.ac.jp/crsgc/csmr/education/files/human_rights.pdf〉8頁以下（11頁）。いわば，憲法上は許されないとされている予防拘禁（しかも裁判所の関与・コントロールを必要としないそれ）を，一部の「ヒト」には認める措置である。こうした措置を容認するのであれば，予防拘禁合憲論に抗するために必要な倫理的基盤は，すでに掘り崩されている。

らみて最も侵害の危険にさらされているという意味で，公法学がその重要性を真っ先に承認しなければならないものにほかならない。

〔付記〕本章は，2022年7月に入稿したものであり，それに，2023年8月の初校時にいくつかの注を加えるという修正を加えた。入稿後，英語版を作成し，Japanese Yearbook of International Law, Vol. 66, 2023 に掲載された。本章と内容上大幅に重複していることをお断りしたい。

◈第3部◈

「外」から見た日本の憲法学

第7章

樋口陽一とデュルケームにおける個人の像の比較
──立憲主義と共和主義を繋ぐ「道徳」を手掛かりに

シモン・サルブラン

Ⅰ　序論──デュルケームと樋口を比較する意義

樋口陽一は，個人の解放のモデルとしてフランス型の共和主義に憧れを持っていると説明したことがある(1)。そして，「フランスでは,」と「出羽守」のように論じてしまうことに批判がありうることについても自らに皮肉を言いつつ，これを認めている(2)。フランス型の共和主義の構成には，デュルケームが決定的な思想的根拠を提供したことに鑑みれば，デュルケームが描く個人像と樋口が描く個人像に共通点があるのは自然なことと思われる。両者ともに「国家による個人の解放」を唱えている。しかし，樋口がなぜこれほどまでに「個人の解放」を自らの憲法学の中心，そして真の民主主義の中心にしたのか，をあえて問おうとする読者は少ない。もちろん，樋口が師事した「亡き師」，ルネ・カピタンの影響はこれに大きく関係していると思われる。樋口は，『「共和

(1)　樋口陽一『「共和国」フランスと私──日仏の戦後デモクラシーをふり返る』（柘植書房新社，2007年）。
(2)　同上，5頁。

国」フランスと私――日仏の戦後デモクラシーをふり返る』において，「国家はまさしく全ての人間に等しく諸個人の自由を確保する使命を持つ」というルネ・カピタンを引用しており，この文は，まさに樋口による個人像と国家の解放責任を表象すると思われる。しかし，樋口がずっと一貫して「個人の解放」を主張し続けたことからすれば，その思想には，「亡き師」への単純な忠実さよりももっと深い理由があると考えられる(3).

「個人の解放」は，ルネ・カピタンに先立ち，デュルケームによっても唱えられた筈だが，樋口はあまりデュルケームを直接引用していない(4)。デュルケームの有機体論は，樋口に懸念を引き起こしたのであろう(5)。しかし，デュルケームの思想が樋口に間接的であっても影響を及ぼしてないとは言えないであろう。レオン・デュギーをはじめとするフランスの憲法学は，デュルケームの社会学を継承する側面があり，デュルケームが第三共和政の法学者らの「法」の見方に影響を与えたり，逆にデュルケームがこの時期の法学者から影響を受けたことは間違いない。しかし，本章の問題関心は，デュルケーム社会学がなんらかの経路で樋口憲法学に影響を与えたことを辿ることにあるのではなく，20世紀初頭のフランス人社会学者と第二次世界大戦後の日本の憲法学者が「個人」というものをそれぞれの社会理論と憲法学の中心においたことの深い意味を考察する点にある。そして，両者の理論を比較することを通じて，なぜ「個人」というものが，いずれの理論にとっても必然的な存在であったのか，を明瞭にしたい。すなわち，本章の目的は，樋口憲法学の「個人」を通じてデュルケーム社会学の「個人」への理解を深め，また逆にデュルケームの「個人」を通じて樋口の「個人」の理解を深める点にある。両者の個人像を比較することで両者の個人像の理解が深まりうる。既に日本では，樋口の理論は十分研究されつくしたと思われるが，本章のもう一つの特徴は，樋口本人がフランス語で

(3) Higuchi Yoichi, *Le Constitutionnalisme entre l'Occident et le Japon*, Institut du fédéralisme Fribourg Suisse, 2001, p. 213. カピタンが樋口に与えた影響の核心は，フランス型の共和主義への樋口の憧れだと思われる。樋口がカピタンの憲法学について書いた論文としては，樋口陽一「ルネ・カピタンの先生の憲法学」『現代民主主義の憲法思想』（創文社，1977年）249-275頁を参照。

(4) 樋口は2回フランス語で引用しているが，個人主義に関わる引用ではない。Higuchi Yoichi, *Le Constitutionnalisme entre l'Occident et le Japon*, Institut du fédéralisme Fribourg Suisse, 2001, p. 44. と p. 168。

(5) 樋口氏が口頭で説明してくださった。

書いた著作を検討の中心におく点にある。樋口が外国人に向けて書いた著作の方が，日本社会の特徴等を具体的に説明する必要があるため，日本語で書かれたものよりもより社会学的な色彩を持ち，樋口の「法」観と「社会」観の繋がりをより明瞭にすることができる。樋口の本音は，フランス語の著作からこそより読み取ることができるのではなかろうか。

以下では，まず樋口が日本において「個人の解放」が不十分と考えた理由を明らかにするため，政治的指導者，最高裁判所，日本人の市民性に対する樋口の３つの「失望」を説明する（第Ⅱ節）。次に，フランス共和主義がなぜ日本のモデルになりうるのか，を検討する（第Ⅲ節）。デュルケームにおける「個人」を分析していくと，デュルケームの共和主義モデルでは，国家による「法道徳」が前提とされており，この道徳こそが樋口が日本に足りないと考えているものに対応することがわかる（第Ⅳ節）。最後に本論考は，樋口の憲法学は，デュルケームの社会学とともに，社会を変えようとする「記述的な」側面があるため，科学としての側面と知識人としての社会批判という側面の両面があることを結論として提示する。

Ⅱ　個人主義を採用できない日本社会──樋口による日本社会への「３つの失望」

樋口の個人主義の価値観への愛着を理解するためには，なぜ日本人が個人主義の価値観を理解し受け入れることができないと樋口が考えているのか，を知ることから始める必要がある。

樋口は，彼に知的影響を与えた偉大な人物の一人，丸山眞男が指摘した，日本社会の基層にある「執拗低音 basso obstinato」の伝統を嘆いている。戦後，日本社会は，表面上，民主化したようであるが，その基層においては，伝統社会の論理が続いている。樋口は，日本が「統合ではなく，近代と伝統の並置」にある状態を残念なものとしている(6)。

1　日本国民に対する失望──日本社会の「集団主義」(groupisme)と「重商主義」(mercantilisme)の批判

1889年の大日本帝国憲法制定に伴う民主化プロセスは，その不完全さにもかかわらず，強力な国家を作り出す第一歩となり，このことは，日本に国民国家

(6)　Higuchi Yoichi, op. cit., 2001, p. 100.

を出現させるための条件となった。もちろん，この時点では，「個人」は，まだ「臣民」と表現されるにとどまったが，明治維新は，近代国家の基盤となる国家と個人の対抗関係を作り出したと考えることができる。樋口は，フランスの読者のため，日本の家制度が何かを説明した上で，これを批判し，福沢諭吉の「脱亜論」が西洋の技術の導入に限局されたものであったとしている(7)。このことからすると，樋口にとって日本とは，単に西洋の経済的帝国主義を模倣するのではなく，道徳的に西洋化する必要があることを意味すると解釈することができよう(8)。樋口は，次のように述べている。

「1889年の選択は，強力な国家を設立したが，それでも中間団体を維持した。その中で最も重要な位置を占めたのが，家父長制によって強く支配された家族国家体制であった。天皇への絶対的な忠誠と帰依と家長への無条件の従順(孝)は，そのようにして重なり合いながら，社会の構成員に課せられたのである」(9)。

このように樋口は，明治維新が十分に日本社会を近代化できなかったと指摘した上で，戦後も法的な近代化が進んだとは言え，日本社会そのものは十分に変化していないとしている。分節すると，樋口憲法学には，日本に対する以下の3つの「失望」が存在すると思われる。

1．政治的指導者に対する失望

2．最高裁判所に対する失望

3．日本国民に対する失望

しかし，これらの失望は，ポツダム宣言と日本国憲法が切り拓いた「希望」として読み替えることもできる。

ポツダム宣言と日本国憲法は，法を通じた三つの解放を個人にもたらした。第一は，労働組合の結成の自由とその推進であり，第二は，1947年の民法改正による新しい家族・相続法による女性の解放，第三は，地主制からの農民の解

(7) Higuchi Yoichi, op. cit., 2001, p. 162.

(8) Ibid, 238.

(9) «Le choix de 1889 a fondé un État fort, tout en maintenant pourtant en place les corps intermédiaires dont le plus important était le régime familial fortement dominé par le principe patriarcal. La fidélité absolue et le dévouement à l'Empereur (chû) ainsi que l'obéissance inconditionnelle au chef de famille (kô) se superposaient ainsi sur les membres de la société» Higuchi Yoichi, op. cit., 2001, p. 7. 本章の樋口のフランス語テキストの訳は全て筆者によるものであることを敢えてここで申し添える。

放(10)であり，樋口は，これらの解放に注目しつつ，次のように述べている。

「これらの措置は，土地所有者に対する農民，雇用主に対する労働者，家族の長に対する女性など，以前の支配者に対して社会的および経済的に弱い状態にあった人々を支援することによって，個人の真の解放の可能性を開いた」(11)。したがって，樋口にとって，「1946年11月3日に公布され，1947年5月3日に発効した日本国憲法は，法律による大革命の成就にほかならない」(12)のであり，日本社会を真の民主主義，近代国家に変化させていけるのは，法の他にはないと樋口は主張しているのである。

しかし，そのような変化は，実現せず，日本は，その後の経済的成功にともなって，「家」に自分のアイデンティティーを求めていた形から，その拠り所を「会社」に求めるようになり，団体を通じて個人のアイデンティティを定める伝統が継承されることになる。したがって，「会社」は，戦前の家父長制の「家族」に取って代わったものにすぎず，樋口によって「会社」は，「その構成員の保護者であると同時に抑圧者」であると批判される(13)。

日本の経済的成功によって進展した「消費」の時代においても，樋口が批判する集団主義は継続し，樋口は，日本人は「活発な消費者でありながら無関心な市民」(14)であると論じている。

樋口は，丸山眞男による 1)「拘束の欠如」あるいは「人欲の解放」としての自由と，2)「理性的自己決定」あるいは「規範創造的自由」としての自由という区別に基づき，日本人が獲得した自由は，前者の自由，すなわちお金を使う自由に過ぎず，市民権を育み，「公共の事柄 respublica」を創造する自由ではないと指摘している(15)。

---

(10) Ibid, 163.

(11) «Ces mesures permettent la possibilité d'une véritable émancipation de l'individu, en soutenant les socialement et économiquement faibles contre leurs anciens dominateurs: les paysans contre les propriétaires terriens, les travailleurs contre le patronat et les femmes contre les chefs de famille». «La Constitution promulguée le 3 novembre 1946 et entrée en vigueur le 3 mai 1947 n'est que le couronnement de cette grande révolution par le droit». Ibid, 163.

(12) «La Constitution promulguée le 3 novembre 1946 et entrée en vigueur le 3 mai 1947 n'est que le couronnement de cette grande révolution par le droit»Ibid, 163.

(13) «protectrice et oppresseur des membres»Higuchi Yoichi, op. cit., 2001, p. 169.

(14) «des consommateurs actifs, mais des citoyens indifférents»Higuchi Yoichi, op. cit., 2001, p. 281.

要するに，樋口が批判するのは，日本社会の「群生主義」(grégarisme) と社会的「順応主義」(conformisme) である[16]。

2 政治的指導者と最高裁判所に対する失望――日本社会を改革できない行政権，立法権，司法権

日本人への批判とともに，樋口は，政治的指導者に対する失望も有していた。その一原因を樋口は，日本の選挙制度に求めている。すなわち，戦後の日本の政界は，議員が諸集団の特殊意思を擁護することによって団体票を獲得することなったため，議員は，「一般意思を表明するよりも，自らの選挙区の特殊利益を優先する」こととなった[17]。

「個人」の第三の敵は，樋口にとって日本の最高裁判所である。憲法の番人の役割を演ずることにより，個人の権利を擁護する筈の最高裁判所は，社会的権力（pouvoirs sociaux）から個人の権利を守るのには消極的な立場を取ってきた。具体的には，「法人の人権」と「部分社会論」に示されるように，日本の最高裁判所は，樋口によれば，「個人」とは何か，を十分理解していると言えない[18]。

換言すれば，樋口は3つの失望を抱いている。

—第一に，日本国民に民主主義と平和を獲得させるために，日本国憲法に含まれる新しい社会的パラダイムを受け入れなかった日本の政界に対する失望。

—第二に，日本政府に闘う民主主義の道を強制させる判決を出す勇気を持たなかった最高裁判所に対する失望。

—第三に，自分たちの市民性を育むことができなかった日本人全員に対する失望。

これらの失望の原因として，日本が現代の西洋民主主義の基盤となる政権交代をほとんど行ったことがないという事実も部分的に関連していると思われる。しかし，一つの党だけを支持するという選挙での選択は，日本政治の健全

(15) 樋口陽一『憲法という作為――「人」と「市民」の連関と緊張』(岩波書店，2009年) 107頁。

(16) Higuchi Yoichi, op. cit., 2001, p. 237.

(17) «intérêts particuliers» de leurs circonscriptions au lieu de se faire interprètes de la volonté générale»Higuchi Yoichi, op. cit., 2001, p. 41.

(18) Higuchi Yoichi, op. cit., 2001, p. 171-172.

さにとっては悪い結果となっても，本質的に民主的な選択であると認識するしかないと樋口は考えていた。問題は，日本の権力が「民意と離反しているからではなく」，それが「民意に基づいているからこそ」[19]だと樋口は説明している。日本の政治界の問題には，選挙民である日本国民にも責任があるということである。最終的に，日本政界の在り様は，日本国民に認められる。本論考は，ここに，樋口の国家論における「個人像」を理解する一つの重要な鍵があると考える。後に説明するが，この点は，デュルケームがルソーの一般意思について提案した指摘とも重ねることができる。デュルケームによれば，ルソーの一般意思が「市民国家で達成されるべき一種の抽象的なエゴイズムを目的とした全ての人々の個別意思の算術的な平均値である」としても[20]，それを多数派の意思に簡単に置き換えたり，それを構成する個人の投票の合計と見做すことも適切ではない。一般意思は，文化的及び社会的な共通の利益に基づいている。「共同体がそれに従うべき理由は，共同体が命令するからではなく，公共善を命令するからである。社会的利益を布告することはできず，法律の行為によるものでもない。社会的利益は法律の外にあり，法律はそれが社会的利益を表す場合にのみ本来のあるべき姿たりうる。したがって，投票の数は二次的なものである。意思を一般化するのは，投票数よりもそれらを結びつける共通の利益である」(II, 4)」[21]。一般意思が「一般的」たりうる理由は，大多数を表現しているからではなく，共通の利益を求めるからだというデュルケームによるルソー解釈は，この共通の利益が社会的に制約されながら定義されるので，ルソーの政治理論を社会学化する。すなわち，一般意思が諸個人の意思の集合であるならば，それは道徳的に社会に結びつけられた諸個人の意思となりうる。樋口ならば，これを市民（citoyens）の意思と定義するであろう。だとしたら，なぜ日本国民は能動的な市民になれないのか。この疑問は，樋口による demos と ethnos の対立によって説明される。

---

(19)　Higuchi Yoichi, op. cit., 2009, p. 11.

(20)　«la moyenne arithmétique entre toutes les volontés individuelles en tant qu'elles se donnent comme fin une sorte d'égoïsme abstrait à réaliser dans l'État civil.» Émile Durkheim, Montesquieu et Rousseau précurseurs de la sociologie, Bibliothèque Paul-Émile-Boulet de l'Université du Québec à Chicoutimi: http://bibliotheque.uqac.uquebec.ca/index.htm, 1966, p. 113.

(21)　Émile Durkheim, op. cit., 1966, p. 114.

3 樋口による demos と ethnos の対立

demos と ethnos の区別は，樋口の共和主義モデルへの憧れを理解するための中心的な概念だと思われる。demos としての国民は，この社会で市民になりたい人々によって選択された共通の普遍的な価値観を中心におく国家モデルである。すなわち，そこでは，集団の一員として人々が参加するのではなく，「個人が集まったものとしての人民」(22)が基礎におかれる。したがって，demos は，合理的で能動的な選択となる。それと反面に，ethnos は，ある民族の「性質」，誕生の場所の偶然に基づく。そこでは，「エスニックな単位ごとに結び付いたものとしての国民」(23)が表象される。社会契約に基づく demos vs. 血と出生地に基づく ethnos が対置されるのである。樋口は，日本が ethnos 型であり，単一民族の幻想に閉じ込められているとする。この単一民族の幻想は，今日まで続いており，90 年代に日本人を「日本は単一民族国家」と宣言した中曽根首相の発言，憲法改正案にある「民族の DNA」，「美しい国」，「伝統」という漠然とした概念には，国民を ethnos としての民族と位置づけようとする試みとして見られる(24)。

したがって，樋口にとって，この争点は，「人為」対「自然」，先天的対後天的の闘争でもある。立憲主義に基づき一般的な意思の連合として構成される国家は，作為であるが，その作為は，歴史的，合理的，意味のある作為であり，ある民族の単一性というフィクションよりも価値があると指摘している。日本の民主主義の進歩を妨げているのは，国家による個人主義に対する順守が欠如しているからだと考えられる(25)。

樋口は，日本が個人主義的な側面をとらずに，西欧の経済を真似したのを非難し，それを近代の janus と呼んでいる(26)。その意味において，日本での立憲主義の目的は，近代化のもう一つの「顔」，つまり，個人主義を日本に定着させることにあると考えられる。

---

(22) 樋口・前掲注(1)180 頁。
(23) 同上，180 頁。
(24) Higuchi Yoichi, op. cit., 2009, p. 22.
(25) Higuchi Yoichi, op. cit., 2009, p. 23.
(26) Higuchi Yoichi, op. cit., 2001., p. 93.

Ⅲ　共和主義による「個人」の解放――日本のモデルになれるか

これまでの論述で現代日本社会において個人主義の価値観が十分浸透していないという樋口の問題意識を明瞭にすることができたであろう。その基礎のもと，ここからは，樋口がその問題の解決に向けて提示した方法を分析していく。

非常に早い段階で，フランスの共和国モデルは，日本における個人主義の必要性を明瞭にするモデルとして樋口により提唱された。

樋口の最初の直感は，フランスの共和国モデルとその特異性こそが，日本国家，最高裁判所，そして国民自身という個人主義に対する３つの敵と戦うための対抗モデルとして活用できるというものであった。そして，そのモデルの中心には，国家が中間団体から個人を解放するというジャコバン型の個人主義がおかれた。

1　ジャコバン型の魅力

樋口は，トクヴィル／アメリカ型のデモクラシーモデルとルソー／ジャコバン型の共和国モデルを対比することで，共和主義への自らの解釈を提示した。

樋口によるルソー／ジャコバン型モデルの特徴は，個人の解放を中心とした国家の構築である。その過程を次のように説明している。

「最初に，革命的な国民国家は個人を解放し，すべての中間団体と法的地位を排除した。非宗教的な国家は，その後，聖職者の力に対する個人の精神的な独立を擁護するため，大きな役割を果たした。最後に，経済および社会生活を規制する国家は，個人の自律の利益のためにお金の力を制御しようと試みた」(27)。

これに対して，トクヴィル型のモデルには，「司法の重視，地方分権化と自発的結社を好む」(28)という特徴がある。これは，「共同体的民主主義 consociational democracy」とも言い換えることができ，そこには，「コミュニティ

(27)　«D'abord l'État-nation révolutionnaire a libéré l'individu, en supprimant tout corps et ordres de caractère statutaire. L'État laïque, ensuite, a assumé un grand rôle en tant que défenseur de l'indépendance spirituelle de l'individu contre la puissance cléricale. L'État régulateur de la vie économique et sociale, enfin, a essayé, à son tour, de contrôler la puissance de l'argent au profit de l'autonomie de l'individu» Higuchi Yoichi, op. cit., 2001, p. 44.

(28)　«l'importance du pouvoir judiciaire, la décentralisation et le goût pour les associations»Higuchi Yoichi, op. cit., 2001, p. 12.

タウン«community town»」[29]に基づいたアメリカの民主主義モデルが前提にある。また，ルソー／ジャコバン型とトクヴィル／アメリカ型の対比は，デモスの「統合型」とエトノスの「多元型」の対比にも対応している[30]。

個人と国家の間にある中間団体を排除する共和国の役割を強調することは，当初から樋口の問題意識にあった。しかし，山元一が指摘したように，樋口は，初期の頃，このモデルを採用する日本の能力について悲観的であった。しかし，樋口は，1990年代後半にこのモデルを持ち出すことで議論を活性化しようとした[31]。1989年に樋口が参加した1789年フランス革命の人権宣言の200周年の国際会議も影響を与えたと思われる。そこで「四つの89年」理論をフランス語で発表したことが，ジャコバン型の共和主義の普遍性と重要性を樋口に再検討させるきっかけになったのでないかと思われる[32]。

統合型のモデル，すなわちジャコバン型の強調は，「国家を支える「市民」」と「国家からの自由の主体としての「人」」を区別する基盤ともなる[33]。

この市民／人の区別は，トクヴィル型とジャコバン型の人権に関する2つの異なるビジョンに対応している。人間的な生活を送る権利として人権を描くアングロサクソン的な人権は，「広義」の人権（lato sensus）である[34]。これらの権利の所有者は，文化的に共同体に結びつけられた人間であり，これらの権利を授与し保護する社会の構成員としてその権利の主体になる。

これに対してトクヴィル型の市民とは，「権利の保有者として，自分が属する地域社会からも解放された個人」を前提とする人権であり，「狭義（sricto sensu)」の意味での人権と言える。ここで言う「狭義」の意味は，デュルケームが述べた「自律的な個人」に対応するものであり，「身分でも民族でも階級でも性別でもない，個としての人一般が権利主体」[35]とされている。

樋口の知的遍歴で興味深いのは，初期の学説では，「国家からの自由」が重要な概念であったが，その視点から徐々に離れ，共和国を特徴づける「国家によ

(29) Higuchi Yoichi, op. cit., 2001, p. 33.
(30) 樋口・前掲注(1)179-180頁。
(31) 山元一『〈「自由」の共和国〉の憲法思想——70年代主権論争そしてその後』石川健治編著『学問／政治／憲法——連環と緊張』（岩波書店，2014年）38頁。
(32) 樋口・前掲注(1)80-109頁。
(33) Higuchi Yoichi, op. cit., 2009, p. VI.
(34) Higuchi Yoichi, op. cit., 2001, p. 52.
(35) 樋口・前掲注(1)100頁。

る自由」を提唱することになった点にある。これは，樋口が常に，1)個人と国家を分離する必要があると考え，特に抵抗運動において個人が国家に対して自由であるべきで，国家の抑圧から身を守る必要があるということと，2)個人が中間団体から自由であることで共和国（res publica）の積極的な構成員たりうることとの緊張関係を重視してきたことと関係している。そして樋口は，「個人」を提唱することになった。樋口が「民主主義的」国家から「共和主義的」国家へと視点を移行したことについて，ある種の「転向」であると批判した学者もいるが，この移行は，樋口による次の説明に基づき理解しなければならない。「私自身としては，同時に成立する二つの要素のうち，その時期の主たる対抗言説として私が想定したものが何であるかによって，強調点の推移が見られるのだ，と考えている」(36)。

すなわち，樋口は，非常に早い段階からアングロサクソンの民主主義とフランスの共和主義の間，「権利」としての人権と「共和国（res publica）」への参加としての市民権の間で揺れ動いてきた。

しかし，その後，日本の立憲主義がアメリカモデルの経済的影響によってアングロサクソンモデルにますます傾斜していく中，樋口の理論は，次の引用に示されるように，これと反対にますます共和主義モデルに傾斜していった。「このようにして70年代を経ることによって，個人主義・反集団型「人権」観が形づくられてくる。それは，先に引用した岡田与好の文章によって要約されていた日本社会の現実とそれを正統化する実定法運用に対して，そして，自明のように「法人の人権」を含めて「国家からの自由」を語るという意味で「リベラリズム」に傾いていた学界の大勢に対しての，異論提出であった」(37)。

最初に述べたように，ルネ・カピタンが樋口の理論に与えた影響は，大きい。樋口は自ら，オリヴィエ・ボーによるカピタンの草稿の編集・出版の影響を次のように説明している。

「また，「共和国」という観念を私が自分自身にとってのキーワードとして用いるようになったのは，ルネ・カピタンの1939年講演の草稿がオリヴィエ・ボーによってカピタン家の資料の中から掘り出され公にされた2004年――正確に言えば，公刊前にそのことをボーによって知らされた時点――以後のことであ

(36)　Higuchi Yoichi, op. cit., 2009, p. 18.

(37)　樋口陽一「学説の「一貫」と「転換」――「学説と環境」再論」樋口陽一・森英樹・高見勝利・辻村みよ子・長谷部恭男『国家と自由・再論』（日本評論社，2012年）5頁。

る。」[38]

この1939年の講演では，カピタンは，「共和主義は民主主義に何かがプラスされている」と明言している。樋口の共和主義研究とその理論は，そのプラスは何かを説明しようとする試みとして理解できるのではなかろうか[39]。そしてデュルケームがそのプラスを理解するために，大事な手がかりとなるというのが本章の立場である。この点を次に説明していこう。

2　法を「個人の解放をする方法」と捉えるデュルケーム学

国家が個人を解放し，国家が強くなることで自由と個人主義も強化されるという問題意識は，デュルケームの理論の中心にある。

「個人が社会に服従すること，この服従こそが彼の解放の条件となる。人間にとって自らを解放するとは，肉体的で盲目で非知性的な諸力から自分を解放することを意味する。しかし，この解放に成功するためには，これらの諸力に対抗する偉大な知力の下に庇護を求める他ない。この偉大な知力が社会なのである。社会の影に身を置くことにより，ある程度，社会に従属することになるが，この従属関係こそが解放者となる。そこに矛盾はない」[40]。

デュルケームの体系では，諸個人の「象徴的表象の独占」をめぐり，国家と社会の他の集団との間で競合関係がある。「構成員に対して強制力を行使するあらゆる集団は，各構成員を集団の独自なイメージに形作ろうとし，その考え方や行動様式に強制を課そうとする」[41]。国家は，実際のところ，「最上の集団」にすぎず，デュルケームは，国家を「これ以上広範な集団に属さない集団」として最小限に定義している[42]。

---

(38)　Higuchi Yoichi, op. cit., 2012, p. 11.

(39)　Higuchi Yoichi, op. cit., 2009, p. 4. または樋口・前掲注(1) 130頁。

(40)　«L'individu se soumet à la société et cette soumission est la condition de sa libération. Se libérer, pour l'homme, c'est s'affranchir des forces physiques, aveugles, inintelligentes; mais il ne peut y arriver qu'en opposant à ces forces une grande puissance intelligente, à l'abri de laquelle il se place: c'est la société. En se mettant à son ombre, il se met, dans une certaine mesure, sous sa dépendance; mais cette dépendance est libératrice. Il n'y a pas là de contradiction» Émile Durkheim, *Sociologie et philosophie*, PUF: Quadrige, 5e édition 2014. Émile Durkheim, op. cit., 2014, p. 86.

(41)　«Tout groupe qui dispose de ses membres sous contrainte s'efforce de les modeler à son image, de leur imposer ses manières de penser et d'agir.» Émile Durkheim, op. cit., 2015, p. 154.

国家のもう一つの特徴は，デュルケームによれば，「社会のために話し，行動する」［parler et agir au nom de la société］ことができる唯一の機関であり，とりわけ「思考の機関」［un organe de réflexion］である点にある(43)。そこには，国家による解放の仕組みが存在する。なぜならば，国家は，集団的表象を独占するため，各集団による象徴的表象と戦えることになり，このことを通じて諸集団から個人を守ることができる。

国家の目的は，特殊な集団が個人に自らの集合的表象を課すことを防ぎ，個人の権利と利益にかなう集団的利益を地域コミュニティの利益よりも優先させることにあるとデュルケームは考えた。この国家の行動は，樋口がジョン・スチュアート・ミルの言葉を借りて「社会的専制」（social tyranny）と名付けたものに対して向けられている。諸集団は，国家よりも専制的である。デュルケームも同じことを次のように主張している。「したがって，集団生活のさまざまな領域への［国家］の介入は，それ自体，専制的なものではない。むしろ，その介入の目的と効果は，既存の専制力を弱体化させることにある」(44)。国家は，集団の地獄から個人を連れ出すことによって，個人の解放の主要な手段となる。「家父長制の従属からあるいは家庭内暴力から子供を解放したのは，国家である。市民を封建的な集団――そのあとは共同体な集団――から解放したのも国家である。労働者と雇用主を同業組合から解放したのも国家である。国家があまりにも激しく活動を行った場合，その役割は，純粋に諸集団に対して破壊的であることに限定されているので，それを超えた場合にのみ悪徳となる。」(45)。

しかし，この解放的な役割を果たすためには，デュルケームによれば，国家

(42)　«un groupement qui ne relève d'aucun groupement plus étendu.»Émile Durkheim, *Textes 3 — fonctions sociales et institutions*, Les éditions de minuit, Collection le «sens commun», 2016, p. 179.

(43)　Émile Durkheim, op. cit., 2016, p. 174.

(44)　«Son intervention dans les différentes sphères de la vie collective n'a donc rien par elle-même de tyrannique; tout au contraire, elle a pour objet et pour effet d'alléger les tyrannies existantes »Ibid, p. 156.

(45)　«c'est lui qui a soustrait l'enfant à la dépendance patriarcale, à la tyrannie domestique, c'est lui qui a affranchi le citoyen des groupes féodaux, plus tard communaux, c'est lui qui a affranchi l'ouvrier et le patron de la tyrannie corporative, et s'il exerce son activité trop violemment, elle n'est viciée en somme que parce qu'elle se borne à être purement destructive». Ibid, 2015, p. 158.

は侵入的でなければならず,「二次的集団に浸透しないといけない」,「その生活に入り込み」,「その機能を制御する」必要があるとされる(46)。このような国家の介入は，樋口にとっても認められる役割であろう。最高裁判所に「法人の人権」または「部分社会」の判例を破棄してほしいのは，特殊な集団たる会社に「法の介入」を樋口が提唱しているということである。しかし，国家の介入，強い国家には，危険も含まれるのは，言うまでもない。

デュルケームは，国家による集団的表象の独占が危険であることをよく理解していた。デュルケームが『社会学講義』において説明しているように，どの社会も専制主義になりがちである。なぜなら,「部分よりも優れた道徳的力」(47)を持つため，社会は個人を解放する一方で，個人を自分自身に従属させる傾向があるからである。この認識がデュルケームが個人を国家から保護するための媒介機関としての職業集団を擁護する考えを持つことにつながる。「経済的理由」で消滅した中世的な同業組合への復帰を推奨するのではなく，国家の象徴的な力に直面し，無力化している諸個人を「社会化」することで職業集団が「中間」的な役割を演じ得るとデュルケームは，主張する(48)。

デュルケームは，コーポラティズム（同業組合）に伴う問題は，常に変わらないとする。しかし，コーポラティズムが終焉する危険は，無秩序をもたらす。したがって，デュルケームにとっての解決策は，もはやローカルではない,「総合的，全国的」な職業集団の団結である。このような同業団結が「伝達と多様化」の機関としての機能を約束する(49)。

国家は，かかる同業団結を常に管理する実体である。「最後に，この組織全体が中央機関，すなわち国家に結び付けられるべきであることは確実である。職業に関する立法が一般的な立法の特別な適用にしかなり得ないのと同じように，職業道徳は，一般的な道徳の特定の形態以上のものにはなりえない。」(50)

(46) Qu'il «pénètre ces groupes secondaires», qu'il se «mêle à leur vie» qu'il «contrôle la manière dont ils fonctionnent». Ibid, p. 159.

(47) «une force morale à ce point supérieure à celle des parties» Ibid., 2015, p. 154.

(48) Émile Durkheim, op. cit., 2015, p. 114.

(49) «générale, nationale» où les groupements ne seraient que des organes de «transmissions et de diversification» Ibid, p. 125.

(50) «Enfin il est bien certain que toute cette organisation devrait être rattachée à l'organe central, c'est-à-dire à l'État. La législation professionnelle ne pourra guère être qu'une application particulière de la législation générale, de même que la morale

とデュルケームは，論じる。

デュルケームが推進しているのは，会員の利益を守り，この支部で働く人々に目的を与える専門支部の創設である。このことで会員の統合を促しながら，社会の圧力から個人を守り得る。デュルケームにとって，職業集団こそが唯一，道徳的なものである。なぜなら，それが現代の分業に望まれる有機的な連帯の動きに対応しているからである。これは，道徳と血の同質性に基づき，特定の地域に存在した昔の同業団体ではなく，分業から生じた合理的な道徳に基づいた団結である。

3　デュルケームにおける「媒体」としての中間共同体――樋口の「会社人」批判をめぐって

それでは，樋口は，デュルケームの職業集団のビジョンを受け入れるだろうか。

日本の「カイシャ」とかかる職業集団を同視するのは，間違いである。なぜなら日本の共同体の連帯は，本質的に「機械的」である(51)。そこでの共同体は「同質」であり，共通の道徳に基づく。そのため，一般社会の中へ個人を向上させようとしない。デュルケームの観点からすると，これは，個人を服従させる単なる地域団体に過ぎない。

しかし，デュルケームの理論は，樋口が懸念する次の点を照らし出す。団体の解体によってもたらされる社会的危険がそれである。「今日の日本社会で，「イエ」の重圧は都市化の進行とともにようやく過去のものとなろうとしているが，それにかわって「会社人間」という形での共同体主義がひろくゆきわたり，裁判所による実定法運用の場面でも，「会社の政治的行為をなす自由」や「○○神社の信教の自由」など，無頓着な「法人の人権」論によって個人の尊厳を後退させる論法が採用されている日本国では，中間団体の敵視のうえにあえて「アトム的個人」を析出させたジャコバン型個人主義の問題意識を，すくなくとも一度本格的に追体験することの方が重要ではないか，というのが筆者の見地である。」(52)。

日本のパラドックスは，樋口が指摘するように，明治末期に真の民主主義を

---

professionnelle ne peut être qu'une forme spéciale de la morale commune.», Ibid, p. 128.

(51)　Higuchi Yoichi, op. cit., 2001, p. 11, note 7.

(52)　樋口陽一『権力・個人・憲法学――フランス憲法研究』（学陽書房，1989 年）35 頁。

導入する上での障害の一つとして「政治権力の個人を保護することを可能にする中間団体の伝統の欠如」であった点にある[53]。日本には，昔から「権力の媒介」は不十分であった。日本指導者は，日常生活の領域から切り離された領域におかれ，権力への日常生活の利益の媒介は，乏しかったと思われる。

樋口は，日本のコーポラティズムの問題は，「悪い意味」[54]でのコーポラティズムであるとしている。利己的，地域的な利益を優先するコーポラティズム（体制順応的な）を構成し，公共の利益のため，国家に反発できるような市民を向上させるような共同体になっていない。このように考える樋口は，「個人を吸収するリスクのある社会的権力として」の団体と「政治的権力に対する権力分立の主体の役割を果たすことができる社会的権力として」の団体を区別している[55]。

デュルケームの職業集団の目的は，この集団が集合意識の発展に積極的に参加することにより有機的な連帯が実現し，個人を道徳的に強固なものとすることによって，各人の良心への国家の侵入を和らげることにある。しかし，日本の共同団体は，社会ではなく自らに向けられているため，デュルケームの意味での「不道徳」(immorale) な団体として機能している。デュルケームは次のように述べる。「社会の中では，大社会の中の小社会になるほどの自律性と独立性を持った二次的集団を形成させてはならない。なぜなら，そのような二次的集団が生じてしまうと，それぞれが多かれ少なかれ唯一の団体とし構成員に対して振る舞うため，社会全体が存在しないかのようになってしまう。このような団体は，その構成員の個人を取り囲んでしまい，個人の開花を妨げてしまう。集団精神が，特定の条件を構成員に押しつけるようになってしまう。並置された氏族集団，多かれ少なかれ独立した町や村，互いに自律した多数の職業団体で構成される社会は，１つの氏族，１つの都市，１つの同業組合で構成されるほど，あらゆる個人を抑制することになる」[56]。このデュルケームの言明に照ら

(53)　«l'absence de tradition de corps intermédiaires qui permettent de protéger l'individu du pouvoir politique» Higuchi Yoichi, op. cit., 2001, p. 160.

(54)　«mauvais sens du terme»Ibid, p. 278.

(55)　«en tant que pouvoirs sociaux qui risquent d'absorber l'individu» et les groupements «en tant que pouvoirs sociaux qui pourraient assumer le rôle d'acteurs d'une séparation des pouvoirs vis-à-vis du pouvoir politique» Higuchi Yoichi, op. cit., 2001, p. 69.

(56)　«Il faut qu'à l'intérieur de cette société il ne se forme pas de groupes secondaires qui jouissent d'une suffisante autonomie pour que chacun d'eux devienne en quelque sorte une petite société au sein de la grande. Car alors, chacune d'elles se comporte vis-à-vis

せば，樋口による「カイシャ」批判は，ここで二次的集団の危険性を唱えたデュルケームの懸念に近いと思われる。

4　国の指導者による「国民道徳を向上させる」責任

日本の団体は，公共利益のために個人を向上させないため，日本での社会的意識を高める役割を果たしていない。また国家の側も，日本国家は，無能力状態にあり，したがって，デュルケームが要求高く提示した国家像に対応していない。デュルケームは，国家を「一種独特の意識を持つ官吏の集団から構成され，そこでは，共同体の作業ではないが，共同体コミュニティにコミットする表象と意志が形作られる」(57)とし，そのように構成される国家を「社会を思惟する機関」(58)として定義する。

国民の思考は，拡散しており，国家の役割の１つは，その思考と共振しつつ，これを合理的で組織化された声へと形作っていくことにある。国家は，集合意識を含みこむものであるが，集合意識それ自体ではない。国家は，民主主義に固有の特徴である審議の努力を通じて集合意識を合理化し，超越する。デュルケームは，民主主義が君主制など他の権力行使様式と区別されるのは，権力の主体でもなく，支配者の数でもないと説明している。政体がどうであれ，権力は常に少数の人々の手に委ねられている。民主主義の特徴は，統治の様式が「審議」（délibération）の様式を取る点にある(59)。行政権は，行政機関や管理機関に託されるから行政権と呼ばれるが，実際の作動は，「審議」の様式を取っており，諮問会議，部会議などの様式で行われている。

この審議の役割は，国家が自らの決定過程を公開し，人々が上層部で何が決

---

de ses membres à peu près comme si elle était seule, et tout se passe comme si la société totale n'existait pas. Chacun de ces groupes, enserrant de très près les individus dont il est formé, gênera leur expansion; l'esprit collectif s'imposera aux conditions particulières. Une société formée de clans juxtaposés, de villes ou de villages plus ou moins indépendants, ou de groupes professionnels nombreux autonomes les uns vis-à-vis des autres, sera à peu près aussi compressive de toute individualité que si elle était faite d'un seul clan, d'une seule ville, d'une seule corporation». Émile Durkheim, op. cit., 2015, p. 155.

(57)　«un groupe de fonctionnaires *sui generis*, au sein duquel s'élaborent des représentations et des volitions qui engagent la collectivité, quoiqu'elles ne soient pas l'œuvre de la collectivité» Émile Durkheim, op. cit., 2015, p. 140.

(58)　«l'organe de la pensée sociale» Émile Durkheim, op. cit., 2015, p. 177.

(59)　Émile Durkheim, op. cit., 2015, p. 142.

定されているかを観察できるようにし，民主主義の場でこれにつき議論できるようにしなければならないということを意味する。そして，国家は，人々によって表明された疑問あるいは質問を考慮し行動する。

それは，民主主義の強みでもある。君主制と権威主義体制を特徴付けるのは，不透明性と，神聖と世俗の分離である。

権威主義体制のこの不透明さは，支配者が何をしているのかを観察する権利を人々から奪う一方で，人々が何をしているについての政府による観察も妨げる。絶対的な権力が「絶対的」なのは名称だけである。なぜなら，絶対的な権力は個人に対する権力であり，社会に対する権力ではないからである(60)。非民主的な政府は，「一般人があえて見上げない不思議な存在」であり，「一般人からかけ離れた」(61)神聖な政体であるとデュルケームは論じる。

樋口も同様に，日本の権力の特徴は，「隠されている権力」であったと述べている。1742年の公事方御定書という幕府の裁判法典には，「秘密の封印」(62)が記されており，儒教の「人々に何も知らせないで従わせる」(63)という教義は，日本の統治者／被統治者の関係を形作るものであった。神道自体は，儀式や教義がより開かれている仏教とは異なり，本質的に隠された宗教である。

民主主義にとって透明性は，国民が統治者と話し合うためだけでなく，統治者も社会を上手く統治するには，社会をよく理解する必要があるため，国家の力を拡大するためにも不可欠であるとデュルケームは，主張する。「人々が国家と同じ疑問を持つかぎり，その疑問を解決するため，国家はもはや人々の考えを無視することはできなくなる」(64)。不明瞭な要素は，国家の「社会意識の明瞭な領域」に到達することが必要となる(65)。

すなわち，民主主義の2つの特徴は，次のようにまとめられる。

「1. 政府の意識のより大きな拡大

(60) Émile Durkheim, op. cit., 2015, p. 188.

(61) «être mystérieux sur lequel le vulgaire n'osait pas lever les yeux», il était sacré, «séparé du commun» Émile Durkheim, op. cit., 2015, p. 180.

(62) Higuchi Yoichi, op. cit., 2001, p. 160.

(63) «Ne rien faire savoir au peuple, le faire obéir»Ibid, p. 160.

(64) «Du moment où le peuple se pose les mêmes questions que l'État, l'État pour les résoudre ne peut plus faire abstraction de ce que pense le peuple.» Émile Durkheim, op. cit., 2015, p. 180.

(65) «région claire de la conscience sociale»Ibid, p. 188.

2. 個々の意識に基づく大衆の意識と政府の意識との間での緊密なコミュニケーション。」[66]。

審議の度合いは，民主主義を判断するための基準になる。「ある国民は，熟考，審議，批判的思考が公事決定の過程で重要な役割を果たせば果たすほど，民主主義的であると言える」[67]。しかし，日本の民主主義が上手くいかず，少なくとも十分に上手く機能していていないのは，樋口にとって，国家が日本でこのような役割を果たしていないからだと考えられる。デュルケーム的な国家の役割は，「大衆の無意識的な思考を表現し，要約することではなく，この無意識思考に，より思慮深い思考を重ね合わせることであって，かかるより思慮深い思考は必ず同様なものになりえない」[68]。国家は，より合理性な思考に向けて，拡散した集合意識を高めるべき役割を持つ。

日本で国家がこの役割を果たさない場合，また司法裁判所も自発的な結社も媒介的ないし矯正的な役割を果たしえない場合，国家に集合意識を向上させる役割の責任を提唱していく中間団体の必要性が立ち現れる。もし，市民が国民国家との「一体化」を拒否すべきであれば，「公共の事柄（chose publique）への関わりを求めつづけようとする，公共社会（res publica）の能動的な構成員」[69]になるべきである。このような市民の変化は，フランスの共和国モデルと対峙することによってもたらすことができると樋口は信じている。

Ⅳ　デュルケームの「道徳的個人」と樋口の「市民」の比較

本章の議論の流れは逆になり，両者の「個人像」を最後に検討することにした。その理由は，樋口とデュルケームにおける個人を理解するためには，両者の議論を先に分析する必要があったからである。

(66)　«1. L'extension plus grande de la conscience gouvernementale
2. Les communications plus étroites avec cette conscience de la masse des consciences individuelles.». Ibid, p. 189.

(67)　«Un peuple est d'autant plus démocratique que la délibération, que la réflexion, que l'esprit critique joue un rôle plus considérable dans la marche des affaires publiques.». Émile Durkheim, op. cit., 2015, p. 190.

(68)　«d'exprimer, de résumer la pensée irréfléchie de la foule, mais de surajouter à cette pense irréfléchie une pensée plus méditée, et qui par la suite ne peut pas n'être pas différente. ». Ibid, p. 194.

(69)　「公共の事柄（chose publique）への関わりを求めつづけようとする，公共社会（res publica）の能動的構成員なのである」Higuchi Yoichi, op. cit., 2009, 11 頁。

1　デュルケームによるスペンサー個人像の批判と樋口によるトクヴィル=アメリカ型の批判

デュルケームにとって，個人は社会の構成員になることによって個人になれる。「人は社会に生きるから人である」(70)。デュルケームにとって，これは個人と社会の関係にとって明瞭な意味を持つ。私たちは，社会の道徳に取り囲まれており，道徳はアプリオリに存在せず，社会によって構築された結果として存在するため，個人的な道徳は，存在し得ない。道徳は他者の意識に向けられるから，必ず集合的なのであり，個人的な道徳，一人の人の道徳は存在し得ない。

この点に関連して，デュルケームは，社会を「エゴイスティックに自己利益を追求する諸個人の凝集」(«agrégat d'individu visant leurs fins égoïstes») として考えるスペンサーを批判する。したがって，功利主義の後継者の一人であるジョセフ・ラズのように国家を単に個人間の関係を「調整」するものとして否定的に定義することは，デュルケームにより否定される。デュルケームにとって，個人の利益は，決して個人に向けられるのではなく，社会に向けられる。無規範状態(anomique)な個人から理論的に道徳は存在しえないから，社会の道徳を個別の道徳の集合として考えることはできない。道徳，したがってすべての人の意思は，社会から私たちへと向けられているのである。デュルケームによるルソー解釈を先に説明したのと同様に，一般意思は，共通利益のための意思，すなわち社会の道徳に囲まれた個人の意思なのである。

アングロサクソン的な「人間」と共和主義的な「個人」を対立させるデュルケームの見方は，樋口が国家の干渉から保護されなければならない個人的な権利の所有者としての「人間」と「公共の事柄 res publica」に能動的に参加する「市民」の対比に対応するものと考えられる。またこの対立は，スペンサーの「人」とデュルケームの「個人」の対立にも相応するものである。樋口は，これらの２つのモデルの双方を認め，トクヴィルモデルは，コミュニティが抑圧的ではないゆえに機能するとし，共和国モデルは，フランス人の集合意識に深く根ざした個人主義が存在するために機能するとしている(71)。

とすれば，日本には，どのようなモデルに当てはまるだろうか。

---

(70)　«L'homme n'est homme que parce qu'il vit en société». Émile Durkheim, op. cit., 2015, p. 153.

(71)　Higuchi Yoichi, op. cit., 2001, p. 13.

樋口が共和国モデルを優先する傾向を持つ原因は，スペンサーが提案している個人のビジョンへの拒絶に基づくと言える。樋口がその研究業績の成熟とともに批判を強めていくのは，「広義の意味での」人権の享受者という個人，「国家からの自由」を持つ個人，「欲望としての自由」を満たそうとする個人である。彼は，狭義の人権の保有者である市民としての個人，「公共の事柄ないしは共和国 res publica」に能動的に参加する個人を評価する。

「国家による自由」と「国家からの自由」を区別しつつ，樋口は，「国家からの自由」を「戦う自由」と呼んでいる。国家の干渉から自らを守るのは，スペンサー的な個人である。この戦闘の動きは，個人にとっても必要であるが，それは，個人的利益の目的のためだけにあるのではなく，公共空間の向上のためにもある。樋口は，自由な社会には「戦闘を行わない」自由の余地も残さなければならないと主張し，この自由が個人が「無関心でいることの自由を保障する」(72)ものであることを明確にしている。

しかし，この公共空間は，無限に広がっていくものではない。すべての市民が民主主義に「フリーライダー」のように関与せずにただ乗りするだけになったら，公共空間には，国家との必要な対話を継続するために市民権を行使する個人がいなくなるであろう(73)。

スペンサーの個人に対するデュルケームの批判のくぼみの中に，樋口が人権の保持者としての個人に対して懸念する点を見出すことができる。樋口が懸念したのは，公共的な道徳に刻まれていない，デュルケーム的な意味での非社会的な人であり，それは，自己の利益しか考えない自由な電子のように人生を生きる個人である。

2　デュルケームによるカントとルソーへの批判と樋口による「自然」的個人と人為的個人の対立

それでは，デュルケームの個人と樋口の個人像は重なり，共闘関係にあるということなのだろうか。この問いへは，カントによる「神秘的な個人」(individu mystique) に対するデュルケームの批判をここで検討することにより接近できる。

デュルケームのカントへの批判は，道徳的権利は人間の本質から導き出せな

(72)　Higuchi Yoichi, op. cit., 2009, p. 67.
(73)　Higuchi Yoichi, op. cit., 2009, p. 67-68.

いという点にある。ここでデュルケームが問題にしているのは，カントの「演繹法」である。デュルケームにとって個人が社会から生まれるものである以上，人間の本質から，人間に与えられなければならない権利のリストを推論することはできない。一方，デュルケームの道徳は，社会それ自体の中で道徳を観察しているため，帰納的な方法に基づいている。それは，分業から生まれた有機的な連帯によって必要とされる個人の道徳なのであり，それゆえ人間の絶対的な権利ではなく，社会が産んだ権利である。デュルケームの個人は，歴史的であって，抽象的な個人ではない。ある社会とある時期に生まれた個人であり，時代の流れによって，享受する権利が変わる。

権利とは，社会による構築であり，個人の権利の主体は，「ありのままの個人［«l'individu tel qu'il est»］」ではなく，「社会によって実践され，知覚され，期待される個人」［«c'est la manière dont la société le pratique, le conçoit, l'estimation qu'elle en fait»］である。したがって，個人主義が進むにつれてこれらの権利は社会とともに拡大するため，権利の明確なリストを作成することはできない(74)。

デュルケームの個人は，「構築」されたものであるが，しかし，これは，樋口が言う「作為」ではない。ある社会に構築された「具体的」な個人である。そのため，個人に帰する自律性は，この意味でカントの自律性よりも実用的である。純粋に「自律する」［autonome］個人，つまり，「自分を律する」個人，「自分の規律」を自分でのみ決められる個人は，存在し得ない。個人は，社会の中に，そして社会によってしか存在し得ないから，個人を導く道徳は，必然的に社会の道徳であって，その個人に先行し，超越している。

これは，デュルケームと樋口の個人像を分け隔ててしまう障害と見なすこともできるが，結局，両者が異なる個人像を取るのは，社会学的観点と憲法学的観点の違いにほかならない。デュルケームは，道徳を社会の構造から生み出されるものとして見るが，樋口は，自らの価値観を立憲主義の基本的な規範から生み出す。

しかし，両者の方法論の違いは，誇張されるべきではない。樋口も，デュルケームのように，とりわけ，国家が「自然共同体から解放された個人の意思の帰結」«le résultat de la volonté des individus libérés de leur "communauté

(74) Émile Durkheim, op. cit., 2015, p. 161.

naturelle"»とし,「自然」ではなく「人為的」な構築としてみなしているのである(75)。

憲法学が,人為的に「作為」を作るのは,樋口の憲法学にも認められる。作為は,その意味で「記述的な」側面を持つ。カントの「神秘的な個人」を批判するデュルケームは,そのような「作為」を実際の社会が生み出す個人と異なるとして批判するであろう。しかし,樋口は,その「作為」の目的を,「民族国家」というもう一つの作為の反対物を作り出すことに見出している。「ネーションという一つの言葉が,近代啓蒙主義思想の所産である人為的な約束事としての国家なのか,それとも,血と先祖伝来の土地(Blut und Boden)という神話と密接に結びついた民族なのか,あらためて想起されるべきである。」(76)と樋口は,説明する。逆にデュルケームは,「血と先祖伝来の土地」共同体としての民族論を否定するし,個人が人為的に作り出されるべきという考えも持つ。個人を生み出すのは,個別の文化ではなく,「有機的な連帯」に基づく分業である。そのため,すべての近代社会がその分業を発展させる必要があるため,この個人には,ある種の普遍性がある。

デュルケームが描く個人は,「国家が作り出そうとするある個人ではなく,私たちの誰とも混同されない一般的な個人である[…]」«ce n'est pas tel ou tel individu que l'État cherche à développer, c'est l'individu in genere qui ne se confond avec aucun de nous [...]»。デュルケームの理論も,個人の普遍性を推奨する。

樋口が指摘するように,「そこでは,「人間」の多様性という現実と,「個人」像に託される普遍性のフィクションのどちらを基本に置くかの選択が問題なのであった。」(77)。樋口が日本に求めるのは,「個人の道徳的な自律性」[«établir une autonomie morale de l'individu»](78)を構築できる厳密な個人主義である。

樋口は,「柔軟な個人主義」も,西洋も誘惑する日本式の共同体主義のいずれも懸念する。

そして自らが選ぶ第三の道を「批判的普遍主義」と命名し,芸術や文化の多元性を受け入れることができるが,個人に対する深い信念については妥協しな

(75)　Higuchi Yoichi, op. cit., 2001, p. 13.
(76)　樋口・前掲注(15)96頁。
(77)　Higuchi Yoichi, op. cit., 2009, p. 139.
(78)　Higuchi Yoichi, op. cit., 2001, p. 11.

いというスタンスをそこに込める[79]。

樋口が説明するように，仮に「能」が一つの異なる演劇文化としてモリエールやラシーンと肩を並べることができるとしても，「個人への深い信念なしに，その名に値する公共社会（cité）はあり得ず，また同様に西洋の概念の深い意味を受容することはできない。」[80]のである。

かかる「批判的普遍主義」は，法的な文化を含む文化の多元主義を受け入れながら，普遍主義として妥協できない唯一の要点は，「個人」だと主張している。この点では，樋口は，デュルケームに非常に近く，個人主義を近代性の印とし，異なる文化の間で道徳的な一貫性が見出される唯一の点と見なしている。個人主義は，様々な国における近代社会の特徴であるが，樋口の日本に対する見方は，まさにここで言われる，国家とのコミュニケーションをはかるために「公共社会（cité）」へ市民が参加するものとして理解される個人主義が不十分という点にある。

3　個人主義の条件としての「道徳の培養土」の必要性

デュルケームにとって，個人は，近代社会の諸条件下で生み出されたものであり，集合意識の中に存在する。そのため，個人の自由意志の余地は，非常に限定されている。「この意味で，行動というのは，私たちがその目的を知り，理解している受動的な状態にすぎない。[…]自律的であるとは，人間にとって従わなければならない必然を理解し，それらを意識的に受け入れることである」[81]。

デュルケームの社会から生まれる道徳は，個人自身がこの道徳の中にあるため，この社会に生きる個人によって制御することはできない。それでは，立憲主義は，どのようにして日本社会における個人主義の無力を克服できるのだろうか。

---

(79)　Ibid, p. 10.

(80)　«Il ne peut y avoir de cité digne de ce nom sans croyance profonde en l'individu, et on ne peut pas ne pas accepter le sens profond de la conception occidentale en la matière» Ibid, p. 239.

(81)　«L'action n'est en ce sens qu'un état passif dont nous savons et dont nous comprenons la raison d'être. [..] Être autonome, c'est, pour l'homme, comprendre les nécessités auxquelles il doit se plier et les accepter en connaissance de cause.» Émile Durkheim, op. cit., 2015, p. 193.

デュルケームにとって，個人主義は，国家の「知性」とは何の関係もない。ローマは，ギリシャよりも個人主義的な社会であったにもかかわらず，より優れた傑作を生み出したのは，ギリシャであった。

国家の行動なしには個人は存在できないので，現代社会は法にコミットする合理的な国家を必要とする。デュルケームは，次のように述べる。「これらすべての事実から，国家の活動は，より一層，法に目を向ける義務があり，法に集中しなければならず，そして攻撃的で拡張する法律を平和的，道徳的，科学的なものにしなければいけない」(82)。

個人主義が社会の変化によって生み出されたとはいえ，それでも国家は，集合意識を努力して合理化していく責任から逃れることはできない。

以下のデュルケームによるフランスの個人主義に対する批判は，そのまま日本にも適用できるであろう。

「これは私たちのフランスの個人主義に少し当てはまるのではないか。個人主義は，極端な形ではあるが，人権宣言においてそれが何であるかが，理論的に表現されていた。しかし，個人主義は，この国に深く根付いているとは言いがたい。我々が，今世紀中に実際には非常に異なる原則に基づいている権威主義体制を極めて簡単に何度も受け入れてきたことは，その証拠である。[…]これは，個人主義的な道徳を確立するためには，美しいシステムにそれを変換して肯定するだけでは不十分であり，その確立を可能とし，それが永続するように社会を整える必要があるためである」(83)。

デュルケームによるこの発言は，もちろん，個人主義的な道徳の進歩を決定するのは，憲法の原則ではなく，社会の組織であるという主張として読める。これは，憲法の理念に対する批判として理解することができよう。

(82)　«De tous ces faits il résulte que, de plus en plus, l'activité de l'État a le devoir de se tourner vers le droit, doit se concentrer sur le droit et (faire) que le droit agressif, expansif se fasse pacifique, moral, scientifique.» Émile Durkheim, op. cit., 2016, p. 178.

(83)　«N'est-ce pas un peu le cas de notre individualisme français? Il a été exprimé théoriquement dans la Déclaration des droits de l'homme quoique d'une manière outrée; il est loin cependant d'être profondément enraciné dans le pays. La preuve en est dans l'extrême facilité avec laquelle nous avons plusieurs fois accepté au cours de ce siècle des régimes autoritaires, reposant en réalité sur des principes très différents. [..] C'est que, pour instituer une morale individualiste, il ne suffit pas de l'affirmer, de la traduire en beaux systèmes, il faut que la société soit arrangée de manière à rendre possible et durable cette constitution.» Émile Durkheim, op. cit., 2015, p. 153.

しかし，デュルケームは，法に社会を動かせる力がないという主張はしていない。デュルケームは，国家が個人主義的な道徳を課すために法に干渉する義務があるとまで主張している。また国家による機械的連帯に戻ろうとする試みもデュルケームは，批判してきた。

樋口の仕事は，個人主義の知的「培養土」を創造する試みとして読むことができる。そして，デュルケームのように，法がその培養土を育成するための唯一の方法だと考えている。

4　普遍的道徳による「国家主義」の超越

『社会学講義』においてデュルケームは，ユートピアを描き，社会に望ましい道徳体系を提示する。「進化が進めば進むほど，人間が追求する理想は，地球上の特定の場所や特定の人間集団に固有の個別な地域的・民族的な状況から切り離され，あらゆる特殊性を超えて普遍性へと上昇していくことを見出せるようになる。すべての道徳的な力は，その一般性の程度に応じて階層化される。」[84]。

個人を集団や民族の中に配置しようとする愛国主義に直面したデュルケームは，他国に好戦的な態度を取るのではなく，何よりも自分自身を普遍化し，社会の道徳的水準を向上させようとする人類に希望を託した[85]。

「国家の理想が人間の理想と融合する」，「特定の国家がそれぞれの力で，この一般的な理想を実現するための機関となる」，「各国家がその本質的な任務として自らを増殖し，国境を拡大するのではなく，その自律性を可能な限り組織化し，これまで以上に高い道徳的生活をより多くの構成員に実現させることを目指すこと［…］[86].」が必要であるとデュルケームは考えていた。

(84)　«Plus on avance dans l'évolution, et plus on voit l'idéal poursuivi par les hommes se détacher des circonstances locales et ethniques, propres à tel point du globe ou à tel groupe humain, s'élever au-dessus de toutes ces particularités et tendre vers l'universalité. On peut dire que toutes les forces morales se hiérarchisent d'après leur degré de généralité!». Ibid, p. 168.

(85)　Émile Durkheim, op. cit., 2015, p. 168-170.

(86)　«Il faut «que l'idéal national se confonde avec l'idéal humain», «que les États particuliers deviennent eux-mêmes, chacun en leurs forces, les organes par lesquels se réalise cet idéal général», «que chaque État se donne pour tâche essentielle, non de s'accroître, d'étendre ses frontières, mais d'aménager au mieux son autonomie, d'appeler à une vie morale de plus en plus haute le plus grand nombre de ses membres [⋯].» Ibid,

国家が社会における個人の道徳的向上の主体でなければならない。軍事的または経済的な完全性ではなく，道徳的完全性を追求しなければならない。これが共和主義のユートピアの根幹であり，これこそが樋口が日本に望んでいることだと思われる。「経済力あるいはさらに軍事力を構築するために，西欧に追いついて追い抜く」ように自らを強める国家ではなく，個人主義のために社会を道徳的に改善しようとする国家が必要と思われる(87)。

樋口による「人為」と「自然」の区別に戻ろう。そこでは，樋口が次に記しているように，基本的に，個人の合理的で普遍的な道徳と，感情的，民族的な道徳との間の選択が存在する。

「いわば，民族が国家を人質にしようとしているのであり，国家が本来なすべき仕事，République が想定してきたはずの仕事（service public）から手を引き，民族と経済力に明け渡してしまう傾向が進行している。ネーションというひとつの言葉が，近代啓蒙思想の所産である人為的な約束事としての国家なのか，それとも，血と先祖伝来の土地（Blut und Boden）という神話と密接に結びついた民族なのか，あらためて想起されるべきである。」(88)。結局，樋口が掲げる個人主義は特定の道徳を条件とするのである。

5　デュルケームの道徳基盤としての社会の望ましさ

「道徳」と個人主義の関係を理解するためには，デュルケームによる，「道徳的事実の独特の特徴」（«caractères distinctifs du fait moral»）(89)を分析しなければならない。

道徳的規則の特徴の一つは，デュルケームがわざとカントから借用して表現する「義務」という点にある。すなわち，道徳的規則は，「これらの規則が命ずるがゆえに人々が従うという点で特別な権威を与えられている」（«investies d'une autorité spéciale en vertu de laquelle elles sont obéies parce qu'elles commandent»）(90)。しかし，この特徴だけでは，道徳的規則を十分に定義でき

p. 170.

(87)　«rattraper et dépasser l'Occident afin de construire une puissance économique et, a fortiori, militaire». Higuchi Yoichi, op. cit., 2001, p. 9.

(88)　樋口・前掲注(15)96頁。

(89)　Émile Durkheim, op. cit., 2014, p. 42.

(90)　Émile Durkheim, op. cit., 2014, p. 42.

ない。「望ましさ」という特徴も道徳的規則にある。道徳は，純粋な制約ではなく，私たちは善の理念を念頭に置いてそれに従う。デュルケームにとって個人は，社会的な存在であり，個人が目指す善は，社会の善と一致する。この点で，デュルケームの個人は，ヴェーバーの概念を借りると，目的合理的であるだけでなく，価値合理的でもある。つまり善に向けて，合理的な行動をする。しかし，かかる善への願望は，デュルケームが次に述べているように，「自然」ではなく，「努力」（un effort）または「自己への制約」（une contrainte sur soi）が必要である。「道徳的な行動をとることができる推進力は，私達を自分自身から引き離し，私達を自然よりも上に引き上げるものであり，それには，苦痛や拘束が伴わない筈はない」(91)。

デュルケームの個人は，社会から拘束されるだけの関係にあるのではなく，個人も社会による道徳の企てに参与する。それは，個人の道徳とアイデンティティが集団的なものであるからである。また個人は，社会に逆らって，あるいは社会から離れて生きることもできない。アノミー（無規範）状態の恐ろしさは，デュルケームによって説明されてきた。社会への意欲，個人による善の探求は，理性によって指示されなければならない努力である。かかる個人は善を熱望するが，その善を実現するには，自らの努力が必要となる。

したがって，この望ましさの概念は内心に関わるものである。そして，デュルケームがキリスト教が現代の個人主義への道を開いたと書くことができたのは，キリスト教こそが「行為の道徳的価値は，とりわけ心の内側に宿ることであるから，行為の意図のみによって測定されなければならず，本質的にすべての外部からの判断を免れるものであり，行動者だけが有能に評価できるものであることを教えた」からである(92)。個人主義者であるということは，社会の利益のために自分を今よりもさらに高めるための力を見つけるため，自分自身に没頭することと言える。それは，スペンサーの利己的で冷静に計算する個人とは正反対である。スペンサーにとって，個人には個人的で利己的な目的があ

(91)　Ibid, p. 42.

(92)　«Le christianisme a enseigné que la valeur morale des actes doit se mesurer d'après l'intention, chose intime par excellence, qui se dérobe par nature à tous les jugements extérieurs et que l'agent seul peut apprécier avec compétence» Émile Durkheim, «L'individualisme et les intellectuels.» (1898), «Les classiques des sciences sociales» Bibliothèque Paul-Émile-Boulet de l'Université du Québec à Chicoutimi Site web: http://bibliotheque.uqac.uquebec.ca/index.htm, p. 13.

り，その目的を達成するために集合的な道具として存在する社会を使用する。デュルケームでは，個人の願望は，社会的，集合的である。この願望を実現するための主たる動機は，個人の自己に由来している。信者が祈りを通して神に向かって立ち上がるのと同様に，個人は内心的な努力で社会に向かって立ち上がる。

したがって，社会の責任は，個人がこの努力ができるように助けることである。しかし，強制的にこれをさせることはできない。社会は，規則を破る行為を罰することによって道徳の形を取ることを強制することができるが，道徳的な規則それ自体の「望ましさ」を感じさせたり，社会の企てに密接に参与することを強制することはできない。国家が個人を向上させる義務を負っているのは，このためである。しかし，この義務は強制によって実現することができない。個人主義的な道徳は，利己的な道徳ではなく，集合的な道徳であるため，個人主義がより進めば進むほど，集合性がより強くなるという逆説が生じる。そして，二重の合理的な努力が必要になる。個人の善への内心的な努力とそれを向上させる国家の努力である。

樋口の日本社会に対する失望をデュルケームの言葉で言い換えてみよう。法は，制約だけのものではない。社会とそれを構成する個人によって望まれ，内心的に望まれなければならない。そして，この望ましさの実現には，努力が必要であるが，強制することのできない内心的な努力が必要となる。国家は，その内心的な努力を刺激し，加速させることしかできない。もちろん，樋口は，日本人が法に本質的に抵抗しているとの主張はしていないが，日本の個人が法への内心的な意欲を欠いていること，そしてその意欲を活性化する国家が欠けていることを指摘しているのではないか。言い換えれば，樋口は，「市民性」を自ら宿る道徳的な個人を望んでいたが，実際の日本には，スペンサーの利己的な個人しかいない。

より多くの個人主義がより多くの集合主義を可能にするというデュルケームの逆説と同様，日本の共同体主義の過剰は，個人主義の欠如を生み出し，それが原因となって社会における集合主義の欠如を生み出すことになる。したがって，日本人は，より集合的になるために，より個人主義的でなければならず，そのためには，共同体主義から離れないといけない。樋口の憲法学的な道徳は，本質的にデュルケーム的である。法について人々を教育することは必要だが，天皇陛下の写真に敬礼させたり，「君が代」を歌わせるような共同体的，民族的な道徳ではない。それは，合理的な努力の道徳であり，法または社会に立ち上がるために個人の知的限界を超えさせるような道徳である。

V 結論――道徳としての法と知識人の責任

本章は，現代日本が民主主義国家ではないと主張するものではない。ルイス・デュモン（Louis Dumont）がドイツの個人主義の研究で説明しているように，個人主義は，近代に固有であるが，それは，国によってさまざまな形をとり，日本の個人思想は，デュモンがドイツについて指摘するように，現代の個人主義思想の一つの「バリエーション」と見なすことができる[(93)]。しかし，デュルケームの個人主義的道徳の定義は，樋口の思想と個人が樋口の仕事において占める特権的な役割をよりよく理解させてくれる。純粋な民主主義思想が利己的な個人，すなわちスペンサー型の個人を前提するように，共和主義は，道徳的な個人，善の望ましさを持つ個人を前提する。そして，個人主義は，よく集合主義の反対として考えられているが，実際は，共同体主義の逆であり，個人主義は，社会や集合主義を逆に可能にさせる原則として考えるべきである。

もちろん，「各人の道徳は，それを実践する人々の構造に直接関係している［…］道徳は，その構造が忠実に反映されている社会そのものによって練り上げられる」ことは，確かである。

しかし，「たとえば，ある瞬間，社会全体が個人の神聖な権利を見失う傾向に進んだ場合，この権利を尊重することがヨーロッパの偉大な社会の構造と私たちの精神全体に密接に関連していることを皆に思い出させることで，権威をもってその傾向を是正することはできないだろうか。社会的利益の口実の下で個人の神聖な権利を否定することは，最も本質的な社会的利益を否定することである」[(94)]。

---

(93) Louis Dumont, op. cit., 1983, p. 153.

(94) «que la morale de chaque peuple est directement en rapport avec la structure du peuple qui la pratique [...] que la morale est élaborée par la société même dont elle reflète ainsi fidèlement la structure».

Mais «[s]i par exemple, à un moment donné, la société, dans son ensemble tend à perdre de vue les droits sacrés de l'individu, ne peut-on pas la redresser avec autorité en lui rappelant comment le respect de ses droits est étroitement lié à la structure des grandes sociétés européennes, à tout l'ensemble de notre mentalité, si bien que, les nier sous prétexte d'intérêts sociaux c'est nier les intérêts sociaux les plus essentiels ?» Émile

このデュルケームの言明には，樋口も賛同するであろう。法は，明治維新から今日まで日本社会を合理化し，進歩させるための強力な道具であった。つまり法は，かかる個人主義の道徳を向上するための道具であったと言える。

デュルケームが指摘するように，「ソクラテスは，彼の裁判官よりも自分の時代の社会に合った道徳を忠実に表現した」«Socrate exprimait plus fidèlement que ses juges la morale qui convenait à la société de son temps»(95)。樋口もおなじく日本国憲法を執行する政治家よりも憲法民主主義の目的をよりよく理解できていると思われる。人は，「時代の人」«un homme de son temps»(96)にしかなれないが，それは集合意識に関して国家による合理的な行動を求めることができないという意味ではない。

最終的に，国家が社会道徳に関する役割を果たしていないことに対して批判の責任をもつものは，知識人（intellectuels）である。

「この非常に便利な言葉，知識人は，悪意を持ってそれに起因しているような生意気な意味を持っていないことに注意する必要がある。知識人とは，知性を独占する人ではない。知性が不要な社会的機能はない。しかし，知性は，手段であると同時に目的でもあり，道具であると同時に目標でもあるという特徴がある。知性は，知性を拡張するため，つまり，新しい知識，アイデア，または感覚であり，それらを豊かにするために使用されている。したがって，知性は，これらの職業（芸術，科学）のすべてであり，この特殊性を表現するために，次第にそれに専念する人が知識人と自然と呼ばれるようになった」(97)。

知識人には「知性を拡張する」責任がある一方，それは法の専門家としての「科学的」理論を危ぶませる可能性はないのであろうか。そこに，デュルケームによる法の「望ましさ」という問題意識を提起することは有効だと思われる。

Durkheim, op. cit., 2014, p. 72.

(95) Émile Durkheim, op. cit., 2014, p. 77.

(96) Ibid, p. 80.

(97) «Notons en passant que ce mot, très commode, n'a aucunement le sens impertinent qu'on lui a trop malignement attribué. L'intellectuel n'est pas celui qui a le monopole de l'intelligence; il n'est pas de fonctions sociales où l'intelligence ne soit nécessaire. Mais il en est où elle est, à la fois, le moyen et la fin, l'instrument et le but; on y emploie l'intelligence à étendre l'intelligence, c'est-à-dire à l'enrichir de connaissances, d'idées ou de sensations nouvelles. Elle est donc le tout de ces professions (art, science) et c'est pour exprimer cette particularité qu'on en est venu tout naturellement à appeler intellectuel l'homme qui s'y consacre.». Émile Durkheim, op. cit., 1898, p. 10.

法は統一した合理的な規範の制度として存在するが，実践的な社会において，実際の個人はその法と特定の関係を結ぶ。最終的に，個人は法制度が望ましいと思っているため，それにコミットしている。デュルケームの社会学が法と社会を同時に理解しようとする法社会学だとすれば，憲法学にも法全体を把握する視野が必要なのではないか。

樋口は立憲主義とフランスの共和国モデルの助けを借りて日本の道徳を正し，それを真に現代的に，すなわち断固として個人主義的なものにしようとしている。これは，憲法の専門家としての彼の責任であり，とりわけ知識人としての責任である。樋口は，次の言葉でこの点を本章よりも上手く表現している。「結論として，この行論の著者は，日本に対する厳しい批判であると同時に懇願でもあると考えている。自国の現状を批判し，あるべき姿を主張することは，知識人の本質的な義務の一つではないであろうか」(98)。

〈参考文献〉

・フランス語での樋口陽一の参考文献

Higuchi Yoichi, *Le Constitutionnalisme entre l'Occident et le Japon,* Institut du fédéralisme Fribourg Suisse, 2001.

Higuchi Yoichi, *Constitution: Idée universelle,* expressions diversifiées, Société de Législation comparée, 2006.

・日本語での樋口陽一の参考文献

樋口陽一「ルネ・カピタンの先生の憲法学」『現代民主義の憲法思想』（創文社，1977年）249-275頁。

樋口陽一『一語の辞典――人権』（三省堂，1996年）。

樋口陽一『国法学――人権原論』（有斐閣，2004年）。

樋口陽一『憲法という作為――「人」と「市民」の連関と緊張』（岩波書店，2009年）。

樋口陽一「学説の「一貫」と「転換」――「学説と環境」再論」樋口陽一・森英樹・高見勝利・辻村みよ子・長谷部恭男『国家と自由・再論』（日本評論社，2012年）1-13頁。

樋口陽一『権力・個人・憲法学――フランス憲法研究』（学陽書房，1989年）。

(98) «En conclusion, l'auteur de cet article pense que ces lignes sont, pour le Japon, à la fois une critique sévère et un plaidoyer. Critiquer son propre pays tel qu'il est, et plaider pour ce qu'il devrait être, n'est-ce pas là, l'un des devoirs essentiels de l'intellectuel?». Higuchi Yoichi, op. cit., 2001, p. 243.

樋口陽一『加藤周一と丸山眞男――日本近代の〈知〉と〈個人〉』（平凡社，2014 年）。
樋口陽一『「共和国」フランスと私――日仏の戦後デモクラシーをふり返る』（柘植書房新社，2007 年）。

・デュルケームによる個人主義についての参考文献

Émile Durkheim, *Leçons de sociologie*, PUF: Quadrige, 6e édition, 2015.
Émile Durkheim, *Textes 3 ― fonctions sociales et institutions*, Les éditions de minuit, Collection le «sens commun», 2016.
Émile Durkheim, *Sociologie et philosophie*, PUF: Quadrige, 5e édition 2014.
Émile Durkheim, «L'individualisme et les intellectuels.»（1898），«Les classiques des sciences sociales» Bibliothèque Paul-Émile-Boulet de l' Université du Québec à Chicoutimi Site web: http://bibliotheque.uqac.uquebec.ca/index.htm
Émile Durkheim, Montesquieu et Rousseau précurseurs de la sociologie, Bibliothèque Paul-Émile-Boulet de l'Université du Québec à Chicoutimi Site web: http://bibliotheque.uqac.uquebec.ca/index.htm, 1966.

・個人主義についての文献

Gautier Claude, «Corporation, société et démocratie chez Durkheim». In: Revue française de science politique, 44e année, n° 5, 1994. pp. 836-855;（http://www.persee.fr/doc/rfsp_0035-2950_1994_num_44_5_394866）
Pierre Birnbaum, «La conception durkheimienne de l'État: l'apolitisme des fonctionnaires», In: Revue française de sociologie, 1976, 17-2. À propos de Durkheim. pp. 247-258; http://www.persee.fr/doc/rfsoc_0035-2969_1976_num_17_2_5654.
Hans-Peter Müller Traducteur: Didier Renault, «Société, morale et individualisme: la théorie morale d'Émile Durkheim», Les éditions de la Maison des sciences de l'Homme, Édition électronique: URL: http://trivium.revues.org/4490 ISSN: 1963-1820.
Louis Dumont, Essai sur l'individualisme, Éditions du Seuil, 1983.

・樋口陽一の個人像についての参考文献

山元一「〈「自由」の共和国〉の憲法思想――70 年代主権論争そしてその後」石川健治編著『学問／政治／憲法――連環と緊張』（岩波書店，2014 年）。
棟居快行「第 1 章 具体的人間像を求めて」『憲法の原理と解釈』（信山社，2020 年）。

第8章

日本国憲法の構造的柔軟性
──比較憲法データからの示唆

ケネス・盛・マッケルウェイン=クリス・ウィンクラー
〔平松直登 訳〕

Ⅰ　イントロダクション

日本国憲法は古い。言うまでもなく，今日も有効なさらに古い憲法は存在している。最も顕著なのは1789年のアメリカ合衆国憲法であり，1815年のオランダ憲法や1901年のオーストラリア憲法もそうである。アメリカ合衆国憲法と比較すると，日本国憲法は，施行から77年と比較的新しいが，アメリカ合衆国憲法とは異なり，一度も改正されてこなかった。このように改正されなかったことは，現行憲法の中では異例であって，その理由は2つある。第一に，ほとんどの憲法は定期的に改正されているからであり，第二に，一度も改正されたことのない憲法は，その寿命が大幅に短いからである。

日本国憲法に対する批判的論者は，日本国憲法の硬性性〔rigidity〕によって，日本の最高法規が急速に国内的・国際的な現実と適合しないものとなっている，と主張している。しかし，形式的改正は物語の一部にすぎない。本章では，日本国憲法が改正されずに持続している秘訣は，その制度に関する規定〔institutional provisions〕の相当な柔軟性にある，と論じていくこととする。日本国憲法は，ほとんどの政治制度（統治機構）の細部を法律で定めるものとしているので，国会での単純多数決によって，重大な変更を行うことが可能である。このことから，統治機構に関する細部を明示的に規定している諸外国と比較して，日本における憲法改正の必要性は構造的に低下している。

この主張を裏づける2つの論拠を示そう。第一に，我々は，“Comparative Constitutions Project（CCP=比較憲法プロジェクト）”のデータベースに収録された，1789年以降に制定された900以上の成文憲法を使用する。CCPには，各憲法の制定年と改正年に加え，その内容に関する800以上の変数が含まれる。我々の分析によれば，日本国憲法の正式な改正手続はきわめて標準的なものであって特にハードルが高いわけではないが，その制度的柔軟性の程度はきわめて特異なものである。第二に，正式な憲法改正を経ずに大規模な改革が達成された2つの重要な分野について，詳しく見ていくこととする。それは，中央と地方の関係（地方分権）と選挙制度である。日本の事例を他の民主主義国家と比較することで，日本国憲法は実際には非常に柔軟であり，それが日本国憲法を正式に改正する構造的必要性を緩和していることを明らかにしていこう。

本章の構成は以下のとおりである。まず，日本国憲法の長寿の特異性を，比較的観点から詳しく考察していくこととする。次に，(1)中央政府と地方自治体の関係及び(2)選挙制度改革という2つのケーススタディを通じて，日本国憲法の制度的柔軟性がもたらす具体的な効果を明らかにする。

Ⅱ　国際比較における憲法の柔軟性

日本国憲法に対する批判的論者は，最高法規の硬性性や，制定時の憲法理論と現在の現実の間のギャップが大きくなっていることへの懸念を，度々表明してきた。たしかに，未だに改正されていない日本国憲法は，国際基準・歴史的基準の両者に照らせば恐竜〔dinosaur〕のような存在である。CCPのデータベースがこの点を示している。現存及び過去に存在した憲法の平均寿命は，15.9年である[(1)]。しかし，その年数は，一度も改正されていない憲法ではわずか7.2年であるのに対して，少なくとも一度は改正がなされた憲法では28.5年である。これらの数字は，日本国憲法の寿命の長さが外れ値であることを示している。

日本では，与党の自由民主党（自民党）を含む保守・右派勢力〔conservatives〕が，戦後の全期間にわたって最高法規の改正や全面的な書き換えを求めてきた

(1)　ある憲法の寿命は，その憲法の承認〔ratification〕から再制定〔replacement〕までの年数，または2016年（CCPのデータベースの集計終了時）までの年数のいずれか早い方で計算される。寿命の中央値は8年である。

ことを考慮すると，改正がなされなかったことはさらに注目に値する。知識人や読売新聞・産経新聞などのメディアを含む保守派のエリートたちは，(1) 1946年の占領下に連合国主導で作られたこと，(2) 特に政治的・社会的権利の数多くの列挙といった自由主義的〔liberal〕内容，(3) 国家権力に対する種々の制約，を理由として日本国憲法に反対してきた。

従来の研究（cf. 境家 2017；Stockwin and Ampiah 2017）や保守派の批判的論者（西 2013）は，改正ハードルの高さが日本国憲法を改正から遠ざけている，と主張してきた。彼らは，憲法第96条に規定されているように，改正案が，両院で3分の2以上の賛成を得るのに加えて，その後の国民投票で単純過半数の賛成を得るのを必要とすることは，憲法を（あまりにも）硬性なものとしてきた，と主張する。しかしながら，CCPのデータは，改正手続に関して，日本国憲法は異例なものとはみなされ得ないことを示している。現行憲法では，75.8%が改正の承認に議会での3分の2以上の賛成を必要としている。そのうちの54.2%は，国民投票による一般市民の意見聴取を認めている（必ずしも義務付けているわけでないにせよ）。換言すれば，日本国憲法の改正のハードルは国際基準とほぼ一致しているのである。74年前に制定されたインド憲法は，ほとんどの改正に3分の2以上の賛成を必要とし，場合によっては州の承認さえも必要としているにもかかわらず，これまで106回の改正が行われてきた（孝忠＝浅野 2018）。実際，3分の2という議会におけるハードルに国民投票を加えた憲法の「改正率〔amendment rate〕」の平均，すなわち憲法の寿命の中で改正が行われる年数の割合は0.12であり，およそ8.3年に1回の割合となっている。

ここに原因と結果を混同するというありがちな誤解が存在している。戦後の日本だけを見ると，改正のハードルが「高い」ことが，正式な憲法改正が行われなかった原因のように思えるかもしれない。しかし，3分の2のハードルは世界的に見ても一般的であり，多くの国が同じ制約の中憲法を改正してきた（場合によっては，何十回も改正してきた）ことを念頭に置くと，憲法第96条の規定以外に，改正が行われなかった別の原因があるに違いないということは明らかである。

重要な要因の一つは，保守的な改革推進派が，革新〔progressive〕政党の支持を得られなかったことである。自民党は，1955年の結党以来ほとんどの期間，議会の多数派を占めていたが，今は亡き日本社会党（社会党）によって数十年主導された革新野党は，両院で3分の1（以上）の議席を確保することで，国会での改正を阻止してきた。一方，ドイツ連邦共和国などの他国では，政敵同士が，それぞれの立場の相違を脇に置き，改正を推し進める妥協案に合意したのである。

憲法における合意形成の難しさは，日本国憲法の論争の対象となる性質の現れである。前述のように，保守派のエリートたちは，程度の差はあっても，憲法の正統性〔legitimacy〕，個人主義と人権保障の強調，さらには憲法第9条の平和条項を中心とする「一国平和主義」と称されるもののナイーブさ，を疑問視してきた。つまり，批判的論者たちは，国民主権，「固有で，不可侵かつ普遍的な」権利の保障（基本的人権の尊重）及び平和主義を含めた，戦後日本の自由民主主義を規定する憲法枠組みの三大原則に狙いを定めてきた。保守の観点からすれば，1946年以前の法的・政治的な取り決めとの完全な決別，日本国憲法の起草におけるアメリカの強い影響力，その結果として生じた自由主義的な個人主義の強調は，1947年以来，日本を悩ませている大きな病を端的に要約している。反対に，革新派には，戦後の枠組みに不満を抱く理由があまりなかった。当初，日本社会党や日本共産党は，社会主義憲法の制定を提唱していたが，皮肉なことに，アメリカの作った現状〔status quo〕を受け容れる方向に転換した(2)。このような背景から，日本国憲法の改正や修正は，単なる法的手続でなく，戦後日本の魂をめぐるイデオロギー闘争の鍵となる戦場ともなったのである（Winkler 2011）。したがって，憲法の正式的な改正の重みは他国よりも高いと言えるだろう。

日本国憲法が未だに改正されていないことに関する理由は，もう一つある。それは，国会が憲法のテキストを直接改正することなく統治機構の構造を変更する柔軟性を，日本国憲法が提供してきたことである。この論拠の一つは，日本国憲法では「法律でこれを定める」という表現が頻繁に用いられており，制度に関する細部の明記は法律に委ねられていることである。表1は，日本国憲法が「法律の定める」または「法律で定める」と規定している項目を，関連する条文番号とともに示している。「法律で定める」ということは，議会の法律制定プロセスを通せば改正できることを意味し，衆参両院の過半数の可決，または参議院で否決されても衆議院の3分の2以上の再可決を経て，法律となる

(2) 当初，両党ともに1940年代から50年代にかけて憲法改正案を公表していたが，その後，護憲，特に憲法第9条を擁護するという立場に移行した（Winkler 2011：vi-vii, 195）。

【表 1】日本国憲法で「法律の・で定める」とされた規定

権利・憲法条文		統治機構・憲法条文	
国民要件	10	天皇国事行為	4，7
勤労条件	27	両議員定数	43
財産権	29	選挙人資格	44
政府の賠償責任	17	選挙制度	47
教育	26	議員歳費	49
納税	30	議員不逮捕特権	50
適正手続	31	法律・予算の議決	59，60
刑事賠償	40	裁判官弾劾	64
		内閣の組織・職務	66，73
		総理大臣指名	67
		司法権・裁判所	76
		最高・下級裁判所裁判官	79，80
		課税要件	84
		会計検査院	90
		地方自治基本原則・組織・権能	92，93，94
		住民投票	95
		憲法実施補足	100，102

(第 59 条)(3)。

左側の列は人権に関する事項を，右側の列は政治制度（統治機構）に関する事項を示している。人権に関する項目のうち法律で定められるのは 8 項目だけであるが，制度に関しては 17 項目にこのような規定が存在している。次の節で詳説する 2 つの重要な例は，選挙制度及び中央政府と地方政府の関係である。それらの詳細は「憲法附属法」とされる公職選挙法や地方自治法，または国会法で規定されているため，日本においてこれらの制度改革は，憲法改正ではな

(3)　内閣総理大臣の指名，予算の議決，条約の締結においては，衆参の意見が一致しない場合，衆議院の議決を国会の議決としている。

く法律の改定で行うことが可能である。この裁量の余地が，憲法を改正する構造的必要性を大幅に緩和してきた。

また，日本国憲法の制度的曖昧性〔vagueness〕については，CCPのデータを用いて比較検討することが可能である。CCPデータセットには，憲法が統治機構に関してどのように明記しているかをコード化した多くの変数が含まれている。我々は，McElwain and Winkler (2015) を参考に，立憲民主主義の基本概念に広く関連している30の制度に関する規定を選択している(4)。各規定は，その詳細が憲法に明記されている場合は「1」，憲法に明記されていない場合や法律に委ねられている場合は「0」とカウントされる。次に，30すべての制度が明記されている場合は1，30のうち15の制度が明記されている場合は0.5，1つも明記されていない場合は0，となるような形で規定率の平均を算出する。図1は，現行憲法における統治機構規定率の分布を示している。明記されている度合い〔specificity〕の平均は0.56であり，エストニア，アゼルバイジャン，タイの0.77が最も高い。日本の度合いは0.37であり，スコアを算出できた147の憲法の中では138位である。日本国憲法が制定された1947年の世界平均が0.50であったことを考えても，その数値は低い。換言すれば，制定当時の基準に照らしても，今日の基準に照らしても，日本国憲法は，制度に関する細部について非常に曖昧なままであるということが理解できる(5)。

立憲民主主義論は，統治機構を実質的意味の憲法の一部とみなしている。外国の攻撃から市民を守り，社会秩序を維持し，人権を保障するのに十分な強さを有する国家は，その権力を濫用する誘惑に駆られることもある。政治指導者は，国民の総意に従うという保証はなく，公権力を行使して，自身の富を増やし，自身の権威を脅かす者を罰することも可能である。国家権力の暴走のリスクを限定するための重要なプロセスは，その権限を，立法，行政，司法などの国家機関で分配し，中央政府と地方政府間でも分割することである。多くの国で，このようなルールは憲法典に明記されており，変更することは困難である

(4) 選択された変数は以下のものに関連している。(1)国家元首の罷免，不逮捕，多選，政令権，(2)政府の長の罷免，不逮捕，多選，政令権，(3)議会下院の選挙制度，クオータ，議会解散，不逮捕，委員会，(4)議会上院の選挙制度，クオータ，議会解散，不逮捕，委員会，(5)司法：裁判所の編成，独立，先例，終審，司法審査，法解釈，(6)地方分権：有無，分離・脱退，先住民族の権利，自治立法権。

(5) 制度と人権に関する日本国憲法の規定率の比較については，McElwain and Winkler 2015参照。

【図1】現代憲法の統治機構規定率

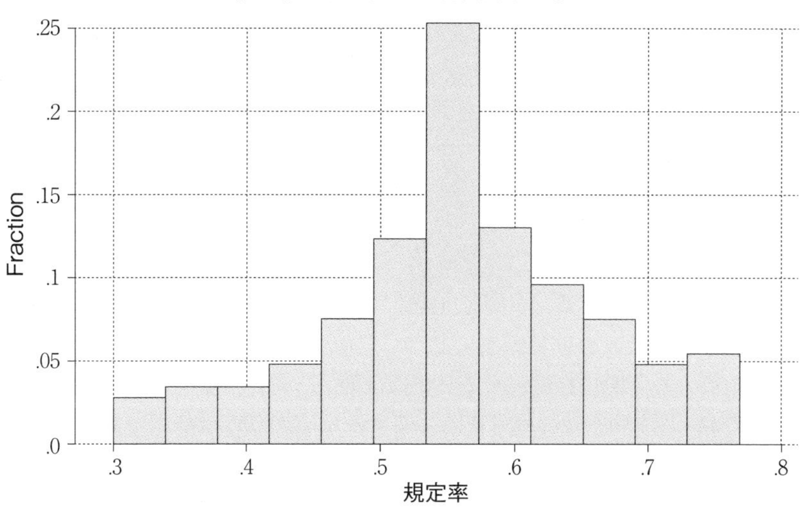

が，日本の場合，ほとんどの手続は議会の単純多数決で変更可能である。次の2つの節では，中央と地方の関係と選挙制度改革の事例を通じて，制度的曖昧性の帰結について説明を行う。

Ⅲ　地方分権の憲法典規定

日本国憲法の制度的曖昧性を表す1つ目の重要な例は，地方分権に関する規定である。表2に示したCCPのデータによれば，憲法は，国家が中央集権制であるか連邦制であるかを必ずしも明言しているわけではない。2013年時点の民主主義体制の例に限定すると，国家は連邦制であると明示的に規定している憲法典は10.8%，連邦制であることを示しているものは28.0%，残りの61.3%のものは基本構造に言及していない(6)。しかし，その制度間で，中央政府と地方政府の具体的なパワーバランスについての詳細さには，かなりの違い

(6)　ここでは民主主義国家＝「ポリティⅣ指標が6以上の国」と定義している。「ポリティ指標」はエリートの選出や政治参加の包括性など，政治制度的取り決めを20点尺度（－10から＋10）で測定しており，6点以上は概ね民主主義国家に分類される。ちなみに，日本には＋10（最高点）を与えている（http://www.systemicpeace.org/polityproject.html）。

【表2】憲法での地方分権規定

項目	日本国憲法	CCP：規定％
基本構造（連邦制か中央集権制か）	×	38.7
基礎的地方公共団体	×[(7)]	78.5
広域的地方公共団体	×	55.9

注：サンプル（N ＝ 65）：ポリティ（民主主義）指標＝6以上。CCP2013年時データ。

がある。日本は単一国家〔unitary state〕であり，アメリカ，カナダ，オーストラリア，ドイツなどの連邦国家に比べて，中央政府と地方政府の責任・義務，そして両者の相互関係を規定する必要性は低い。だが，単一国家の基準に照らしてみても，日本国憲法の地方自治に関する章（第8章）は簡潔で詳細なものではなく，143ワード（憲法の英訳の3％）しか地方自治に充てられていない。

明治時代以降，日本の主要な地方政府は府県であった。47都道府県は戦後直後の大きな変化を乗り越えてきたが，日本国憲法は「都道府県」という語に言及してはいない。第8章は，その代わりに地方公共団体に言及するのみである。同様に，都道府県の下に市町村が存在するという現在の構造も，日本国憲法のどこにも見当たらない。それに比べて，CCPのデータによれば，民主主義国家の憲法（2013年時点）の55.9％が都道府県のような広域的地方公共団体を明示的に規定し，78.5％が市町村のような基礎的地方公共団体を明記している。

憲法第92条は，「地方公共団体の組織及び運営に関する事項は，地方自治の本旨に基いて，法律でこれを定める」と規定する。「地方自治の本旨」は憲法上定義されていないが，2つの側面を有していると解釈されている。それは，⑴地方の住民が自らの事務を処理し，⑵そのために，地方公共団体の長（都道府県知事，市町村長）及びその議会の議員は，住民による直接選挙で選ばれる（憲法第93条，同94条），というものである。しかし，憲法第94条は，「地方公共団体は，その財産を管理し，事務を処理し，及び行政を執行する権能を有し，法律の範囲内で条例を制定することができる」と規定し，地方自治に重大な制限を加えている。憲法第41条によれば，国会は，日本における「唯一の立法機

(7)　CCPのデータベースにおいて「有」と明記されているが，事実上，日本国憲法は「地方公共団体」にしか言及していない。

関」であり，したがって，地方公共団体は国レベルの法令に左右されることとなる（Matsui 2011：32-33）。ここに，日本の単一国家構造に関する憲法上の根拠が存在する。日本国憲法は，都道府県や市町村に地方自治を認めているが，それは，国会，及び通常は自民党の支配下にある中央政府によって課された制約の範囲内に限られている(8)。

この構造と固有の曖昧性は，いくつもの問題をもたらしている。(1)何をもって地方公共団体を構成するのか，たとえば，東京都の23の特別区はそれに該当するのか否か(9)，(2)地方政府は事実上どの程度の地方自治権を有しているのか，(3)(2)に関連し，中央政府と地方政府の間で収入と支出はどのように分配されるのか（「財政連邦主義〔fiscal federalism〕」），という問題である。

日本において，上記の問題に対する法的な答えは，1947年の地方自治法と，それに付随する公職選挙法，地方公務員法，地方交付税法のような法律の中に存在する。この法的枠組みの結果，一連の相互依存関係〔interdependencies〕が複雑となり，着実に変化を遂げている。法律上，地方自治体は，公衆衛生，学校教育，警察・消防，建築，高齢者・子どものケアなどの広範な公共サービスを市民に提供する責任を負っている。表3は，主な目的別歳出について，国と地方の支出を比較したものである。衛生費，学校教育費，司法警察消防費，社会教育費，災害復旧費に関しては，支出の75％以上が地方によってなされている。国がすべての責任を負うのは年金と防衛費だけであり，その他の項目は国と地方のレベルで分配されている。合計すると，地方政府の支出は，日本政府の予算の57.5％を占めている。これは日本のGDPに占める割合の10.9％に相当するものであるが，中央政府の支出はGDPの4.1％にすぎない（総務省2020）。

収入面では，決定的に状況が異なる。地方税は地方の歳入の40.2％を占めているにすぎず（2018年の数字），重大な垂直的財政不均衡〔vertical fiscal imbalance〕が浮き彫りになっている。その結果，主として地方交付税交付金と国庫

(8)　このような単一国家の伝統的理解は，後述するように，ここ数十年の間に疑問視されるようになった。

(9)　最高裁は，1963年，東京都特別区は市町村や都道府県のような社会的基盤や共同体意識を欠いており，行政目的のために存在するだけでは「地方公共団体」とは言えない，と判示した。その上で，1952年に区長の直接選挙が廃止されたことを是認した（最大判昭和38年3月27日刑集17巻2号121頁）。区長の公選制は1974年に復活することとなった（辻村2021：497）。

【表3】国と地方の主な目的別歳出の割合

	全体	地方	国
衛生費（保健所，ゴミ処理）	4%	99.0%	1.0%
学校教育費	9%	87.0%	13.0%
司法警察消防費	4%	78.0%	22.0%
社会教育費（公民館，博物館，図書館）	3%	78.0%	22.0%
（年金関係を除く）民生費（児童福祉，介護，生活保護）	22%	70.0%	30.0%
国土開発費（都市開発，道路，公営住宅など）	8%	74.0%	26.0%
国土保全費	2%	72.0%	28.0%
商工費	5%	62.0%	38.0%
災害復旧費など	1%	78.0%	22.0%
公債費	21%	35.0%	65.0%
農林水産業費	2%	45.0%	55.0%
住宅費など	2%	32.0%	68.0%
恩給費	0%	3.0%	97.0%
民生費のうち年金関係	7%	0.0%	100.0%
防衛費	3%	0.0%	100.0%
一般行政費など(戸籍，住民基本台帳)	8%	78.0%	22.0%
その他	1%	0.0%	100.0%
全体	100%	57.5%	42.5%

出典：総務省 http://www.soumu.go.jp/iken/jokyo_chousa.html

支出金を介して行われる，国からの財政移転に強く依存することになる。同時に，公共財の提供レベルに関するほとんどの決定は，国によってなされていることも忘れてはならない。結果として，地方は大部分の費用を支出するものの，政策プログラムを決定するための財政自治権及び法的権限は，依然として相対的に限定されている。

日本国憲法の曖昧性とその正式な改正がなかったことを背景として，過去70年間に地方分権の構造がどのように変化してきたのか否かが問題となる。新型コロナウイルス感染症（COVID-19）の蔓延によって引き起こされた昨今の課題の前にも，国と地方の統治機構及びその財源は，1950年代から1960年代にかけて激化した過疎化と都市化，1990年代初頭のバブル経済の崩壊や2008年の世界金融危機の影響などのさまざまな社会・経済的な課題を乗り越えなければならなかった。以下で議論する諸外国の経験は，変化に適応するための2つの道筋を示している。一つは，中央政府と地方政府の間の争いの後，最高裁が憲法解釈を行うというものである。もう一つは，中央と地方の関係を規律する法改正を通じて，はっきりと変更を加えるというものである。

結論から言えば，第二の道筋が，第一の道筋よりも日本に関連している。第一の道筋について，国と地方自治体の権限をめぐる法廷闘争はいくつかあったものの，総務省は双方の対立を行政内部で生じる問題とみなし，法廷での直接対決を懸命に避けようと努めてきたとされている。その代わりに，地方分権一括法は，国と地方の争いを解決する場として，国地方係争処理委員会を設置した（詳細については，小林2018：278-281を参照）。裁判所は，地方自治体の提起した訴訟を受理していたが，このような訴訟を裁判所法第3条で定められた「法律上の争訟」の範囲外にあると判断して，訴えを却下する傾向もある[(10)]。それに対して批判的な学説が多く見受けられる。たとえば，茂木（2019：101）は「学説では行政主体間の争訟にも「法律上の争訟」性を認めるべきだと考えられきた〔原文ママ〕」と指摘している。こうした議論の中で，近年は普天間基地移設問題を巡り，沖縄県と中央政府が法廷で直接的な対決を繰り返してきた事例もある。

法廷における直接対決がなくても，地方自治体の権限をめぐる裁判はどう判断されてきただろうか。住民や企業が，地方自治体の条例が憲法に違反していると主張して訴訟を起こすケースも存在するが，その件数は比較的少ない。1975年の徳島市公安条例事件（最大判昭和50年9月10日刑集29巻8号489頁）において，最高裁は，地方立法＝条例の目的，内容及び効果が，国の法令と一

(10)　地方自治体の提起した訴訟に対する最高裁の立場がどのように展開してきたかについては，小林2018：374-390参照。

致していなければならない，と判示した。最高裁は，この論理に基づき，当該公安条例の目的と効果は道路交通法と矛盾するものではなく，市の条例〔＝徳島市公安条例〕が国レベルの法令〔＝道路交通法〕よりもデモ行進に厳しい規制を課していることを是認した（芦部＝高橋 2023：225, 399）。本判決やその他の判決は，法律を「ナショナル・ミニマム〔＝全国一律の最低水準〕」に位置づけたものと解されている（辻村 2021：502-503；芦田 2020：370）。同一の目的効果基準を適用し，最高裁は，2013 年，神奈川県臨時特例企業税条例が〔法人税法の規定の例により欠損金の繰越控除を定める〕地方税法に違反するものであると判示して，神奈川県臨時特例企業税を違法とした（最判平成 25 年 3 月 21 日民集 67 巻 3 号 438 頁；芦部＝高橋 2023：397-398；大津 2015：400-401）。

すなわち，日本の中央と地方の枠組みにおける主要な制度変更は，最高裁判決やその結果としての憲法（再）解釈によってもたらされたものではない。むしろ，前述した法律の枠組みにおける頻繁かつ重大な変更の結果である。地方自治法は 1947 年から合計 38 回の改正が行われてきた。このような多数の法改正が日本の制度に関する枠組みに与えた影響は重大であった。1950 年代後半と 2000 年代前半の 2 度にわたる国主導の市町村合併によって，市町村の数は，1953 年の 9,868 から，1961 年には 3,472 に，2010 年には 1,727 にまで減少した（木寺 2012：3）。合併の目的は，規模の経済〔economies of scale〕を活かした効率的な地方自治体の確立であった（ヒジノ 2015：54-55）。1956 年には政令指定都市が導入されるというような制度の再編も行われた（橋本 2017：238-239）。

このような展開には，新自由主義的な〔neoliberal〕発想から，都道府県レベルでより効率的な構造を創設するための種々の取り組みを見出すことができる。たとえば，47 都道府県に代わる，より大きな道州を導入するようなものである（佐藤 2006：334）(11)。これらの改革は未だ実現できていないにもかかわらず，その根拠となる法的枠組みは，北海道を道州導入の最初の実験場とするために作られた 2006 年の道州制特別区域における広域行政の推進に関する法律を皮切りとして，少なくとも部分的には既に整備されている。同様に，2012 年の大都市地域における特別区の設置に関する法律は，大阪市と大阪府が合併し，東京都に倣って特別区を設置するための法的根拠として作られたものである（橋

(11) 佐藤が指摘するように，「道州制」という語には統一的な定義はなく，1920 年代に初めて議論がなされてから，その意義，含意，目的は大幅に変化してきた（佐藤 2006：333-334）。

本 2017：240, 243)。これらの取り組みは,「地方公共団体」に関する柔軟な憲法上の規定の下で認められている，地方・地域の制度構造の重大な変更を浮き彫りにしている。憲法・行政法研究者たちは, (1) 連邦制の導入, (2) 地方公共団体の長の選出方法の変更（たとえば，国レベルと同じ議院内閣制の導入), (3) 二層制の地方行政構造の変更を伴わない限りにおいて，日本国憲法の柔軟性により，前述の都道府県の廃止と十数個の道州による置き換えがなされ得る，と主張する（cf. 佐藤 2006：333 参照；辻村 2021：495-496；芦田 2020：376-378)。

上記の変更は財政連邦主義にも大きな影響を及ぼした。その代表的な例は，小泉政権 (2001 年～2006 年) の下で実現できた「三位一体の改革」である。当時の小泉首相は，国営企業の民営化や地方自治体に対する補助金（特に国庫支出金）の削減によって，小さな政府を実現しようとした。また，地方レベルでの収入不足を補填するため，国は多くの財源を移譲し(12)，地方交付税も，水平的平等〔horizontal equality〕を実現するために調整された (木寺 2012；ヒジノ 2015；McElwain and Winkler 2016)。このような変更も法律改正によって実現されたものである。

これは連邦制や一部の中央集権制の国家で見られる制度変更の形とは大きく異なっている。そこでは，ほとんどの場合，中央と地方の関係の変更は，立法府ではなく，正式な憲法改正や裁判所を通じてなされてきた。たとえば，オーストラリアでは，各州が，自身の課税権を守ったり取り戻したりするため，連邦政府を相手に何度も訴訟を提起している。Amalgamated Society of Engineers v Adelaide Steamship Co Ltd (1920) 及び Melbourne Corporation v Commonwealth (1947) という影響力のある判決以来，オーストラリア高等法院は連邦政府の側を支持してきた。高等法院は，後者の判決において，州の存続を脅かしたり，特定の州に対して差別を行ったり，州政府に「不当に〔unduly〕」介入をした場合に限って，連邦政府の行為は違憲となる，と判示した。このような動向の帰結は劇的なものであり，Walter Hammond and Associates vs the State of NSW 及び Ha and Anor vs the State of NSW という高等法院の判決を受けて，州はフランチャイズ税〔＝営業許可税〕の徴収権限を失った（詳細は，McElwain and Winkler 2016 参照)。

一方，イタリアでも同じく，中央と地方の関係を形成する上で憲法裁判所が

(12)　こうした補助金の削減プロセスを「切り捨て」という言葉で表現し，地域間の格差拡大の原因として位置づける批判的な学説もある（ヒジノ 2015：6；大津 2015：383)。

重要な役割を果たしている。Palermo and Wilson（2013：5）が指摘するように，イタリアは，「歴史的に中央集権化された単一国家」から「高度に中央主権的な官僚組織と政治文化を含みながらも，一定の連邦制の特徴を有するという分権化された国家へと」大幅に変容を遂げてきた。Palermo and Wilson は，中央と地方の関係に関するイタリア憲法裁判所の判決が2001年のイタリア共和国憲法改正に重大な影響を与え，「国家と地方の間の立法権と行政権の配分」を大きく変更した，と論じている（Palermo and Wilson 2013：9）。それは，国と州の議会の競合的な〔concurrent〕立法領域と専属的な〔exclusive〕立法領域を明確に示すものであった（Groppi and Scattone 2006：133）。2001年以降，イタリア憲法裁判所は，新たな憲法枠組みの柔軟性と，地方政府と中央政府の協働の必要性を強調しながら，新しいルールをめぐる利益の衝突を解決するのに追われている（Groppi and Scattone 2006：137；Palermo and Wilson 2013：18）。

Ⅳ　選挙制度の憲法典規定

日本国憲法における制度的柔軟性の主要な２つ目の例は，選挙制度であり，特に小選挙区制や比例代表制のような代表法に関連するものである。すべての民主主義国家は，有権者がどのように投票をするか，選挙の勝敗はどのように決するかを規律する選挙制度を必要とする。当初の選挙制度の設計は国や歴史的背景によって異なるが，この選択は国会議員がどのような選出母体の代表者になるのかに影響を与えるものである。粕谷（2014）が論じるように，特定の地域の利益を追求する代表者を望むのであれば，小選挙区制のように国家を地理的に小さい選挙区に分割することが有益であろう。反対に，地域を横断するイデオロギー（大きい政府か小さい政府など）や社会的属性（宗教，人種など）の代弁者を望むのであれば，広い選挙区で行う比例代表制が好ましいとしている。

憲法の承認〔ratification〕のときには選挙制度を明記するか否かの判断をしなければならないが，憲法制定時の選挙区制度が永続的に守られるという保証はない。有権者によって「雇用」されている政治家の多くにとって，「解雇」は避けるべきリスクである。政治家は，市民たちの利益を反映したより良い政策を通じて再選を果たすというのが理想的な手法であるけれども，政治家が「雇用」のためのルール（選挙制度）を変えて再選を容易にしようとする動機は常に存在する（マッケルウェイン 2022：117-120）。たとえば，議会の多数派は，野党の人気が高い地域で選挙区定数を減らしたり，ゲリマンダー（選挙区区割りの操

【表4】憲法での選挙制度規定

項目		日本国憲法	CCP：規定％
下院	選挙制度・代表法	×	48.4
	議員定数	×	70.7
	議員任期	45条：4年	88.2
	多選制限	×	11.8
上院＊	選挙制度・代表法	×	37.0
	議員定数	×	59.0
	議員任期	46条：6年	79.5
	多選制限	×	12.8

注：サンプル（N＝65）：ポリティ（民主主義）指標＝6以上。CCP2013年時データ。
＊上院は選挙で議員が選ばれるケースに限る（N＝30）。

作）によって，複数の選挙区に少数派の票を分配させようとするかもしれない。

民主主義国家での選挙のルールに関する憲法規定のパターンを見ていこう。表4は，下院（日本の衆議院）と上院（日本の参議院）の選挙制度関連項目が規定されている割合（2013年時）と，日本国憲法における同様の規定の有無を示している。多くの憲法は，議員定数（下院＝71％，上院＝59％）と議員の任期（下院＝88％，上院＝80％）以外については，あまり具体的に規定しない傾向にあるが，一般には下院の制度をより細かく規定する傾向にある。表4の変数のうち，日本国憲法に明記されているのは議員の任期だけで，衆議院は解散選挙がないかぎり4年，参議院は半数改選で6年としている。

特に代表法を見ていこう。下院（衆議院）の選挙制度・代表法を明文規定している憲法典は全体の48％で，法律に任せるとしているものが22％，全く触れられていないものが28％となっている。日本国憲法の関連する規定は第47条であり，「選挙区，投票の方法その他両議院の議員の選挙に関する事項は，法律でこれを定める」と規定している。これによって，小選挙区や比例代表のような代表法，地域ごとの議席配分や選挙区の区割り，細かな選挙運動の規制などを含めた，選挙に関連するさまざまなルールは公職選挙法を中心とする法律で決められている。憲法で選挙制度を明文規定している場合でも，その細かさの程度にはかなりの幅がある。たとえば，アイルランド憲法第16条は，下院議員は

「単記移譲式投票を用いる比例代表制」で選出すると定め，また一票の格差不均衡を解消するために選挙区定数は12年毎に改定し，国民2～3万人に一議員の割合で配分する必要があるとしている。さらに細かく規定しているのがノルウェー憲法で，第57条では下院議員の定数は169，選挙区の数は19と決めており，さらに第59条では比例代表制の獲得議席配分方式や議席を得るのに獲得しなければならない最小限の得票率（阻止条項）などの詳細を定めている。

憲法に具体的な選挙制度・代表法・選挙区定数などを規定することには，2つの効果が存在する。一つは，その選挙制度を変えるのに憲法を改正する必要が生じ，党利党略のための制度変更を阻止できることである。日本では1994年に衆議院議員総選挙が中選挙区制から小選挙区比例代表並立制に移行したが，これは公職選挙法改正のみで実施可能であった。参議院議員の選出は1947年の参議院議員選挙法以来，全国区制を採り，都道府県を基本とする地方区と国全体にまたがる全国区で行われていたが，1983年に全国区の代表法が拘束名簿式の比例代表制，2001年には非拘束名簿式の比例代表制に変更された。仮に日本国憲法がノルウェーのように比例代表制の細かなルールを規定していれば，参議院の選挙制度改革にあたっても憲法改正が必要となったであろう。日本の公職選挙法は2023年時点で64回改正されており，上記の変更のほか，区割りや定数の改定が10回以上行われてきた。要するに，有権者が候補者を選ぶ過程や，その票がどう議席に変換されるかといった点について，戦後日本では，憲法改正なしでも改定が可能な状況が続いてきたのである。

明文規定の二つ目の効果は，司法審査の管轄権の拡大である。ノルウェーの場合，定数配分に関する規定が多いため，政府が一票の格差を無視したときには，司法は明確な基準に基づいて違憲と判断することが可能となっている。憲法が明確な基準を定めていない場合であっても，裁判所が介入をすることは可能である。たとえば，アメリカ合衆国連邦最高裁判所は，連邦議会選挙における州内の選挙区間の一票の格差是正を義務づけている（Wesberry v. Sanders, 376 U.S. 1 (1964)）。しかし，日本においては，憲法第47条で選挙に関する事項は法律で定める（＝立法府の権限である）と規定しているので，最高裁も選挙制度の具体的な仕組みについては国会の広い裁量に委ねている（長谷部2022：348）。その結果，小選挙区比例代表並立制の導入なども合憲とされてきた。重大な例外は，最高裁が違憲ないし違憲状態との判決を下した，一票の格差が著しく広がったケースである。しかしながら，このような判決においても，選挙を無効にすると公益を害するため，国会にそれを是正する時間的猶予を与えている（辻村 2015：115-116）。一票の格差は自民党の票田である農村部・地方を優遇しているので，それを放置することは自民党の戦略の一つでもある（McElwain 2008）。軟性な選挙制度規定は，良くも悪くも議会の過半数で政治制度を変えることを可能としているのである。

もちろん，日本国憲法は選挙制度について完全に沈黙しているというわけではない。たとえば，間接民主主義における選挙の基本要件として，全市民は良心に従い自由に投票する権利をもたなければならない。実際，日本国憲法においても，投票の秘密を侵してはならないという点に関しては規定が存在する（第 15 条 4 項）。また，公務員は普通選挙で選ぶものとし（第 15 条 3 項），選挙人の資格は「人種，信条，性別，社会的身分，門地，教育，財産又は収入によって差別してはならない」と保障している（第 44 条）。しかし，これらの規定は，選挙人・被選挙人としての資格についての必要最小限のものであると考えられる。結果として，選挙の方法に関する細部について，日本国憲法は事実上沈黙しているということとなる。

V 結 論

日本国憲法は硬性憲法であって改正が困難である，と度々言われてきたが，この見解は全体像を伝えるものではない。日本国憲法の改正手続のハードルは決して低くないが，最高法規が一般の法律と比べて硬性であるのは当然とも言える。また，CCP のデータが示すように，憲法第 96 条の要件は国際的にも「標準」であり，同等のハードルを設けている憲法は定期的に改正されている。では，なぜ日本国憲法は一度も改正されず，70 年以上維持されてきたのだろうか。本章では，統治機構の細部が憲法ではなく法律に委ねられている，制度的柔軟性に注目した。事例として挙げた国と地方の関係や議会選挙制度も，憲法制定時以降，明確に変容してきた。他国では，小選挙区比例代表並立制の導入あるいは「三位一体の改革」のような大規模な制度変更には憲法改正を必要とする一方で，戦後日本では，これらの改革は法律改正で実現することが可能であった。駒村＝待鳥（2016）が論じるように，戦後日本の制度変革の規模や影響は「実質的意味の憲法改正」とも呼べるであろう。政治体制及びその法的な基盤たる憲法は，為政者の利己的な操作に耐える硬性性が求められる一方で，変容する社会・経済・国際情勢に速やかかつ効率的に適応できる順応力も必要とされている。この観点から，日本国憲法の構造的柔軟性には長所も短所もあると言える。

〈参考文献〉

芦田淳「憲法学からみた地方自治体保障の可能性」駒村圭吾=待鳥聡史編『統治のデザイン――日本の「憲法改正」を考えるために』（弘文堂，2020年）363-386頁。
芦部信喜=高橋和之補訂『憲法〔第8版〕』（岩波書店，2023年）。
大津浩『分権国家の憲法理論――フランス憲法の歴史と理論から見た現代日本の地方自治論』（有信堂高文社，2015年）。
粕谷裕子「「一票の格差」をめぐる規範理論と実証分析――日本での議論は何が問題なのか」年報政治学2015年度Ⅰ号（2015年）90-117頁。
木寺元『地方分権改革の政治学――制度・アイディア・官僚制』（有斐閣，2012年）。
孝忠延夫=浅野宜之『インドの憲法〔新版〕――「国民国家」の困難性と可能性』（関西大学出版部，2018年）。
小林博志『自治体の出訴の歴史的研究』（中川書店，2018年）。
駒村圭吾=待鳥聡史編『「憲法改正」の比較政治学』（弘文堂，2016年）。
駒村圭吾=待鳥聡史編『統治のデザイン――日本の「憲法改正」を考えるために』（弘文堂，2020年）。
境家史郎『憲法と世論――戦後日本人は憲法とどう向き合ってきたのか』（筑摩書房，2017年）。
佐藤俊一『日本広域行政の研究――理論・歴史・実態』（成文堂，2006年）。
総務省「地方財政の分析」（2020年，http://www.soumu.go.jp/iken/jokyo_chousa.html）。
辻村みよ子『憲法〔第7版〕』（日本評論社，2021年）。
辻村みよ子『選挙権と国民主権――政治を市民の手に取り戻すために』（日本評論社，2015年）。
西修『憲法改正の論点』（文藝春秋，2013年）。
橋本行史編『新版 現代地方自治論』（ミネルヴァ書房，2017年）。
長谷部恭男『憲法〔第8版〕』（新世社，2022年）。
ヒジノ ケン・ビクター・レオナード（石見豊訳）『日本のローカルデモクラシー』（芦書房，2015年）。
マッケルウェイン・ケネス・盛『日本国憲法の普遍と特異――その軌跡と定量的考察』（千倉書房，2022年）
茂木洋平「国と地方公共団体の争訟――那覇地判平成30年3月13日判決の考察」桐蔭法学26巻1号（2019年）85-108頁。

Tania Groppi and Nicoletta Scattone, *Italy: The Subsidiarity Principle*, 4(1) INTERNATIONAL JOURNAL OF CONSTITUTIONAL LAW 131-137 (2006).

Shigenori Matsui, THE CONSTITUTION OF JAPAN: A CONTEXTUAL ANALYSIS (Hart Publishing, 2011).

Kenneth Mori McElwain, *Manipulating Electoral Rules to Manufacture Single Party Dominance*, 52(1) AMERICAN JOURNAL OF POLITICAL SCIENCE 32-47 (2008).

Kenneth Mori McElwain and Christian G. Winkler, *What's Unique about the Japanese Constitution?: A Comparative and Historical Analysis*, 41 JOURNAL OF JAPANESE STUDIES 249-280 (2015).

Kenneth Mori McElwain and Christian G. Winkler, *Constitutional Pathways of Fiscal Federalism*, American Political Science Association Conference 2016.

Francesco Palermo and Alex Wilson, *The Dynamics of Decentralization in Italy: Towards a Federal Solution?*, European Diversity and Autonomy Papers, EDAP 04/2013 (http://aei.pitt.edu/41705/4/2013_edap04.pdf).

Arthur Stockwin and Kweku Ampiah, RETHINKING JAPAN: THE POLITICS OF CONTESTED NATIONALISM (Lexington Books, 2017).

Christian G. Winkler, THE QUEST FOR JAPAN'S NEW CONSTITUTION: AN ANALYSIS OF VISIONS AND CONSTITUTIONAL REFORM PROPOSALS 1980-2009 (Routledge, 2011).

第9章

比較憲法学についての一考察

横大道　聡

Ⅰ　はじめに

日本の法学研究者は，西欧の法典を模範に近代化を試みたという歴史的経緯も手伝って，必ずと言ってよいほど外国法──主に英米独仏＋α──との「比較」研究に従事している(1)。石川健治曰く，「日本の法学というのは，全員，比較法学なのです。ですから，どこまで比較法学の手を広げるかは人それぞれですが，比較法学者でない法学者はほとんどいない，一人もいないと言っていいぐらいで，方法としての異世界というものを，それぞれ自分で持っている(2)」。

この指摘が正しいとすると，筆者を含むほとんどの憲法学者は，同時に比較憲法学者でもある，ということになる。それでは，多くの憲法学者が実際に従事している研究は，どのような知的営為であり，いかなる意味での「比較」研

(1)　三ケ月章『司法評論Ⅲ　法整備協力支援』（有斐閣，2005年）68-70頁。溜箭将之「外国法の参照・日本法の参照」法律時報1149号（2020年）44頁も参照。

(2)　石川健治ほか「パネルディスカッション」樋口陽一ほか『憲法を学問する』（有斐閣，2019年）32頁〔石川発言〕。「方法としての異世界」とは，国によって憲法・憲法学のかたちが異なっており，知的母国とした学問のあり様に規定された物差しで物事を捉えることをいう。同上32-33頁。

究なのだろうか。本章は，主に戦後の議論に着目しながら，この点についての整理を行い，日本の比較憲法学という営みそれ自体について若干の考察を試みようとするものである(3)。

まずⅡで，憲法学の体系上，比較憲法学が憲法科学――本章では，〈憲法科学＝社会科学としての憲法学〉という一般的理解に基づき，両者を互換的に用いる――に位置づけられていることを見たうえで，その憲法科学が，〈解釈＝主観的＝実践〉と対比されるかたちで，〈科学＝客観的＝認識〉と捉えられていることを確認する。Ⅲでは，憲法科学の二大潮流であった，マルクス主義憲法学と解釈・科学二分論の立場を概観し，Ⅳで，主流となった後者の解釈・科学二分論における「科学」としての「比較」の具体的内容を，日本を代表する憲法学者である樋口陽一の比較憲法学方法論を概観することを通じて素描するとともに，続くⅤで，その特徴を整理して，日本の比較憲法学の特徴を明らかにする。Ⅵでは，現実に多くの憲法学者が行っていると考えられる知的営為は，樋口が強調した――そして今日でも特段の異論も見られない――「科学」としての比較憲法学とは一致するものではないということを指摘する。Ⅶでは，近時国際的なレベルに興隆を見せている学問領域としての比較憲法学における方法論に関する議論に目を転じる。そして，以上に見てきた日本の比較憲法学との相違を意識しながらそれを概観することで，日本の比較憲法学の特徴をさらに浮かび上がらせる。最後にⅧで，以上を踏まえた筆者の現時点での主張を提示して，本章のむすびとする。

Ⅱ　憲法科学としての比較憲法学

まず，日本の憲法学のなかでの比較憲法学の位置づけを確認するとともに，その展開を見ていくことから始めよう。

1　憲法学の体系と比較憲法学の位置づけ

憲法学の体系を詳細に論じた小林直樹による「憲法学の諸部門の図式化(4)」

(3)　戦前の比較憲法の動向については，西修『憲法体系の類型的研究』（成文堂，1997年）2-15頁などを参照。なお，法学部における「比較憲法」の状況については，君塚正臣「法学部における『比較憲法』を考える――変容する法学部の中で『刑事政策』・『法社会学』との対比をしながら」横浜国際社会科学研究23巻3号（2019年）123頁以下を参照。

(4)　小林直樹『憲法学の基本問題』（有斐閣，2002年）10頁〔初出は1993年〕。

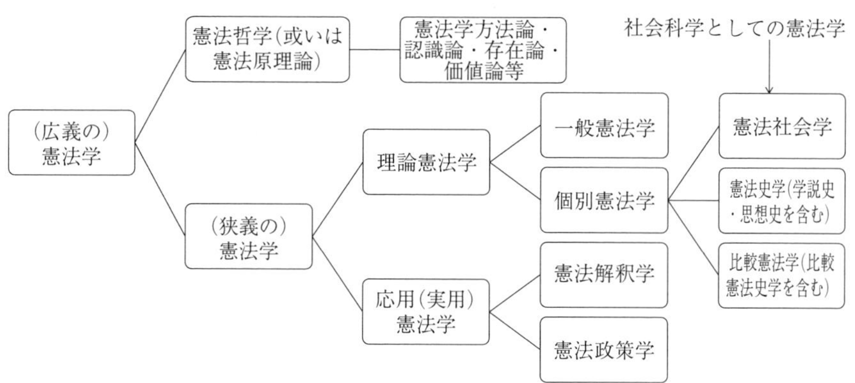

によると，比較憲法学は，応用（実用）憲法学と理論憲法学に大別される「狭義の憲法学」のうちの後者に該当し，そのなかの個別憲法学の一分野である，と位置づけられている。そして小林は，比較憲法学，憲法史学，憲法社会学などを総称して「(社会）科学としての憲法学」と呼んでいる（図を参照）(5)。

杉原泰雄も類似した体系を提示している。杉原によると，憲法学は，「憲法学の方法論をはじめとしてその基礎理論の部分を扱う」とされる「憲法哲学（憲法総論)」を別にすれば，「どのような憲法現象（対象）を，どのような方法で検討するかによって，憲法解釈学と憲法科学に分類され」，比較憲法学は，後者の憲法科学に該当するという(6)。

両者の考える体系や名称は若干異なるものの，比較憲法学はいずれの整理においても「憲法科学」とされていることを確認できる(7)。

なお，小林や杉原は，狭義の憲法学から「憲法哲学」を除外した体系を提示しているが，憲法哲学を理論憲法学の一分野に含めて整理する論者もいる。例えば愛敬浩二は，「実践哲学の復権に呼応するかたちで政治哲学や法哲学との対話を通じて興隆した憲法哲学は，小林の図式に従うならば，応用憲法学（憲法解釈学を含む）と区別される理論憲法学の一分野に位置付けられるべきであろう(8)」と述べている。

---

(5)　小林・前掲注(4)10，16頁。

(6)　杉原康雄「憲法解釈学」杉原康雄編『新版　体系憲法事典』(青林書院，2008年) 278頁。なお，吉田善明「比較憲法学」杉原編・同上288頁以下も参照。

(7)　杉原・前掲注(6)278頁。

いずれにせよ，ここで確認しておきたいのは，第一に，論者によって呼称に違いはあるものの，実用（応用）憲法学と憲法科学の区別は「一般に承認されている(9)」ということ，第二に，本章の検討課題である比較憲法学は後者の憲法科学に分類されており，これについても特段の異論を見ない(10)，ということである。

2　解釈・科学二分論の嚆矢――戦前の宮沢俊義

1でみた憲法学の体系の基礎となる実用憲法学（の代表である憲法解釈学）と憲法科学との区別の嚆矢となったのは，学説を「解釈論的な学説（＝実践的な学説）」と「理論的な学説（＝科学的な学説）」に二分した戦前の宮沢俊義の議論である(11)。

宮沢によれば，「法の解釈の解釈たるゆえんは何よりそれが『実践的』であり，『創造的』であり，『生産的』であり，『超科学的』であり，『主観的』である点に存する(12)」のであり，解釈論的な学説とは，その提言を行うことである。他方，理論的な学説は，「法の認識に関する提言」であり，「そこに在るがままの法をただ在るがままに認識することがこの種の『学説』の仕える ただ一つの目的であ」り，「かような意味における理論的な『学説』は客観的な真理価値にのみ仕えるものであるから，客観性が当然にその本質でなければならない(13)」。

(8)　愛敬浩二『立憲主義の復権と憲法理論』（日本評論社，2012年）17頁。なお小林は，「方法論を始め，憲法現象の基本問題を考究する憲法哲学（或いは一般憲法学）」と述べたり（前掲注(4)8頁），「憲法学を『理論』と『実用』の二部門に分けると，前者には方法論や『憲法哲学』などの基礎理論とそれ以外の科学的研究部門（憲法＝史学・社会学・規範学・比較法学など）が含まれる」（同上16頁）と述べたりするなど，憲法哲学を理論憲法学ないし憲法科学に含めるかのような整理も示している。そうしたなかで先に見た「図式化」を行ったのは，他の学問分野の整理方法とパラレルにするためである，とされる。同上13頁。

(9)　村田尚紀「憲法科学」杉原編・前掲注(6)283頁。

(10)　村田尚紀『比較の眼でみる憲法』（北大路書房，2018年）4頁，大石眞『憲法概論Ⅰ――総論・統治機構』（有斐閣，2021年）2頁なども参照。

(11)　宮沢俊義「法律学における『学説』――それを『公定』するということの意味」同『法律学における学説』（有斐閣，1968年）65頁以下〔初出は1936年〕。

(12)　宮沢・前掲注(11)71頁。

(13)　宮沢・前掲注(11)73-74頁。

宮沢が提示したこの区別，すなわち，〈解釈＝主観的＝実践〉と〈科学＝客観的＝認識〉という区別を，本章では原則として「解釈・科学二分論」と呼ぶことにする。

3　法解釈論争における科学

周知のように，1950年代に生じた（第1次）法解釈論争は，「法解釈」とは合理的に存在し得る複数の解釈のなかから解釈者の「選択」によって選ばれるという主観的な「実践」の作用であって，客観的かつ一義的に「正しい」意味を「認識」する作用ではないにもかかわらず，あたかもそうであるかのように装う法律家の態度を厳しく批判した来栖三郎の問題提起(14)をきっかけとするものであった(15)。

松浦好治によると，来栖のような「法解釈」理解は，従来の法解釈学は「科学」ではないとする理解を産み，「今，法律家がなすべきことは『科学』を模範として法学を新しく構成しなおす努力」であるというように，「法学の思考法を方向づけた(16)」。そこでイメージされた「科学」とは，すでに見たように，主観性と対比される客観性を備えた「真理」であり，それは「認識」ないし「把握」し得るのだ，というものである(17)。「主観的な価値の世界とは区別された客観的な事実の世界を取り扱う知的営為(18)」。それこそが「科学」であり，あたかも自然科学のような意味での科学が理想とされたのであった(19)。

(14)　来栖三郎「法の解釈と法律家」『来栖三郎著作集Ｉ――法律家・法の解釈・財産法・財産法判例評釈（1）』（信山社，2004年）73頁〔初出は1954年〕。なお，鵜飼信成「憲法解釈の基本問題」季刊法律学20号（1956年）15頁によると，「来栖教授が自ら筆者に語られたところによると，このような議論をする機縁となったのは，『世界』昭和28年10月号に掲載された，宮沢〔俊義〕，中野〔好夫〕，鵜飼〔信成〕の憲法に関する座談会『憲法を守るとはどんなことか』であって，いかに憲法の解釈が恣意的なものであるかを痛感させられたからであるという」。

(15)　法解釈論争の概要とその後の展開については，田中成明『法理学講義』（有斐閣，1994年）第14章などの整理を参照。また，亀本洋「法解釈をめぐる実定法学者と法哲学者の見方の違い」亀本洋＝山本敬三編『法解釈の方法論――その諸相と展望』（有斐閣，2020年）なども参照。

(16)　松浦好治「法学における『科学』イメージの機能」法哲学年報1978年144-145頁。

(17)　松浦・前掲注(16)145-148頁。

(18)　野坂泰司「憲法解釈の理論と課題」公法研究66号（2004年）5頁。

(19)　ちなみに，「西洋においては，法学は社会科学の一つであるとは必ずしも考えられて」いないとされる。吉田敬『社会科学の哲学入門』（勁草書房，2021年）4頁。

来栖の問題提起は，すでに宮沢が戦前に行っていた指摘，すなわち，法解釈は「理論的認識の作用ではなくて実践的意欲の作用である[20]」という指摘と重なるが[21]，法解釈論争によって，解釈・科学二分論は広く法学界全般の常識となったのである[22]。

Ⅲ 憲法科学の潮流

このような法学界の動向を受けた憲法学界では，「憲法解釈学と憲法科学の区別がほぼ一般的に承認された上で解釈と科学との関係が論じられるという水準にとどまり，憲法科学の方法自体が立ち入って論じられることは珍しいことに属してきた[23]」と評されている。

そうしたなかで憲法科学の方法に立ち入った検討を加えたものとして，「大雑把に分類すれば，戦後の憲法科学には，①マルクス主義法学の潮流（鈴木安蔵・長谷川正安・杉原康雄・森英樹など）と，②ケルゼン流の方法二元論〔本章にいう解釈・科学二分論〕の潮流（宮沢俊義・樋口陽一など）の二つがあった[24]」。そこで以下，順にその特徴を見ていこう。

1 マルクス主義憲法学における科学

まず，①マルクス主義法学の潮流である。

当時，「科学」の有力な知見を提供したのはマルクス主義であった。「今では

(20) 宮沢・前掲注(11)70頁。

(21) 長谷川正安『法学論争史』（学陽書房，1976年）99頁。浦田一郎「憲法科学の方法」杉原泰雄編『講座・憲法学の基礎3 憲法学の方法』（勁草書房，1984年）267頁は，「来栖の議論の基本線は，すでに戦前，宮沢が述べていたことと変わりはない。なぜ来栖の問題提起が注目をあびたのかは，宮沢－来栖的な議論が一般化した現在では，あまりよくわからない」と指摘している。

(22) 小林・前掲注(4)112-113頁。野坂泰司「憲法解釈の理論と課題」公法研究60号（2004年）4-7頁も参照。

(23) 村田・前掲注(9)283頁。

(24) 愛敬・前掲注(8)15頁。1984年に刊行された『憲法学の方法』と題された書籍（杉原編・前掲注(21)）は，憲法科学の方法として，マルクス主義の方法論（金子勝「憲法科学の方法論1――マルクス主義の方法論」同書133頁以下）と，ハンス・ケルゼンのイデオロギー批判を中心とした方法論（山下威士「憲法科学の方法論2――ハンス・ケルゼンのイデオロギー批判を中心として」同書189頁以下）を収録しており，この2つが当時，代表的な憲法科学の方法だと理解されていたことを示している。さらに，佐藤功「戦後日本憲法学の特色と課題」公法研究40巻（1978年）35頁も参照。

信じ難いことだが，社会科学という語がマルクス主義とほぼ同義に使われ，マルクス主義が社会科学をほぼ独占していたこともあった[25]」のである。マルクス主義憲法学を自認した代表的論者である長谷川正安曰く，「戦前および戦争直後の日本では，『社会科学』という用語に，一定の，特別な意味内容が付されていた……。それは，社会科学＝マルクス主義的社会科学という見方である[26]」[27]。

マルクス主義にいう「科学」とは，弁証法的唯物論のことであり，その歴史領域での応用が史的唯物論である。もう一人のマルクス主義憲法学の代表的論者である影山日出弥も，憲法学にとって必要なことの一つとして，「現実の憲法現象を厳密な科学的手続によって正確に認識すること」を挙げ，そのためには「憲法研究の最も正統的な科学的方法論として，マルクス主義＝史的唯物論に基礎をおく原理論が展開されなければならない[28]」，と断言している。

マルクス主義法学においては，「歴史の普遍的な発展法則（の存在）という理論的前提が加わることで，当該法則に沿った法と社会の共変化の実相や規定諸因子の『科学的』解明という研究課題が成立していた[29]」。すなわち，「法の科学とは，上部構造たる法秩序と土台たる生産関係の対応関係を研究することである[30]」と捉えられたのであり，法の「解釈」は，その「認識＝科学」に基づいて行うべきだとされたのである[31]。

---

(25) 森政稔『戦後「社会科学」の思想――丸山眞男から新保守主義まで』（NHK 出版，2020 年）3-4 頁。安念潤司「憲法と憲法学」樋口陽一編『ホーンブック憲法〔改訂版〕』（北樹出版，2000 年）70 頁。

(26) 長谷川正安「社会科学としての憲法学」法学セミナー 145 号（1968 年）9 頁。出口雄一「『戦後憲法学』の誕生――『啓蒙』と『抵抗』」鈴木敦＝出口雄一編『「戦後憲法学」の群像』（弘文堂、2020 年）36 頁も参照。

(27) なお，戦前から史的唯物論に基づく「社会科学としての憲法学」を開拓していたのは鈴木安蔵であるが（例えば，鈴木安蔵『比較憲法史』（三笠書房，1936 年）），本章で触れる余裕はない。その位置づけについては，影山日出弥「鈴木憲法学における史的唯物論の適用」法律時報 474 号（1968 年）21 頁以下などを参照。

(28) 影山日出弥『現代憲法学の理論』（日本評論社，1967 年）20 頁。さらに，影山日出弥「『科学的』憲法学――系譜と展開」公法研究 31 号（1969 年）11 頁以下も参照。

(29) 尾崎一郎「科学という見果てぬ夢」法学セミナー 792 号（2021 年）34-39 頁。小林・前掲注(4)28-30 頁も参照。

(30) 安念・前掲注(25)70 頁。

(31) 長谷川正安『憲法判例の研究』（勁草書房，1956 年）23-24 頁などを参照。

2　解釈・科学二分論における科学

次に，②ケルゼン流の方法二元論──本章にいう解釈・科学二分論──である。

解釈学説と科学学説との区別を行った宮沢は，「科学」の役割をイデオロギー批判にあると捉えていた。イデオロギーとは，「その本質上現実と一致しなくてはならぬ科学的概念として自らを主張する表象であって実は現実と一致しないもの」であり，「何より現実を蔽う機能を持」ち，「常にある社会における支配層に奉仕する」ものである(32)。科学の役割は，このイデオロギーを暴露することである。曰く，「イデオロギー的性格をもつ諸概念のイデオロギー的性格を指摘し，その現実との不一致を暴露すること……は，真理のみに仕える科学の当然の任務でなくてはならぬ(33)」。

もっとも宮沢は，そのためにどのような方法を採るべきなのか，すなわち，憲法科学の方法を必ずしも明確にしていなかった。この点に立ち入った考察を加えたのは，宮沢の立場を継承した樋口陽一である(34)。樋口は「どんな憲法科学かという，本来的な意味での科学方法論(35)」を検討することにより，「マルクス主義とは別の方法論をもって憲法科学を復権させようとした(36)」のである。齋藤暁によれば，「『社会科学としての憲法学』の方法論が未徹底だった50年代の状況を克服し，戦前の宮沢の科学学説に着目することで，非マルクス主義的な『社会科学としての憲法学』の方法論を確立しようとしたのが，この当時の樋口が意図したところであった(37)」。

では，樋口の考える「非マルクス主義的な『社会科学としての憲法学』の方

(32)　宮沢俊義「国民代表の概念」同『憲法の原理』（岩波書店，1967年）186-187頁〔初出は1934年〕。その批判的検討として，赤坂正浩「宮沢俊義『国民代表の概念』を読む──科学としての憲法学と代表制論」法学教室247号（2001年）40頁以下などを参照。

(33)　宮沢・前掲注(32)188頁。

(34)　樋口陽一『近代立憲主義と現代国家』（勁草書房，1973年）4-5頁。

(35)　樋口・前掲注(34)117頁。

(36)　江藤祥平「『理論憲法学』の再興──樋口陽一と立憲主義の復権」鈴木ほか編・前掲注(26)204頁。樋口自身，マルクス主義憲法学を念頭に置きつつ，「特定の立場に立つことが，いわば自動的に科学性を保証するという錯覚がでてくると，ちがった立場間の学問的論争が不可能になる」と警告している。杉原泰雄ほか「シンポジウム・憲法学の方法」法律時報474号（1968年）58-59頁〔樋口発言〕。

(37)　齋藤暁「初期樋口陽一の憲法学と〈戦後憲法学〉の知的状況（1）──日本戦後憲法学史研究・序説」法学論叢183巻4号（2018年）80頁。樋口による宮沢受容についても，同論文による分析が有益である。

法論」とはどのようなものなのだろうか。これを知るには，樋口の比較憲法学を見る必要がある。なぜならば樋口は，自身の比較憲法学が科学であるということを再三にわたって強調しているからである。これについては節を改めて詳しく見ていくことにしたい。

なお，解釈と科学の関係についてであるが，宮沢は，両者がどのような関係を取り結ぶべきか，という点についても明確に議論していなかった(38)。これに対して樋口は，科学と解釈，理論と実践の相互関係について「批判的峻別論」を説いたことで知られる(39)。樋口は，解釈はどこまでも実践であり，科学に基づいて憲法を解釈するとか，憲法解釈を科学化させようとか，そういうことを意図していたわけではなかった，ということにも注意しておきたい。

Ⅳ　樋口陽一の比較憲法学

前節でみたように，マルクス主義憲法学においては，科学としての「歴史の発展法則」が解釈のあり方を規定していた。しかし今日ではマルクス主義自体が力を失い，もはや「歴史の発展法則」を公理として受け入れる立場はほとんど存在しないといってよい(40)。そのこともあって，解釈・科学二分論が主流となったわけであるが，そこにおける「科学」とは，どのようなものなのだろうか。本節では，解釈・科学二分論を採用し，比較憲法学を科学と位置付けたうえで，その方法論を詳細に展開した樋口陽一の議論を見ていくことにしよう。

---

(38)　浦田・前掲注(21)267頁。影山は，宮沢のイデオロギー批判について，「解釈論そのものに科学性を与えようというような発想はあの段階では全然ない」と断じている。杉原ほか・前掲注(36)38頁〔影山発言〕。

(39)　認識と評価を峻別したうえで，①認識行為については，そこに評価を混入させてはならないと説き，②実践的評価については，認識の名において実践的主張ないし評価はしてはならないと説いたうえで，③その各々について，それに徹することにより自らが好ましくない附随的効果が発生する場合には，それを抑制するための評価ないし実践的行為を行う，という立場が批判的峻別論である。樋口陽一『近代憲法学にとっての論理と価値』(日本評論社，1994年) 第1章などを参照。批判的峻別論の当否をめぐって多くの議論があるが，本章で触れる余裕はない。

(40)　尾崎・前掲注(29)35頁。大江泰一郎「社会主義憲法と戦後憲法学」樋口陽一編『講座憲法学〔別巻〕――戦後憲法・憲法学と内外の環境』(日本評論社，1995年) 101頁も参照。ただし，マルクス主義の「理論」自体が意義を失ったわけではない。ここでは，The Cambridge Handbook on The Material Constitution (Marco Goldoni & Michael A. Wilkinson eds., 2023) を挙げるにとどめる。

1　科学としての『比較憲法』

「比較法学者でない法学者はほとんどいない」と指摘した石川健治は，「それまで片手間に比較憲法を教える先生はおられましたが，本当に責任をもって比較憲法講座……を担当されたのは，おそらく日本の学説史上，樋口先生が初めてだと思うのです(41)」とも発言している。

その樋口陽一の代表作の一つ『比較憲法(42)』では，比較憲法学の方法論が極めて詳細に展開されている。そこでは，「この本でとりあつかう比較憲法学とは，諸外国の憲法現象を比較の観点から対象としてとりあげる科学のことである(43)」と定義されている。すなわち，第一に，比較憲法の対象は諸外国の「憲法現象」であり，第二に，その対象の取り上げ方は「比較」であり，第三に，その性格は「科学」である，とされている。

樋口のように比較憲法学を定義する例は少なくない。例えば，辻村みよ子の『比較憲法』は，「諸国の憲法規範と憲法現象を，憲法解釈と区別された憲法科学の手法で，近代憲法から現代憲法への歴史的展開を重視しつつ体系的に比較研究する学問分野(44)」と定義しているし，樋口らとは立場が大きく異なる西修も，「比較憲法学とは，諸国の憲法現象を類型的に比較分析することを任務とする憲法科学の一分科である(45)」と同様の定義を与えている。

そこで以下，「憲法現象」，「比較」，「科学」という3点について，マルクス主義憲法学などとの関係も踏まえつつ，樋口の立場を見ていくことにしたい。そうすることで，日本における科学としての比較憲法学についての理解が明らかになると考えられるからである。

---

(41)　樋口陽一・石川健治「対論『憲法学の体系』」樋口ほか・前掲注(2)5頁〔石川発言〕。

(42)　樋口陽一『比較憲法〔全訂第3版〕』（青林書院，1992年）〔初版は1977年〕。なお，樋口・前掲注(34)でも比較憲法学の方法論が取り上げられているので，以下，両者を主な素材として取り上げる。

(43)　樋口・前掲注(42)3頁。

(44)　辻村みよ子『比較憲法〔第3版〕』（岩波書店，2018年）12頁。ここでは「憲法科学」は，「科学的視座」，すなわち，「特定の政治的立場とは一線を画して，歴史学や政治学など隣接諸科学の成果をとりいれて社会科学としての憲法学をめざす視座」のこととされている。

(45)　西・前掲注(3)16頁。吉田・前掲注(6)288頁も参照。

2　科学の内実

まず，叙述の便宜上，「科学」から見ていこう。

樋口『比較憲法』は，「この本が，法の解釈と法の科学を明確に区別し，諸外国の憲法についての解釈をおこなうのではなく，その憲法現象についての科学にたずさわろうとする」ものであり，「比較憲法学の研究それ自体は，実務的・実践的効用から解放されてはじめて本格的におこなわれるものだということ，そのような過程を経ることによってはじめて，実用にも本格的に役に立てられる研究成果が生まれるもの[46]」などと記され，その科学性が強調されているが，樋口は「科学」を次のように捉えている。

> 科学という言葉を私自身が使う場合，私は，科学というものの基本的な目的と手続を，観察に基いてもろもろの事実を整理・記述し，それに基いて諸事実相互のあいだの因果関係についての仮説をたて，それを経験によって検証して法則を導き出し――より正確にいうなら，経験によって反証されないかぎりにおいて，そのようなものとしての法則を構成し――，そうすることによって，最終的にはできるだけ広い範囲の事実を包括的に説明できるようにする，というところにあると考えている[47]。

このような（社会）科学の理解は，今日においてもそれほど大きな違和感なく受け入れられるものだろう。例えば今日の法社会学――Ⅱ 1で見た憲法社会学も憲法科学の一つに分類されるのが一般的である――においても，科学は多義的であるとしながら，「現象の中から一定の法則・規則性・因果関係などを見出そうとする営為である[48]」などとされている。

ここでは，樋口の科学理解は，社会現象も自然現象と同じように研究できるとする自然主義的ないしは実証主義的な理解[49]に親和的であるということを

---

(46)　順番に，樋口・前掲注(42)6，9頁。

(47)　樋口・前掲注(34)3-4頁〔傍点は引用者〕。なお，小林・前掲注(4)16頁も参照。

(48)　飯田高『法と社会科学をつなぐ』（有斐閣，2016年）277頁。尾崎・前掲注(29)37頁も，法社会学の作法として，「どちらかといえば教養学的な体系性や概念の洗練よりも経験科学としての客観性を重んじる……。べき論・規範論，あるいは思弁・観念論よりも経験的事実の実証的な記述と一般的・客観的法則の抽出・理念化を志向する」，としている〔原典は傍点が太字〕。なお，川島武宜『科学としての法律学』（弘文堂新社，1964年）65-66頁も参照。

(49)　吉田・前掲注(19)第2章，野村康『社会科学の考え方――認識論，リサーチ・デザイ

確認しておこう。

3　科学の対象――憲法現象

樋口は比較憲法学という科学の対象を「憲法現象」としているが，憲法現象は次の4つの類型ないし「範疇」に整理され，①と②は「規範記述的」，③と④は「因果説明的」と性格づけられている(50)。それぞれ，その内容は次のとおりである。①「それぞれの国で所与の時点に憲法制定者によって定立され，憲法の法源とされているところの制定憲法」。②「所与の制定憲法の下での憲法実例，すなわち，制定憲法の一定の解釈を前提とし，憲法適用者たちによって，下位規範のかたちをとって定立された諸規範の総体」である「実効的憲法」。③「制定憲法を作り出す憲法制定者の憲法意識，その解釈を前提として実効的憲法をつくり出す議員や裁判官や行政官など憲法適用者の意識……，それらにはたらきかける法律家とりわけ法学者の意識，国民各層の意識，など」，「ひろく憲法意識とよぶことができるもの」。④「ある社会関係からさまざまの憲法意識を媒介として制定憲法が生み出され，その制定憲法が，憲法適用者たちを一定の社会関係のもとで多かれ少なかれ拘束しながらもかれらによって解釈適用されることを通じて，その社会関係にはたらきかける，という憲法的社会過程全般」。

なお，マルクス主義憲法学においても，憲法現象が憲法科学の対象と位置付けられている。例えば長谷川正安は，憲法現象の存在形態を，憲法意識，憲法規範，憲法制度，そしてそれらがすべて含まれたより具体的なものである憲法関係，という4つに整理してみせている(51)。

4　科学の方法――比較

そして具体的な科学の方法，すなわち「比較」についてである。

まず樋口は，具体的な「比較の方法」として，（憲）法現象をその動態におい

ン，手法』（名古屋大学出版会，2017年）第1章などを参照。なお樋口は，今日では，自然科学を連想させる「科学」という用語よりも，「理論」という言葉を使うほうが適切であると述べているが（樋口陽一『憲法〔第4版〕』（勁草書房，2021年）23頁），上記の科学理解を変更したわけではなかろう。

(50)　以下，樋口・前掲注(42)28-29頁。樋口・前掲注(34)133-134頁も参照。

(51)　長谷川正安『憲法学の方法〔新版〕』（日本評論社，1968年）48-64頁，影山・前掲注(28)20頁などを参照。

て比較する「機能的方法」と，（憲）法現象をそれが存在する歴史社会とのかかわりにおいて比較する「歴史的方法」の二つを挙げたうえで，両者は相互排斥的なものではなく，どちらも比較が成立するためには必要不可欠とする(52)。

そして，比較を有意義なものにするためには，「様々な現象を比較可能な形態にパラフレーズする類型学」が必要であるとして，「機能的方法」に対応する論理的類型学と，「歴史的方法」に対応する歴史的類型学を挙げる。機能的方法とは，「法を平面的に──たとえば制定法だけに着目して──とらえるのではなくその動態において立体的にとらえる」ことであり，これにより，先に見た憲法現象の四類型が導き出される。歴史的方法として樋口は，日本が属するところの現代西側社会を座標の中心に据えた「歴史的類型学」を試みる。

「歴史的類型学」では，横軸においては，「現代フランス憲法科学の方法上の特質(53)」を踏まえて，「生産力そのものよりも生産関係の構造を重視する見方」に基づいた「社会・経済的構造」という指標に基づき，現代西側社会を「資本と賃労働の対立＝労働力商品化という生産様式の質的な特殊性を標識とする特殊歴史的存在として理解されるところの資本主義社会」型に分類したうえで，それを社会主義型と対比させる。資本主義型は，さらに西欧型と開発途上国型に再区分されるとともに，西欧型はファシズム型と現代福祉国家型に，開発途上国型は狭義の社会主義型と人民民主主義型に再々区分される(54)。

そして日本が属するところの西欧資本主義型の憲法現象に着目し，縦軸においては，過去のそれと対比させてその特徴を捉えるために，「近代市民革命期，近代立憲主義の確立期，近代立憲主義の現代的変容期という三つの歴史段階を設定(55)」する。

このように樋口の『比較憲法』における「比較」は，横軸に西欧資本主義型

(52)　樋口・前掲注(42)27-28頁。さらに樋口・前掲注(34)133頁。ここで「静態的分析」が取り上げられていないというのも一つの特徴である。阿部照哉編『比較憲法入門』（有斐閣，1994年）14頁〔阿部執筆〕は，「憲法現象を比較するにあたって，表面的な共通性または差異を記述する」のが「静態的分析」であり，それは「憲法制度・条文の形式的異同を問題にし，数量的・統計的比較に重点をおくものであるが，これは比較分析の第1段階であり，さらに比較を深化しなければならない」と述べている。

(53)　樋口・前掲注(34)117-131頁。

(54)　樋口・前掲注(34)135頁。社会主義型はさらに，スターリニズム型と「自由化」型に区分されている。

(55)　樋口・前掲注(42)50頁。

という類型，縦軸に近代立憲主義の展開という段階を用いて，「いくつかの主要な国について，それらに共通するところのものを明らかにすると同時に，それらの国々の憲法現象のあいだにどんな法・政治技術的なちがいがあるかを類型化」するとともに，「さしあたっては発展社会＝資本主義型の歴史的類型に入る日本の憲法現象が，そのなかでどんな特殊性を持っているかを明らかにする(56)」，という試みであるとされている。

V　日本の比較憲法学の特徴

前節では，戦後の主流を形成したと考えられる樋口の憲法科学としての比較憲法学の概要を見た。本節では，その特徴を整理しながら，日本の比較憲法学の特徴を明らかにしていこう。

1　歴史研究の優位――比較西洋憲法史としての比較憲法

まず，樋口『比較憲法』の「実質は，比較西洋憲法史および比較西洋憲法思想史論(57)」である。それは，Ⅳ 4で見た「比較の観点」に立脚して，比較対象である「諸外国」の絞り込みが行われたためである。そして，「そのような考察対象の限定自体が，なによりも西洋的近代化の中に日本憲法の発展を方向づけさせようとする高度に実践的意義に基礎づけられていた(58)」ということも確認できる。

関連して，『比較憲法』において「比較西洋史および比較西洋憲法思想史論」を展開する際に樋口が活用したのが，比較経済史学の知見である。この点は『比較憲法』のなかで，「近代市民革命および産業革命，総じて近代資本主義というものについてのこの本のとらえかたは，大塚久雄・高橋幸八郎氏を先駆とするわが国の西洋経済史学に負うている(59)」と明言されているとおりである。換言すれば，樋口の比較憲法学における「科学」性は，主として比較経済史学

(56)　樋口・前掲注(42)51頁。

(57)　山元一「〔講演録〕グローバル立憲主義と比較憲法学の展望――『市民社会』志向の憲法学は可能か？」白鴎大学法政策研究所年報12号（2019年）94頁〔傍点は引用者〕。

(58)　山元一「覚書――グローバル化時代における『市民社会』志向の憲法学の構築に向けて」法律時報1129号（2018年）75-76頁。樋口・前掲注(42)51頁。齋藤暁「初期樋口陽一の憲法学と〈戦後憲法学〉の知的状況（2）――日本戦後憲法学史研究・序説」法学論叢184巻5号（2019年）95頁も参照。

(59)　樋口・前掲注(42)55頁。

の知見を援用することによって担保されていたのであり，これは，「比較経済史学の学問的成果は，封建制社会から資本主義社会への移行プロセスの科学的分析，そしてそれをふまえた上でのその先の体制変革問題までを射程に含めて，当時〔1970年前後のこと〕の社会科学水準に照らして，当時の社会現実についての最も説得力のある説明図式であった(60)」ことが大きい(61)。

そして，比較経済史学の見方が「マルクス主義の歴史観にかなり規定(62)」されたものであったという事情を反映して，樋口の比較憲法学はマルクス主義の歴史観に接近している。こうしてマルクス主義憲法学と同様に，解釈・科学二分論に基づく科学の方法論においても，歴史研究が中心となった。「戦後日本の憲法科学一般について歴史研究の優位が確認できる(63)」のは，そのためである。

2 定量的・統計的分析の劣位

憲法科学，比較憲法学における歴史研究の優位は，その反面，定量的分析や統計的分析を用いた因果関係の解明といった典型的な社会科学の手法の劣位を意味している。樋口の『比較憲法』においても，そうした手法は用いられていない。このことは，樋口自身が「準拠国」としているフランスの憲法学の政治学的傾向を詳細に紹介し，「憲法学と政治学を異質のものとして対置する伝統的な考え方を批判し，異質性はひとかたまりとしての憲法学と政治学との間に

(60) 山元一「〈「自由の共和国」〉の憲法思想──『70年代主権論争』，そしてその後」石川健治編『学問／政治／憲法──連環と緊張』（岩波書店，2014年）99-100頁。「樋口にとって歴史研究の参照は，自身の比較憲法研究の方法論的前提であったが，その背景には，比較経済史学の摂取から明らかなように，戦後日本の社会科学における歴史学の圧倒的プレゼンスがあった」。齋藤・前掲注(58)96頁も参照。

(61) 阪本尚文「戦後憲法学と経済史学」行政社会論集28巻4号（2016年）34頁は，「戦後第二世代の憲法学と経済史学との連環と緊張は，次第に一方的な行き違いと相互の無関心へとその関係を変質させていく」と指摘しているが，この点について触れる余裕はない。

(62) 江藤・前掲注(37)209頁。

(63) 愛敬・前掲注(8)85頁。なお，日本の比較憲法学に大きな影響を与えたミルキヌ＝ゲツェヴィチも歴史研究を重視していた。ミルキヌ＝ゲツェヴィチ（小田滋・樋口陽一訳）『憲法の国際化──国際憲法の比較的考察』（有信堂，1964年）所収の1949年執筆論文「比較憲法研究の方法」309頁以下や，ミルキヌ・ゲツェヴィチ（山本浩三訳）「比較憲法学の研究方法について」同志社法学15巻4号（1964年）120頁以下などを参照。

あるのではなく，実は憲法学内部での憲法解釈と憲法認識とのあいだにあり，後者は政治学と同質のものである，という見解」は「戦後フランスの憲法学はほぼ完全に一致した見解(64)」だと述べるとともに，「『憲法学』の名のもとに憲法科学を考えたときには，それは，必然的に『政治学的』であらざるをえない。実効的憲法および制定憲法の規範を認識する仕事も，それについての法則性の追究を行なう仕事も，ともに，──その内部での規範記述と因果説明との性質のちがいを明確にしながらも──科学としてみずからを徹底させてゆかなくてはならない(65)」と述べていることからすると，意外なようにも思える。なぜならば，定量的・計量的分析手法などは，政治学ないし政治の科学（Political Science）における極めて一般的かつ典型的な分析手法だからである(66)。

もちろん，同書が執筆された時期や当時の学問動向──ないしはパラダイムの転換──を踏まえなければならないことはいうまでもない。しかし樋口は近年に至っても，「私が今，そのような書物〔比較憲法の体系書〕を書くとしても，これまで書いたのと同じような編成になると思います。それは，一人の人間が憲法横並べのエンサイクロペディアを書くことはできないからであり，幕末以来，西洋型近代化の基本方向を選択してきた日本社会自体の現在について考える私の憲法学の関心のゆえです(67)」と述べ，自身の構築した比較憲法学とその

(64) 樋口・前掲注(34)79頁。ここでいう政治学とは，「政治現象すなわち権力現象を対象とする科学」であり（同上11頁），「『社会学』あるいは『憲法社会学』という呼び名を使って少しも差し支えない」（同上82頁），とされる。

(65) 樋口・前掲注(34)115頁。

(66) *See e. g.*, Christopher A. Whytock, *Taking Causality Seriously in Comparative Constitutional Law' Insights from Comparative Politics and Comparative Political Economy*, 41 Loy. L. A. L. Rev. 269 (2008). なお，長谷部恭男「比べようのないもの」同『比較不能な価値の迷路──リベラル・デモクラシーの憲法理論』（東京大学出版会，2000年）26頁は，「比較政治学は，比較憲法学とその研究対象と方法の点で多くの共通点をもつ」と指摘しているが，その比較政治学を中心とする実証政治学においては，この20年で事例研究型の研究が大きく衰退している一方，因果推論型の研究が顕著に増加し，重回帰分析（複数の説明変数が被説明変数の変動をどの程度説明できるかを分析する統計手法）も増加傾向にあると指摘される。粕谷祐子「政治学における『因果推論革命』の進行」アジ研ワールド・トレンド269号（2018年）70頁以下。今井耕介（粕谷裕子・原田勝孝・久保浩樹訳）『社会科学のためのデータ分析入門（上）・（下）』（岩波書店，2018年）も参照。

(67) 樋口陽一・愛敬浩二「インタビュー 日本の『デモクラシー』と比較憲法学の課題」憲法研究2号（2018年）19頁〔樋口発言〕。さらに，樋口陽一『抑止力としての憲法──再

方法論に対するこだわりを見せている。

3　もう一つの比較憲法学？

むろん日本の憲法学界のなかにも，定量的・統計的分析の手法を用いた研究が存在しないわけではない。「西洋近代成文憲法にたいする非西洋（的不文法）からの挑戦をモメントにする比較憲法学(68)」であると自己規定する，「早稲田比較憲法学の系譜(69)」がそれである(70)。

しかし樋口は，この系譜の研究に対して批判的であった。それは，代表的論者の「大西〔邦敏〕憲法学においては，『博物館的』な『憲法収集』と『それの整理・分類』とを中核とする彼の《比較憲法学》が，改憲のための具体的な作業に活かされていた(71)」ことに対する批判に基づいている(72)。先に引用した樋口の発言のなかの「憲法横並べのエンサイクロペディア」という表現にも，この種の研究に対するある種の偏見と批判的ニュアンスを看取できる。

君塚正臣が指摘しているように，「統計的手法が一概に悪いとは言えないのであって，問題はその利用方法にあった(73)」にすぎないにもかかわらず，あたかもそうした方法論自体が敵視ないし危険視されたかのようにも見える。しかし，そもそも憲法現象には「制定憲法」も含まれているのであり，その形式的異同を明らかにしたうえで，その異同が生じた理由についての仮説を立て，統計データなどを用いながら検証する，という実証的な科学の手法も当然にあり得たはずである。実際，Ⅶで見る国際レベルで展開している比較憲法学においては，そうした研究が数多くみられる(74)。

び立憲主義について』（岩波書店，2017年）179頁も参照。

(68)　小林昭三『比較憲法学・序説』（成文堂，1999年）28頁。

(69)　小林・前掲注(68)14頁。

(70)　荒邦啓介「『戦後憲法学』の多様化――戦後日本における『保守』憲法学の展開」鈴木ほか編・前掲注(26)93頁以下も参照。

(71)　荒邦・前掲注(70)112頁

(72)　樋口・前掲注(42)8-9頁。同5頁も参照。

(73)　君塚正臣「大学における『比較憲法』の存在意義――一般教養・法学部・法科大学院・法学研究科」関西大学法学論集52巻2号（2002年）16頁。

(74)　別の言い方をすれば，「憲法横並べのエンサイクロペディア」だけを目的とするような程度の定量的・統計的研究など，少なくとも今日，比較(憲)法研究に従事する学者のなかにほとんど存在していない。*See* Anne Meuwese & Mila Versteeg, *Quantitative Methods for Comparative Constitutional Law*, in PRACTICE AND THEORY IN COMPARATIVE

戦後の主流となった歴史研究優位の比較憲法学は，定量的・統計的分析と改憲論という，必然とは言えない結びつきを警戒するあまり，それを比較憲法学として発展させていく機会を逃してきたのではないか(75)。いずれにせよ，こうして「経験主義的・計量的手法」への関心が低い――というよりも敵視あるいは無関心――というのも，歴史研究の優位とともに，日本の「憲法科学の顕著な特徴の一つ(76)」を成している(77)。

Ⅵ 憲法学者の知的営為の実際

前節では，樋口の『比較憲法』に代表される日本の比較憲法学の特徴として，歴史研究の優位と定量的・統計的分析の劣位という2つを指摘した。本節では，憲法学者による実際の「比較」研究の内容を見ていくことにしたい。本章の冒頭で見たように，ほとんどの憲法学者が比較憲法学にも従事しているのだとしたら，それがどのような知的営為であり，いかなる意味で「科学」としての「比較」なのかが問題となるからである。

1 憲法研究の標準型と比較憲法的知見の利用方法

林知更が述べているように，「法学研究者になろうとする者が，その学問的修行の過程でまず外国法文献の読解能力を身に付けるよう求められ，外国法を素材とした長編論文を書いて学界にデビューする，というのは従来の標準的な

LAW 230, 245-255 (Maurice Adams & Jacco Bomhoff eds., 2012).

(75) もちろん，それは樋口の責任というわけではない。樋口自身，「本書〔『比較憲法』〕はひとつの方法論的視角に立脚して書かれている」が，「他の方法への関心を排除するものではない」と述べている。樋口・前掲注(42)56頁。問題は，他の「科学」の方法に基づく研究に対する憲法学全体としての向き合い方であろう。法社会学――上述の通り，憲法社会学は憲法科学に位置づけられている――における多様な「(社会) 科学」の利用（飯田・前掲注(48)を参照）との対照は際立っている。

(76) 愛敬・前掲注(8)15頁。

(77) この点は，内野正幸のいう「憲法学学」，すなわち，「憲法学についての学問」の興味深い研究対象である。内野正幸「憲法学学の意義と課題――イデオロギー批判にも関連させて」法律時報796号（1993年）77頁以下，および内野正幸「憲法学の性格――憲法学哲学序説」樋口陽一編『講座憲法学〔1〕――憲法と憲法学』（日本評論社，1995年）11頁以下を参照。また，日本の比較憲法の方法論自体が，ひとつの固有の現象であると指摘する，新井誠「『比較憲法』を比較する」新井誠ほか編『世界の憲法，日本の憲法――比較憲法入門』（有斐閣，2022年）23頁以下も参照。

型」であり，「何故そうまでして外国法を学ぶのか，と問うならば，それは外国法の知見が日本法に何らかの意味で『示唆』をもたらすからだ，というのが恐らく標準的な回答(78)」であろう。こうして日本では，「多くの憲法学者にとっては，自分が選択した特定の国・地域あるいは言語圏・法圏を１つ２つばかり比較素材として，そこから得られた知見を，日本国憲法の解釈論の補助線として活用するのが通例(79)」となっている，といってよい(80)。

この点にもう少し立ち入って，「憲法学において現に行われている憲法解釈において《比較憲法的知見》はどのような機能や役割を果たしている」かを分析した山元一の整理を見てみよう(81)。

まず，少なくない憲法学者は，自らの提示する憲法解釈の「正当化のプロセス」のなかで，比較憲法的知見を用いている。例えば，《憲法α条は，かくかくしかじかに解釈するのが望ましい。なぜなら，それがリベラリズムの考え方に適合するとともに，実際アメリカ合衆国における判例・学説でもそのように解釈されているからである》といった憲法解釈論はよく見られるところである(82)。

また，解釈論を考案する際のアイデアの源泉として，比較憲法的知見が用いられることもある。例えば，《アメリカ合衆国における判例・学説では，この問題は憲法β条の問題として構成され議論されている。日本においてもこの問題は，憲法ω条の問題として議論することが望ましい》といった憲法解釈論は，「発見のプロセス」として比較憲法が利用されているとともに，それが憲法解釈にも利用されている。

さらに山元は，比較憲法的知見の具体的な活用の仕方の典型として，ⓐ「憲法や立憲主義という普遍的な法理念が存在することを大前提としつつ，個別的な論点については，それに応じた《比較憲法的知見》を総動員しながら，憲法

(78)　林知更「歴史哲学の後で――憲法学における外国法の参照」法律時報 1149 号（2020 年）6 頁。

(79)　駒村圭吾「あとがき」駒村圭吾=待鳥聡史編『「憲法改正」の比較政治学』（弘文堂，2016 年）471 頁。

(80)　君塚・前掲注(73)3 頁も参照。

(81)　以下，山元一「憲法解釈と比較法」同『国境を超える憲法理論――〈法のグローバル化〉と立憲主義の変容』（日本評論社，2023 年）188-194 頁〔初出は 2004 年〕。

(82)　なお，ここで登場する「リベラリズムの考え方に適合する」という部分は，Ⅱ１で見た「憲法哲学」に関係するが，本章でその詳細に触れる余裕はない。

解釈論を構築していこうとする」,「《立憲主義のトポス》に基づく論点ごとの個別的な《比較憲法的知見》の総動員」というアプローチと，ⓑ「多かれ少なかれ特定の『準拠国』を探し求め，その国で用いられている用語や観念を日本憲法にあてはめて，それを論者にとっての憲法解釈論の基礎に据えようとするもの」で,「『準拠国のトポス』に基づく『比較国制』論的アプローチ」という仕方での比較憲法的知見の利用を挙げている。

2 比較憲法的知見の活用は「科学」か？

山元が整理した比較憲法的知見の利用が現実に憲法学者が「比較」研究と称して行っている知的営為であるのだとすると，それは樋口が「科学」として想定した比較憲法学とは様相を異にする。それらの研究は一見して，樋口のいう「科学」――繰り返すが，それは「観察に基いてもろもろの事実を整理・記述し，それに基いて諸事実相互のあいだの因果関係についての仮説をたて，それを経験によって検証して法則を導き出[(83)]」すこととされている[(84)]――の定義に該当するものとは言い難いからである[(85)]。

まず，多くの憲法学者が行っている「比較」研究が，比較対象国における〈解釈＝主観的＝実践〉の成果である判例・学説を，自らの研究関心に沿って取捨選択・整理したうえで，それを自説の「正当化」ないし「発見」のプロセスにおいて用いようとしているのだとすれば，それはいかなる意味で〈科学＝客観的＝認識〉なのか，という疑問が生じる[(86)]。

---

(83) 樋口・前掲注(34)3-4頁。

(84) このような「科学」に対する批判として，長谷部恭男「解釈としての科学」同『権力への懐疑――憲法学のメタ理論』(1991年) 149頁以下を参照。

(85) 歴史研究を通じてこの意味での「科学」を行うことの難しさについては，保城広至『歴史から理論を創造する方法――社会科学と歴史学を統合する』(勁草書房，2015年) を参照。

(86) この点に関連して，樋口は,「解釈と科学の区別という場合に，少なくとも私の考えているかぎりでは，そこでいう解釈というのは，解釈を自分自身がやることを指している」のであり,「他人がやっている解釈という仕事，あるいはその成果である判例とか実例というふうなものを対象として認識し，整理し，場合によっては体系的に構成して見せるという仕事それ自体，解釈そのものとは違って科学に属する」と述べている。芦部信喜ほか『憲法をどう学ぶか』(有斐閣，1984年) 119-120頁〔樋口発言〕。しかし，この理解は，樋口自身が述べていた意味での科学といえるのか疑問が残る。なお，新井誠「憲法解釈における比較憲法の意義」憲法理論研究会編『憲法学の未来』(敬文堂，2010

次に，普遍的価値を措定する「立憲主義のトポス」に基づくアプローチも，それを化体させた「準拠国のトポス」に基づくアプローチも，科学としての憲法学とはすこぶる相性が悪い。この点については，棟居快行の次の指摘が的を射ている。「憲法自身が基本原則の普遍性・不変性を標榜しても，それは当該憲法が創造した小宇宙のなかでの決めごとにすぎない。この小宇宙を外側から観察し予測するというまっとうな社会科学的方法は，『宇宙の外側』の存在を認めるものであるから，小宇宙の住人にはとても耐えられない。一度でも『外的視点』から憲法をその成立条件とともに観察し，当該憲法の基本原則や諸制度が所与の社会環境においていかなる機能を果たすかを法則化し予測を試みるならば，ある特定の憲法の基本原則を固定的に絶対視することなどありえないであろう(87)」。

関連して，多くの場合，実務的・実践的効用を目当てに比較憲法的知見が用いられている(88)。このことは，「比較憲法学の研究それ自体は，実務的・実践的効用から解放されてはじめて本格的におこなわれるものだということ，そのような過程を経ることによってはじめて，実用にも本格的に役に立てられる研究成果が生まれるものだということが，強調されなければならない(89)」とした樋口の立場とは異なる(90)。

年）34頁は，「欧米憲法の理念や制度に一定の普遍的価値を承認することについては認識のレベルの問題とされ，それが実践としての憲法解釈との間で調和的に機能した」ため，「欧米を研究していく上で認識と実践の緊張関係の発見が回避されてきた」と指摘している。

(87)　棟居快行「鏡の国の憲法学」同『憲法学の可能性』（信山社，2012年）5-6頁〔初出は2004年〕〔傍点は引用者〕。憲法のデザインないし制度設計論がほとんど議論されてこなかったこともこの指摘に関連するが，この点に関しては，横大道聡「憲法のアーキテクチャ──憲法を制度設計する」松尾陽編『アーキテクチャと法──法学のアーキテクチュアルな転回？』（弘文堂，2017年）199頁以下，および横大道聡「憲法のデザイン」憲法理論研究会編『憲法理論叢書㉖ 岐路に立つ立憲主義』（敬文堂，2018年）61頁以下を参照。

(88)　山本健人「カナダ憲法の世界的な『影響力』」憲法研究10号（2022年）303頁は，「日本の比較憲法研究は，英米独仏を対象とした単一の憲法システムを徹底的に分析する手法を用いて，一般的には日本国憲法の解釈・理論などにとって何らかの示唆を得ることを目的とするスタイルが主流」と指摘している。

(89)　樋口・前掲注(42)9頁。

(90)　もっとも，この立場には批判もある。例えば近時，阪口正二郎が書評のなかで次のように述べている。「……ひとまずは〔比較憲法研究の対象となる〕当該国家の憲法の研

こうしてみると，樋口のいう意味での「科学」としての比較憲法学は，日本においては，表面上はともかく，研究の実践の場面では真剣に受け止められてこなかったのではないか，という疑問すら生じてくるのである。

Ⅶ 「比較憲法学」を比較する

そのような日本の比較憲法学とは異なる動向を見せているのが，近時，誰しもが認めるほどの活況ないしは「ルネッサンス」を迎えていると評される，主に英語を共通言語にしながら国際レベルで活発な相互交流を繰り広げている学問領域としての比較憲法学(91)である。本節では，それらの業績のうち，特に比較憲法学の方法論に関する議論を取り上げる。この「比較」により，日本の比較憲法学の特徴がさらに浮かび上がるはずである。

1 ルネッサンスの背景

ここで「ルネッサンス」という表現が用いられているのは，歴史を振り返れば，昨今の比較憲法学において好んで扱われる問題のほとんどは，すでに連綿と議論され続けてきた問題――例えば，各国の裁判所における外国法の参照など――だからである(92)。

究に徹することには意味があるが，ただそれ自体が目的であってはならないはずである。日本の研究者が比較憲法研究をなす以上，何等か日本の現状と関わる問題意識を持ち，それを明確にしながら研究を行う必要があろう。アメリカ憲法研究に限らず，最近の比較憲法研究一般に，当該国家の憲法のありようを理解するということ自体が目的化しているのではないかという危惧を抱くのは評者だけであろうか」。阪口正二郎「〈書評〉比較憲法研究としてのアメリカ憲法研究の意味と課題について考える――『ロバーツコートの立憲主義』を読んで」憲法研究 3 号（2018 年）227 頁。芦部信喜「比較法の『過剰』と『過少』」同『憲法叢説 1　憲法と憲法学』（信山社，1994 年）94 頁〔初出は 1979 年〕，君塚・前掲注(73)160 頁も参照。

(91)　国際レベルでの比較憲法学の興隆に関しては，新井誠ほか「欧米諸国における日本憲法研究の状況」広島法科大学院論集 12 号（2016 年）293-297 頁なども参照。以下，比較憲法学という場合，「日本の」という形容を付さない場合には，原則的にこの意味での比較憲法学を指すものとする。「国際レベルの比較憲法学」と称することもある。「国際レベルの比較憲法学」の代表的な学会の様子をレポートする，江島晶子「IACL 第 10 回世界大会の概要と成果――第 20 分科会報告とともに」憲法研究 3 号（2018 年）17 頁以下，大林啓吾「ICON 概要――グローバル時代の比較憲法研究」同上 127 頁以下も参照。

(92)　Ran Hirschl, Comparative Matters: The Renaissance of Comparative Constitutional Law, ch. 1 (2015). 以下，同書に関する本章の記述は，筆者による同書の紹介（横大道

比較憲法学は，20 世紀以降に限ってみても，第二次世界大戦後の脱植民地化や，民主化の第三の波，そしてソ連崩壊による東欧諸国の独立など，憲法制定が多くみられた時期にも興隆を見せたが，今日の比較憲法学は，そうした特定の出来事から独立して存続できるほどにまで充実している(93)。

それでは，なぜ今日，比較憲法学がそこまでの興隆を見せているのだろうか。

ある論者は，①世界各国で憲法制定や憲法に基づく実践が積み重ねられ，それに伴い，他国の事例や実践に対する知見の需要が拡大していること，②違憲審査制の普及によって憲法の役割が拡大していること，③グローバル化や地域共同体の生成，④ヨーロッパや国際社会のガバナンスに憲法概念が用いられるようになっていること，を挙げている(94)。世界的にみられる民主化・立憲化という動向や，情報通信技術の著しい進展により，比較の前提となる概念が普及し，国家を超えた対話が可能となったことも理由に挙げる論者もいる(95)。それらが相互に関連しながら，比較憲法学の興隆を支えているといえるだろう。

2　比較憲法学の活況

今日の比較憲法学の「活況」は，研究の多様性と，参入者の多様性によって特徴づけられる。

まず前者であるが,「比較憲法学」の名のもとに，次のような多様な研究が行われている(96)。①１つの国を取り上げた文化人類学的な研究(97)(98)。②系譜

聡「比較憲法の課題」アメリカ法［2016-1］71 頁以下）と一部重なる部分もある。ハーシェルによる比較憲法の議論については，山本・前掲注(88)302-304 頁も参照。

(93)　Mark Tushnet, Advanced Introduction to Comparative Constitutional Law 1 (2d, ed. 2018). 簡潔な比較憲法の歴史の紹介として，*see* Tom Ginsburg & Rosalind Dixon, *Introduction*, in Comparative Constitutional Law 1, 1-4 (Tom Ginsburg & Rosalind Dixon eds., 2011). 特に第二次世界大戦後のアメリカでの盛衰については，*see* David Fontana, *The Rise and Fall of Comparative Constitutional Law in the Postwar Era*, 36 Yale J. Int'l L. 1 (2011).

(94)　Monica Claes, *Constitutional Law*, in Elgar Encyclopedia of Comparative Law 224-226 (Jan M. Smits ed., 2d. 2012).

(95)　Ran Hirschl, *Comparative Methodologies*, in Comparative Constitutional Law 11, 11 (Roger Masterman & Robert Schütze eds., 2019).

(96)　Hirschl, *supra* note 95, at 18-19. *See also* Hirschl, *supra* note 92, at 193.

(97)　これも比較憲法の一つに数えられるのは，当該国の学者ではない者による分析には，不可避的に自国憲法や理念型との対比という視点が盛り込まれるからである。Hirschl, *supra* note 95, at 22-24; Hirschl, *supra* note 92, at 232-235. *See also* Kim

学的・分類学的な研究。③特定の地域や大陸に属する国家を扱った，（多くの場合）シンポジウムや編集本のかたちをとった多数の執筆者による共同研究。④文化の垣根を越えて妥当する「最良」または「妥当な」原理を追求する研究。⑤（多くの場合①を通じて明らかにされた）他国との対比や類推を通じた自己省察（self-reflection）のための研究[(99)]。⑥文化的，社会的，政治的に異なる国家に共通して見られる同一の憲法現象ないし実践に着目し，それへの対応を取り上げながら新たな概念形成や既存概念の洗練を試みる研究[(100)]。⑦より抽象的な

Scheppele, *Constitutional Ethnography: An Introduction*, 38 L & SOC. REV. 389, 395 (2004). 日本の比較法学者の五十嵐清は，「一応，比較法は二つ以上の法体系における法の比較をいうのに対し，外国法ということばは，特定の外国の法を比較を含まないで記述する場合に用いられる」としつつ，続けて，「しかし，比較の契機なしに外国法を記述することはほとんど考えられず，外国法研究の多くは比較法の名を冠してもさしつかえないと思われる」と同趣旨の指摘をしている。五十嵐清（鈴木賢・曽野裕夫補訂）『比較法ハンドブック〔第3版〕』（勁草書房，2019年）15頁。その他の代表的な定義については，貝瀬幸雄『比較法入門』（日本評論社，2019年）3-5頁を参照。なお，外国法研究において何らかの「効用」を求める必要はないと論じるものとして，*see* Tom Ginsburg, *Studying Japanese Law Because It's There*, 58 AM. J. COM. L. 15 (2010).

(98)　自国以外の国を取り上げるのが通例であるが，自国の憲法を自国の言語ではない外国語（とくに英語）で発信することもまた，比較憲法学といってよい。それが集積されること──Hart Publishing の Constitutional Systems in the World シリーズがその代表例──で「憲法横並べのエンサイクロペディア」が出来上がるが，それにより他国の学者には捉えきれないニュアンスに富んだ分析・説明を提供でき，他の研究に有益な知見を提供することで，比較憲法学全体に資するからである。*See* Jaakko Husa, *Comparison*, in RESEARCH METHODS IN CONSTITUTIONAL LAW: A HANDBOOK 18-19 (David S. Law & Malcolm Langford eds, 2018).

(99)　HIRSCHL, *supra* note 92, at 235. 比較憲法学のこの側面を特に強調するものとして，林知更「自己省察としての比較憲法学」法律時報1080号（2014年）340頁以下，林・前掲注(78)8-9頁も参照。なお，その際に比較対象国が過度に理想化された「準拠国」になると，当該国が④「最良」の実践国となり，「他を知り己を知る」ための自己省察という契機は大きく損なわれる。

(100)　例えば，マーク・タシュネット（Mark Tushnet）が提示した「弱い違憲審査制」（*see* MARK TUSHNET, WEAK COURT, STRONG RIGHT (2009)）や，スティーブン・ガードバウム（Stephen Gardbaum）による「コモンウェルス型違憲審査」（*see* STEPHEN GARDBAUM, THE NEW COMMONWEALTH MODEL OF CONSTITUTIONALISM: THEORY AND PRACTICE (2013)）という概念，ヤニブ・ロズナイ（Yaniv Roznai）による「違憲の憲法改正」（山元一=横大道聡監訳『憲法改正が「違憲」になるとき』（弘文堂，2021年））などは，この類型に属する卓越した研究成果であるという。Hirschl, *supra* note 95, at 25, HIRSCHL, *supra* note 92, at 239,

規範的ないし哲学的な概念構築のための研究(101)。⑧少数事例（Small-N）の因果関係の解明とその一般化のための研究，⑨多数事例（Large-N）の統計的な分析を通じた変数間の相互関係解明のための研究，などである。ここでは，日本とは異なり，比較憲法学が〈認識＝客観的＝科学〉として特徴づけられる研究だけに限定されていない，ということを確認しておこう(102)。

研究の多様性にも関連して，比較憲法に従事する者も多様である(103)。ミシェル・ローゼンフェルド（Michel Rosenfeld）は，比較憲法学的知見の利用（uses）には，憲法実践の当事者ないし参加者としての立場からなされる，①憲法制定・改正や，②憲法解釈に携わる際の参考資料としての利用と，観察者としての立場から，③記述・説明し，④その妥当性等について規範的な評価をするための利用があるとし，それぞれの目的に応じて比較の方法も多様となると述べている(104)。スティーブン・ガードバウムも，何をどのように比較するかは，比較の目的に依存するのであり，比較の目的は，どのような立場にある者がいかなる関心から比較に従事するかにより異なると指摘している(105)。

3 比較憲法学の課題

こうした比較憲法学の「ルネッサンス」・「活況」のなかにあって，それを牽引し続けてきた有力な学者の一人であるラン・ハーシェル（Ran Hirschl）は，早い段階から，「この〔比較憲法学という〕分野の主要な研究は，検証可能な仮説

---

(101) 例えば，「グローバル立憲主義」という概念がこれに該当するという。Hirschl, *supra* note 95, at 18. *See also* HIRSCHL, *supra* note 92, at 193. 当該概念についての筆者の整理として，横大道聡「グローバル立憲主義？」横大道聡ほか編『グローバル化のなかで考える憲法』（弘文堂，2021年）3頁以下を参照。

(102) *See also* Mark Tushnet, *The Possibilities of Comparative Constitutional Law* 198 YALE L. J. 1225 (1999); Vicki C. Jackson, *Comparative Constitutional Law: Methodologies*, in THE OXFORD HANDBOOK OF COMPARATIVE CONSTITUTIONAL LAW 54, 55 (Michel Rosenfeld & Andras Sajó eds. 2012).

(103) Hirschl, *supra* note 95, at 13-18.

(104) Michel Rosenfeld & Andras Sajó, *Introduction*, in Rosenfeld & Sajo eds., *supra* note 102 at 9. ①，②は，③，④をベースにしている。

(105) Stephen Gardbaum, *How Do and Should We Compare Constitutional Law?* in COMPARING COMPARATIVE LAW 2 (Samantha Besson, Lukas Heckendorn & Samuel Jube eds., 2016), UCLA School of Law, Public Law Research Paper No. 16-15, available at SSRN: https://ssrn.com/abstract=2758885

を実証したり反論したりすることはおろか，関連する変数間の因果関係を追跡する能力においても，社会科学（Social Science）に遅れをとり続けている(106)」と警告していた。この指摘は，社会科学を理想としてきた日本の比較憲法学にとっても重要であり，ハーシェルの問題意識を探ることは，日本の比較憲法学のあり方を考えるにあたっても有益となるはずである。

ハーシェルの問題意識を一言でいえば，「比較憲法という学問は，研究課題および方法としての『比較』という語の核心を明らかにするという中核的検討を欠いている(107)」こと，すなわち，「自ら比較と定義する他の研究……とは極めて対照的に，比較憲法研究における方法論，リサーチ・デザイン，事例選択，データ分析の領域は……ほとんど理論化されておらず，最近までほとんど議論されることがなかった(108)」という点にある。このハーシェルの問題意識を敷衍すれば，次のとおりである。

第一に，「憲法は真空のなかで制定され運用されるのではない。憲法を形づくる国内外の社会的，政治的，経済的な力から独立して，その重要性を説明することはできない(109)」。そうであるにもかかわらず，憲法学者の手による近時の比較憲法のほとんどが，裁判所の憲法判断・憲法解釈にばかり目を向けているという，いわゆる裁判所中心主義（court-centric focus）という視野狭窄に陥っている。その結果，憲法学者は憲法現象の説明を試みるタイプの研究に対する十分な目配りと配慮を欠いている(110)。

関連して第二に，比較憲法の研究の多くが，類似した憲法問題に直面した諸外国の実践との類推，区別，対比を通じて自己省察ないし自国の実践の改善を目指すタイプの研究――上記の④，⑤，⑥――であるが，そこにおいて比較対象国の選択が恣意的に行われている(111)。いわゆるケース・セレクション・バイアスないし「チェリー・ピッキング」問題である。特定の少数国――通常は民主主義の成熟した先進国――だけが比較対象国として取り上げて比較と称してい

(106) Ran Hirschl, *The Question of Case Selection in Comparative Constitutional Law*, 53 AM. J. COMP. L. 125, 125 (2005) (emphasis added).

(107) HIRSCHL, *supra* note 92, at 5.

(108) Hirschl, *supra* note 95, at 11-12.

(109) HIRSCHL, *supra* note 92, at 152, 166-189.

(110) *See also* Frederick Schauer, *Comparative Constitutional Compliance: Notes Towards a Research Agenda*, in Adams & Bomhoff eds., *supra* note 74, at 212-213.

(111) *See generally* HIRSCHL, *supra* note 92, ch. 5.

る現状は，アメリカのメジャー・リーグ・ベースボール（MLB）にはアメリカのチーム（とカナダの1チーム）しか参加していないにもかかわらず，その優勝決定戦を「ワールドシリーズ」と称しているのと同様に滑稽である(112)。この「ワールドシリーズ症候群」ともいうべき病は，比較対象国として選定されなかった国家の周縁化をもたらし，あるいはそれらの国の憲法上の様々な経験を見逃し，または誤った概念化や一般化を固定化してしまいかねず，ひいてはそれが比較憲法学における「比較」に対する誠実さへの疑念や，そこで示された考察の有用性への疑念を生じさせる，という「症状」をもたらす(113)。比較憲法学には，特定の憲法上の仕組みを一般的・普遍的なものと捉える固定観念からの脱却という意義があるとされるが(114)，このハーシェルの指摘は，特定少数国の実践を一般化・普遍化することで固定観念をむしろ作り出していることを問題視するものであるといえよう(115)。

第三に，憲法現象を説明するためには，因果推論（causal inference）を通じた理論構築と仮説検証，大規模なデータセットを用いた定量的・統計的分析などが求められるが——特に上記の⑧，⑨——，それらの研究の成否を分けるほど重要であるにもかかわらず，社会科学で用いられる厳密な手法——統制された比較（controlled comparison），リサーチ・デザインやケース・セレクションの理論など——が無視されているか，あるいは意識すらされていない(116)。比較憲法学において因果説明的な記述は少なくないが，いずれも単に仮定しているだけで実証されていない場合がほとんどである(117)。

---

(112) *Id.* at 205-206. なお，「現在の日本憲法学において決定的に欠けているのは，なによりも比較対象国の圧倒的な少なさである」と指摘する，山元・前掲注(81)200頁も参照。

(113) なお，従来の比較憲法学で等閑視されてきた国も多種多様であり，ハーシェルはそれを「比較憲法学における途上国（the global constitutional south）」として一括りに扱うことにも問題があることに注意を喚起している。HIRSCHL, *supra* note 92, at 217-223.

(114) *See, e.g.*, Husa, *supra* note 98, at 5.

(115) 国際レベルの比較憲法学の業績に依拠にしながら，日本においてしばしば見られる「そもそも憲法とは……」という言説の見直しを試みたものとして，横大道聡=吉田俊弘『憲法のリテラシー ——問いから始める15のレッスン』（有斐閣，2022年）も参照願いたい。

(116) *See generally* HIRSCHL, *supra* note 92, ch. 6.

(117) *See* Meuwese & Versteeg, *supra* note 75, at 233-234. 例えば，「第二次世界大戦後の惨禍を経験した世界において人権理念が普及し，それを制度的に担保するために違憲審査制が導入されていった」という趣旨の説明は，日本の憲法教科書でよくみられる因果

4 定量的・統計的分析の意義

ハーシェルの指摘はいずれも，「憲法現象」を「客観的」に「認識」し，説明することが「科学」であるとしたうえで，その「方法」はいかにあるべきかを論じてきた日本の憲法学に深く関連することはもはや明らかであろう。第一点目は，比較憲法学の対象は憲法現象であるとしてきた日本からすると首肯できる指摘であるし，第二点目は，英米独仏を中心とした研究に偏っていた日本においても正面から受け止めるべき指摘である。

しかし本章では，特に第三点目の指摘を見ていくことにしたい。なぜならば，それらの研究は，まさに樋口のいう科学──「観察に基いてもろもろの事実を整理・記述し，それに基いて諸事実相互のあいだの因果関係についての仮説をたて，それを経験によって検証して法則を導き出(118)」すという知的営為──に最も適合的な研究だからであり(119)，またハーシェルも，とりわけ⑧少数事例研究と⑨多数事例研究の研究において，社会科学の知見が重要であることを強調しているからである(120)。

まず，少数事例研究から因果推論を試みる研究に関しては，社会科学において「事例選択の原理」が洗練されており(121)，それにより「チェリー・ピッキング」批判を和らげることができる。より一般的な法則定立的（nomothetic）研究の代表格である多数事例研究の場合，事例選択に伴う恣意性をさらに大きく排除することができる。また，社会科学において発展した方法論を踏まえた多数事例研究は，大きなトレンドを把握すること──ハーシェルは比喩的に，「憲法という個々の木ではなく，森全体を見わたす研究(122)」と述べている──に適し

説明的な記述であるが，これは実証的なデータや分析に基づいて述べられているわけではない。この従来型の説明に異論を唱えた近時の有力な比較憲法研究として，*see* RAN HIRSCHL, TOWARDS JURISTOCRACY: THE ORIGINS AND CONSEQUENCES OF THE NEW CONSTITUTIONALISM (2004); TOM GINSBURG, JUDICIAL REVIEW IN NEW DEMOCRACIES: CONSTITUTIONAL COURTS IN ASIAN CASES (2003)．両者の研究の概要も含めて，横大道聡「統治構造において『違憲審査制』が果たすべき役割──比較憲法研究の観点から」『統治構造において司法権が果たすべき役割・第2部』（判例時報社，2021年）79頁以下を参照。

(118) 樋口・前掲注(34)3-4頁。

(119) HIRSCHL, *supra* note 92, at 243.

(120) *Id.* at 269, 14-15.

(121) ハーシェルによる説明として，*Id.* at 244-267. なお，野村・前掲注(49)第2章なども参照。

(122) Hirschl *supra* note 95, at 30, HIRSCHL, *supra* note 92, at 269.

ている。

しかし，多数事例研究に対しては，文脈やニュアンスを無視した研究であるとする批判が判で押したかのように繰り返されてきた。樋口の「憲法横並べのエンサイクロペディア」という表現にも，そうした批判的ニュアンスを読み取ることができるだろう。この点についてハーシェルは，確かにそうした面があることは否定できないとしつつ，だからと言ってこの研究を比較憲法から放逐すべき理由はないと力説する。そのメリットとデメリット，すなわち，現象の説明には適しているが，個別事例の詳細を捨象せざるを得ないという特徴に自覚的である限り，多数事例研究は，「比較憲法に関する研究にもっとも歓迎すべき知見を加えてくれる(123)」からである。

社会科学の知見は，因果関係の解明の際にこそ重視されるべきものであり，それこそが比較憲法学を豊饒化させるという主張は，特定の少数事例を取り上げた歴史研究だけをもって「科学」としての比較憲法学に従事してきたかにみえる日本の憲法科学とは対照をなしている。

5　方法論的多元主義

なおハーシェルは，比較憲法学を社会科学に一元化しようと試みているわけではないということも，ここで強調しておかなければならない(124)。このことは，ヴィッキ・ジャクソン（Vicki Jackson）が指摘しているように，比較憲法学に従事する者は，必ず社会科学の方法を用いなければならないわけではない，ということを意味する(125)。すでに「研究の多様性」として言及したように，国際的な比較憲法学においては，規範的な研究も含めて比較憲法学を構成するものだと認識されており，この点もまた，〈科学＝客観的＝認識〉のみが比較憲法学であるとしてきた日本の理解と大きく異なっている。

それでは，なぜ社会科学への一元化，換言すれば比較憲法学を〈科学＝客観的＝認識〉とだけ捉えることに抗するべきなのだろうか。キーワードとなるのは，研究の多様性，参入者の多様性によってもたらされている方法論的多元主

---

(123)　Ran Hirschl, *The "Comparative"in Comparative Constitutional Law: A Response to Dixon and Tushnet*, 64 Am. J. Comp. L. 209, 213-214 (2016).

(124)　Hirschl, *supra* note 92, at 225.

(125)　Vicki C. Jackson, *Comparative Constitutional Law, Legal Realism, and Empirical Legal Science*, 96 B.U. L. Rev. 1359, 1360 (2016).

義（methodological pluralism）である。

いかなる研究手法にも一長一短がある。だからこそ，比較憲法研究において「正しい方法」や「公式の方法」を導入しようとするのは誤りである。必要なことは，①研究目的――記述，分類，説明，規範など――を明確に定め，②研究結果をどこまで一般化・適用できるのかを意識し，③研究方法の多様性を認め，④研究目的を実現するのに適したリサーチ・デザインと比較の方法が用いられた研究を行うことなのであって，それが比較憲法学にもたらすメリットは計り知れない(126)。ハーシェル曰く，「比較憲法学のルネッサンスは，祝福すべき方法論的多元主義によって特徴づけられているのである(127)」。

他の論者も異口同音に同趣旨の指摘をしており，方法論的多元主義は，もはや国際レベルの比較憲法学における共通了解となっているといってよい(128)。

例えばガードバウムは，比較憲法を社会科学に一元化することに抗すべき主な理由を3つ挙げている。第一に，現在の政治学では，定量的研究，定性的研究，規範的研究といった方法論の間に人為的に設けられた越えがたい境界が設けられており，それが政治学を区分けし，全体的な統一性を損なわせているが，比較憲法学はそれと同じ轍を踏むべきではない(129)。「健全な」学問領域においては，様々なアプローチが相互に関連・依存し合いながら，お互いの研究を尊重し学び合うことで発展する。幸いにも現段階の比較憲法学は，多様な研究者，多様な方法が「比較憲法学」という旗の下で議論するという望ましい環境にある。この環境を手放すべきではない(130)。

---

(126) HIRSCHL, *supra* note 92, at 231-232, 280. Hirschl *supra* note 95, at 31. 比較の方法ごとに抱える異なる課題と比較憲法の問題につき，*see* Vicki C. Jackson, *Methodological Challenges in Comparative Constitutional Law*, 28 PENN ST. INT'L L. REV. 326 (2010). 実証的研究の内部においても方法論的多元主義が求められるが，この点については，*see* David S. Law, *Constitutions*, in THE OXFORD HANDBOOK OF EMPIRICAL LEGAL RESEARCH 376 (Peter Cane & Herbert Kritzer eds. 2010).

(127) Hirschl *supra* note 95, at 37.

(128) 例えばヤッコ・フサ（Jaakko Husa）も，「重要なことは，比較憲法学においては，リサーチ・クエスチョンに対する答えを導き出すことができるものである限り，いかなる方法をも原理的に利用可能だ，ということである」と述べている。Husa, *supra* note 98, at 12-13, 25.

(129) Gardbaum, *supra* note 105, at 12-13. 筆者にはガードバウムによる政治学に対する評価の妥当性を判断する能力はないが，この点に関しては，木村幹「政治学愛憎――『学問とは何か』の前に考えるべき事」書斎の窓680号（2022年）24頁以下が示唆に富む。

第二に，社会科学とりわけ政治学においては，法的な意味での憲法や憲法上の法理など，本質的にすべて政治の問題に還元できると考える傾向があるが，憲法裁判所やその判事などのアクターは，特殊な意味での政治性を有しているのであり，それを十全に理解するためには，(憲)法学者による法学的な知見が必要不可欠である(131)。

関連して第三に，非実証的・非説明的な研究もまた，比較憲法学において重要なのであって，どちらか一方だけを選ばなければならないようなゼロサムゲームではない。両者は比較の目的が異なるのであり，例えば立憲主義の概念や憲法上の権利の保護範囲やその実現といった研究の場合には，概念的・規範的な研究がより重要となるし，実証的研究と相補的に機能することで産まれる卓越した研究も存在する(132)。

こうしてガードバウムは，ハーシェルと同様に，比較の目的や対象，方法，限界を自覚し，とりわけ因果関係の解明や憲法現象の説明の場合においてそれが極めて重要になるということを認識したうえで，多様な学者が自らの研究に適した研究方法――記述的，概念的，規範的，定性的，定量的，法理的な研究など――を駆使して参入し，研究相互間の関係を認め，参照し合うという比較憲法学の多様性・多元性を「称えること」が重要だと強調するのである(133)。

Ⅷ　比較憲法学はどうあるべきか――むすびに代えて

本章の内容を改めてまとめておこう。まず，〈認識＝客観的＝科学〉と位置づけられている日本の比較憲法学について，そのように認識されるに至った経緯と展開を見たうえで（→Ⅱ，Ⅲ），その代表的論者である樋口陽一の比較憲法学

(130)　Gardbaum, *supra* note 105, at 12-13.

(131)　*Id.* at 13-14.

(132)　*Id.* at 14-15. ガードバウムはその典型例として「権威主義的立憲主義（authoritarian constitutionalism）」を取り上げている。概念的な研究として，まず正真正銘の権威主義とリベラルな立憲主義の中間に位置する国家の実践を特定し，それを権威主義的立憲主義として概念化して当該概念の妥当性を検証するとともに，実証的な研究が，なぜそのような実践となるのかを調査し，そして規範的な見地から，権威主義的立憲主義は常に批判されるべきなのかを問う，といった具合である。権威主義的立憲主義については，*see e.g.* Mark Tushnet, *Authoritarian Constitutionalism*, 100 CORNELL L. REV. 391 (2015). *See also* Mark Tushnet, *The Possibility of Illiberal Constitutionalism*, 69 FLA. L. REV. 1367 (2017).

(133)　Gardbaum, *supra* note 105, at 14-15.

方法論を概観し，その特徴を明らかにした（→Ⅳ，Ⅴ）。次に，「比較法学者でない法学者はほとんどいない」と言われるなか，多くの日本の憲法学者が行っている「比較」研究は「科学」といえないのではないかと指摘した（→Ⅵ）。そして国際レベルの比較憲法学における方法論をめぐる議論を概観して，その特徴が方法論的多元主義にあるということを強調した（→Ⅶ）。

筆者は，国際レベルの比較憲法学における方法論についての議論に共感するものであるが，最後に本章では，それを踏まえながら，日本の比較憲法学がどうあるべきかについての現時点での筆者の主張を述べて，むすびに代えることにしたい。

第一に，仮に樋口のいう「科学」を真剣に捉えるのであれば，日本の比較憲法学は，今日の社会科学の成果を取り入れるべきである。逆に言えば，今日の社会科学の成果を取り入れないまま主張される比較憲法学の「科学」性は，その真摯さが疑われると言わざるを得ない。特に，日本の比較憲法学における因果説明的な記述における実証性の欠如ないし無関心は，深刻な問題と考えるべきである。

しかしながら第二に，社会科学の成果を取り入れた研究，あるいは〈科学＝客観的＝認識〉についての研究だけが比較憲法学である，というような限定を設ける必要はない。別の言い方をすれば，憲法解釈や規範に関する研究などを「それは科学ではない」という理由で比較憲法学から排除すべきではない。議論すべきは「科学か否か」ではなく，研究目的と研究方法の関係，リサーチ・デザインの妥当性，主張の一般化の程度など，研究それ自体に向けられるべきである。広く憲法現象を対象とした多様な方法論に基づく研究が，総体として比較憲法学を構成する，と捉えればよい(134)。

その観点からすれば，第三に，現実に日本の憲法学者によって「比較」研究と称して行われている知的営為は，樋口のいうところの「科学」には該当しないとしても，比較憲法学の名を冠するに値すると考えてよい。その意味におけ

(134) この点に関してハーシェルは，標語的に〈“comparative constitutional law”から“comparative constitutional studies”へ〉と繰り返し述べている。*see* HIRSCHL, *supra* note 92, ch. 4. その意味するところは，比較憲法学を裁判所中心主義に陥った憲法学者の独占物とするのではなく，「憲法を対象としている」という意味で緩やかに結びついた諸学問の総体を「比較憲法研究」として構想すべきである，というものであり，筆者もそれに賛同する。

る限り，日本のほとんどの憲法学者は，同時に比較憲法学者でもある。問題は，「科学か否か」ではなく，日本の比較憲法学における研究対象の偏り――ワールドシリーズ症候群――と[(135)]，主流のそれとは異なった研究方法や研究成果に対する向き合い方のほうである[(136)]。

関連して第四に，社会科学の成果を取り入れた「科学」的な比較研究も含め，法学者である**憲法学者**が，不慣れな方法論のすべてを習得して比較憲法研究に従事する必要は必ずしもない[(137)]。多様な比較の目的と方法論を持つ研究者が，自らの研究手法の意義と限界を認識しながら研究を進め，他の研究者の研究成果を相互に参照し合いながら，時に学際的な共同研究に従事するなどして，総体として取り組めばよい[(138)]。この点は，歴史研究優位の日本の比較憲法学にあって，憲法学者自身が歴史的な一次資料・史料の分析を行っていたわ

(135)　山本・前掲注(88)303-304頁。

(136)　比較憲法学の文脈からは離れるが，日本の憲法学における実証研究に対する関心の低さは，堺家史郎『憲法と世論――戦後日本人は憲法とどう向き合ってきたのか』（筑摩書房，2017年）に対する憲法学からの「鈍い」反応などに表れているように見受けられる。この点については，横大道聡「憲法学と『世論』」法律時報1128号（2019年）128頁以下を参照。日本の憲法学・比較憲法学は，一部の例外を除き，Ⅶで概観した国際レベルでの比較憲法学の動向に対して，十分に目を向けていないように見受けられる。

(137)　かつて清宮四郎は，「憲法を学ぶには，歴史学，政治学，経済学，哲学，倫理学，論理学，心理学など多くの学問の助けを借りなければならない。それらに関することがたくさん憲法に織り込まれているからである。……憲法を専門にする場合は，理想をいえば，憲法学者は，法学者であると同時に，歴史学者，政治学者，社会学者，哲学者，倫理学者等々でなければならず，一人では背負いきれないほどの負担を負うことになる」（清宮四郎『全訂憲法要論』（法文社，1961年）23頁）と述べたことがあるが，比較憲法学を行うにあたってその負担を一人で背負う必要はまったくない――もちろん，多様な知識があることが望ましい――のであって，憲法学者以外の研究者も含め，多様な研究者が協働し相互に参照し合うような状況こそ望ましい。

(138)　Rosalind Dixon, *Toward a Realistic Comparative Constitutional Studies*, 64 Am J. Comp. L. 193, 198-199 (2016). 例えば，ケネス・盛・マッケルウェイン『日本国憲法の普遍と特異――その軌跡と定量的考察』（千倉書房，2022年）は，比較政治学者の手による卓越した比較憲法研究であるが，これと同水準の研究を憲法学者が行うことは，必要でも可能でもないだろう。こうした研究を自らの研究の深化に活かしていき，それがまた，別の研究に影響を与えたりフィードバックしたり……というようにして，日本の比較憲法学が発展していくことが望ましい。そうした作業に日本の憲法学者が取り組むことができるかが問われているのである。*See Satoshi Yokodaido, Book Review: Can Japanese Constitutional Law Scholars Recognize the Significance of this Book?* Japanese Journal of Political Science 1 (2022).

けではなく，歴史学者や経済史学者の業績に依拠していた，という事実を指摘すれば十分であろう(139)。

第五に，比較憲法学の目的を日本にとっての有用性の追求のみに限定しないのであれば，あるいは国際レベルで興隆を見せている比較憲法学に対して日本の比較憲法学から何らかの貢献をしようというのであれば，日本の憲法解釈や憲法現象について，その文脈や微妙なニュアンスに通じた日本の憲法学者が積極的に外国語（とくに英語）で発信すべきである。そしてその作業は，日本の憲法現象や憲法解釈についての研究であっても，国際レベルの比較憲法学の発展と深化に貢献するものである以上(140)，比較憲法学の名に値する(141)。

日本の憲法学では，「比較法研究が一方的な輸入・消化作業であることが当然視され(142)」ているが，今後，そこからの脱却が進んでいくことを期待したい。

〔付記〕本研究は，JSPS 科研費 23H00038,22K01142 及び 20K01295 の助成を受けたものである。本稿の脱稿後に刊行された文献については，その一部のみ，校正時に脚注で反映させた。

---

(139) この点に関して，保城・前掲注(85)序章も参照。また，愛敬・前掲注(8)87 頁も参照。

(140) 山元・前掲注(57)99 頁は，「共通の言語を使ってなるべく分かりやすくお互いの置かれている状況について説明し合って，お互いにアドバイスをし合う環境づくりを行うこと，これが私の考えるグローバル比較憲法研究のベースということになります」と述べている。山元一「解題」ロズナイ・前掲注(100)448 頁も参照。

(141) 前掲注(98)を参照。筆者によるささやかな試みとして，Satoshi Yokodaido, *Constitutional Stability in Japan not due to Popular Approval*, 20 GERMAN L. J. 263 (2019); Keigo Komamura, Satoshi Yokodaido & Mai Sugaya, *Japan*, in THE 2020 INTERNATIONAL REVIEW OF CONSTITUTIONAL REFORM 166 (Luís Roberto Barroso & Richard Albert eds. 2021); Keigo Komamura, Satoshi Yokodaido, Mai Sugaya, and Masayoshi Kokubo, Japan, in THE 2021 INTERNATIONAL REVIEW OF CONSTITUTIONAL REFORM 131 (Luís Roberto Barroso & Richard Albert eds. 2022); Keigo Komamura, Satoshi Yokodaido, Mai Sugaya, and Masayoshi Kokubo, *Japan*, in THE 2022 INTERNATIONAL REVIEW OF CONSTITUTIONAL REFORM 196 (Luís Roberto Barroso & Richard Albert, ed. 2023) (forthcoming).

(142) 山元・前掲注(81)197 頁。

第10章

憲法・憲法学を「開く」
──循環型人権システムにアクセスする権利の実現

江島晶子

Ⅰ　はじめに──憲法・憲法学を「開く」とは

目まぐるしく変化する世界の現状，そして日本の現状（世界の現状より大きな影響を受けている）に，日本の憲法・日本の憲法学はどのように対峙できるだろうか。もちろん，これは日本の憲法・日本の憲法学だけに限った話ではない。現在，国際憲法学会の2026年世界大会の統一テーマを決めるプログラム委員会においても，2年後に議論すべき世界が抱える課題について，何を問うべきなのか根源から問い返すべく，「憲法が解決手段なのか」，それとも「憲法自身が問題の一部なのか」という問いが提起され，世界中の憲法研究者の間で議論が繰り広げられている(1)。

この問いは，とりわけ，人権保障の実効性という点において真剣に問われる必要があると筆者は考える。日本の憲法学では，近代立憲主義のメルクマールとして，「人権の保障」および「権力分立」を採用してきた(2)。しかし，それぞ

(1)　第12回世界大会は，コロンビア・ボゴタで2026年7月6日-10日に開催される予定である。https://www.iacl-aidc.org/en/

(2)　栗島智明「現代日本型立憲主義論に対する一考察──近時の日本における立憲主義論の興隆とその原因」山元一編『憲法の基礎理論〔講座立憲主義と憲法学 第1巻〕』（信山

れが「問題の一部」になっていないだろうか。戦後，日本国憲法（日本国憲法に基づく統治機構）を採用したことによって，実際上，人権問題がどれだけ解決されたといえるだろうか。現行憲法が採用されてから暫くは，大日本帝国憲法との違いの強調によって，現行憲法の定着がはかられた。臣民としての権利ではなく国民としての権利が保障され，より豊かな内容の権利章典が採用され，違憲審査制によって権利を実現する手段が導入されたこと等を強調し，日本国憲法は人権を保障する最高法であることは疑う余地がないといった具合である。だが，そのイメージと現実はどれだけ一致しているだろうか。むしろ，一定の人権問題を憲法問題としては「不可視」のものにしてこなかったであろうか（人権問題として実在するのに憲法学の研究対象にはあまりならなかったという意味において）。憲法学で扱う，私人間効力，外国人の人権などの論点，そしてそこで確立された「通説」は，現実の人権問題を掘り起こし，解決してきたといえるだろうか。表現の自由を筆頭に精神的自由をコアに据えて構築した人権体系，そしてそれに基づく違憲審査基準論は，人権の実現にどこまで貢献しているだろうか(3)。伝統的理論が，むしろ，「生の」人権問題を不可視化させてきた側面はないだろうか。コロナ禍においてその一部が可視化させられたが，コロナの収束とともに再び遠景に押し出されていないだろうか(4)。本章では，個々の具体的人権問題に対して，既存の統治機構（国会・内閣・裁判所）が必ずしも十分に対応できていないこと，その原因は各機関が人権保障を実現するようなデザインになっていないこと（国会・内閣・裁判所を拘束する基本原理が権力分立（近代立憲主義）というミニマムなものであること）にあること，また，理論としても，裁判所以外の機関を憲法適合的に機能させるという視点を必ずしも有していないことを問題として取り組む。たとえば，国内人権機関は多くの国で採用されているにもかかわらず，日本の憲法学としてはその不在をさほど問題視してはいない。また，以上のような問題はそもそも憲法学の射程とするところで

社，2022年）59頁以下参照。

(3) 小畑郁「グローバル化のなかの『国際人権』と『国内人権』──その異なる淵源と近年の収斂現象・緊張関係」山元一・横山美夏・髙山佳奈子『グローバル化と法の変容』（日本評論社，2018年）98頁以下参照。

(4) 根岸陽太「不可視の人権侵害を可視化する」国際人権33号（2022年）39頁以下，江島晶子「COVID-19と人権──人権志向的統治機構の可能性」国際人権31号（2020年）3頁以下，江島晶子「憲法のデザイン──パンデミックを契機として人権志向型を目指す」柳原正治ほか編『国際法秩序とグローバル経済』（信山社，2021年）161頁以下。

はないとするのならば，それ自体の是非も検討する必要はないだろうか。

とりわけ，現在，起きている具体的な事件は，憲法学とはいかなる学問なのかという問いを突き付けている。たとえば，旧優生保護法下における強制不妊手術の国賠訴訟（地裁）のニュースに接した，ある憲法学者は以下のように述べている。「遺憾にも私を含む憲法学者の大半は，研究の相当部分を占めるその人権論にもっとも救済を必要とする人々への致命的な死角があることについて，ハンセン訴訟の新聞記事等に接するまで自覚していなかった。･･･旧優生保護法･･･についても，憲法学が率先して問題提起をしたというわけではない。･･･このような大きな憲法問題が，もっぱら障害当事者の運動と政治によるその汲み上げによって実現され，憲法学の内的視点からの理論的援護射撃を伴わなかったのは残念というほかない」（傍点筆者）[(5)]。別の憲法学者も以下のように述べている。「筆者は，ハンセン病者に対する言語を絶する国家の差別＝撲滅政策に無関心であり続け，無関心という差別意識を持ってしまった者として，自らの差別意識と責任とを問い返し」[(6)]てきたと。

まず，「気づくこと」，そして「問い返す」ことは研究者として非常に重要な行為である。それに基づき，既存の理論・判例を再検討し，必要であればそれを乗り越える理論を提示することは研究者の役割である。また，個々の研究者だけでなく学会としての役割にも目を向けることができる。日本精神神経学会は，優生保護法下における精神科医療及び精神科医の果たした役割を明らかにし，本学会の将来への示唆を得ることを目的として，数年にわたる調査を行い，2024年2月1日に「優生保護法に関する声明」を出し，精神科医療に責任を持つ学会として，強制不妊手術を受けた人々の生と人権を損ねたことを被害者に謝罪した[(7)]。同報告書は，「優生保護法成立からほぼ10年にわたり，行政主導で強制不妊手術の申請と承認に関わる強固なシステムが作り出され」（傍点筆者）たことを指摘し，優生保護法を過去のこととしてすまさず，歴史に学び，再び同じことが繰り返されないようにすることを誓っている。では，当時，優生保護法の制定に関与した政府，国会議員，知見を提供した専門家，手術の実施を担った地方自治体に対してどのような責任を問うべきか。人権を保障する日

(5)　棟居快行「優生保護法と憲法学者の自問」法時90巻9号（2018年）1頁。

(6)　石埼学『人権の変遷』（日本評論社，2007年）66頁。

(7)　日本精神神経学会「優生保護法に関する声明」（2024年2月1日）〈https://www.jspn.or.jp/modules/advocacy/index.php?content_id = 99〉

本国憲法の下で，優生保護法が制定され，違憲審査制を備える日本国憲法の下で，実際に訴訟が提起されたのは2018年になってからである(8)。また，強制不妊手術の実施については，自治体によって違いがあり，同じ法の下でも様々な要因によって申請件数が異なる点についても注目しておきたい(9)。専門家が行政の暴走に対して歯止めになるのではなく，行政と一体となって大部分の申請を承認してきた場合もあれば，行政からの強い勧奨によって多数の申請件数があっても承認されず手術件数が非常に少ない県もある（たとえば1954年度は，北海道で317件，全国1000件であったのに対して京都は2件）(10)。

こうしたことを踏まえた上で，本章で強調したいのは憲法の統治構造全体として人権問題に取組むという視点である。単発の問題ではなく構造的問題としてとらえ，統治構造（統治機構のデザイン）という観点から，グランド・デザインの提案というよりは，実際に個別の具体的決定がなされる場面（上記の例にひきつけていえば，行政による勧奨，申請，承認，実施，その後の検証）における制度設計の問題（どのような設計であれば強制不妊手術を防げたか，そして，どのような設計であればそもそも法案を阻止できたか）として憲法学が取組めないだろうか(11)。

当事者の視点からすると人権問題に大小はない。当事者にとって我慢のならない問題，耐え難い問題は，多くの場合まず言語化することが難しい。言語化できないと他者に伝えることができないので当事者自身で解決できなければあきらめざるを得ない（たとえば，セクシャル・ハラスメントはその典型例で，家庭の外で働くようになった女性たちが職場で直面する問題に名前がついていないからこそ自分の問題として抱えてしまうが，そこにセクシャル・ハラスメントと名前が付くことによって声があげやすくなった）。そして，その苦境を訴訟という形式によって解決するためには一定の条件に恵まれていなければならない。もちろん，訴訟を起こしたからといって救済が保障されているわけではない。憲法学が扱う

(8) 旧らい予防法（新法）についても同じことがいえる。

(9) 日本精神神経学会法委員会『優生保護法下における精神科医療及び精神科医の果たした役割に関する研究報告書』(2024年) 264頁。優生保護法が存在していた1948年から1996年まで，同法が規定する強制不妊手術を受けた人は全国で約16,500人いる。手術県数は都道府県により顕著な差があり，北海道は全国最多の2,593人（全国の実施件数の16%），次に宮城県（1406人），そして岡山県（845人）と続く。

(10) 日本精神神経学会法委員会・前掲注(9)276頁，279頁。

(11) 江島・前掲注(4)参照。

のは，訴訟になってから（事後）でよいのか。旧優生保護法国賠訴訟や元ハンセン病患者国賠訴訟が典型的だが，事後救済が回復できる損害は限定的であり（失ったものは戻らない），本来，人権侵害は起きてはならないはずである。そうだとすれば，むしろ，様々な形態の人権問題（そもそも人権問題と認識される前の状態も含め）にそれぞれに即した形で対応しうる仕組みが必要なはずである。憲法学として，人権をホリスティックに保障する仕組みを考えることはできないだろうか。全ての人が声を上げられる制度設計を統治機構のデザインという視点から対応できないか。それをここでは，憲法学を「開く」と表現した。そもそも，憲法学は他の学問領域から学ぶ必要性については自覚的であった(12)。だが，それがシステマティックな学際研究となりえているかは検証する必要がある。たとえば，憲法学と国際法学（とりわけ本章の文脈でいえば国際人権法学）は，人権という同じテーマを扱いながら，必ずしも相互の応答が活発とはいえない(13)。日本が国際人権規約に加入した際に，憲法学からは日本がこれにどのように取り組むべきかについて前向きな展望が示された(14)。しかし，その後は両者を明確に峻別するべきだという方向に議論が進んだ(15)。そこで，本章では，憲法と国際人権法，憲法学と国際人権法学を接合させて憲法学のポテンシャルを広げるという意味において憲法学を「開く」ことの可能性について論じる(16)。

最初に，憲法と国際人権法，憲法学と国際人権法学の関係性の把握の仕方を模索する。次に，人権保障システムの再構築として，現在の人権状況を把握した上で，統治機構を循環型（モデル）として把握する可能性を示唆し，かつ，循

(12)　清宮四郎『全訂憲法要論』（法文社，1961年）23頁。

(13)　参照，江島晶子「国際人権法学会の軌跡──人権と学際性」大津浩編『国際人権法の深化──地域と文化への眼差し〔国際人権法講座 第7巻〕』（信山社，2024年）。

(14)　江橋崇「国内的人権から国際的人権へ」ジュリスト937号20頁（1989年），横田耕一「人権の国際的保障と国際人権の国内的保障」ジュリスト1022号25頁（1993年），江橋崇「権利保障規範としての憲法と国際人権規約」ジュリスト1037号109頁（1994年），江橋崇「日本国憲法・外交・国際貢献」法学教室176号6頁（1995年）。なお，横田は同床異夢の可能性も指摘している。

(15)　高橋和之「国際人権の論理と国内人権の論理」ジュリスト1244号（2003年）69頁以下および同「国際人権論の基本構造」国際人権17号（2006年）51頁以下。

(16)　山元一は，人権の内容に着目し，その内容としてトランスナショナル人権法源論を主張することによって同じ課題に取り組んでいる。山元一『国境を越える憲法理論』（日本評論社，2023年）7頁以下。

環型の統治機構にアクセスする権利としての権利の重要性を論じ，さらには，循環型における非国家主体の役割の重要性を指摘する。そして，幾つかの具体例を通じて上記モデルの意義を論じる。

Ⅱ 憲法・立憲主義・憲法学

まず，最初に本講座のタイトル『立憲主義と憲法学』を使って，本章が「開く」というときに，いかなる可能性を示唆しているのかについて予備的考察を行う。本講座全体の趣旨を解析すると，立憲主義を導線として日本・世界の憲法と憲法学の現状と問題点を明らかにし，今後の憲法学の発展を目指すというものであることから，一応，以下のような組み合わせが考えられる（もちろん他にも考えられるがここでは予備的考察として暫定的モデルであることをお断りする)。

	憲法	憲法学
日本	① 日本の憲法	② 日本の憲法学
世界	③ 世界の憲法	④ 世界の憲法学

①「日本の憲法」は，日本国憲法を中心に日本にこれまで存在した憲法を意味するが，その中心は現行憲法である日本国憲法となる。②「日本の憲法学」は，日本における憲法に関する研究ということになる。こちらも，現行憲法である日本国憲法に関する研究が中核をしめるが，比較憲法学が盛んであることから外国憲法に関する研究も相当部分を占める。また，過去の憲法として大日本帝国憲法も対象となりうるが，それより前の憲法（そもそも憲法があったかどうかという問題も含め）については，むしろ法制史学の分野となり，現在の憲法学が積極的に対象としているようには見受けられない。

他方，③「世界の憲法」は，世界に存在する国々の憲法（複数）のことを意味し，④「世界の憲法学」は，世界に存在する憲法学（複数）を意味する（多くの場合には国単位で存在する)。これまで，日本の憲法学においては，③のことを比較憲法と考え，②のために③④を参照するのが，日本における比較憲法学である。ただし日本の憲法学が憲法というとき，もっぱら研究対象としているのは近代立憲主義以降の憲法であり，③は欧米中心であったこと（なかでも米独を中心にG7諸国）や，④は欧米（こちらも米独を中心にG7諸国）の憲法学中心であった[(17)]。

【図 1】

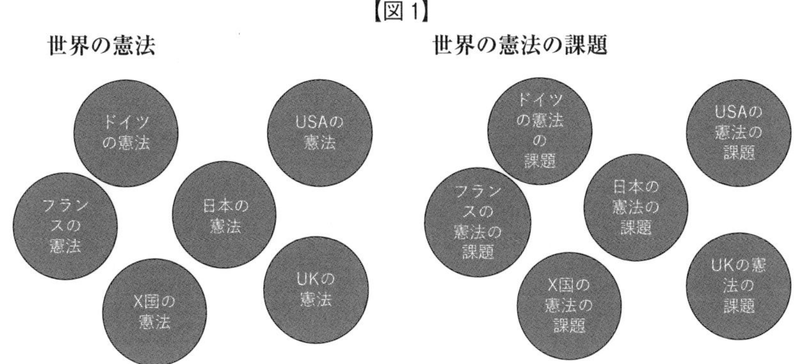

日本の憲法⇔世界の憲法，日本の憲法の問題点⇔世界の憲法の問題点，日本の憲法学⇔世界の憲法学，日本の憲法学の問題点⇔世界の憲法学の問題点というように記述すると二項対立的なイメージになるが，上の**図 1** のように図解すると別のイメージも可能である。すなわち，世界の憲法の中の一つとして日本の憲法があること，世界の憲法の問題点の一つとして日本の憲法の問題点があること，世界に存在する各国の憲法学の一つとして日本の憲法学があることである。そして，日本の憲法の課題と他国の憲法の課題は相当重なっている(18)。

同時に，世界の憲法学は，近年，学術的交流のグローバルな発展によってグローバルな憲法学になりつつある。また，実務的には 20 世紀後半の独立・革命後の統治体制構築に諸外国や国際機関の関与が顕著である。日本の憲法学，アメリカ合衆国の憲法学，ドイツの憲法学など，各国には各国の憲法学（これらを世界に存在する各国の憲法学の集合体として「世界の憲法学 A」と呼ぶ）があるが，

(17)　参照，君塚正臣「大学における『比較憲法』の存在意義」関西大学法学論集 52 巻 2 号（2002 年）1 頁以下；山元一「憲法解釈と比較法」公法研究 66 号（2004 年）105 頁以下；林知更「戦後憲法学と憲法理論」憲法問題 18 号（2007 年）39 頁以下；新井誠「憲法解釈における比較憲法の意義」憲法理論研究会編『憲法学の未来』（敬文堂，2010 年）31 頁以下。欧米中心を打破する試みとして，君塚正臣編著『比較憲法』（ミネルヴァ書房，2012 年），新井誠ほか編『世界の憲法・日本の憲法』（有斐閣，2022 年）などがある。

(18)　日本の最高裁判所は，違憲判断を下す際には，具体的解釈をする前に，各国（欧米中心にせよ）の問題状況・立法状況を確認する。地域的裁判所であるヨーロッパ人権裁判所も，具体的検討に入る前に，関係する国際人権条約だけでなく，比較法的知見を整理する。

【図2】

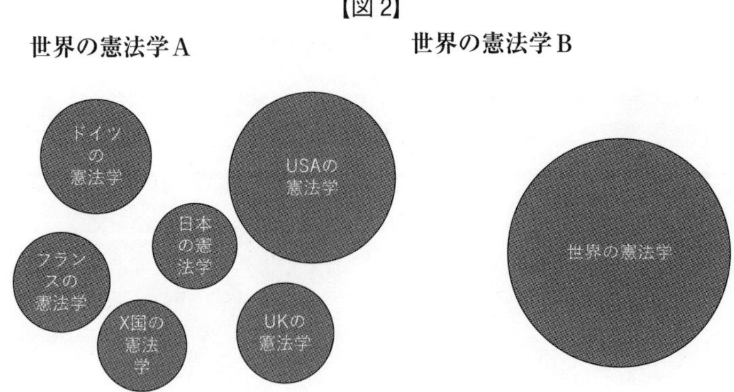

それとは別に，世界の憲法研究者が，個人研究または共同研究として（各国別の憲法学とは別の次元で），世界の（グローバルな）憲法学（「世界の憲法学B」と呼ぶ）を行いうるし，そうした研究が増加しつつある（**図2**参照）。たとえば，CONSTITUTEは，世界の憲法を網羅的に収集し，世界の憲法をフラットに並べてあらゆる比較を可能にする試みである[(19)]。類似の現象に注目して，できるだけ多くの国について調査を行い，比較する研究も増えている[(20)]。コロナ禍において，各国の対応を，世界の憲法研究者が結集して，統一的フォーマットを用いて国別報告を行ったことも想起しておきたい[(21)]。

---

(19) https://www.constituteproject.org/

(20) 筆者が経験したものとして，IACLのResearch Groupを母体として発展させた研究プロジェクトがあり，2度に渡って本を出版した。特徴として，編者と他の執筆者との協議に基づき，用いる比較指標を統一し，各章のスタイルも統一させている。Akiko Ejima, “The Use of Foreign Precedents by the Supreme Court of Japan: Awakening?” in Tania Groppi , Marie-Claire Ponthoreau, and Irene Spigno (eds), Judicial Bricolage: The Use of Foreign Precedents by Constitutional Judges in the 21st Century (Hart forthcoming) and Akiko Ejima, “A Gap between the Apparent and Hidden Attitudes of the Supreme Court of Japan towards Foreign Precedents” in Tania Groppi and Marie-Claire Ponthoreau (eds.), The Use of Foreign Precedents by Constitutional Judges (Hart 2013).

(21) 興味深い点は，学術的活動がオンライン化されることによって各地の問題がグローバルに議論され，かつ，憲法学Bを体現するグローバルな学術研究が展開され，インターネット上で成果が共有されたことである。例として，Bonavero Institute of Human Rights, *A Preliminary Human Rights Assessment of Legislative and Regulatory Responses to the COVID-19 Pandemic across 11 Jurisdictions*, BONAVERO REPORT

【図 3】

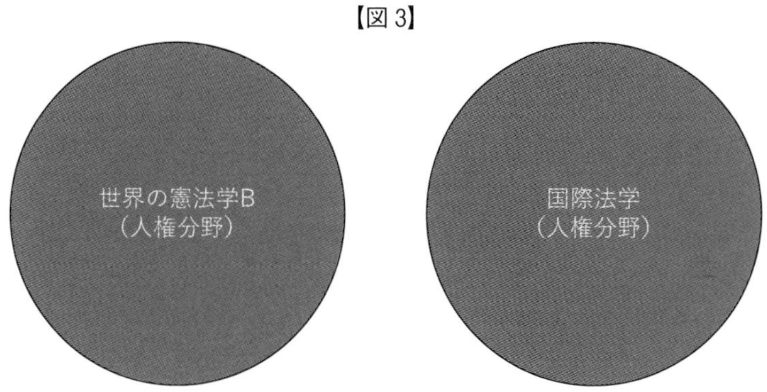

さらに，試論的に世界の憲法学を国際法・国際法学と比較する。国際社会のルールである国際法は，国際社会が一つであるとすれば国際法も一つである。とすれば国際社会の国際法学も一つである(22)。世界の憲法学 A と国際法学が同じでないのは当然であるが，世界の憲法学 B と国際法学が人権という点において重なる部分があるのではないか（図 3 参照）。換言すると，世界の憲法学 B と国際人権法学は重なる方が人権の実現には実効的ではないか。

さらに，人権を実施する機関のガバナンスに関わるルールという意味においてはどうだろうか（たとえば，法の支配，司法権の独立など）。世界憲法学 B と人権に関する国際法学とは相互関連性がある（比較憲法と国際人権法の重なりと言い換えてもよい）(23)。機関の実践という点で，現在，司法機関については，裁判官の独立とそれを支えるためのより細かなルールや実務的慣行は，各国間だけでなく，各国憲法と国際法の間でも類似性が存在する。また，重なりがあるからこそ，国内外を問わず裁判所としてのゆるやかな collegiality が成立する土

NO. 3 (2020); Lex-Atlas: Covid-19（A global academic project mapping legal responses to Covid-19 〈https://lexatlas-c19.org/〉; Serna de la Garza, José María (ed.), *Covid-19 and Constitutional Law. Covid-19 et droit constitutionnel* (2020, eBook), pp 107-114.

(22)　もっとも近年では，国際法は一つか，国際法学は一つかという問題提起がなされている。Cf. Anthea Roberts, *Is international Law International?* (OUP 2017).

(23)　ヨーロッパ人権裁判所は，具体的事件を検討する際に，被告国の法だけでなく，関連性のある他国の法や国際人権条約に言及することがよくある。日本の最高裁も，性同一性障害者特例法の合憲性を検討するに際して，各国の法事情やヨーロッパ人権裁判所の条約違反判決に言及している。最大決 2023(令 5)年 10 月 25 日参照。

【図4】裁判所のネットワーク

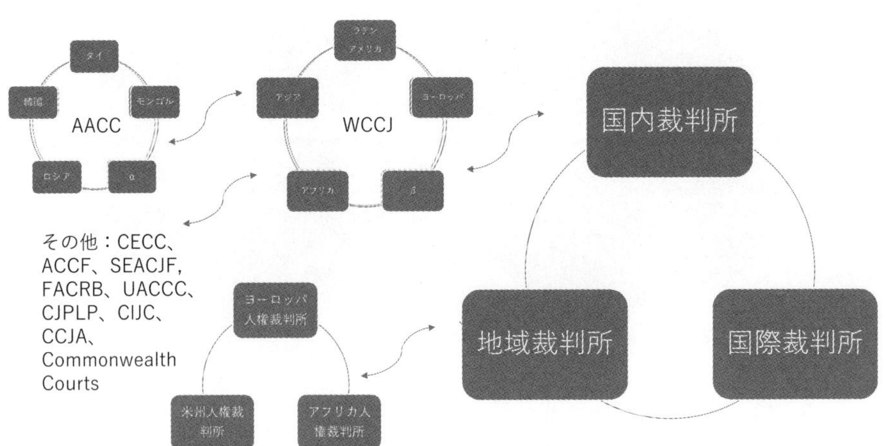

壌がある。そうなれば，国家としても，国際機関に判断を委ねることを受け入れやすい（EU等における先決手続が想起できる）。裁判所という組織，またそれを構成している裁判官というレベルでは，重なり合いやネットワーク的な結合があり，「裁判官対話」というのが国際法的においても，憲法学においても注目できる（**図4**(24)）。では，行政府や立法府についてはどのような構図が描けるだろうか。少なくとも，国際行政法およびグローバル行政法という観点からの，内外の「行政」という作用，そしてそれを担う内外の機関を把握するという視点は可能である(25)。これに対して，立法府については，「議会と人権」という観点から検討することは端緒についたばかりである(26)。

(24) 図4においては，国際裁判所の詳細は省略した。なお，参照，伊藤洋一「裁判官対話：国際化する司法の協働と攻防」（日本評論社，2023年）。

(25) 参照，興津征雄「グローバル化社会と行政法」山元一ほか編『グローバル化と法の変容』（日本評論社，2018年）83頁以下。

(26) 画期的な試みとして，参照，髙田陽奈子「人権条約の実現における議会の役割――グローバルな法実践における規範・アクターの多元化の一例として」法時94巻4号（2022年）58頁以下。また，権力分立という観点からの最新の論文として，村西良太「権力分立と立憲主義」山元一編『憲法の基礎理論〔講座立憲主義と憲法学 第1巻〕』（信山社，2022年）参照。

Ⅲ　人権の現状──人権は実現されたのか？

前述したように憲法学と国際法学の相互関連性という点でもっとも明快なのは，人権であろう。しかも，国際法において人権が登場したのは，各国家における人権侵害の苛烈さであり，憲法が予定するセーフガードが働かない（最悪の場合にはそうした仕組みがそもそも存在しない）ということを契機とする。第二次世界大戦後，各国の人権状況を審査・調査できる国際人権条約や条約機関が数多く設立され，人権の考え方がグローバル化した。人権は「国内問題」であり，外部からの批判は国家主権に対する不当な介入であるという認識から，人権は「国際社会の問題」であるという認識へのパラダイムシフトが起きた。その際に，個人が人権に関する苦情を国際機関に申し立てる仕組みが登場したことが重要である。このような制度の誕生は，憲法と国際法の関係，特に国内裁判所と国際裁判所の関係を探求し，比較する多くの学術研究を生み出した[(27)]。一方，独立を実現した国々は，国際機関や外国の支援を受けつつ憲法（そこには人権が含まれている）を制定したり，人権条約を批准したりした[(28)]。さらに，1980年代末から1990年代にかけて，東西冷戦の終結，東欧・中欧の民主化，南アフリカのアパルトヘイト体制の終焉と，国際社会は一種のユーフォリアに包まれた感があった[(29)]。南アフリカ憲法の権利章典には，現在および将来の世代のために環境を保護する権利（24条），適切な住居にアクセスする権利（26条），医療サービス，十分な食料と水，社会保障にアクセスする権利（27条）が含まれている。しかも，裁判所は，権利章典を解釈する際には，国際法を考慮しなければならず，外国法を考慮することができる（39条）。そして南アフリカ

---

(27)　See Negishi (n32). しかも，地域的人権裁判所と国連条約機関の双方の発展ゆえに両者の比較も可能である。See Elena Abrusci, *Judicial Convergence and Fragmentation in International Human Rights Law: The Regional Systems and the United Nations Human Rights Committee* (CUP 2023).

(28)　Yash Ghai, 'A Journey Around Constitutions: Reflections on Contemporary Constitutions' (2005) 122 (4) *South African Law Journal* 804; United Nations, Guidance Note of the Secretary-General on United Nations Constitutional Assistance (2020) 〈https://peacemaker.un.org/sites/peacemaker.un.org/files/SG%20Guidance%20Note%20on%20Constitutional%20Assistance_2.pdf〉; United Nations Human Right Office of the High Commissioner, Human Rights and Constitution Making (2018) 〈https://www.ohchr.org/en/publications/special-issue-publications/human-rights-and-constitution-making〉.

(29)　Heinz Klug, *The Constitution of South Africa: A Contextual Analysis* (Hart 2010).

憲法裁判所は，設立以来，外国の判例法を頻繁に参照してきた(30)。東欧・中欧諸国は，冷戦終結後，ヨーロッパ人権条約を批准し，人権の実現に取り組んだ。いずれの場合にも，そうした動向に対して国際的支援が行われた(31)。そして，21世紀が「人権の世紀」となることが実感をもって嘱望されたといえよう。人権の分野では，国際法の立憲化や憲法の国際化が盛んになり，分断やダブルスタンダードの存在，さらには偽善が指摘されながらも，憲法と国際法の様々な対話や協力が観察され，奨励されてきたといえよう(32)。

では，21世紀に入って約4半世紀が経過したが，21世紀は「人権の世紀」と呼べるだろうか。むしろ，近年の気候変動，パンデミックや自然災害，武力紛争，経済不安などの世界的危機は，これらの理論や考え方の妥当性に疑問を投げかけている(33)。難民と国内避難民は年々増加し続けとうとう1億人を突破した(34)。5歳から17歳までの1億6,000万人の子どもが「児童労働」に従事しており，その内7,900万人は子どもの健康と発達に有害な労働に従事している(35)。72カ国で約3億人が慢性的な飢餓に直面している(36)。経済的不平等

---

(30) Christa Rautenbach, 'South Africa: Teaching an 'Old Dog' New Tricks? An Empirical Study of the Use of Foreign Precedents by the South African Constitutional Court (1995–2010)' in Tania Groppi and Marie-Claire Ponthoreau (eds), *The Use of Foreign Precedents by Constitutional Judges* (Hart 2013).

(31) 顕著な例の一つが，中欧・東欧における憲法的支援の必要性を背景に，1990年に設立された欧州評議会の諮問機関である「法による民主主義のための欧州委員会（ヴェニス委員会）の活動である。

(32) Jank Klabbers, Anne Peters and Geir Ulfstein, *The Constitutionalization of International Law* (OUP 2009); Wen-Chen Chang and Jiunn-Rong Yeh, Internationalization of Constitutional Law, in Michel Rosenfeld and András Sajó (eds), *The Oxford Handbook of Comparative Constitutional Law* (OUP 2012); Yota Negishi, *Conventional Control of Domestic Law: Constitutionalized International Adjudication and Internationalized Constitutional Adjudication* (Nomos 2022). 人権に対する懐疑論として，Eric Posner, *The Twilight of Human Rights Law* (OUP 2014); Stephen Hopgood, *Endtimes of Human Rights* (Cornell University Press, 2015). 人権に対する擁護論として，Justine Lacroix and Jean-Yves Pranchère, *Human Rights on Trial: The Genealogy of the Critique of Human Rights* (CUP 2018).

(33) Hopgood (n32) and Lacroix and Pranchère (n32) を参照のこと。

(34) UNHCR, Global Trends Report 2022 〈https://www.unhcr.org/global-trends-report-2022〉.

(35) ILO, Child Labour 〈https://www.ilo.org/topics/child-labour〉.

(36) World Food Programme, A global food crisis 〈https://www.wfp.org/global-hunger-

は絶えず拡大しており，世界で最も裕福な62人が世界の富の半分を所有している（2015年の時点）[37]。3人のうち1人の女性は一生の間にジェンダーに基づく暴力を経験しており，1時間ごとに5人以上の女性が，自分の家族の誰かに殺されている[38]。人権が地球上のすべての人にとって普遍的な解決策であると主張するには不都合な数字である。そして，これはどこか知らないところで起きているのではなくて，どこかの国（国内問題）で起きていて，それを合計すると，この数字になる（国際問題でもある）。国内問題と国際問題は，人権に関していえば同じ問題をカウントしている。日本の問題もこの中に含まれている。日本にいると，他国（とりわけ人権侵害国と頻繁に批判されている国々）と比すると日本では人権は保障されているという認識をもちやすいが，国際機関から提示される勧告から見えてくる実情は必ずしもそうではない（後掲Ⅴ参照）。過去に生じた不正義を匡すことにも，新たに生じている不正義に取り組むことにも非常に時間を要している。さらに，現在の世界的危機は人権状況を悪化させている。Covid-19のパンデミックは，不平等・不正義を露呈させた[39]。そして，武力紛争下において人権が完膚なきまでに侵害される状況が進行中であり，国家も国際機関も現時点で止めることができていない[40]。気候変動は，大規模自然災害が連発するにもかかわらず，抜本的な取組みは行われているとは言い難い[41]。このような現実に対して，国家だけでは問題を解決できないし，もとより国際機関が肩代わりする力もなく，現状のような両者の組み合わせて

crisis〉.

(37)　United Nations Global Compact, Inequality〈https://unglobalcompact.org/what-is-gc/our-work/social/inequality〉.

(38)　UN Women, In focus: 16 days of Activism against Gender-Based Violence〈https://www. unwomen. org/en/news-stories/in-focus/2022/11/in-focus-16-days-of-activism-against-gender-based-violence〉.

(39)　See supra note 21.

(40)　UN General Assembly (11th emergency special session 2022), Aggression against Ukraine : Resolution adopted by the General Assembly, A/RES/ES-11/1; Humanitarian consequences of the aggression against Ukraine : Resolution adopted by the General Assembly, A/RES/ES-11/2; Suspension of the rights of membership of the Russian Federation in the Human Rights Council : Resolution adopted by the General Assembly, A/RES/ES-11/3.

(41)　COP27, Sharm el-Sheikh Climate Change Conference – November 2022〈https://unfccc.int/event/cop-27〉 and COP28, UN Climate Change Conference - United Arab Emirates〈https://unfccc.int/event/cop-28〉.

もでも十分ではないとすると，どのような仕組みを考えるべきだろうか。

Ⅳ 人権保障システムの構築──循環型立憲主義

本節では，憲法学を「開く」方法として，循環型立憲主義（仮説）の可能性を探ることにより，問題に対処するための新しいアプローチを模索する。その際に，二つの点に注目する。第一に，人権を保障する循環型システムにアクセスする権利としての人権（実効的救済を受ける権利）である。第二に，この循環型システムにおける非国家主体の役割である。なお，ここでいう循環型システムは，現存の統治機構とは全く異なるものを提案しているのではなく，むしろ現在，存在するものをベースにして，現存する機関相互の関係性をより密にすることによる実現を目指している。既存のシステムの抜本的変革を目指しているのではなく，マインドセットを少し変えれば実現可能だと考えており，このマインドセットの変革を既存の理論が妨げていないかという点が，筆者が憲法学について憂慮している点である。なお，マインドセットの変革以上のものとして，新たな制度的追加として推奨されるのは，たとえば，日本の文脈でいえば，国内人権機関の設置や個人通報制度の導入である。これによって各機関の接合度が高められ，システム内の問題の循環が加速されるからである。国内人権機関にしても，個人通報制度にしても，多くの国で導入しており，日本固有の問題ゆえに導入できないという性質のものではない。日本政府は既存の統治機構との関係で検討が必要であるという説明を長らく繰り返してきたが，その検討結果を一度も発表したことがない。よって，それは乗り越えることのできない障害を具体的に示せないということを意味している[(42)]。

1 人権再考

そもそも出発点として，人権と憲法上の権利は同じではない。憲法学の教科書（よって憲法解釈学）が対象としているのは，正確には日本国憲法上の権利である。そして，人権のインフレ化を懸念して，人権と憲法上の権利を区別してきた[(43)]。日本国憲法（1946 年公布・1947 年発効）は制定時より一度も改正され

(42) Human Rights Committee of the ICCPR, Concluding Observations on the seventh periodic reports of Japan, CCPR/C/JPN/CO/7 (2022) para 6 & 7.d

(43) 意識的に区別したのが，奥平康弘『憲法Ⅲ──憲法が保障する権利』（有斐閣，1993 年）。そのことの功罪についての検討は別稿を期したい。

ていないことから，権利章典としてのテキストは制定時から変わっていない。また，世界の成文憲法典の中でももっとも簡潔かつ短いものの一つである(44)。条文の抽象度が高いことから，解釈によって内容を変更したり，新しい人権を認めたりすることは可能である。しかし，最高裁判所（以下，最高裁）は，新しい権利を創造したり，少なくとも社会の変化に即応して解釈を変更するという方向では違憲審査権を行使することには謙抑的であった(45)。また，学説も，個別的には比較法的知見を活用して新しい権利の内容を示唆することはあっても，新しい人権を認めさせることに成功していない（「理論的援護射撃」を行っても効果が生じなかった可能性がある）(46)。厄介だと思われる点は，憲法が統治機構を制御するという設定において，権利章典の内容の一般性・抽象性が高ければ高いほど，実効的に統治機構を制御できないという問題である。大半が「政策」の問題となってしまい，立法裁量や行政裁量を広く認め，政治責任の問題となってしまうので，国会の制定する法律や行政機関の行為を憲法的に制御できない。この問題は，人権の救済手段として違憲審査制の活性化に憲法学が精力を傾注してきたが，期待できる効果が限定的だということでもある。「はじめに」において言及した具体的人権問題の根底には，憲法学の想定する統治機構論が人権救済という点では十分ではなかったことを示していないだろうか。

次に，表現の自由を筆頭に精神的自由をコアに据えて構築した人権理論，人権体系を，現代の文脈で再検討する必要がある。ここでは，権利を実現する権利，権利の実現にアクセスする権利という観点から，参政権が，先住民，奴隷，女性，財産を有しない者などには保障されておらず，彼ら・彼女らには近代憲法で保障されていた自由・平等は実際には実現されていなかったことを強調しておく。そうした不自由・不平等な政治状況下で整備されていった近代法，そして，その近代法によって守られ・維持される社会構造自体が，現存する不自由・不平等を温存・再生産させていく（不自由・不平等を不可視化させる）。この

(44)　本書第8章参照。

(45)　たとえば，性同一性障害者特例法の違憲を認める際にも，リプロダクティヴ・ライツではなく，「自己の意思に反して身体への侵襲を受けない自由」として表現した。2023年10月25日大法廷決定民集77巻7号1792頁。なお，宇賀克也裁判官反対意見は，リプロダクティヴ・ライツへの侵害の可能性を指摘する。

(46)　そこには様々な要因があるが，憲法9条に対する拡張的解釈を阻止するために，憲法解釈全般に抑制的傾向があったのではないだろうか。これは，国際人権法の日本法への取り込み全般についてもあてはまる。

社会構造は，参政権を有していなかった人々に後から選挙権を付与するだけでは容易には変化しない。伝統・慣習が既存の法によって保護されている側面があるからである。だからこそ，たとえば女性差別撤廃条約は，女子に対する差別となる既存の法律や規則だけでなく，慣習および慣行を修正し又は廃止するためのすべての適当な措置（立法を含む。）をとることを締約国に義務づけている(47)。また，慣習や慣行ゆえになかなか進まない政治分野における女性の進出を実現するために，多くの国で何らかの積極的差別是正措置が導入されたことを想起したい。これに対して，日本の憲法学は，古典的な平等原則の観点から，積極的差別是正措置に消極的であった(48)。だが，2006年にジェンダー・ギャップ指数が毎年発表されて以来，日本の順位は下降し続け，昨年は146カ国中125位を記録し，現在，118位（2024年）という状況をどのように受け止めるべきだろうか(49)。

そして，近代立憲主義を出発点におく日本の憲法学が，国家権力の抑制（人権の観点からいうと自由権を最大限保障すること）に力点を置いてきたために，人権の私人間効力を認めることについて「デフォルト」として謙抑的であった。もちろん，「実力」を有する国家権力をどうやってしばるかが近代国家における課題であったのであり，抽象性の高い規範である憲法で私人を直接規制することは危険である（私的自治を大いに損なう）という設定は，過去の経験から重要である。だが，現代社会においては，再検討が必要である。まず，現実問題として，実際に生じている「人権」侵害の多くに私人が関わっている。しかし，前述の設定ゆえに，私人間効力の理論については「百花繚乱」と形容されるほど議論が展開されてきたが，現実に生じている問題をどれほど解決できているだろうか(50)。現状では，国家の規制も重要だが，私人も規制する必要があり，国家を制御しつつ，私人も制御できる仕組みを考える必要があり，それは，私人間効力に関する理論だけでは不十分で，統治機構全体の観点から検討する必要がある。近年では，国家とともに非国家主体による人権の実現も求められるようになっていることから，統治機構の仕組みと非国家主体をどのようにリン

(47) 女性差別撤廃条約2条。

(48) 辻村みよ子「ポジティヴ・アクション」（岩波書店，2011年）。

(49) World Economic Forum, Global Gender Gap Report 2024〈https://www.weforum.org/publications/global-gender-gap-report-2024〉

(50) 曽我部真裕「『人権法』という発想」法学教室482号（2020年）72頁以下，72頁。

クさせるかという側面にも注目できる（後掲Ⅳ 4 参照）。憲法学が，近代立憲主義の枠組をどのように現代的にアップデートするのかが問われているといえよう。

2　統治機構再考――循環型立憲主義

従来，日本の憲法学者も実務家も，人権保障制度について考えるとき，司法制度を重視してきた。日本国憲法が違憲審査制を導入し，憲法学が違憲審査基準論の導入に傾注する一方，実務家は憲法に依拠して裁判を提起してきた。よって，国際人権法が新たに加わったとき，より具体的にいえば，日本が国際人権条約を批准し，日本政府が人権条約上の権利を実現する義務を負った時に，議論の中心となったのが国内裁判所における国際人権条約の適用の問題である。確かに，裁判所による人権保障は，第二次世界大戦後，国内外で一定の成果を上げてきた。そして，国際的司法機関・準司法機関を評価する際には，国内の司法制度と比較し，制度の類似点や判例の共有を，国際法の憲法化，国際機関の「司法化」，「裁判官対話」として評価してきた(51)。なぜならば，それを支える一定の実績があるからである。たとえば，各地域の人権裁判所は，人権に関する豊富な人権判例法を生み出してきた(52)。なかでも，ヨーロッパ人権裁判所の人権判例法は，ヨーロッパ内で憲法的地位を法的にまたは事実上確立しただけでなく，ヨーロッパ外にも一定の影響力を及ぼしている(53)。さらに，人権に関する裁判官対話は，判決内における直接的・間接的な（場合によっては黙示的）引用・参照によるだけでなく，法廷外での裁判官同士のコミュニケーションによっても発展してきた(54)。司法分野は，憲法および国際人権法におい

(51)　伊藤・前掲注(24)参照。

(52)　詳細は，戸波江二・北村泰三・建石真公子・小畑郁・江島晶子編『ヨーロッパ人権裁判所の判例』（信山社，2008 年）および小畑郁・江島晶子・北村泰三・建石真公子・戸波江二編『ヨーロッパ人権裁判所の判例Ⅱ』（信山社，2019 年）参照。また，小畑郁・江島晶子責任編集「人権判例報」（信山社）が 2020 年から年 2 回発行されており，ヨーロッパ人権裁判所の最新判例を紹介している。

(53)　日本の最高裁は，トランスジェンダーの問題を扱った A.P., Garçon and Nicot. v. France におけるヨーロッパ人権裁判所の 2017 年判決に 2 度に渡って明示的に言及した。性同一性障害者特例法が違憲であるという原告の主張に対して，2019 年 1 月 23 日小法廷合憲決定では，同法の合憲性に疑義を示す鬼丸・三浦補足意見が，2023 年 10 月 25 日大法廷違憲決定では，多数意見が言及した。2019 年 1 月 23 日最小決判時 2421 号 4 頁および 2023 年 10 月 25 日最大決民集 77 巻 7 号 1792 頁。

て人権規定が増えたことから，それぞれの解釈において相互参照は有用であるだけでなく，個々の判断が先例として蓄積され将来の裁判所を拘束（事実上の場合も含め）することから規範的な意味において相互に影響を及ぼしうる。

しかし，裁判所による人権保障には限界がある。第一に，受動性という司法制度固有の限界がある。人権実現のプロセスを開始できるのは，裁判所ではなく，権利の侵害を主張する当事者である。裁判所は，原則として当事者の提供した情報に基づき判断するので，当事者の力量が問われる。しかし，法の知識を有しない一般人が裁判を起こすのは，経済的にも物理的にも困難である。そもそも，自分の権利を守るために裁判所を利用するという知識を持たない人々も存在する。さらに，自分の問題を人権の問題として認識できる人の方が少数であろう。そして，仮に運よく様々な条件に恵まれて裁判所に訴訟を起こせたとしても，訴訟で勝てるかどうかは別問題である。彼らは，当事者適格の問題，憲法の適切な条項の有無など，多くの法的障害を克服しなければならない。現在，こうした限界を公共訴訟（社会課題の解決を目指す訴訟）という発想で対応する取組が実務家・市民社会側に存在するのは注目される(55)。

第二に，権力分立という憲法の基本原理の下で，具体的事件において救済を実現するという役割の中で違憲審査権を行使する裁判所は，違憲審査権の行使において立法府との関係性を考慮せざるをないのは統治構造上の制約である。とりわけ，付随的違憲審査制の場合に，その要請がより働きやすい。日本国憲法上は，国会が唯一の立法機関であり，国民の代表機関であるという設定ゆえに，立法府に一定の裁量を認めやすい（憲法41条および43条1項)。裁判所は民選機関ではないので，論争となる問題は国民的議論を行う場である国会に任せるべきだというのが裁判所の基本的スタンスである。たとえば，民法750条の違憲性が問われた裁判において，最高裁多数意見が何度もこの議論に立脚して

---

(54) See Amrei Müller (ed), *Judicial Dialogue and Human Rights* (CUP 2017); Tania Groppi and Marie-Claire Ponthoreau (eds.), *The Use of Foreign Precedents by Constitutional Judges* (Hart 2013年); Guiseppe Franco Ferrari (ed), *Judicial Cosmopolitanism: Use of Foreign Law in Contemporary Constitutional System* (Brill / Nijhoff 2019)。

(55) 特定非営利活動法人 Call 4 〈https://www.call4.jp〉参照。元最高裁裁判官自ら，「個々の事件で訴えがあって初めて司法判断がなされるので，訴えがなされない場合のことが心配です」と述べている。「大橋正春・鬼丸かおる元最高裁判事に聞く——憲法訴訟の実務と学説」法律時報93巻2号（2022年）56頁以下，81頁。

いる(56)。

第三に，仮に裁判所が人権侵害を認めることに積極的であったとしても，国会や内閣が人権侵害をなくすために実効的な措置をとるかどうかは別問題である(57)。特に，各国政府が国際的・地域的な判断や勧告を無視した場合，国際機関がそれを実行させるためにとりうる措置は限られている。

第四に，地域間の違いがある。ヨーロッパ人権裁判所の場合，閣僚委員会が欧州人権裁判所判決の執行を監督する実効的制度を有している(58)。地域的人権裁判所が存在しないアジアにおいて利用できる人権条約は，他方，条約機関の勧告や見解に法的拘束力がないため，その実効性は限定的である(59)。だが，条約機関の見解が国内の司法判断に影響を与えた例もある(60)。なお，条約機関を裁判所と類似の存在ととらえた上，法的拘束力の有無に拘泥しすぎると，現状の国際人権法の多様なポテンシャルが半減してしまう。

よって，人権を実現するシステムを構築する際には，裁判所以外の統治機関にも目を向ける必要がある。国民の代表で構成される国会が，国民の代表機関

(56)　最大判 2015（平成 27）年 12 月 16 日民集 69 巻 8 号 2586 頁および最大判 2021（令和 3）年 6 月 23 日判時 2501 号 3 頁。

(57)　国際人権条約の中でも各種の履行手続を備えるヨーロッパ人権条約であっても，ロシアの例に見られるとおり，締約国が判決を履行する意思がなければ，どうすることもできない。

(58)　Council of Europe, Committee of Ministers, *Supervision of the Execution of Judgments and Decisions of the European Court of Human Rights*, 15th Annual Report of the Committee of Ministers 2021 (Council of Europe 2022). なお，実効性の高さが評判をよび，より個人申立を増やすことにつながっており，膨大な未処理件数という問題を抱えている。

(59)　Akiko Ejima, 'A Possible Cornerstone for an Asian Human Rights Court: The Deliberative Nature of the Dialogue between Comparative Constitutional Law and International Human Rights Law (a.k.a. Global Human Rights Law)' in, SNU Asia-Pacific Law Institute (ed), *Global Constitutionalism and Multi-layered Protection of Human Rights – Exploring the Possibility of Establishing a Regional Human Rights Mechanism in Asia* (Constitutional Court of Korea 2016).

(60)　2018 年，韓国の最高裁判所は過去の先例を覆し，良心的兵役拒否は正当化されるとの判決を下した（無罪）。この間，自由権規約委員会は，良心的兵役拒否を理由に刑事罰を科すことは自由権規約違反であるとの見解を繰り返し表明してきた。See Communication No. 2179/2012, Young-kwan Kim et al v. The Republic of Korea, Views adopted by the Committee on 15 October 2014 and other communications cited in note 5 of the View of No. 2179/2012.

であるから人権を実現する機関，人権を救済する機関になりうるかというと，そうではないことは，冒頭で言及した旧優生保護法からも，そして数多の過去の経験からも明らかである。そして，国会には，既存の法律を人権の観点から法律制定後も検証し，社会の変化に即応して人権保護のために新たな法律を制定することを制度として保障する仕組みが存在しない。国会議員の中には人権伸長のために日夜努力している人々がいることは否定しないが，ここで問題とするのは個人の努力ではなく，システムとして常時チェックするメカニズムである。他国の例としては，議会内人権委員会や国内人権機関などがそれに相当する。勝訴判決または当事者の問題提起がマスメディアによって取り上げられ世論が動くことによって，ようやく国会・内閣が動く仕組みでは，個人が声をあげることができる状態だとはいえない(61)。

さらに，日本は議院内閣制を政治システムとして採用しており，国会で可決されるのは内閣提出法案が中心である。審議の時間も議員提出法案よりも確保されている。内閣とそれを支える官僚組織は，システムとして人権を実現する上で，大きなポテンシャルを有する。旧らい予防法にせよ，旧優生保護法にせよ，これらの法律の下で具体的な個人がどのような生活をしていたかを知っていたのも，変えるための最初のアクションをとることができたのも行政組織である。しかし，現状では内閣や官僚組織が人権適合的に仕事を行っているかどうかをチェックする仕組みがないので，仕事をする際に念頭におくという発想がない（最悪の場合には，責任を問われることを恐れて黙っていたり，証拠となる書類を廃棄するという行動に出たりする）。

このような統治機構の現状を変化させる上で，活用できるのが国際人権条約である。出発点は条約の批准である。まず，条約を批准することができるか国

(61) 議会内人権委員会の例として，江島晶子「人権実現における議会の新たな役割――ヨーロッパ人権条約・1998年人権法とイギリス人権合同委員会の関係から」工藤達朗・西原博史・鈴木秀美・小山剛・毛利透・三宅雄彦・斎藤一久編『憲法学の創造的展開〈下巻〉』（信山社，2017年）153頁以下参照。国内人権機関については，山崎公士「国際人権法の国内実施における国内人権機関の役割」申惠丰編『国内的メカニズム／関連メカニズム〔新国際人権法講座第5巻〕』（信山社，2023年）。現在，マスメディア自体も弱体化する一方，新しい手段としてのSNS上では炎上や誹謗中傷など別の問題も存在する。曽我部真裕「グローバル化と表現の自由――参照点としての思想の自由市場論の限界」横大道聡・新井誠・菅原真・堀口悟郎編著『グローバル化の中で考える憲法』（弘文堂，2021年）214頁以下。「国家が自由の敵であるという近代立憲主義の大前提が相対化される事態になったという認識を踏まえた憲法論が求められる」（同229頁）。

内法を確認し，抵触が存在すれば国内法を制定・改廃するか，条約に留保をつけるか，それとも条約の批准を見送るかのいずれかとなる(62)。まず，ここで人権条約は国内法に影響を及ぼすことになる。次に，人権条約を批准すると，締約国は条約における人権を一般的に実現し，条約機関に定期的に国家報告書を提出する国際的な義務を負う(63)。これは，立法府，行政機関，司法府，地方自治体が条約を実現する義務を負うということである。また，多くの国は，それ以外にも新たな部門（the fourth branch と呼ばれる）を追加しており，ここに国内人権機関も含まれる(64)。そこで，国内機関と国際機関の間に生じる相互作用を網羅的に観察し，人権実現の観点からすべての相互作用を評価の対象にすることができる（具体的検討は後掲Ⅴ）。

以下は，国連の条約機関に限定して説明する。国内機関にせよ，条約機関にせよ，それぞれ異なる権限と機能を有する。ある機関 A の活動は，後で他の機関 B によって参照されたり，評価されたりする。そして，その機関 B の活動もまた別の機関による評価や参照の対象となる。したがって，一旦，何らか（たとえば個人による苦情，NGO の働きかけ）の行動がとられると，循環が始まり，一部のアクターがインプット（報告，コミュニケーション，苦情，告発，判断，決定など）を提供する限り循環し続ける。理想的なシナリオ（かつこれまで想定されていたもの）は，人権侵害の被害者が訴訟を起こし，訴訟において勝利し，補償を受けると同時に，侵害の原因が法律にあれば，立法府は法律を改正し，行政府の働き方にあれば行政慣行の改善を行うというものである。しかし，現実にはそのようにうまく行く場合は限られていることは前述した通りである。そこで，この理想的なシナリオに近づける方策，または理想的なシナリオに代置しうる代替的シナリオを幾つも考えるというのがこの循環型の発想である。実際，これまでにも，最高裁においては合憲判決という判断になっても，その後，

(62)　完全担保主義に立つ日本は，国内法との整合性について綿密な検討が行われる。参照，松田誠「実務としての条約締結手続」新世代法政策学研究 10 号（2011 年）313 頁以下。

(63)　例えば，自由権規約 2 条を参照のこと。

(64)　Mark Tushnet, *The New Fourth Branch: Institutions for Protecting Constitutional Democracy* (CUP 2021); Principles relating to the Status of National Institutions (The Paris Principles), adopted by General Assembly resolution 48/134 of 20 December 1993; de Beco, G & Murray, R, *A Commentary on the Paris Principles on National Human Rights Institutions* (CUP 2016).

国会において法改正がなされたり（堀木訴訟），行政側の基準が変更された変更されたりした例もあり（朝日訴訟），訴訟の副次効果として評価されてきた。そのことを念頭において，司法—立法—行政（この循環はいずれから始めてもよいし，向かう先はいずれでもかまわない）という循環に影響を与えるアクターも多数想定できる。たとえば，メディアの報道によって醸成される世論が政治家や政党に影響を及ぼし法改正が行われる場合がある。また，研究者には、学術的研究成果に基づいて懸念を提起する役割が考えられる。地方自治体や地方議会は，当該自治体においてとりわけ問題となっている場合には，いちはやく問題解決に乗り出し，そのために条例を制定するという場合もある（後掲Ｖ１参照）。当該問題が特定の市や町の住民にとってより関連性の高いものである場合，より効率的かつ効果的に問題に対応できる。一方，条約機関は，国家報告書や市民社会からのオルタナティヴ報告書を検討することで人権問題を発見し，提言を行うことで，知識や経験を持つ外部者の視点から国内問題を再考する機会を提供できる[(65)]。

3　循環型システムにアクセスする権利としての人権

循環型システムにおいて，鍵となるのが人権侵害を受けた者である。彼女・彼らこそが循環を開始させる原動力だからである。したがって，循環型システムにアクセスできるように個人・集団をエンパワーすることが重要である（「権利を持つ権利」[(66)]）。元来，研究者は，権利を実現するために，実体的権利の内容を豊かにし，必要とあれば新しい人権を構想することに力を注いできた。だが，それに加えて裁判を受ける権利を筆頭に，手続的権利の保障の重要性を改めて強調したい。人権をその「普遍性」ゆえに「切り札」として誰に対しても突き付けられるという発想をとると，その威力ゆえに人権の範囲を限定的に設定し，拡張的解釈にも慎重にならざるをえない。しかし，前述したように，人権の歴史を振り返ると，黒人，女性など一定のグループに属する人々の権利が含まれていなかっただけでなく，参政権が否定されることによって，民主的に異議を唱えることもできなかった。異議を唱える人に，当該異議を効果的に行

(65)　ヨーロッパ人権裁判所のような地域的人権裁判所が存在する地域の場合，その影響はより直接的かつ効果的である。本章では，国連条約機関に焦点をあてる。

(66)　Lacroix and Pranchère, ‘The “right to have rights”: revisiting Hannah Arendt’ in Lacroix and Pranchère (n32).

える機会を確保することから始め，その機会を利用する中で具体的な人権の内容が固まっていくというアプローチも必要ではないだろうか。このような発想は，人権は欧米社会の価値であり，それを欧米社会が非欧米社会に押し付けようとしているという人権に対する批判の議論に対しても有効であると考える。

循環型システムにアクセスする権利は具体的に何か。言うまでもなく，裁判所にアクセスする権利は重要であり，実際にアクセスできるように，無料の法的助言や司法扶助は不可欠である。実際に，日本でも司法制度改革によって改善された面がある。しかし，前述したように，裁判所にアクセスする権利は手段の１つにすぎない。立法府や行政機関など他の機関へのアクセスは，司法へのアクセスと同じくらい重要であり，そのアクセスを改善することが必要であり，可能である。そして，国内人権機関や個人通報制度は，循環型システムの循環度を高めることができる。

当事者やそれを支援するNGOにとって，条約機関とのコミュニケーションには様々な利点がある。第一に，当事者やNGOの声は，それが重要であると認知した条約機関を通じて，国家報告書の審査過程において国家に届けることができる。他方，国内において国家が軽視・無視している問題について，国家報告書を通じて国家の考え方・態度を国際平面において共有できる（当事者だけでなく世界中の人が知ることができるという点は，その後の循環においても意味がある）。第二に，当事者の声が，条約機関の「懸念と勧告」となる可能性がある。そうなれば，国家は人権条約上の義務として勧告に従うか，それに従うことができないならば，なぜ従えないのか合理的理由を示す必要がある(67)。第三に，ひとたび当該問題について勧告が出されると，それは次回の国家報告書に向けて条約機関が作成する国家に対する事前質問の中に入る可能性が高いので，事前質問に対して国家がどのように回答するかを見ることによって，改善に向けて国家がどのような対策を取ったかを確認することもできる上，次の報告書審査において改善が見らなければ引き続き循環型システムの中で循環し続ける。条約機関が同じ勧告を繰り返すことは，国家が条約上の義務を果たしていない兆候である（2015年最高裁判決の宮崎・宇賀反対意見は，日本が女子差別撤廃条約に基づいて夫婦同氏制の法改正を要請する３度目の正式勧告を2016年に受けたという

(67)　岩沢雄司「自由権規約委員会の規約解釈の法的意義」世界法年報29号（2010年）50頁以下，62-63頁。なお，憲法学者からの応答として，村西良太「人権条約機関による条約解釈の拘束力――憲法学からみた個人通報制度」憲法研究13号（2023年）103頁以下。

【図5】多元的・非階層的・循環的人権保障システム

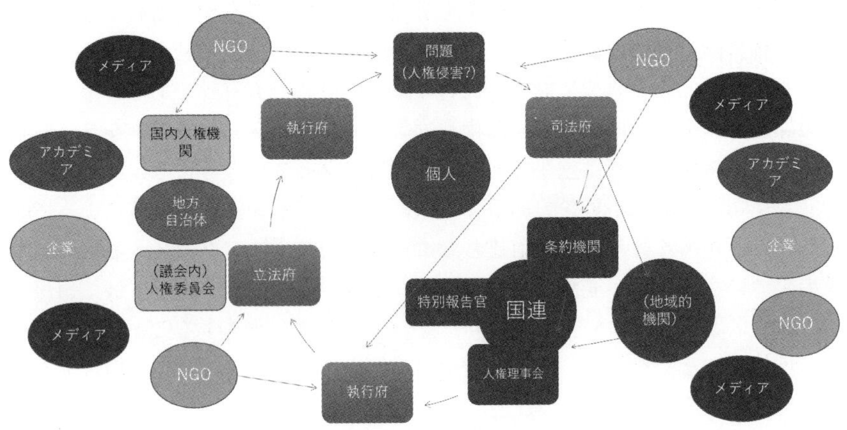

事実は夫婦同氏制が国会の立法裁量を超えるものであることを強く推認させると述べている)。他方，国内の裁判所は，憲法中の人権規定を解釈する際に勧告を参照することができる。

4 非国家主体による新たな役割

NGOや企業などの非国家主体も，循環型システムの中では循環を促進させ，当事者をエンパワーする上で重要な役割を果たせる。気候変動や「ビジネスと人権」(BHR) など，世界的課題はその好例である(68)。環境問題は，簡単に国境を越えてしまうので，国益を中心に考えがちな政府だけでは，取組みは進みにくい。NGO，そして市民社会一般の持続的活動なしには，環境問題をここまでグローバルな課題に発展させることはできなかった(69)。近年の「ビジネスと人権」の着実な発展は，国家，企業，市民社会，個人が国境を越えて労働者や消費者の人権問題に取り組むことができるので，循環型立憲主義のモデルに合致する。第一に，「ビジネスと人権に関する指導原則（以下，指導原則)」はソフ

(68) 「特集SDGsと企業・社会」ジュリスト1566号（2022年）14頁以下参照。循環性という点で，環境省大臣官房環境計画課企画調査室「地球循環型共生圏」ジュリスト1566号（2022年）63頁以下参照。

(69) Stephen Turner et al (eds), *Environmental Rights: The Development of Standards* (CUP 2019).

ト・ローであるにもかかわらず，各国政府はこれを具体化する法律を制定し，企業も具体的取組を進めている[(70)]。第二に，指導原則は多様なステークホルダーの対話から生まれた[(71)]。ハード・ローによって企業に強制するプロセス（トップダウン）ではなく，関係するステークホルダーが自ら率先して問題を解決するためにルール形成を行うプロセスとして捉えることができれば（ボトムアップ），課題解決には有効なはずである。しかも，この循環型システムにおいては，各人がイニシアティヴを発揮することが誰にとっても利益となり，「誰一人として取り残さない」（人間の活動の結果としてある特定の少数者に過大な負担・不利益を課さない）状態を究極的には実現できる[(72)]。

V　ケース・スタディ

本節では，循環型システムの可能性を具体的に考察するために，締約国と国連の人権条約機関との相互作用に注目する。具体的には，日本の国家機関（行政，立法，司法）と自由権規約委員会の相互作用について，日本における外国人の人権に関する自由権規約委員会の総括的所見を素材として，循環的立憲主義の可能性を模索する[(73)]。日本は選択議定書を一切批准しておらず，国内人権機関も創設していないので，国家と条約機関との相互性はミニマムレベルである[(74)]。つまり，日本の現状を元に考えるモデルは，他の国においても成立可能なモデルである。加えて，日本はアジアに位置するために，現状では，地域的人権裁判所を備える地域人権条約に加入する可能性はない。そして，日本の最高裁は，1947 年の設立以来，13 の法令違憲判決しか出していないので，司法による人権の実現もミニマムレベルである。日本は裁判所による人権の実現が弱い上，裁判所以外の国家機関が人権擁護の役割を自覚的に認識していない国だ

(70)　Surya Deva, 'The UN Guiding Principles on Business and Human Rights and Its Predecessors: Progress at a Snail's Pace', in Ilia Bantekas and Michael Asley Stein (eds), The *Cambridge Companion to Business and Human Rights Law* (CUP 2021).

(71)　John Gerard Ruggie, *Just Business: Multinational Corporations and Human Rights* (Norton 2013).

(72)　詳しくは，江島晶子「ビジネスと人権──国家・国際機関・非国家主体による循環型システム」ジュリスト 1566 号（2022 年）21 頁以下。

(73)　試験論的考察であり，将来的に他の条約機関や他の人権問題についても行う予定である。

(74)　多くの条約機関は，総括所見において，国内人権機関の設立を繰り返し日本政府に勧告してきた。

といえる。国内機関が人権条約に基づく国際的義務の履行に熱心でないのは，条約機関の総括所見以外に，国内機関がそのような義務を自覚するよう促す制度的メカニズムが存在しないからである[75]。将来的には，他国における総括所見のインパクトと比較する予定である。例えば，韓国は東アジアにおける対照的な例として分類できる。韓国は国連人権条約の選択議定書を批准し，国内人権機関として国家人権委員会を有する。韓国の憲法裁判所と最高裁判所は，国連の人権条約機関の影響をより直接的に受けやすい[76]。

本章では，日本における外国人の権利をめぐる多くの課題の中から，2つの課題を取り上げる。一つは，第二次世界大戦前から日本の植民地化下で存在していた在日コリアン人に対する差別である。もう一つは技能実習生をめぐる制度である。

1 在日コリアン――ヘイトスピーチ

日本が自由権規約を批准し，政府報告書の提出を開始して以来，自由権規約委員会は，在日コリアンに対する差別的慣行が続いていることについて懸念を表明してきた（最初の報告書に対する総括所見は1981年）[77]。同委員会は，1998年に日本の第4回報告書を審査した際，朝鮮人学校を認めないことを含め，日本国籍を持たない在日コリアンに対する差別への懸念を再び強調した（また，同委員会の勧告がほとんど実施されていないことにも憂慮が示された）[78]。朝鮮人学校に対する差別的扱いへの懸念は，2008年の第5回報告書に対する総括所見でも繰り返されている[79]。そして，2014年，自由権規約委員会は，「韓国・朝

---

(75) 時間と能力の限界のため，人権理事会のUPR，特別手続など，国連の他のメカニズムは本章では扱われていないが，循環型システムの他の重要な要素と見なすことができる。

(76) Ejima (n59).

(77) Human Rights Committee of the ICCPR, Consideration of Reports Submitted by States Parties Under Article 40 of the Covenant, CCPR/C/SR.320 (1981) para 5; Human Rights Committee of the ICCPR, Consideration of Reports Submitted by States Parties Under Article 40 of the Covenant, A/43/40 (1988) para 632; Human Rights Committee of the ICCPR, Consideration of Reports Submitted by States Parties Under Article 40 of the Covenant, Comments of the Human Rights Committee, CCPR/79/Add.28 (1993) para 9.

(78) Human Rights Committee of the ICCPR, Consideration of Reports Submitted by States Parties Under Article 40 of the Covenant, Concluding Observations of the Human Rights Committee, CCPR/C/79/Add.102 (1998) paras 6 and 13.

鮮人，中国人，部落民といったマイノリティ集団のメンバーに対する憎悪や差別を煽り立てている人種差別的言動の広がり，そして，こうした行為に刑法及び民法上の十分な保護措置がとられていないことについて，懸念」を表明した[(80)]。とりわけ，過激なデモが多発していることや，民間施設で「日本人のみ」と書かれた看板などが公然と掲示されていることに懸念を表明した[(81)]。この一連の過程は，日本の立法府や行政府が問題解決のための効果的な措置をとらない中で，国際機関が問題の深刻化を繰り返し指摘し続けたことを示している[(82)]。また，外国人の状況に関する情報を提供しているのは，国の報告書ではなく，市民社会（主にNGO）が提出するオルタナティヴ報告書である。

実際，日本政府は，人権条約機関の勧告にもかかわらず，差別禁止法全般や人種差別禁止法の法制化に消極的であった[(83)]。また，憲法学者は，表現の自由の保障という観点から，立法によって表現の自由を制限することに慎重な立場をとってきた[(84)]。加えて，ヘイトスピーチを行う者が国家ではなく私人であるがゆえに，この問題を憲法学で扱うためには「私人間効力」という枠組で議論する必要があり，かつ，憲法学が正面から向き合い始めたのは問題がいよいよ深刻化して衆目を集めるようになってからである。

以上のような状況ゆえに，本邦外出身者に対する不当な差別的言動の解消に向けた法律（以下，ヘイトスピーチ解消法）が制定されたのは2016年になってからである[(85)]。しかもヘイトスピーチ解消法は，内閣提出法案としてではなく，

(79)　Human Rights Committee of the ICCPR, Consideration of Reports Submitted by States Parties Under Article 40 of the Covenant, Concluding Observations of the Human Rights Committee, CCPR/C/JPN/CO/5 (2008) para 31.

(80)　Human Rights Committee of the ICCPR, Consideration of Reports Submitted by States Parties Under Article 40 of the Covenant, Concluding Observations of the Human Rights Committee, CCPR/C/JPN/CO/6 (2014) para 12.

(81)　ibid.

(82)　人権理事会だけでなく，人種差別撤廃委員会など他の人権条約機関も勧告を出している。CERD/C/JPN/CO/10-11 (CERD 2018).

(83)　Akiko Ejima, 'Japan', in Mercat-Bruns, Marie, Oppenheimer, David B. and Sartorius, Cady (eds.), *Comparative Perspectives on the Enforcement and Effectiveness of Antidiscrimination Law: Challenges and Innovative Tools* (Springer, 2018) 353-368.

(84)　Shinji Higaki, 'The Hate Speech Elimination Act: A Legal Analysis', in Shinji Higaki and Yuji Nasu (eds.), *Hate Speech in Japan* (CUP, 2021) 252.

(85)　本邦外出身者に対する不当な差別的言動の解消に向けた法律（2016年法律第68号）。同法の法的分析については，Higaki (n84) 参照。

政府と与党の慎重な姿勢を反映して，議員提出法案として提出された。そして，同法は罰則を有しない。国は，「本邦外出身者に対する不当な差別的言動の解消に向けた取組に関する施策を実施するとともに，地方公共団体が実施する本邦外出身者に対する不当な差別的言動の解消に向けた取組に関する施策を推進するために必要な助言その他の措置を講ずる責務」を有し，地方公共団体は，「本邦外出身者に対する不当な差別的言動の解消に向けた取組に関し，国との適切な役割分担を踏まえて，当該地域の実情に応じた施策を講ずるよう努めるものとする」という内容である（同法4条）。しかも，基本理念として，「国民は，本邦外出身者に対する不当な差別的言動の解消の必要性に対する理解を深めるとともに，本邦外出身者に対する不当な差別的言動のない社会の実現に寄与するよう努めなければならない」と，上記の国および地方公共団体の責務の前に規定している。しかし，ヘイトスピーチの被害を受けたと感じる者が，上記のいずれに対しても責任を追及する手段は存在しない。

もっとも，ヘイトスピーチ解消法は限定的ではあるが一定の効果をもたらした。まず，地方自治体レベルでは，川崎市は2016年5月31日，過去においてヘイトスピーチを繰り返してきた団体に対して，市が，市が管理している公園の使用を許可しないと通告した。同市の市長コメントでは，「今般，「本邦外出身者に対する不当な差別的言動の解消に向けた取組の推進に関する法律」の成立により，国の意思が明確に示されたことを受け，本市としても，地域の実情に応じた施策を講じるべく様々な御意見を伺いながら，慎重に検討を重ねた結果，当該申請者が，過去に置いて，成立した法で定める言動等を行ってきた事実に鑑み，今回も同様の言動等が行われる蓋然性が極めて高いものと判断し，不当な差別的言動から市民の安全と尊厳を守るという観点から」判断したとしており，同法の影響は明白である(86)。

裁判所レベルとしては，同年6月2日，横浜地裁川崎支部の仮処分命令が挙げられる。同支部は，在日コリアンの集住地域に事務所を設置して共生生活の実現を目的として，民族差別の解消に取り組む社会福祉法人の申立により，在日コリアンの排斥を主張するデモを過去に2回行った団体に対して，同団体が前2回と同様に違法性の顕著なヘイトデモを行う蓋然性が高いとして，人格権に基づく妨害予防請求権に基づき，事務所の周囲の半径500メートルの円内に

---

(86) 「公園内行為許可申請の不許可処分に関する市長コメント」

おいて上記のヘイトデモを事前に差し止める仮処分命令を発した。裁判所は，当該団体が行うとみられる差別的言動により社会福祉法人の社会福祉事業の基盤である事業所において平穏に事業を行う人格権が侵害されることによって著しい損害が生じる現実的危険があると認められ，また，当該団体が行うとみられる差別的言動の内容の看過することのできない悪質性に鑑みれば，差別的言動を事前に差し止める必要性は極めて高いとする。また，差別的言動による人格権の侵害に対する事後的な権利の回復は極めて困難であると認められ，これを事前に差し止める緊急性は顕著であるとする(87)。本判決は，冒頭でヘイトスピーチ解消法の条文を掲げた上，判決文の随所で同法に言及する。

一方，行政レベルとしては，同年6月3日，警察庁は，各都道府県警察の長に対して，差別的言動解消法の施行に関する通達を発し，「法を踏まえた警察の対応」として，「各位にあっては，法の趣旨を踏まえ，警察職員に対する教養を推進するとともに，法を所管する法務省から各種広報啓発活動等への協力依頼があった場合にはこれに積極的に対応するほか，いわゆるヘイトスピーチといわれる言動やこれに伴う活動について違法行為を認知した際には厳正に対処するなどにより，不当な差別的言動の解消に向けた取組に寄与されたい」と要請している(88)。

他方，国法レベルの取組とは別に，地方自治体において条例が制定されている。当該自治体において現実に起きている問題に対する対応であることから，氏名公表，表現概要の公表，罰金等，具体的実施手段を伴う条例が実現した。まず，2016年に，大阪市がヘイトスピーチを禁止する「大阪市ヘイトスピーチへの対処に関する条例」を制定した(89)。同条例は，被害者の苦情を受理できる5人の法律専門家からなる独立委員会を設立した。同委員会は，苦情を調査し，ヘイトスピーチの存在を認めれば，ヘイトスピーチを行った人物の名前を公表する権限を持つ。続いて，2018年に，東京都が，「東京都オリンピック憲章にうたわれる人権尊重の理念の実現を目指す条例」を制定した。同条例は，不当な差別的言動に該当すると認めるときは，事案の内容に即して当該表現活動に係

(87)　横浜地川崎支決2016（平成28）年6月2日判時2296号14頁。

(88)　「本邦外出身者に対する不当な差別的言動の解消に向けた取組の推進関する法律の施行について（通達）」〈https://www.npa.go.jp/pdc/notification/keibi/biki/keibikikaku20160603.pdf〉。

(89)　大阪市ヘイトスピーチへの対処に関する条例（平成28年1月18日条例第1号）。

る表現の内容の拡散を防止するために必要な措置を講ずるとともに，当該表現活動の概要等を公表するものである[90]。そして，2019 年に，川崎市が，「川崎市差別のない人権尊重のまちづくり条例」を制定した[91]。同条例の下では，違反者に罰金（50 万円以下）を科すことができる。

現状に対する評価としては，実効的な救済手段がないことから，罰則等を備える一般的差別禁止法が必要だという見解がある一方，日本のソフトなアプローチを独自なアプローチとして肯定的評価を与える見解もある[92]。ヘイトスピーチを規制する条例を導入した自治体においては一定の効果をあげているという評価もある一方，そうした条例のない自治体にヘイトスピーチを行う個人・団体が移っていくという指摘もある[93]。各地で規制手段を備えた条例が増加すれば，情報公開条例が先行し，後から情報公開法ができたような展開となることも予想できる。他方，各自治体の条例が設ける実施手段の実効性については検討が必要である。

では，条約機関の勧告はどのような役割を果たしたか。条約機関の勧告ゆえに法律や条例の制定が実現したというよりは，様々な要因の一つというべきであるが，循環性（問題がいずれかの機関で取り扱われている状態を持続）を促進する点で大きな役割を果たす。すなわち，条約機関にオルタナティヴ報告書として情報が提供され，それを条約機関が質問項目の一つとして政府に提示するようになるところまでいくと，この問題は循環型システムの中を循環する可能性が生じる。当事者や関係する NGO が継続的に報告を行う限り，もはや問題が忘却されることはない。条約機関が，同じ問題について，何度も勧告を行ったり，複数の条約機関が同じ内容の勧告を行ったりするならば，その事実が国内

---

(90)　東京都オリンピック憲章にうたわれる人権尊重の理念の実現を目指す条例（平成 30 年 10 月 15 日条例第 93 号）。

(91)　川崎市差別のない人権尊重のまちづくり条例（令和元年 12 月 16 日川崎市条例第 35 号）。

(92)　師岡康子「ヘイト・スピーチとは何か」（岩波書店，2013 年），Higaki（n84）252–253.

(93)　本文で言及したもの他に，「大阪府人種又は民族を理由とする不当な差別的言動の解消の推進に関する条例」（2019 年公布），「木城町多様性を認め合い他者を思いやる差別のない社会を推進する条例」（2021 年公布），「愛知県人権尊重の社会づくり条例」（2022 年公布），「沖縄県差別のない社会づくり条例」（2023 年公布），「渋谷区人種を尊重し差別をなくす社会を推進する条例」（2024 年公布），「相模原市人権尊重のまちづくり条例」（2024 年公布）。

機関にとって重要な意味をもつ。また，複数のNGOが同じ問題を何度も報告すれば，条約機関はその問題を重要なものとして認識するはずである。その典型例として，婚外子に対する差別の問題がある。旧民法900条4号但書について複数のNGOがオルタナティヴ報告書によって問題性を提起し続けたことによって，自由権規約委員会は第3回総括所見以来，数度に渡って勧告を出しているだけでなく，2010年に子どもの権利委員会も勧告を出しており，2013年に最高裁はそのことに言及した上，同但書の合憲性の判断に踏み込み，違憲と判断した(94)。さらに，最高裁反対意見は，夫婦同氏制違憲訴訟（第2次）において，女性差別撤廃委員会から「平成28年に3度目の正式勧告を受けたという事実は，それ以降本件処分時までに何らかかる法改正がされなかったという事実に照らすと，本件処分時において，それのみで，夫婦同氏制が個人の尊厳と両性の本質的平等の要請に照らして合理性を欠き，国会の立法裁量の範囲を超えるものであることを基礎付ける有力な根拠の一つとなり，憲法24条2項違反とする理由の一つとなると考えられる。裁判所においては，女子差別撤廃条約に締約国に対する法的拘束力があることを踏まえて，この事実を本件の判断において考慮すべきである」というところまで踏み込んだ(95)。

ヘイトスピーチについては，自由権規約委員会は，第7回報告書審査のための事前質問において，日本政府に対し，現在のヘイトスピーチ事案についてより多くの情報を提供するよう求め，ヘイトスピーチ解消法がヘイトスピーチを直接禁止したり，差別的行為を処罰したりできないことについてすでに懸念を表明していた(96)。日本政府はこの事前質問に対する回答としては，現状に関する情報を提供するにとどまった。これに対して，2022年，自由権規約委員会は日本政府に対し，ヘイトスピーチ解消法の適用範囲を拡大し，刑法を改正してヘイトクライムの定義と禁止を別途導入し，オンラインとオフラインでのヘイトスピーチ行為を明確に犯罪とし，法執行官，検察官，司法官に対する研修と一般市民への意識向上キャンペーンを強化するよう勧告した(97)。今やはっ

(94)　最大決平成25年9月4日民集67巻6号1320頁。

(95)　最大決令和3年6月23日裁時1770号3頁。

(96)　Human Rights Committee of the ICCPR, List of issues prior to submission of the seventh periodic report of Japan. CCPR/C/JPN/QPR/7 (2017), para 6.
自由権規約日本国第7回定期報告に関する事前質問 CCPR/C/JPN/QPR/7 (2017), para 6. 人権理事会と他の条約機関は，事前に問題のリストを各国に送り，審査の実効性を高めるようになった。

きりしていることは，ヘイトスピーチの問題は，適切に対処されるまで，国内外で議論され続けるということである。

ヘイトスピーチは急に生じたものではなく，むしろマイノリティに対する差別を国家が放置したり，当該差別を間接的にエンドースするような公権力の作為・不作為が存在したりする場合により拡散する。また，ヘイトスピーチの対象も拡大しつつある（たとえば，クルド人やLGBTQI +に対するヘイトスピーチが出現(98)）。自由権規約委員会の指摘を受けて1980年代から取り組んでいれば，もっと実効的な対応がとれていたはずである。ヘイトスピーチは突然誕生するのではなく，それを生み出しやすい土壌というものがある。その点で，日本国憲法の原点に立ち返る必要がある。日本国憲法の起草過程において外国人の権利が草案から消滅し，アメリカも日本政府も外国人の権利の保障には積極的ではなかった(99)。その結果，当事者に聞かずに日本側の都合で日本国籍を剥奪し「外国人」化するという国家の行為も容易であった。日本ではマイノリティ（在日コリアン）がまさにマイノリティだからこそ問題の可視化に時間を要した。日本的なソフト・アプローチの実効性については今後も継続的に検討する必要がある。

2 技能実習生

技能実習制度の問題は，2008年の自由権規約委員会の第5回総括所見で初めて取り上げられ，2014年の第6回総括所見でも取り上げられた(100)。自由権規約委員会は，「現行のプログラムを，低賃金労働者の採用ではなく，能力開発に重点を置いた新しいスキームに置き換えること」，「立入検査の回数を増やし，独立した苦情申し立てメカニズムを確立し，労働力の人身売買事件やその他の

(97) Human Rights Committee of the ICCPR, Concluding Observations on the seventh periodic reports of Japan, CCPR/C/JPN/CO/7 (2022) para 13.

(98) Working Group on the issue of human rights and transnational corporations and other business enterprises, Visit to Japan -Report of the Working Group on the issue of human rights and transnational corporations and other business enterprises (Delivered to Human Rights Council at its fifty-sixth session) (2024) A/HRC/56/55/Add.1.

(99) Akiko Ejima, “The Gap between Constitutional Rights and Human Rights: The Status of ‘Foreigners’ in Constitutional Law and International Human Rights Law” in Tetsu Sakurai and Mauro Zamboni (eds.), *Can Human Rights and National Sovereignty Coexist?* (Routledge 2023).

(100) HRC 2008 (n79) para 24 and HRC 2014 (n80) para 16.

労働法違反を効果的に調査，起訴，制裁すること」を勧告した[101]。

この問題に関する各アクターの行動とその応答（とくに勧告を生じさせるプロセスと勧告後のプロセス）からは，自由権規約委員会の勧告の法的拘束力（狭義）の有無だけではとらえることができない影響が観察できる。すなわち，繰り返される勧告は，政府や市民社会に着実に影響を及ぼしている。当事者やNGOが自由権規約委員会に送るオルタナティヴ報告書は，条約機関が作成する質問項目に影響を及ぼしうる。政府は，報告書において事前質問に回答する必要がある。また，総括所見を出す際には，とりわけ重要な問題（4項目程度）については，政府に1年以内に報告するよう要求するフォローアップの要求を含めることができる，第6回総括所見では，技能実習生に関する問題がこの4つのフォローアップ課題の1つとして選定され，日本政府は自由権規約委員会の勧告の実施に関する情報を1年以内に提出することが求められた[102]。

さらに，自由権規約委員会は，第7回報告書の提出に先立ち，事前質問の中で以下のような詳細な質問を提示した。

(a) 外国人研修生・実習生及び低賃金労働者の強制帰国に関連した違反行為に対処し，強制実習の禁止を実習実施者にも拡大し，権利侵害を訴える実習生を報復や国外退去から守る保護措置を提供するために，法的措置を含め，最近取られている措置に関する情報を提供してほしい。(b) 低賃金実習生の募集を防止するための更なる措置を取る予定があるか説明してほしい。(c) 委員会の総括所見が2014年7月に採択されてから，実地調査の回数を増やすために取られている措置につき報告してほしい。(d) 外国人技能実習機構に配置された人材及び調査の周期によって，同機構の機能が効果的に果たされることを確保するために，どのような措置が取られているか説明してほしい。(e) 外国人技能実習機構に配置された人材及び調査の周期によって，同機構の機能が効果的に果たされることを確保するために，どのような措置が取られているか説明してほしい。[103]。

上記のような詳細な質問は，技能実習生の現状に関する情報を提供したNGOの努力の成果であり，これに対して日本政府は詳細な回答を返している。そして，2022年の総括所見は，日本政府による実地検査の増加に関する情報を

---

(101)　ibid.

(102)　ibid para 28.

(103)　HRC 2017 (n96) para 20.

歓迎するとして一定の肯定的評価を与えつつも，前回の勧告に沿って，締約国は以下の取組を継続すべきであると勧告した。(a) 強制労働の被害者について，また，技能実習制度下などにおいて，被害者認知手続を強化し，労働基準監督官を含む全ての法執行機関関係者に対し，専門的な研修を提供すること。(b) 独立した苦情申立制度を設置し，あらゆる形態の人身取引を効果的に捜査し，加害者を訴追し，有罪の場合には，技能実習制度下におけるものを含む労働搾取目的の人身取引やその他の労働法令違反の事案を含め，犯した行為の重大性に見合った刑罰を科すこと[(104)]。

技能実習制度については，内外での批判を受けて，2024 年に「育成就労制度」に置き換わった[(105)]。新しい制度によって人権侵害を防止できるかは今後の検討課題であるが，この問題に対する NGO の注視が続くかぎり，自由権規約委員会の監督の目から逃れることはもはやできず，また，日本政府も詳細な回答を返す姿勢を続けるならば，日本政府と自由権規約委員会の「建設的対話」は今後も継続されることが予想できる。

そもそも，外国人の人権が日本においてどこまで保障できているかは，日本に存在する人権保障システムの実効性をはかる試金石である。2024 年，日本における外国人住民は過去最高の 3,323,374 人（2.66%）に到達する一方，日本人住民の人口は 121,561,801 人で 2009 年をピークに 15 年連続で減少していることから外国人の割合は増加することが推定される[(106)]。他方，政府の委託によって行われた調査（自記式調査票を郵送配布（郵送回収），有効回収数 4,252 人（回収率 23.0%））[(107)]に基づくと，過去 5 年の間に日本で住む家を探した経験のある人 2,044 人のうち，外国人であることを理由に入居を断られたと回答した人が 804 人（39.3%），同様に仕事を探したり働いたりしたことがある人 2,788 人のうち，外国人であることを理由に就職を断られたと回答した人が 697 人（25.0%），同様に外国人であることを理由に侮辱されるなど差別的なことを言われた経験については，「よくある」，「たまにある」と回答した人は，1,269 人

（104） HRC 2022 (n97) para 30 and 31.

（105） 出入国管理及び難民認定法及び外国人の技能実習の適正な実施及び技能実習生の保護に関する法律の一部を改正する法律（令和 6 年法律第 60 号）。

（106） 総務省「住民基本台帳に基づく人口，人口動態及び世帯数（令和 6 年 1 月 1 日現在）」〈https://www.soumu.go.jp/main_content/000892947.pdf〉

（107） 公益財産法人人権教育啓発推進センター『外国人住民調査報告書〔訂正版〕』(2017 年)。

（全回答者4,252人中の割合29.8%）に上っている。また，差別を受けたことのある人1,772人について，差別などを受けたときの相談先を尋ねたところ1,289人（72.7%）に上る人がどこにも相談をしていないという状況である。よって，一般的差別禁止法の必要性も含めて人権保障システムを検討する必要がある。（そもそも外国人に参政権がないことから，なおさら循環型のシステムが必要である）。

Ⅵ　おわりに

ケース・スタディで取り上げた2つの問題は，日本国憲法上の「沈黙」，そして，憲法上の機関（立法府，行政府，司法府）が外国人の権利保護に積極的に取り組んでこなかったことを示している。ヘイトスピーチの出現は，日本の統治機構が積極的に取り組んでこなかったこと（この不作為は国民の自由権（近代立憲主義のコア）を侵害していないし，権力分立にも反しない）が招いた帰結ともいえる。他方，条約機関の総括所見は，国内機関，国際機関，非国家主体のインタラクションの契機を作りだし，それが間接的に相互の国内的取組に影響を及ぼしている。とりわけ，条約機関の示す勧告，フォローアップ手続，それに対する政府の回答，前の勧告を踏まえた条約機関の事前質問，それに対する政府の回答，そして新たな勧告という一連の流れは，人権問題を忘却させずに，解決に至るまで関係する機関間を循環し続ける状況を作り出している[108]。

これは，外国人の人権だけでなく，条約機関が総括所見において取り上げている他の問題についても同様のことがいえる。たとえば，自由権規約委員会の総括所見には，今回，取り上げた外国人に加えて，刑事司法における問題（死刑制度，代用監獄，取調べの問題等），女性，マイノリティ（アイヌ，琉球の人々），受刑者，性的マイノリティ，精神病院に強制入院させられた人，「慰安婦」等が登場する[109]。

他方，これらの問題の中には，近年，メディア等でとりあげられるようになった問題もあるが，それよりも早く条約機関が問題提起していることに注目したい。それは，当事者や関係するNGOが国際機関に問題提起をしているから

(108)　本章では扱わなかったが，このほか人権理事会および特別報告者制度も同様に扱える。

(109)　憲法学において個別的研究はあるが，憲法学の教科書において体系的に正面から引き受けているとは言い難く，今後の課題である。

である，もしも，当事者が国内において効果的に声をあげることができるならば，すなわち国内において実効的な人権救済システムがあり，そこに容易にアクセスできるのであれば，問題は国内で解決できていることにも注意を払いたい(110)。そして，国内機関が，国際人権法によって創出される豊富な事例と各事例において示される先例によって形成される解釈（とりわけ発展的解釈）を積極的に参照していくことが，当事者をして循環型システムにアクセスする権利を保障する有効な方法の一つである。循環型システムにおいては，参照した結果，国際機関の勧告に従わないという選択肢もありうる。そして，その判断は，次の機会に再度検討されることになる。これが国内機関と国際機関との「建設的対話」である（非国家主体の意見も間接的に反映されている）。

2024 年 7 月 3 日，最高裁は，旧優生保護法が制定時から違憲であったことを判示した上，「除斥期間の主張をすることは，信義則に反し，権利の濫用」と明言した(111)。個人が提起した訴訟の結果として，最高裁が実効的救済を提供したこと自体は画期的である。しかし，本来，法案が登場したときにそれを国会で否決するという手段も，その後，国会が法律を廃止するという手段も使われなかったことに，そして，法律の違憲性を裁判所で争うという手段も制度としては存在したが，長らく使われなかったことに目を向けたい。現実には，日本国憲法の下で，優生保護法は 1948 年に実現したのであり，それを廃止するのに約半世紀もかかった。しかも，1996 年に同法を廃止する際に，同法の下で強制不妊手術を受けさせられた人への補償はなされなかったのであり，一時金（賠償ではない）の支給が実現したのは 2019 年である。強制不妊手術を受けさせられた人が訴訟を起こせたのは 2018 年になってからである。これらが示していることは，日本において人権が侵害されたと感じた・考えたときに，それを解決するための制度が十分ではなく，当事者の必死の努力なしには過去の問題として忘却させられてしまうということである(112)。本章では，限定的ながら，国際人権法を活用して，憲法を人権法にする道筋を，そして，そのために憲法

(110) イギリスが，1998 年人権法によって実現しようとしたことは，個人がヨーロッパ人権裁判所に提訴しなくても国内で救済を得られるようにすること（Rights Brought Home）である。実際にイギリス政府を訴えるヨーロッパ人権裁判所への申立件数は減少している。

(111) 最大判 2024(令和 6)年 7 月 3 日裁判所ウェブサイト。

(112) 鬼丸元最高裁判事の述懐として，前掲注(55)参照。

学から考えられることとして循環型システムを提案した。今後，このモデルを実証研究・比較研究によって裏付けていきたい。

〔付記〕本章は，科研費基盤研究A（23H00035）「憲法と人権条約をつなぐ多元的主体から成る実効的人権保障システム（人権法）」の成果の一部である。

本章に掲載したリンクのアクセス日は，別にことわらないかぎり，2023年2月15日である。

〈編　者〉

江 島 晶 子（えじま・あきこ）

明治大学法学部教授

講座 立憲主義と憲法学
〈第6巻〉

グローバルな立憲主義と憲法学

2024（令和6）年10月15日　第1版第1刷発行

編　者　江 島 晶 子
発行者　今 井 　貴
発行所　株式会社 信山社

〒113-0033 東京都文京区本郷6-2-9-102
Tel 03-3818-1019 Fax 03-3818-0344
info@shinzansha.co.jp

笠間才木支店　〒309-1611 茨城県笠間市笠間515-3
Tel0296-71-9081　Fax0296-71-9082
出版契約No. 1230-3-01011　Printed in Japan

印刷・製本／亜細亜印刷・牧製本
ISBN978-4-7972-1230-3 C3332 ¥5000E 分類 323.340-b056
2-1230-01011：p360 012-060-040

◆ 講座 立憲主義と憲法学 ◆

第１巻 憲法の基礎理論 山元 一 編集

第２巻 人権Ⅰ 愛敬浩二 編集

第３巻 人権Ⅱ 毛利 透 編集

第４巻 統治機構Ⅰ 只野雅人 編集

第５巻 統治機構Ⅱ 宍戸常寿 編集

第６巻 グローバルな立憲主義と憲法学 江島晶子 編集

信山社